Faksimile-Edition
im F. Englisch Verlag
Wiesbaden

ISBN 3-88140-054-0

Printed in Germany
10987654321

Der Sturz der Titanen.

Illustrirte

Mythologie.

Illustrirte Mythologie.

Göttersagen und Kultusformen

der

Hellenen, Römer, Aegypter, Inder, Perser und Germanen.

Nebst

Zusammenstellung der gebräuchlichsten Symbole und allegorischen Bilder.

Für

Freunde des Alterthums, insbesondere für die reifere Jugend.

Von

Dr. Hermann Göll,
Professor.

Vierte vermehrte und verbesserte Auflage.

Mit 260 in den Text gedruckten Illustrationen und zwei Tonbildern.

Nach Zeichnungen von C. F. Klimsch, H. Leutemann u. A.

Vorwort
zur zweiten Auflage.

Die im Jahre 1866 zum ersten Male im Anschluß an die in mehreren Auflagen erschienenen Geschichtswerke über das klassische Alterthum, „Hellas" und „Rom" von Dr. W. Wägner, herausgegebene „Illustrirte Mythologie" liegt nun zum zweiten Male dem Publikum vor.

Im Einklang mit dem gewählten Titel unseres Werkes ist es dem Verfasser nicht darum zu thun gewesen, die griechische, römische, ägyptische, indische und persische Mythenwelt vom antiken Leben selbst getrennt und unabhängig, d. h. eine lediglich durch den Reiz bunten poetischen Farbenschimmers anziehende Sammlung religiöser Phantasiegebilde wieder vorzuführen und darzustellen. Zwar haben die neueren mannichfachen Forschungen auf diesem Gebiete noch nicht an allen Punkten zu einem völligen Abschluß geführt; wollte man jedoch von den sicheren Ergebnissen der Symbolik absehen und fort und fort den Schlüssel zu den meisten jener sinnigen Räthsel vorenthalten, so würde diese Unterlassung nachgerade einer Versündigung an dem gebildeten Publikum sowie am heranwachsenden Geschlechte nahe kommen. Außerdem liefert die Symbolik gerade die sicherste Handhabe, um dem sonst fast unvermeidlichen sittlichen Anstoß zu entgehen und dem bereits der antiken Welt selbst so nachtheilig gewordenen Giftstachel der Mythologie gleich von vornherein die Spitze abzubrechen. Durch Herbeiziehung gesunder Deutungsversuche wird es endlich auch nur möglich, einen Zusammenhang zwischen Mythus und Kultus herzustellen und sowol die gottesdienstlichen Bräuche als auch die Göttersagen vom kulturgeschichtlichen Standpunkte aus in ihrem lebendigen Zusammenhange mit Staat und Familie zu fassen. Wenn sich der Verfasser dagegen enthalten hat, die Resultate der vergleichenden Mythologie in reicherem Maße zu benutzen und in seine Arbeit zu verweben, so gesteht er offen, daß nicht Mangel an Interesse, sondern Mißtrauen gegen die so vielfach in prinziplose Verschmelzungssucht ausartenden Methoden der Vergleichung ihn vor der Hand davon abgehalten hat.

Auch lebt er der Ueberzeugung, es werde auf diesem Felde die streng wissenschaftliche Untersuchung nur selten die vollkommene Identität der Personen festzustellen vermögen und sich in den meisten Fällen mit dem Nachweis einer bloßen Familienähnlichkeit begnügen müssen. Ferner erheischte schon die Berücksichtigung der Kultusformen, daß der durch das Eindringen des Hellenismus entstellten und sich selbst entfremdeten römischen Götterlehre eine selbständige Behandlung zu Theil wurde. Pflegt doch auch die landläufige Art der Verschmelzung beider Elemente ganz falsche Vorstellungen bei Jung und Alt hervorzubringen.

Der Herr Verleger, der bekanntlich allen bei ihm erscheinenden Werken eine weit über das blos Geschäftliche hinausgehende Sorgfalt zuwendet, hat das Buch mit besonderer Vorliebe bei seiner Herstellung begleitet und gefördert. Weder Mühe noch Kosten sparend, hat er dasselbe mit einem Schatze von Illustrationen ausgestattet. Nicht nur sind die besten der bekannten typischen Götterfiguren in der Artistischen Anstalt der Verlagsbuchhandlung hergestellt, sondern auch nach antiken Mustern von Künstlern, wie C. F. Klimsch und H. Leutemann, eine Anzahl frei komponirter Gruppenbilder hinzugefügt worden, welche, in Verbindung mit zahlreichen Abbildungen von Kultusstätten, Landschaften u. s. w., an Mannichfaltigkeit einen auf diesem Gebiete anderswo kaum noch gebotenen Schmuck bilden.

So hegen wir denn die Hoffnung, daß unser so vielfach von verwandten Werken sich unterscheidendes Buch auch fernerhin einer günstigen Aufnahme begegnen und daß es ihm vergönnt sein werde, das Verständniß eines höchst wichtigen und interessanten Theiles der alten Kulturgeschichte bei jedem Alter und Geschlechte vermitteln und fördern zu helfen!

Schleiz, im Juni 1872.

Der Verfasser.

Vorwort
zur dritten Auflage.

Gegenüber der großen Menge von Werken über Mythologie, die sich der Mehrzahl nach einen weiten Kreis von Lesern zu erwerben trachten, war das Nöthigwerden einer neuen Auflage für den Verfasser wie für den Verleger dieses Buches nicht nur ein erfreulicher Beweis für die Lebensfähigkeit desselben, sondern auch ein Sporn, seinen Werth und seine Brauchbarkeit allseitig zu steigern und zu mehren. Es sind daher zunächst sowol die Resultate neuerer Forschungen gewissenhaft benutzt, als auch alle Härten in der Darstellung getilgt, namentlich mit Sorgfalt selbst der leiseste sittliche Anstoß vermieden worden. Die in der Vorrede zur vorhergehenden Auflage ausgesprochene prinzipielle Rücksicht auf den Zusammenhang der Mythologie mit der Kulturgeschichte und die Gleichartigkeit der geistigen Arbeit, durch welche so viele verschiedene Völker in ihrer Mythenzeit die Erkenntniß des Göttlichen anstrebten, hat sich dabei noch verschärft. Dann hat die Heroensage, die bei der ersten Bearbeitung in Hinsicht auf W. Wägner's „Hellas" sehr kurz behandelt worden war, eine angemessene Vervollständigung erfahren; sie schließt nun erst mit dem trojanischen Kriege ab. Ferner hat der Verfasser auch die germanische Götterwelt herangezogen, welche leider immer noch nicht die Berücksichtigung in und außer der Schule findet, welche sie um ihrer phantasievollen

Sinnigkeit und nationalen Bedeutsamkeit willen so sehr verdient. Mußte er sich hierbei auf die Erzählung des Nothwendigsten beschränken, so verweist er alle gebildeten Leser, die sich für den Gegenstand näher interessiren, auf das in demselben Verlage erschienene herrliche Buch „Nordisch-germanische Vorzeit" von Dr. W. Wägner, das eben so wol Zeugniß ablegt von dem liebenswürdigen Erzählertalente des Verfassers als dem opferwilligen Kunstsinne des Verlegers.

Weiterhin ist des Verständnisses und der praktischen Verwendbarkeit wegen eine Sammlung der gebräuchlichsten Symbole und allegorischen Bilder aus alter und jüngerer Zeit dem Buche zum Nachschlagen beigegeben, endlich das Register möglichst vervollständigt worden.

Kann sich demnach die neue Auflage mit vollem Rechte eine vermehrte und verbesserte nennen, so ist das Buch auch durch die Bemühungen des Verlegers insofern ein ganz anderes geworden, als derselbe es mit weit über hundert neuen, sorgfältig gewählten Illustrationen ausgestattet hat, so daß wol keine andere populäre Mythologie einen derartigen Bilderreichthum aufzuweisen vermag.

So lassen wir denn das Werk getrost vom Stapel laufen, hoffend, daß man ihm, gegenüber so manchen hier in Betracht kommenden Werken (darunter oft aufgelegten, die sich jedoch durchaus nicht mehr auf der Höhe der heutigen Forschung befinden), die Mühe wohl ansieht, welche von Seiten des Verfassers und Verlegers auf seine Herstellung verwendet worden ist. Wir begleiten unser Buch mit dem Wunsche, daß es nicht blos recht Vielen als Wegweiser durch das Labyrinth der Mythenwelt dienen möge, sondern auch überhaupt die Bildung, besonders des heranwachsenden Geschlechts, mit fördern helfe.

Schleiz, im Oktober 1874.

Der Verfasser.

Vorwort
zur vierten Auflage.

Die gegenwärtige Auflage darf als eine sorgfältig durchgesehene und in Einzelheiten berichtigte, auch mit einigen korrekteren Illustrationen versehene bezeichnet werden. Im Ganzen der Anlage ist nichts geändert worden; doch hat die germanische Götterlehre sachgemäße Erweiterungen erfahren. Und so möge es dem Buche glücken, sich weiter Bahn zu brechen bei der Jugend und bei Allen, die sich für seine für Verstand und Phantasie so wichtigen Stoffe interessiren.

Im September 1878.

Der Verfasser.

Inhalt.

Ein ausführliches Sachregister am Schlusse dieses Buches dient zur besseren Orientirung beim Nachschlagen der Namen sowie der behandelten Gegenstände.

Griechische Mythologie.

Römische Mythologie.

Aegyptische Mythologie.

Indische Mythologie.

Medisch-persische Mythologie.

Germanische Mythologie.

Tonbilder.

Berichtigung.

Seite 57 Zeile 9 und 10 v. u. statt Schlußvign. S. 71 lese man Anfangsvign. S. 155
Seite 268 unter dem Bilde statt Fistrum lese man Sistrum.

Griechische Mythologie.

Einst hat ein göttliches Kind das Räthsel spielend gelöset,
Jener hellenische Geist, scherzend mit Bild und Symbol,
Ewiger Wahrheit voll und den Gott ernst fühlend im Busen,
Der verhüllt in Natur, offen im Menschen erscheint.
Da entsanken die Ketten dem forschenden Geist und es wurde
Menschliches göttlich zumal, Gottheit und Menschheit gemein.

Bunsen.

Festzug nach dem Tempel der Athene auf Aegina.

Einleitung.

Wenn du, lieber Leser, vor Allem eine Aufklärung begehrst über Entstehung und Bedeutung der hellenischen Mythen oder der Erzählungen und Sagen von den Göttern und Halbgöttern, so stehen dir gute Gründe zur Seite. Werden dieselben doch so verschiedenartig verwendet und beurtheilt! Der Poet entnimmt ihnen einen herkömmlichen Zierrath seiner Gedichte; der angehende Gelehrte betrachtet sie als einen Lernstoff, der zum Verständniß der antiken Literatur unumgänglich nothwendig ist; der Philosoph sieht in ihnen einen uralten Schatz menschlicher Weisheit; der religiöse Eiferer erklärt sie für widersinnige Fabeln, zeugend von den Verirrungen der ohne göttliche Offenbarung die Wahrheit suchenden Menschennatur, und wie Viele durchblättern endlich das Räthselbuch der Mythen, lediglich um ihre Phantasie angenehm zu beschäftigen!

Die griechischen Göttersagen sind nicht zu begreifen, ohne daß man Rücksicht nimmt auf den hellenischen Volkscharakter überhaupt. Zwar haben fast alle

Völker eine mythenbildende Periode, d. h. eine Zeit der Entwicklung, wo sie die Ergebnisse der Weltanschauung, ihre höchsten Ideen, noch nicht abstrakt zu denken und auszusprechen im Stande sind, sondern denselben vermittels einer sinnlich belebten Bildersprache Ausdruck verleihen. Allein niemals in der Geschichte ist ein Volk aufgetreten, das sich so wenig wie die Hellenen das Natürliche zu denken vermochte ohne geistige Beseeltheit, das geistige Element ohne sinnliche Verkörperung. Und da sie in harmonischer Entfaltung des Menschenthums ihr höchstes Glück fanden, konnten sie auch ihre religiösen Ideen nur in Individuen und Handlungen echt menschlicher Art zur Anschauung bringen, und verklärten so in den schönen Phantasiegestalten ihrer Götter zugleich die eigenen geistigen und sinnlichen Kräfte. Aus dieser Innigkeit des Naturgefühls erhellt auch, warum bei den Hellenen, viel später als bei anderen Völkern, der nüchterne Verstand daran ging, die mythischen Bilder zu zersetzen und in Nichts zerfließen zu lassen. Freilich kam auch hinzu, daß die plastische Kunst in den Dienst der Religion trat und dadurch, daß sie die Götterideale der Phantasie in höchster Vollkommenheit verkörperte und fixirte, deren Untergang hinausschob.

Man würde jedoch sehr irren, wollte man den olympischen Götterkreis, wie er in lichtvoller Gliederung mit beinahe systematischer Vertheilung der Aemter vor uns steht, für ein von jeher vorhanden gewesenes Gesammtprodukt des hellenischen Polytheismus ansehen. Dieses sinnlich frische und lebensvolle Gebilde verdankt seine Vollendung einer freisinnigen Poesie, die nicht einmal mit vollem Ernst mehr die religiöse Bedeutung der Mythen anerkannte, die nahe daran war, über der Anmuth und Schönheit der Form die tiefsinnige Erhabenheit des Inhalts zu vergessen. Die beiden Dichterschulen der selbst halb mythischen Dichterfürsten Homer und Hesiod sind es gewesen, welche die religiösen Ueberlieferungen episch umbildeten, Alles mit einander verschmolzen, was bei lokaler Verschiedenheit täuschende Aehnlichkeit besaß, die Ueberreste der symbolischen Beziehung verweltlichten und vermenschlichten und durch geschickte Knüpfung verwandtschaftlicher Fäden den ganzen mythischen Stoff in eine wohlgeordnete Sagengeschichte verwandelten. Und so konnte denn auch mit einigem Rechte der Vater der griechischen Geschichte, Herodot, von jenen Poeten sagen: „Diese sind es, welche den Hellenen ihre Götterwelt gedichtet, den Göttern ihre Benennungen gegeben, Ehren und Künste ausgetheilt und ihre Gestalten bezeichnet haben." Der naive, liebenswürdige Leichtsinn, durch welchen so überall der tiefere religiöse Grund verwischt wurde, wenn auch andererseits die göttlichen Personen dadurch bestimmtere Gestalt erhielten, hat eben die Mythologie in vielen Augen in Mißkredit gebracht, und schon die Verständigen unter den Heiden selbst nahmen Anstoß an den frivolen Geschichtchen des Olymps, an den Schwächen und Verirrungen der allzu menschlichen Götter, mit denen der gemeine Mann seine eigenen Sünden vor seinem Gewissen gern entschuldigen mochte. Wir setzen voraus, daß auch du, lieber Leser, von unserem Buche mehr begehrst als eine Vorführung der vielgestalteten, bunten Götterreihe mit ihren Verwandtschaftsgraden und Abenteuern. Dann aber mußt du mit uns auch auf einige Augenblicke zurückblicken auf den dunkeln, labyrinthisch verschlungenen Weg, den die mythischen Wesen der hellenischen Phantasie durchlaufen haben, bevor sie sich lediglich dem Gesetze der Schönheit fügten.

Der Naturmensch erfaßt die Erscheinungen der ihn umgebenden Welt nur vermittels der Einbildungskraft und pflegt ihren Eindruck auf sich sprachlich nur auf dem Wege der Vergleichung auszudrücken. Der im Zickzack herabschießende Blitz wird ihm zur feurigen Schlange, der gerade herabfallende zur blinkenden Lanze; im Donner hört er das Rollen eines Wagens, das Brüllen eines Stieres; in der sich aufbäumenden Meereswoge erblickt er ein flinkes Roß. Zugleich aber gesellt sich zu dieser kindlichen Naturanschauung das Gefühl der Abhängigkeit und Ohnmacht dem Walten der Elemente gegenüber, und ohne sich um die hinter den Erscheinungen verborgenen Ursachen zu kümmern, bleibt das religiöse Gefühl der Völker auf dieser ersten Stufe bei der Verehrung der Naturerscheinungen stehen, natürlich besonders derjenigen, deren wohlthätiges oder zerstörendes Wirken das Gemüth am stärksten bewegt. Ein weiterer Fortschritt bestand darin, daß man die ersten Abbilder der Erscheinungen mit menschenähnlichen Wesen vertauschte und Vorgänge, die in der Natur immer wiederkehren, in das symbolische Gewand von Erzählungen kleidete. So gesellte sich denn z. B. zu den dahineilenden Rossen der See der Bändiger; der Sonnenball bekam Wagen und Lenker und das göttliche Ziegenfell, das Bild der Sturm- und Donnerwolke, wurde zum quastenumbordeten, grauenhaft schimmernden Schilde des Himmelsgottes. Ueberhaupt blieb von nun an das Symbol, früher die Hauptsache, ein dienendes Nebenwerk an der Persönlichkeit, wie der Adler des Zeus, der Delphin Aphrodite's, der Dreizack Poseidon's, der Köcher Apollon's u. s. w. Einen recht deutlichen Beleg für geschichtliche Einkleidung von Naturvorgängen liefert der Mythus von Io, der von Hera's Rache verfolgten Geliebten des Zeus. Sie ist der unter dem Bilde der Kuh (vergl. die Hörner des Mondes) gedachte Mond, dessen wechselvolle Bahn als eine Irrfahrt erscheint, dessen Hüter, der hunderttäugige **Argos**, nichts Anderes als der gestirnte nächtliche Himmel, von **Hermes**, dem Gotte der nebelnden Dämmerung, getödtet wird. Diese Personifikation von Naturerscheinungen und die damit zusammenhängende Entstehung mythischer Anekdoten richtete sich aber überall nach dem Charakter der Gegend und des Klimas, als ihrer Vorbedingung. Selten mag nun wol ein Land hinsichtlich der Formen des Naturlebens so vielfach gestaltet, so reich auf engem Raume gewesen sein, als das glückliche Hellas; zwar zog der reine, durchsichtige Himmel das Gemüth überall zu freier, heiterer Stimmung aufwärts (darum war auch der Zeusdienst über alle Gegenden verbreitet), aber wie verschieden war die Beschaffenheit der einzelnen Landschaften! Zackige, bis in die Wolken ragende Berggipfel wechselten mit tief eingeschnittenen Thälern, mit weiten Niederungen, und nirgends fern war das Meer, tief in das Land eindringend, Inseln abschneidend, die Aussicht begrenzend. Wie so die Natur verschieden auf die Empfindung wirkte, so brachte natürlich auch die durch die gegebenen Verhältnisse bedingte Lebensweise und Berufswahl besondere Eigenthümlichkeiten mit sich, und die Mythenbildung führte zu anderen Gestalten bei Jägern und Hirten im Gebirge als bei Schiffern und Ackerbauern.

So kam es denn, daß ursprünglich jede Gegend eine besondere Schutz- und Stammgottheit verehrte und so eigentlich jene Zeit dem Monotheismus näher stand als die spätere Vielgötterei, wobei freilich nicht geleugnet werden soll, daß eine gewisse Gleichartigkeit mancher religiösen Anschauungen noch von der frühern Heimat der Hellenen, von Asien her, unter ihnen geherrscht haben mag. Hera z. B., die spätere rechtmäßige Gattin des Zeus, war unzweifelhaft in jenem patriarchalischen Zeitalter nur eine im peloponnesischen Argos verehrte Lokalgottheit, während die Gemahlin des dodonäischen Zeus den Namen Diōne führte. Mancherlei Veränderungen erfuhren die Mythen aber, als die friedliche Zeit des Pelasgerthums zu Ende ging, als kriegerische Stämme des Nordens mit bewaffneter Hand herunterdrängten, theils unterjochend, theils die Stelle Vertriebener einnehmend. Da vermischten sich die religiösen Bildungselemente allenthalben: die lokalen Gottheiten wanderten aus und erweiterten mächtig ihre ursprünglich engen Gebiete. Der Zusammenstoß und die Berührung der Kulte, zu denen im Laufe der Zeit auch mehrere rein ausländische gekommen waren, erzeugte eine Verschmelzung und Umbildung der Mythen, zugleich aber auch einen großen Ueberfluß an religiösen Phantasiegebilden und ein Vergessen der jedem einzelnen zukommenden ursprünglichen Bedeutung. Die bei der Kollision unterliegenden Gottheiten ordneten sich gewöhnlich in verwandtschaftlichem oder dienendem Anschlusse den Siegern unter, oder verwandelten sich in Heroen oder Halbgötter. Als so endlich Hera als rechtmäßige Gemahlin des Himmelskönigs galt, sanken die ihm beigegebenen weiblichen Gottheiten zu dem Range bloßer Kebsweiber herab. Kallisto, eine arkadische Mondgöttin, wie anderwärts Io und Selēne, trat weit in den Hintergrund vor Artĕmis und wurde zu deren Nymphe; der nach älterer Vorstellung täglich im Ozean sterbende Phaëton blieb der thörichte Sohn des Helios, und dieser selbst mußte dem Apollon, Zeus und anderen Göttern den Vorrang lassen.

Helios, der Sonnengott.

Außerdem entstammen viele verwandtschaftliche Gliederungen aus der Spaltung ursprünglich einheitlicher Wesen in mehrere, nach der Beobachtung widersprechender Aeußerungen und Erscheinungen, besonders schädlicher und segenbringender. Endlich pflegte es zu geschehen, daß für diejenigen Gottheiten, deren Dienste allmählich sich eine weitere Verbreitung erworben hatten, doch die ältesten Kultusstätten das meiste Ansehen fortbehielten und daß hierher, trotz der Erweiterung und Umbildung ihrer Mythengeschichte, doch der Hauptschauplatz ihres Lebens, namentlich ihrer Geburt und Jugend, verlegt wurde. Man vergleiche z. B. das Verhältniß des Zeus zum Berge Olympos, zu Dodona und Kreta, des Apollon zu Delos und Delphi, des Hephaistos zu Lemnos.

Außer den erwähnten Ursachen der Kreuzung und Verwandlung, die am Ausgange der Pelasgerzeit mit den Gebilden der religiösen Phantasie in Hellas vor sich ging, sollte sich aber gleichzeitig und bereits früher etwas Anderes vollziehen, wodurch die alte Naturgrundlage der Mythen noch weiter verdunkelt und in den Hintergrund geschoben wurde. Dem nothwendigen Entwicklungsgange des menschlichen Geistes gemäß rissen sich nämlich die Götter immer mehr vom materiellen Naturgrunde los, wurden geistiger, ethischer gefaßt und endlich als herrliche, lebensvolle Ideale der Sittlichkeit angeschaut. So stieg die Verehrung des Sonnengottes Apollon und der Mondgöttin Artemis empor zur Lichtreligion in höherem Sinne und ward zu einem der wirksamsten Hebel moralischer Sittigung, ebenso wie die Pallas Athene's, ursprünglich einer himmlischen Naturmacht, und Anderer. Und nachdem die Götter frei waltende Persönlichkeiten geworden waren, welche in höherem und edlerem Sinne alles Menschliche in sich vereinigten, traten sie in einen Familienverband zusammen, der sich zuletzt zu einem wohlgeordneten Götterstaate erweiterte.

Wir sind somit wieder an unserem Ausgangspunkte angelangt, und es wird nun klar geworden sein, wie es beinahe unmöglich ist, die Schicksale der mythischen Göttergestalten bis zu ihrer Entstehung zurückzuverfolgen und dieselben nach ihrer ursprünglichen Bedeutung und Herkunft zusammenzustellen oder nur überall die Naturseite von dem ethischen Gebiete streng zu sondern. Und ein solches Verfahren wäre obendrein nicht einmal dazu angethan, uns den Genuß, welchen der Einblick in die farbenreiche hellenische Mythenwelt gewährt, zu erhöhen; es würde uns auf den Standpunkt stellen, den zuletzt in Griechenland selbst eine klügelnde und zweifelsüchtige Zeit den Göttern gegenüber einnahm. Wir wollen die Gottheiten nicht blos als luftige Gebilde der Einbildungskraft zu erfassen streben, sondern auch in ihrem lebensvollen Zusammenhange mit dem Staate und der Familie, mit dem gesammten Kulturleben des Zeitalters, dem sie als echte und verehrungswürdige Wirklichkeit galten.

Selene, die Mondgöttin.

Dort machte man allerdings immer noch einen Unterschied zwischen den freien Phantasien der Poeten und den uralten, von den Priestern der einzelnen Gottheiten rein bewahrten Tempellegenden, und es ist wol war, daß man über die eigentlichen Bestandtheile der Religion und die Bedeutung der Kultusgebräuche aus der Reisebeschreibung des unter dem römischen Kaiser Hadrian lebenden Pausanias mehr lernen kann, als aus den Gedichten Homer's und Hesiod's; allein was für uns nur die Schöpfung einer üppigen, zuweilen fast kindischen Phantasie erscheint, das war für den Griechen der historischen Zeit sehr lange reine, lautere Wahrheit. Noch ein Sokrates hielt es seinen Richtern gegenüber für nöthig zu leugnen, daß er sich zur Ansicht des Anaxagoras bekenne, der die Sonne für einen Stein und den Mond für eine Erde ausgegeben hatte, und Platon hebt die Göttlichkeit des Helios und der Selene mit Nachdruck hervor! Die Vergangenheit war einmal mit Wundern ausgefüllt, mit Beweisen von direkten Eingriffen der Götter in die Schicksale der Erde und der Menschen, und jede vernunftgemäße Aufklärung erzeugte beim Volke nur den Eindruck ungläubiger Abneigung. Außerdem bewältigte ja der Dichter die aufsteigenden Zweifel durch das heilige und befriedigende Ansehen der Muse, deren Allwissenheit für die Wahrheit seiner Erzählung bürgte. So erzählt auch Hesiod von sich selbst, daß ihm, als er am Abhange des heiligen Helikon, die Lämmer hütend, singend und träumend saß, die olympischen Musen erschienen wären und einen grünenden Lorberzweig dargereicht hätten, ihn anfeuernd durch holde Blicke, das Geschlecht der seligen Götter zu preisen und zu verkünden Alles, was ist, was sein wird und vordem war. Infolge dessen hatte das Wort Mythos, eigentlich „Rede“, „Erzählung“, noch nicht den Nebensinn eines unbeglaubigten, ja erdichteten Berichts aus der Vorzeit, sondern machte Anspruch auf buchstäblichen Glauben.

In unserer Darstellung nehmen wir, dem Gesagten gemäß, gebührende Rücksicht auf die Kultusgebräuche; dabei vereinigen wir zugleich, was seiner Bedeutung nach sich nahe steht, und folgen im Ganzen der Eintheilung in die Gebiete des Himmels, der Gewässer und der Erde.

Ganymedes.

Götterversammlung im Olymp.

I.

Die Entstehung der Welt und der Götter.

Die Welt als das Werk eines außer ihr stehenden Schöpfers anzusehen vermochten die Hellenen nicht. Die irdischen Dinge sowol als die Gottheiten selbst unterlagen nach ihrer Anschauung den natürlichen Gesetzen des Werdens und der allmählichen Vervollkommnung. Den Anfang und Urgrund des Daseins von Allem aber fanden die Meisten in dem Chaos, der mit Nebel und Finsterniß erfüllten Urkluft. Aus ihrem Schoße schied sich zuerst die Feste des Landes, die breitbrustige Gaia, und ihr tief in ihr ruhender Gegensatz, der leere, finstere Tartăros, und zu ihnen gesellte sich als versöhnendes Element der Liebesgott Eros, der älteste und schönste aller Unsterblichen. Während ferner das wüste Chaos aus sich die grausige Urfinsterniß, Erĕbos, nebst der Nacht, Nyx, gebiert, welchen wieder Kinder ganz entgegengesetzter Art, nämlich das strahlende Licht, Aither, und die Tageshelle, Hemĕra, ihren Ursprung verdanken, ergreift auch Gaia leidenschaftliches Verlangen, ihren allgewaltigen Schaffungstrieb zu bethätigen. So läßt sie denn aus sich zunächst den unerschütterlichen Sternenhimmel

Urănos, entstehen, ihre Hülle und den künftigen Sitz der seligen Götter. Dann treibt sie aus ihrem Innern die hohen Urgebirge hervor, die Wohnungen der Nymphen und Satyrn, und gebiert das „unfruchtbare" Weltmeer. Endlich konnte es kaum anders kommen: das fruchtschaffende Wechselverhältniß zwischen Himmel und Erde mußte als eine durch Liebe herbeigeführte Einigung zwischen Uranos und Gaia aufgefaßt werden, nur daß dem Liebesfrühling der jungen Welt ganz andere Geschöpfe entsprossen, als die dem geordneten Kreislaufe der Natur angehörenden späteren. Riesenhafte, furchtbare Wesen sind es, welche die vielfachen Erdkräfte und Naturerscheinungen darstellen, und sie treten als Paare verschiedenen Geschlechts auf, gleichsam um die nach bloßer Aeußerung strebende Seite der Kraft von der bildsamen und gestaltungsfähigen zu scheiden. Zuerst entstanden die Titanen, nämlich: Okeănos, der die Erdscheibe umkreisende, wunderreiche Grenzstrom, der Vater aller die Erde durchziehenden Wasserfäden, und Thetys, die Alles ernährende Feuchtigkeit; Hyperīon, der hochwandelnde Gott des Lichts, und Theia, die Glanzstrahlende, die Eltern der eigentlichen Lichtträger: Helios, Selene und Eos; Kreios und Eurybie, Symbole gewaltiger Macht im Allgemeinen; Koios und Phoibe, wieder hindeutend auf das Verhältniß zwischen Dunkel und Licht; Themis, die gesetzliche Ordnung, und Mnemosўne, die Zaubergabe des Gedächtnisses, beide sich später dem Zeus vermählend; Kronos und Rheia, eine Verjüngung des Uranos und der Gaia, nur in konkreterer, persönlicherer Fassung, und endlich Japĕtos, als Vater des Prometheus an der Spitze der hellenischen Stammtafel stehend, und also den Uebergang zum geschichtlichen Dasein vermittelnd. Außer den Titanen gelten als Sprößlinge der Gaia die drei Kyklopen: Brontes, Sterŏpes und Arges. In ihnen erkennt man die Erscheinungen der elektrischen Elementarkraft, den Donner, das Einschlagen des Blitzes und sein Leuchten, und darum legten ihnen die Alten ein einziges, rundes Feuerauge bei. Noch furchtbarere Gesellen waren endlich die Hekatoncheiren: Kottos, Briarĕos und Gyes, von denen jeder 50 Köpfe und 100 Arme besaß. Wie es scheint, versinnlichten sie den wuchtigen Anprall der Meereswogen ans Festland, in welchem man die Ursache des Erdbebens erkennen wollte.

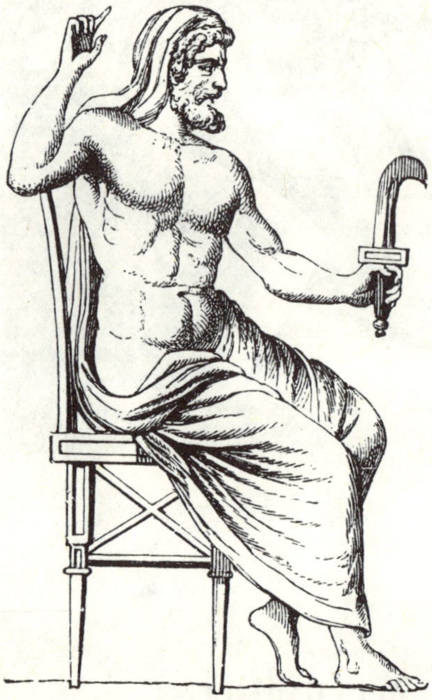

Kronos.

Nach Entstehung so mächtiger Wesen überkam Uranos selbst ein Grauen vor seinem Geschlecht und er stieß die Hekatoncheiren und Kyklopen in den Schoß der Erde zurück. Die dadurch gequälte Gaia forderte nun die Titanen zur Rache an dem Gemahle auf. Doch keiner hatte den Muth, die That zu wagen, außer dem verschlagenen Kronos, der seinen Vater verstümmelte und vom Throne stieß.

Uranos fluchte seinen Söhnen und weissagte dem Kronos ein dem seinigen gleiches Schicksal. Aus seinem Blute entstehen die Erinyen, die Rächerinnen der Blutschuld, die riesigen Giganten und die Melischen Nymphen, d. h. die Nymphen der die Schäfte zu den Lanzen liefernden Eschen. Der Ueberwältiger selbst wurde der Weltherrschaft nicht froh. Von finsterem Argwohn beseelt, übte er bald ärgere Tyrannei als sein Vorgänger. Sein Charakter, bereits ganz vermenschlicht, tritt in scharfen Zügen hervor, die auch von den Kunstwerken wiedergegeben werden, auf welchen er mit verhülltem Haupte in nachdenkender, brütender Stellung erscheint, durch die Sichel in der Hand sein Vergehen an Uranos andeutend. Seine Gattin Rheia gebar ihm drei Töchter: Hestĭa, Demēter und Hera, und zwei Söhne: Hades und Poseidon. Aber wie Kronos seine Brüder, die Hekatoncheiren und Kyklopen, aus ihrem Kerker zu entlassen geflissentlich versäumt hatte, so suchte er das ihm prophezeite Geschick dadurch abzuwenden, daß er seine Kinder nach der Geburt verschlang.

Als endlich der dritte Sohn, Zeus, das Licht der Welt erblicken sollte, eilte Rheia auf den Rath ihrer Eltern rasch nach der Insel Kreta, wo sie in der diktäischen Höhle das Knäblein verbarg. Dem Gemahl aber reichte sie zum Verschlingen einen in Windeln gewickelten Stein. Von den lärmenden Korybanten bewacht und von mitleidigen Nymphen mit der Milch der Ziege Amaltheia versorgt, wuchs Zeus bald herrlich empor und bewog endlich durch eine ihm von Gaia gerathene List den Kronos, den (später in Delphi heilig verehrten) Stein nebst seinen Geschwistern wieder von sich zu geben.

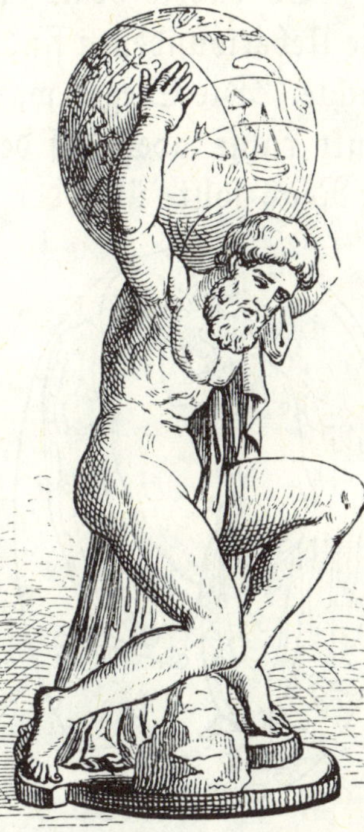

Atlas, der Titan.

Bald sollten sich nun die bösen Träume des Kronos erfüllen. Seine Söhne empörten sich unter Anführung des jüngsten, und die ganze Götterwelt spaltete sich in zwei Lager. Der Kampf (die Titanomachie) entbrannte im fruchtbaren Thessalien. Vom Berg Olympos herab stritten die Kroniden, während die fast alle zu Kronos stehenden Titanen unter dem gewaltigen Japetos den Othrys besetzt hielten. Viele Jahre schwankte der Sieg hin und her, bis Zeus auf der Großmutter Gaia Rath die Kyklopen und später die Hekatoncheiren entfesselte und nun, durch die Alles zerschmetternden Blitze und gewaltigen Muskeln dieser Ungeheuer unterstützt, die Gegner in dem der Erde den Untergang drohenden Schlachtgewühl bezwang. Die Rollen werden dann getauscht. Die Titanen müssen gefesselt in den finstern Tartaros hinabsteigen und erhalten die Hekatoncheiren zu treuen Wächtern; Kronos selbst herrscht seitdem auf den Inseln der Seligen über die abgeschiedenen Helden. Eine eigene Strafe wurde noch dem Atlas, einem Sohne des Japetos, zu Theil. Da er sich im Kampfe gegen die neuen Götter besonders hervorgethan hatte, wurde er von Zeus dazu verurtheilt, das wuchtige Gewölbe des Himmels auf seine Schultern zu nehmen. So steht der Titanide im fernen Westen am Okeanos und in der Nähe seiner Töchter, der Hesperiden, und hält, ohne zu ermüden, die auf ihn gewälzte Last. Nur einmal, als Herakles ihn ersuchte, für ihn die goldenen Aepfel der Hesperiden zu pflücken, wurde er auf kurze Zeit seiner Bürde ledig. Als er aber den Auftrag erfüllt hatte und sich erbot, die Früchte selbst nach Mykenä bringen zu wollen, witterte der Zeussohn eine List und ging scheinbar auf den Vorschlag ein, bat den Riesen aber, nur noch ein Weilchen die Last zu übernehmen, da er sich ein Kissen für den Kopf zurecht machen wolle. Atlas that es und hatte das Nachsehen!

So endete denn auch das zweite Weltregiment mit gewaltsamem Umsturz. Die Ueberwundenen sind die ungebändigten, maßlos und blind waltenden Naturmächte. Die Sieger waren zwar auch noch an die Natur gebunden, ihr Schwerpunkt ruhte aber auf der ihnen inwohnenden geistigen und sittlichen Bedeutung; ihr Reich sollte über der Natur stehen, sollte ein Reich der geistigen und sittlichen Klarheit werden.

Hebe.

Die Olympier feierten den Sieg mit Spielen und kriegerischen Tänzen, und die drei Kroniden theilten sich dann in die Herrschaft der Welt in der Weise, daß Zeus das oberste Regiment des Himmels behielt und das patriarchalische Haupt der ganzen Familie blieb, Poseidon die Fluten des Meeres als Herrschergebiet angewiesen bekam und Hades im dunkeln Reiche der Todten thronte. Ein gleichsam neutrales Gebiet der Brüder blieb die Erde. Der in die Wolken ragende Gipfel des Berges Olympos ward die Burg, der Wohnsitz, der Versammlungsort der Kroniden und der sich um Zeus sammelnden anderen Hauptgottheiten, deren Zahl sich endlich auf zwölf feststellte, nämlich: Zeus, Hera, Poseidon, Demeter, Hestia, Apollon, Artemis, Hermes, Ares, Hephaistos, Aphrodite, Athene. Glanz und Heiterkeit herrschte in ihren von Hephaistos erbauten goldenen Palästen, und Hebe und Ganymedes, die Vorbilder ewiger Jugend, bedienten sie beim Schmause mit der Götterspeise Ambrosia und dem Unsterblichkeitstranke Nektar.

Die Ruhe des Olymps war jedoch nach der Titanenschlacht noch nicht völlig gesichert. Gaia, erbittert über die Bestrafung der Titanen, vermählte sich mit Tartaros und gebar den Typhon oder Typhoeus, den „Dampfenden“, ein noch furchtbareres Ungeheuer mit hundert Drachenhäuptern, die da pfiffen, brüllten und heulten zugleich. Hätte es sich vollständig entwickeln können, so würde ihm Niemand widerstanden haben. Schon jetzt überragte seine Riesengestalt die Höhen der Berge und sein Haupt berührte die Sterne, während die ausgestreckten Hände vom Aufgang bis zum Niedergang reichten. Weil alle übrigen Götter entsetzt nach Aegypten geflohen waren und sich dort in Thiergestalten verwandelt hatten, trat ihm Zeus, mit dem Donnerkeil bewaffnet, allein entgegen, und wiederum erbebte die Erde bis in den Tartaros hinab; das Meer siedete und Berge schmolzen durch die vom Himmel herabfahrenden Blitze und die dem Typhon entsprühenden Flammen. Endlich lähmte ein mächtiger Strahl des himmlischen Feuers das Ungethüm und Zeus warf es in den Tartaros. Aber auch von dort aus gelingt es ihm noch zuweilen, der Oberwelt zu schaden, indem es glühende Winde über Land und Meer entsendet. Mit Echidna, einer ihm ähnlichen Genossin, hatte Typhon den Höllenhund Kerběros und dessen Bruder Orthros erzeugt und die schreckliche lernäische Hydra. Unschwer erkennt man in der ganzen Allegorie die vulkanische Auflehnung des Erdinnern gegen die Rinde des Planeten.

Athene gegen die Giganten.

Die letzte gewaltsame Empörung gegen das Regiment des Zeus ging von den schlangenfüßigen Giganten aus. Dem jüngeren Ursprung des Mythus gemäß wurden aber die Rebellen dem menschlichen Geschlechte näher stehend gedacht, als riesige, urkräftige Helden, den nordischen Hünen vergleichbar, von frevelhaftem, unbändigem Charakter. Der Verlauf des Kampfes ist von den Dichtern mit Vorliebe geschildert worden; überhaupt standen die Giganten der Volksphantasie näher als die Titanen; ja letztere traten endlich ganz zurück und der Gigantenkampf wurde vollständig mit der Titanomachie verwechselt.

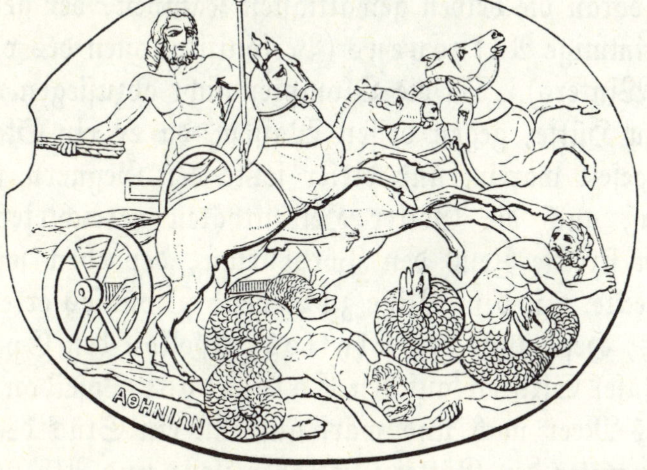

Zeus vernichtet die Giganten.

Die Erschaffung des Menschen. Nach einer Antike.

II.

Der Ursprung des Menschen und sein Verhältniß zu den Göttern.

Von ihrer Mutter Gaia durch einen Zauber gegen die Waffen der Götter geschützt, griffen die Giganten mit Felsblöcken und brennenden Baumstämmen den Olymp an, voran die beiden gewaltigsten Kämpen, der gewaltige Porphyrion und der grimmige Alkyoneus (Personifikationen des vulkanischen Feuers und des eisigen Winters). Da die Olympier nicht obzusiegen vermochten, riefen sie Herakles zu Hülfe, gegen dessen Waffen, da er ein Sterblicher war, die Giganten nicht gefeit waren, und dieser setzte den Gegnern mit seinen Pfeilen zu, trotzdem daß auch die Götter Heldenthaten verrichteten. Zuerst fiel so Alkyoneus; dann streckte Zeus den Porphyrion, der eben seine Hand freveInd nach Hera ausstreckte, mit dem Blitze zu Boden; Dionysos erlegte den Rhoitos mit dem Thyrsos, Hephaistos den Klytios, Apollon den Ephialtes; Athene schleuderte die Insel Sizilien auf den Enkelădos; Poseidon jagte dem Polybōtes durch das Meer nach und warf auf ihn ein Stück der Insel Kos. Der Hauptsiegesruhm unter den Göttern fiel aber Zeus und Athene zu.

Die Giganten dachte man sich augenscheinlich als ein trotziges Menschengeschlecht; denn das bereits gleichzeitige Vorhandensein der Kulturgottheiten Demeter, Dionysos, Hestia und Hephaistos weist bestimmt auf eine menschliche Bevölkerung der Erde hin. Wie urtheilten nun aber die Hellenen über die

Entstehung der Menschen? Ihre Phantasie scheint sich überhaupt wenig mit dieser Frage beschäftigt zu haben. Hesiod und Pindar erwähnen nur, daß Götter und Menschen desselben Stammes seien; derselben Mutter, nämlich der Erde, entsprossen. Ja, es gab verschiedene Landschaften, welche, wie Attika voran, ihre ersten Bewohner für Autochthonen, d. h. Eingeborene im strengsten Sinne, gehalten wissen wollten. Nur die philosophische Weltanschauung nahm ferner an, daß der Urzustand der unter dem frischen Schöpferdrange der Erde entstandenen Menschen ein wilder, thierähnlicher gewesen wäre, und daß die rohen Sterblichen erst allmählich durch Beihülfe der Götter zu menschlicher Sittigung sich emporgehoben hätten. Viel allgemeiner war der Glaube an eine zu Anfang liegende paradiesische Zeit, von welcher an infolge sittlicher Verschlechterung auch das äußere Glück des Menschengeschlechts zu sinken begann. In jener Periode verkehrten — dachte man sich — die Menschen in vertraulicher Weise mit den Unsterblichen und nahmen an deren Schmäusen und Versammlungen Theil. Allein Uebermuth und überhaupt Selbstsucht von Seiten der Gäste trennte die Freundschaft (vergl. die Beispiele des Tantălos und Sisўphos) und es trat eine Entfremdung ein, die sich bis zur Feindschaft und zum Neide der Götter steigerte.

Der tiefsinnige Mythus, der diesen Zwiespalt der wachsenden menschlichen Intelligenz und der Götterhoheit zum Inhalt hat, ist unstreitig der von Prometheus. Die Söhne des Titanen Japetos: Menoitios, Atlas, Prometheus und Epimetheus, erbten mit der leidenschaftlichen Natur des Vaters auch den diesem inwohnenden Götterhaß. Menoitios hatte dem Zeus in der Titanenschlacht getrotzt und war in den Tartaros verbannt worden. Atlas, der große Dulder, ward von Zeus verurtheilt, im äußersten Westen am Okeanos das Himmelsgewölbe mit Haupt und Händen zu stützen. Prometheus aber (der „Vordenkende") trat als Vorkämpfer der menschlichen Bildung auf und erregte durch zu großes Selbstvertrauen und durch zu rasche Hebung des menschlichen Geistes den göttlichen Unwillen. Das Nähere erzählt Hesiod ungefähr in folgender Weise. Nach dem Sturze des Kronos kamen die Olympier im peloponnesischen Sikyon mit den Sterblichen zusammen, um sich über die Pflichten und Rechte auseinander zu setzen. Es handelte sich besonders um die von den Göttern zu beanspruchenden Theile der Opferthiere. Prometheus, als Anwalt der Menschen, theilte einen fetten Stier in zwei Portionen, indem er auf die eine Seite die Fleischstücke und die edleren Eingeweide, in das Fell gewickelt, auf die andere die Knochen und Schenkelstücke, in glänzendes Fett eingeschlagen, legte. Zeus sollte nun im Namen der Götter wählen und die Entscheidung auf alle Zeiten Geltung haben. Absichtlich nahm er das weiße Fett und entzog sofort den Menschen den freien Gebrauch des Feuers, ohne welches das Fleisch nichts nützte und überhaupt die Kultur ins Stocken gerathen mußte. Da überlistete Prometheus den Gott noch einmal, indem er das himmlische Feuer, im Marke eines Rohrs verborgen, entwendete und den Menschen überbrachte.

Das gestohlene Himmelsgut blieb fortan den Menschen; aber sie sowol als der Dieb erlitten eigenthümliche Strafen. Trotz der vielen Göttinnen, die bereits existirten, setzt der uralte Mythus voraus, daß das irdische Weib noch nicht erschaffen war. Denn auf Zeus' Befehl formt Hephaistos aus feuchter Erde eine schöne Jungfrau nach dem Vorbilde der unsterblichen Göttinnen des Olymps und verleiht ihr die Stimme und Kraft der anderen Menschen. Die anderen Götter und Göttinnen statteten sie je nach Vermögen mit allem Zauber der Anmuth und Gewandtheit, aber auch mit der Kunst der Verführung und Verschlagenheit aus, und so betrat Pandōra (die „Allbeschenkte"), von Hermes geführt, das Haus des Epimetheus (des „Nachbedacht"), und dieser nahm das verlockende Geschenk trotz einer ihm gewordenen Warnung an. Nach Hesiod lag schon in der Sendung des Weibes selbst eine empfindliche Strafe. „Denn von ihr", sagt er, „stammt das Geschlecht der zarteren Weiber; ihre Gattung ist verderblich und die Stämme der Weiber wohnen als großes Unheil unter den sterblichen Männern." Und dieses harte Urtheil harmonirt im Allgemeinen mit der niedrigen Meinung, welche die Griechen vom Weibe hegten, in dem sie meist nur ein Geschöpf der Täuschung und des sinnlichen Betrugs sahen. Allein Pandora brachte noch eine gefährlichere Ausstattung mit, wohlverwahrt in einem thönernen Fasse. Bisher hatten die Menschen in Behaglichkeit und Ruhe gelebt; als das erste Weib aber aus Neugier den Deckel des großen Gefäßes aufhob, flogen allerlei Uebel, besonders viele böse Krankheiten, heraus und verbreiteten sich über die Erde; nur die Hoffnung blieb Gefangene, da Pandora schnell den Deckel wieder schloß, und so fehlte bei der Unzahl der Leiden den Sterblichen sogar die trügerische Erwartung der Erlösung. Kaum läßt sich übrigens dieser Schluß des Mythus seinem Sinne nach mit der Schöpfung des Weibes in Verbindung bringen. Die Mitgift der Pandora war vielmehr die Folge des durch Prometheus bewirkten Fortschritts, und Uebel und Leiden kamen nach dem Ende der harmlosen und unschuldigen Zeit im Gefolge der Kultur.

Pandora mit der Büchse.

Prometheus, eigentlich der kühn emporstrebende Menschengeist selbst, der es gewagt hatte, „mit Zeus an Scharfsinn zu wetteifern", wurde an einen Felsblock geschmiedet und ein Adler nagte täglich an seiner Leber (als dem Sitze der bösen Leidenschaften und Begierden). Die Sonnenstrahlen fielen glühend auf seinen Leib herab; kein Schlaf kam während der langen Nächte in seine Augen und, trotz der gräßlichen Wunde nicht sterbend, hing er an seinen Ketten. Dennoch wurde sein Herz keine Beute der Verzweiflung, und ruhig duldend harrte er der Erlösung, die ihm, wie er wohl wußte, von dem dreizehnten Nachkommen aus dem Geschlechte der Io kommen mußte. Außerdem war ihm bekannt, daß dem Himmelskönige von dem Sohne einer bestimmten Sterblichen Gefahr drohe, wenn er sich mit ihr vermählen würde.

Zeus hatte durch Hermes das Geheimniß zu erfahren gesucht, aber Prometheus es nur um den Preis seiner Freiheit mittheilen wollen. Endlich kam Herakles nach mehreren Menschenaltern auf dem Wege nach dem Hesperidengarten zu ihm und erlegte den Adler. Später fand sich auch ein Unsterblicher, der sich freiwillig für ihn zum Tode erbot und ihn dadurch nach dem Spruche des Zeus aus seinen Banden befreite. Es war dies der Kentaur Cheiron, der an einer unheilbaren Wunde siechte. Prometheus söhnte sich nun mit Zeus wieder aus und warnte ihn, als sich dieser mit Thetis vermählen wollte, worauf dieselbe dem Peleus gegeben wurde.

Herakles befreit den Prometheus.

Die Idee einer anfänglichen Gemeinschaft zwischen Göttern und Menschen und einer allmählichen Abschwächung der menschlichen Natur liegt auch den von Hesiod aufgestellten vier Weltaltern zu Grunde, deren Charakter durch die Benennung nach den Metallen: Gold, Silber, Erz, Eisen, allegorisch bestimmt wird. Das erste Geschlecht, das goldene, lebte frei von Sorgen und Noth in Heiterkeit und Ueberfluß von dem, was ihm die Erde freiwillig spendete. Die Götter liebten diese Menschen, und wenn ihre ewige Jugend der Tod endete, so kam er als ein sanfter Schlummer und versetzte sie unter die guten Dämonen, welche über Recht und Unrecht wachen und den Menschen beglücken. Dem matteren Glanze und der größeren Weichheit des Silbers gemäß waren die Angehörigen des nach ihm benannten zweiten Geschlechts verweichlichte, schlaffe Naturen, die trotz einer hundertjährigen Kindheit weit vor der höchsten Entwicklungsstufe stehen blieben, in Unverstand sich das Leben vergällten und, weil sie den Göttern die schuldigen Ehren versagten, endlich von Zeus zu unterirdischen Dämonen gemacht wurden. An ihrer Stelle schuf nun der Kronide aus hartem Eschenholz das eherne Geschlecht, den direkten Gegensatz des vorigen. Gewaltig war seine Kraft, ungezähmt seine Kampfslust. Es baute kein Getreide und aß kein Brot; seine Waffen, Häuser und Geräthe waren von Erz, der Krieg seine einzige Arbeit. Dieses Geschlecht ging durch eigene Hand zu Grunde und stieg ohne Namen und Ehre zum Hades hinab. Zwischen das eherne Geschlecht und das eiserne schob der Dichter, vielleicht in Rücksicht auf Homer, das der Heroen ein, einen gerechteren Menschenschlag, der aber größtentheils bei den Belagerungen von Theben und Troja umkam. Dem eisernen Geschlechte zählt sich Hesiod selbst zu. Hören wir darüber seine Worte:

Müßt' ich selber doch nicht im fünften Geschlechte daheim sein,
Stürbe zuvor schon, oder — ich würd' erst später geboren!
Denn jetzt lebet ein eisernes Volk, und nimmer am Tage
Ruh'n sie von Arbeitslast und Leid, ja selber die Nacht nie. —
Sündiges Volk! dem senden die Götter beschwerliche Sorgen;
Nicht ist der Vater dem Kind, noch das Kind dem Vater gewogen,
Oder dem Wirthe der Gast, auch nicht der Genoß dem Genossen.
Faust ist Recht; so verheeret die Stadt auch Einer dem Andern.
Redliche Treue dem Eide belohnt sich nimmer, — gerecht sein,
Gut sein nimmer; o nein! Wer Sünde verübte, wer Unrecht,
Dem wird Ehre gezollt; kein Recht in den Händen noch Ehrtrieb
Giebt's dann noch; da betrügt ein Schurke den edleren Menschen.
Jetzt zu dem hohen Olymp von der weithin gebreiteten Erde
Beide, den herrlichen Leib in weiße Gewande verhüllet,
Lassen die Welt und gehen hinauf zum Chore der Ew'gen,
Scham und die heilige Zucht. Was bleibt, ist trauriges Elend
Sterblichem Erdengeschlecht — und nirgend Hülfe des Unheils.

Ihrer Ruchlosigkeit halber ward nach verschiedenen Sagen die Menschheit entweder im ehernen oder eisernen Zeitalter von einer Sintflut heimgesucht, welche die Ungerechten vertilgte. Das älteste Naturereigniß dieser Art ist die nach einem böotischen Könige benannte Ogygische Flut. Ursprünglich nur auf Thessalien beschränkt, später aber allgemein verbreitet war die Sage von der Deukalionischen Ueberflutung.

Deukalion, ein Sohn des Prometheus, und Pyrrha, die Tochter der Pandora, waren nach dieser Ueberlieferung das einzige Menschenpaar, das, von Prometheus gewarnt, beim Schwellen der Gewässer durch unaufhörlichen Regen eine Arche bestieg und nach neuntägiger Irrfahrt endlich auf dem Gebirge Othrys, nach Anderen auf dem Parnassos, landete. Nachdem ihnen Zeus durch den Götterboten Hermes die Gewähr ihrer ersten Bitte verheißen hatte, wurde ihnen der Befehl, die Gebeine der Mutter, d. h. die Steine des Gebirgs, hinter sich zu werfen, und siehe, ihre Sehnsucht nach Gesellschaft wurde gestillt: aus den Steinen schoß eine neue Menschensaat empor, aus denen Deukalion's die Männer, aus denen der frommen Pyrrha die Weiber, ein dauerhaftes, festes Geschlecht.

Deukalion bewies sich dankbar, leistete dem Zeusdienste überall Vorschub und gründete die ersten Altäre der zwölf großen Götter. Sein Sohn Hellen und dessen Söhne Aiölos und Doros nebst seinem Enkel Jon bilden bereits den dämmernden Uebergang zur griechischen Geschichte.

Bevor wir uns nun zu den einzelnen Gottheiten wenden, kommt es uns noch darauf an, im Allgemeinen die Art und Weise kennen zu lernen, in welcher der Hellene der geschichtlichen Zeit den Göttern seine Verehrung darbrachte. Die äußeren Formen des Kultus sind hier überhaupt von vorwiegender Bedeutung, da sie das einzig Feststehende in der griechischen Volksreligion bilden, in der man vergebens nach einer heilige Autorität beanspruchenden Glaubenslehre sucht. Das Verhältniß zwischen Göttern und Menschen war nach der Hesiodischen Prometheussage durch den oben erwähnten Vertrag geregelt worden, und wenn diese Erzählung auch nichts ist als ein in die Vorzeit versetzter Erklärungsversuch des gewöhnlichen Opfergebrauchs, so ergiebt sich doch daraus für den Kultus, daß die den Göttern dargebrachten Gaben für den Einsatz angesehen wurden, wofür man das Wohlwollen und die Hülfe derselben zu erwarten sich berechtigt hielt. Die Frömmigkeit wäre hiernach im Grunde eine Gesetzdienerei aus egoistischer Absicht, wie Platon irgendwo sagt, „ein Tauschhandel" zwischen beiden Parteien gewesen. Man kann nicht leugnen, daß der große Haufe die Sache so beurtheilte (vergl. den Spruch: „Geschenke bereden die Götter, Geschenke die würdigen Fürsten"); die Besseren und Verständigeren, wenn sie nicht von philosophischem Unglauben angesteckt waren, kannten aber doch bereits die Frömmigkeit als eine innere Gerechtigkeit, verbunden mit Leistung des Gebührenden aus Liebe zu den Unsterblichen.

Aus dem Bedürfniß, die Gottheit, welche man verehrte, in sinnlicher Form vor sich zu haben, hat sich bei allen Heiden der Götzendienst entwickelt. In ältester Zeit leisteten Naturgegenstände verschiedener Art, die man zu den Gottheiten in nähere Beziehung zu bringen vermochte, als Symbole denselben Dienst, wie die wirklichen Bilder. In Hellas waren es besonders Steine, hauptsächlich Meteorsteine, die man anbetete. So standen z. B. zu Pherä in Achaja 30 Steinpfeiler welche die Namen von eben so vielen Göttern führten und göttliche Ehre genossen. Die nächste Stufe des Fortschritts war die Herme. Sie entstand, indem man den Pfeilern Köpfe, auch andere charakteristische Theile anfügte. Für manche Gottheiten, besonders für Hermes (daher auch der Name), blieb diese Darstellung selbst später noch beliebt. Der Uebergang zur wirklichen Bildsäule fand nur allmählich statt. Der amykläische Apoll war in seiner unteren Hälfte eine förmliche Erzsäule; der Kopf war aber behelmt und die Hände bewaffnet. Die Bilder in ganzer Gestalt aus Holz, denen der Aberglaube fast allerorts überirdischen Ursprung beilegte, scheinen dem semitischen Oriente zu entstammen.

Von diesen bemalten und mit Flitterwerk aller Art geputzten Puppen, mit gekniffenen Augen, zusammengeschlossenen Beinen und an die Hüften geleimten Armen, schritt die griechische Kunst weiter zur Darstellung in Erz und Marmor, steife, der Natur streng nachgeahmte Körpergestalten schaffend, denen nebenbei durch lächelnde Mienen, zierlich gefaltete Gewänder, schneckenartig geringelte Locken ein bestimmtes kirchliches Gepräge aufgedrückt wurde. Welcher Fortschritt von diesem alterthümlichen Stile zur höchsten Blüte der Plastik, zur Zeit eines Pheidias und Polykletos! Hier erschienen die Götter in der höchsten Idealität der menschlichen Gestalt. Der Adel und die Harmonie der Formen, ihre Naturwahrheit und zugleich göttliche Erhabenheit stimmten den Beschauer zur Ehrfurcht und Andacht, und selbst die verstümmelten Reste und Nachbildungen jener Kunstwerke machen uns glaublich, was Aristoteles sagt: „Wenn uns jemals ein Mensch begegnete von solcher Gestaltung, wie die Bildhauer uns die Götter darstellen: es ist kein Zweifel, daß Alle bereit sein würden, ihn als ein Wesen höherer Art zu ehren und ihm zu dienen.“

Apollon von Amyklä.

Das Haus, worin die Gottheit ihre Wohnung aufschlagen sollte, geht uns hier nur seiner Bestimmung und Einrichtung nach an. Den allgemeinen Eindruck, den der hellenische Tempel hervorruft, können wir nicht besser schildern, als mit folgenden Worten des Aesthetikers Hettner: „Wie steht er so groß und schlicht vor uns, der griechische Tempel! So einfach schön, so feierlich ruhig, so göttlich heiter! Er ist nicht, wie unsere Kirchen, ein Versammlungshaus für die andächtige Gemeinde; nur das Bild des Gottes, dem er geweiht ist, und dessen heilige Schätze und Weihgeschenke sind in ihm. Deshalb ist er schon seiner Lage nach scharf abgeschieden von allen profanen Umgebungen. Eine Mauerumfriedigung hegt einen weiten, heiligen Raum ein und mitten in diesem erhebt sich „das goldreiche, fernstrahlende Haus" des Gottes. So kann es auch nicht auf der gemeinen Erde stehen, auf der die irdischen Menschen wandeln. Zwar breit und mächtig lagert sich der schönheitvolle Bau hin auf den Boden, als die natürliche Wurzel des Daseins; aber drei mächtige Stufenschichten erheben ihn über die Fläche der Wirklichkeit und tragen ihn dem Himmel entgegen, gleichwie ein heiliges Weihgeschenk.

Der Gott, der drinnen wohnt, in der viereckigen Cella, ist kein finsterer, verschlossener Gott; er ist ein Gott der Freude und ewigen Heiterkeit, ein Gott des Lichtes. Licht und Luft zu fassen öffnet sich die Vorhalle und ringsum läuft ein Säulengang, die enge Wohnung des Gottes mit der Außenwelt zu verbinden. Freudig in ihrer Kraftfülle, elastisch lebendig streben diese Säulen empor, den Kern des Gotteshauses umgebend. Aber ihr keckes Emporstreben wird gedämpft und beruhigt durch den Gegendruck und die Wucht des mächtig auf ihnen lagernden Dachbaues, der über den Säulen schwebt und den zu tragen sie bestimmt sind. Nach beiden Seiten senkt das Dach seine Flügel herab, als wolle es mit seiner breit auslaufenden Ueberschattung die aufwärts schießenden Säulen zurückweisen auf das sichere, behagliche Insichselbstberuhen des schönen, gotterfüllten Diesseits. Und an Fries und Giebel und in den vertieften Feldern des Gebälks erschließt sich diese stumme Sprache der tektonischen Formenwelt zum beredten, individuell bildnerischen Ausdruck, der die Thaten des Gottes verkündet. Dieses Streben und Gegenstreben, dies Erheben, das mit freudiger Selbstbeschränkung sich willig in seine angeborenen Schranken zurückbeugt, dieses lebensvolle, glücklich in sich Beruhigtsein ist es, das so heiter und harmonisch beruhigend auf den Beschauer zurückwirkt."

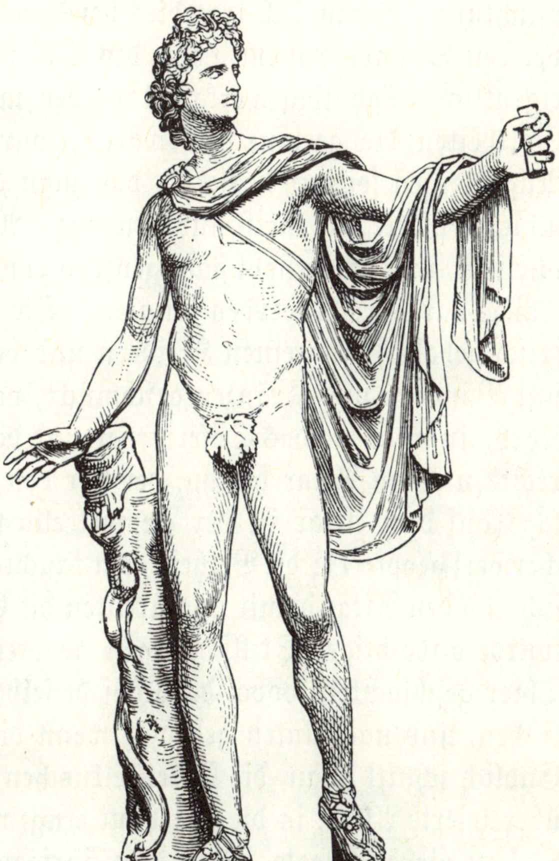
Apollon von Belvedere.

Die Geschenke, welche man den Göttern darbrachte, lassen sich ihrer Mannichfaltigkeit wegen kaum klassifiziren. Durch göttlichen Beistand Genesene hingen im Innern des Tempels metallene Abbilder der krank gewesenen Gliedmaßen auf. Andere weihten am Abende des Lebens die Werkzeuge ihres Berufes, Sieger ihre Kränze, junge Leute ihren Haarschmuck. Am häufigsten aber wanderten neue

Kultgeräthschaften, Schalen, Pokale, Dreifüße, Lampen und Räucherpfannen in die Tempel und Schatzhäuser. — Endlich schenkte man auch Thiere, von denen man voraussetzte, daß die Gottheit an ihnen Wohlgefallen fände, und selbst Menschen, die dann entweder Tempeldiener oder zinspflichtige Bauern des Heiligthums wurden. Hatten also die Weihgeschenke die Bestimmung eines bleibenden Besitzes, so bezweckten die Opfer mehr ein augenblickliches Ergötzen des Gottes. Nur der gröbste Idiot dachte wol dabei an eine wirkliche Sättigung; der Volksglaube legte vielmehr den durch die Opfergabe erzeugten göttlichen Genuß in das Gefühl der Befriedigung über den gebührenden Zoll der menschlichen Verpflichtung. Vorzüglich trat dies bei dem Trank- und Speiseopfer hervor, während bei den Sühnopfern im Tode des Opferthiers mehr eine Stellvertretung für den eigentlichen Schuldigen erkannt werden muß. Welche Opferthiere für die einzelnen Gottheiten die geeignetsten waren, wird später nicht unerwähnt bleiben. Im Allgemeinen sei nur bemerkt, daß man den unterirdischen Göttern nie männliche Thiere opferte und meist nur schwarze. Auch über das Alter gab es bestimmte Vorschriften, und es versteht sich eigentlich von selbst, daß nur gesunde und vollkommene Thiere dargebracht werden konnten. Die opfernden Personen erschienen im Tempel frisch gebadet, mit reinen Kleidern und bekränzt, sowie auch das Opferthier selbst, mit Bändern und Kränzen geschmückt, vorgeführt wurde. Dann trug man einen Korb, in welchem das Opfermesser und der Opfergerstenschrot lag, von links nach rechts um den Altar herum, der vor den Stufen des Tempels im heiligen Gehege lag (auf dem Altar in der Tempelcella wurden nur Früchte, Gebäck und Räucherwerk geopfert); die Betheiligten tauchten ihre Hände in Weihwasser, besprengten sich und den Altar damit und streuten die Gerste auf den Kopf des Opfers. Hierauf wurde andächtiges Stillschweigen geboten und nach Anrufung der Gottheit das Thier geschlachtet, wobei der Kopf desselben emporgerichtet ward, wenn die himmlischen, und nach unten gebeugt, wenn die unterirdischen Götter betheiligt waren. Endlich schnitt man die Schenkelknochen aus, legte dazu einige Eingeweide und überlieferte Alles, in die Fetthaut eingewickelt, dem Opferfeuer, in das man auch Oel zu gießen pflegte. Von dem übrigen Fleische hielten die Opfernden zu Hause eine Mahlzeit; auch pflegte man guten Freunden Portionen davon zuzusenden. Bei großen Festopfern auf öffentliche Kosten (Hekatomben) wurde häufig das ganze Volk gespeist. An allem Opferfleische aber, das die unterweltlichen Götter und Seelen laben sollte, durften die Opfernden keinen Theil haben; es wurde in Stücke geschnitten und verbrannt, nachdem man das Blut in eine Grube hatte hinablaufen lassen. Aermere Leute, die keine Thiere zu opfern im Stande waren, ersetzten dieselben durch Backwerk, dem sie die Form von Rindern, Schweinen und Schafen zu geben suchten. Auch kam es vor, daß man Früchten, wie Aepfeln und Gurken, Beine und Hörner aus Holz ansetzte. Trankopfer, d. h. meistentheils aus Wein bestehende Spenden, wurden theils als Zubehör anderer Opfer, theils für sich unter Anrufung der Gottheit dargebracht. Namentlich versäumte man es nie, bei den Mahlzeiten vor Beginn des Trinkgelages dem guten Dämon und dem olympischen Zeus sammt den übrigen Göttern einen Trunk zu weihen.

Das Innere des Zeustempels zu Olympia.

Mit Rauchopfern, aus wohlriechendem Cedernholz, später aus asiatischen Spezereien bestehend, gebot schon Hesiod des Morgens und Abends die Götter zu ehren.

Vom Gebete sagt Platon, daß jedes Unternehmen, das kleine sowol wie das große, von allen Verständigen mit Anrufung der Götter begonnen werde und daß es für einen tugendhaften Mann das Schönste und Beste und die Glückseligkeit des Lebens am meisten Fördernde sei, wenn er durch Gebete und Gelübde fortwährende Gemeinschaft mit den Göttern unterhalte. Die Gebete waren meist kurz und man rief in besonderen Fällen den Gott an, in dessen Sphäre die Entscheidung lag. Sonst wandte man sich entweder an die Götter im Allgemeinen oder auch häufig an Zeus, Athene oder Apollon. Stets wurde aber die Vorsicht beobachtet, die Gottheit mit „Wer du auch seist", „Welcher Beiname dir lieber sein mag", zu verallgemeinern, um nicht durch falsche Bezeichnung ihren Zorn zu erregen. Gewöhnlich beteten die Griechen in stehender Haltung vor dem Götterbilde und nur in hoher Bedrängniß warfen sie sich zur Erde und umfaßten die Füße desselben. Unter freiem Himmel streckte man, das Gesicht nach Osten gekehrt, die Hände empor, wenn das Gebet den oberen Göttern galt, und schlug mit den Händen auf die Erde, wenn man die unterirdischen anflehte. Auch Kußhände den heiligen Stätten und Bildern zuzuwerfen war sehr gewöhnlich, und Theophrast erzählt, daß abergläubische Leute vor keiner Herme auf den Kreuzwegen vorübergingen, ohne aus einem Fläschchen Oel darüber zu gießen, auf die Kniee zu fallen und Kußhände zu spenden! Das Platonische Mustergebet lautet: „Zeus, unser Herr, gieb uns das Gute, ob wir dich darum bitten oder nicht; was aber übel ist, das halte von uns fern, auch wenn wir dich darum bitten!"

Jupiter Ammon.

Zeus von Dodona.

Zeus und Hera.

III.

Die Götter des Himmels.

1. Zeus und Hera.

Zeus (Jupiter), der jüngste der Kroniden, dessen Dienst am allgemeinsten unter den Hellenen war, dessen Auffassung, als Haupt des gesammten Götterstaates, der Idee des Monotheismus sich näherte, wurde ursprünglich, wie die Bedeutung des Namens seiner ganzen indogermanischen Verwandtschaft nach lehrt, als der helle Himmel selbst gedacht. Als Naturgott ist er Lenker atmosphärischer Vorgänge in der Höhe. Von ihm wird das befruchtende Naß gesendet, das auf die lechzende Erde herabträufelt; von ihm gehen auch Sturm, Hagel und Schnee aus und besonders der furchtbare Blitz, dem er die Weltherrschaft verdankt. An die sich entladende Wetterwolke erinnert sein Schild, die Aegis, das zottige Ziegenfell, angeblich das Vließ seiner Amme, der Ziege Amaltheia, quastenumbordet, hellstrahlend, voll Grauen und Schrecken. Schüttelte er sie, so umhüllte Dunkel die Berge; laut dröhnte der Donner über die Erde und erschreckte die Sterblichen. Eine Menge von Beinamen entspricht bei den Dichtern diesem Walten des Himmelsgottes,

z. B. „der im Aether Thronende", „der Wolkenversammler", „der Schwarzwolkige, Donnerfrohe, Lautdonnernde, Hellblitzende, Blitzschleuderer." Demgemäß war ihm auch der bis zum reinen Aether hinaufsteigende und von dort wie der Blitz wieder niederfahrende Adler heilig.

Der olympischen Götterfamilie gegenüber behauptet Zeus eifersüchtig seine Oberherrlichkeit und dies schon vermöge der ihm innewohnenden Kraft. Darum läßt ihn einst Homer zu den Göttern sprechen:

Auf, wohlan, ihr Götter, versucht's, daß ihr All' es erkennet,
Eine goldene Kette befestigend oben am Himmel;
Hängt dann all' ihr Götter euch an und ihr Göttinnen alle:
Dennoch zöget ihr nie vom Himmel herab auf den Boden
Zeus, den Ordner der Welt, wie sehr ihr räng't in der Arbeit!
Aber sobald auch mir im Ernst es gefiele zu ziehen,
Selbst mit der Erd' euch zög' ich empor und selbst mit dem Meere,
Und die Kette darauf um das Felsenhaupt des Olympos
Bänd' ich fest, das schwebend das Weltall hing' in der Höhe.
So weit rag' ich vor Göttern an Macht, so weit vor den Menschen!

Seine Herrschaft gründete sich auch auf das Familienrecht, da die beiden Brüder Poseidon und Hades seinen Vorzug anerkannt hatten, die übrigen Götter aber meist seine Kinder, Hera seine Gemahlin war. Aber in weit höherem Grade beruhte seine Obmacht auf der ihm eigenen Weisheit und majestätischen Würde.

Bevor er die Ehe mit Hera schloß, hatte er schon mehrere andere Verbindungen mit weiblichen Gottheiten eingegangen. Zuerst ehelichte er die Okeanide Metis, die Weisheit. Da ihm aber prophezeit wurde, daß ihm dieselbe nach einer Tochter einen Sohn schenken sollte, der ihn des Thrones berauben würde, so verschlang er die Metis und nahm dadurch einen neuen, gewissen Geist in sich auf, als dessen Frucht aus seinem durch des Hephaistos Axt gespaltenen Haupte die waffenschimmernde Athene, seine Lieblingstochter, entsprang. Ferner verband er sich mit Themis, der Göttin des Rechts und der Ordnung, und sie gebar ihm die Horen und Moiren, dann mit Eurynŏme, der Weitschaltenden, der Mutter der holden Chariten; hierauf folgte Demēter, die Erdgöttin und zärtliche Mutter der Persephŏne; endlich Mnemosўne, wie Themis eine Titanin, die Personifikation des Alles verewigenden Gedächtnisses, die ihm die Musen schenkte.

Hera (Juno) war vor der Titanenschlacht von der vorsichtigen Rheia zu Okeanos und Thetis gebracht und dort erzogen worden. Der argivischen Legende zufolge nahte sich ihr Zeus in Gestalt eines Kukuks. Nach einer anderen Version der Sage lebte Zeus mit ihr 300 Jahre in heimlicher Ehe, bis er nach dem Sturz des Kronos sie öffentlich zur legitimen Gattin erhob und eine glänzende Hochzeit feierte, wobei alle Götter ihre Geschenke darbrachten, Gaia aber den Wunderbaum mit goldenen Aepfeln wachsen ließ, der am Ende der Welt neben dem Okeanos steht und von den Hesperiden bewacht wird. Hera ist von gleicher Natur mit Zeus; sie ist als Göttin die andere Seite seines Wesens, die der Erde näher kreisende, ihr Segen bringende Luft. Darum stehen ihr der Sturm und das Gewitter zu Gebote und hat sie die Göttin des Regenbogens, Iris, und die Horen zu

Dienerinnen; darum ist auch der Pfau, das Symbol des gestirnten Himmels, ihr Lieblingsthier. — Sie theilte im Olymp die königlichen Ehren des Gemahls und vor ihrem Zorne erbebte die Wohnung der Himmlischen. Dennoch war ihr eheliches Verhältniß zu Zeus kein musterhaftes. Sowol ihre leidenschaftliche Eifersucht als auch ihre Rechthaberei und mancherlei Uebergriffe in die obersten Regentenrechte erregten vielfachen Zwist und Zank zwischen dem Ehepaar; ja, Hera bekommt Peitschenhiebe von Zeus und wird einmal am Himmel aufgehängt, die Füße mit zwei Amboßen beschwert, die Arme mit goldenen Fesseln gebunden. Die griechischen Dichter haben diese Zerwürfnisse mit Vorliebe ausgebeutet, und es ist nicht nur die Liebenswürdigkeit der Göttin, sondern auch das Bild der griechischen Ehe überhaupt dadurch getrübt worden.

Europa auf dem Stier.

Allein man hat dabei zu erwägen, daß der Hader und Widerspruchsgeist Hera's mehr in ihrer natürlichen als in ihrer sittlichen Bedeutung begründet liegt und auf die gewaltsam tobenden Kämpfe in der Luft hindeutet, die sich im Frühling und Herbst einzustellen pflegen. Auch ihre Eifersucht erscheint in einem ganz andern Lichte, wenn man die vielen Liebeshändel des Zeus nicht als leichtfertige Verirrungen der Sinnlichkeit ansieht, was sie freilich der großen Menge des hellenischen Volks, nicht zum Vortheile der eigenen Sittlichkeit, stets gewesen sind, sondern als ursprünglich, nur in verschiedenen Landschaften und Kultkreisen, anerkannte Verbindungen, so daß die Geliebten des Zeus eigentlich mit verschiedenen Namen und Eigenschaften begabte Gestaltungen derselben Himmelsgöttin sind und daß nur der spätere monotheistische Eifer der Hera-Diener alle Vorgängerinnen der Göttin zu sterblichen Kebsweibern herabdrückte.

So steht denn Europa, „die Dunkle", in innigem Zusammenhang mit dem Zeusdienste auf Kreta; sie ist die Mondgöttin, die vom Himmelskönige, dessen Symbol der weiße Stier bildet, über das Meer von Osten nach Westen entführt wird. Die gewöhnliche Sage macht sie zur Tochter des sidonischen Königs Phoinix oder Agenor. Am grünenden Gestade des Meeres mit ihren Gespielinnen Blumen pflückend, wurde sie von Zeus erblickt und die Bewunderung ihrer lieblichen Schönheit riß denselben zu dem Entschlusse hin, sie zu entführen. Schnell verwandelte er sich in einen Stier und näherte sich den Mädchen. Europa, erfreut über das schneeweiße, friedliche Thier, streichelt es, bekränzt seine Hörner, füttert es mit Blumen und wagt es endlich, sich auf den Rücken des im Grase Ruhenden zu setzen. Da erhebt sich Zeus schnell mit der schönen Beute, eilt dem Meere zu und durchschwimmt dasselbe, während das Wasser kaum die Füße der angsterfüllten Europa netzt und die phantastischen Geschöpfe aus Poseidon's Reich jubelnd dem Himmelskönige das Geleite bis Kreta geben. Drei Söhne entsprangen dieser Verbindung: Minos, Rhadamanthys und Sarpēdon.

Hera (im Vatikan).

Daß der Mythus von der Wandlerin Io, einer anderen Geliebten, dem vorigen sehr ähnelt, ist bereits in der Einleitung erwähnt worden. Sie, die schöne Tochter des Flußgottes Inachos und Priesterin der Hera zu Argos, hatte das Unglück, die Augen des Zeus auf sich zu ziehen, und wurde von der Göttin in eine blendend weiße Kuh verwandelt und ihr der hundertäugige Riese Argos, „der Allsehende", zum Wächter beigegeben. Dieser band das ihm anvertraute Thier auf der Weide an einen Oelbaum. Bald aber erschien, von Zeus gesandt, der schlaue Hermes, schläferte durch liebliches Flötenspiel den Argos ein und hieb ihm dann den Kopf ab. — Hera versetzte hierauf die strahlenden Augen des Getödteten auf den Schweif des Pfaues und stachelte Io durch die Kuhbremse auf, so daß sie in Angst und Raserei viele Länder durchirrte, bis sie schließlich in Aegypten ihre frühere Gestalt durch Zeus wiedererhielt und Mutter des Epăphos wurde, der über das Nilthal regierte und Memphis erbaute. Sie verschmolz später ganz mit der Nilgöttin Isi.

Auch Leto oder Latōna verdankte die Drangsal des Herumschweifens dem Zorne Hera's. Sie war eine in Lykien hochverehrte Göttin und ihrer Bedeutung nach die Nacht oder Finsterniß, welche in Vereinigung mit dem Himmelskönige dem Lichtgotte Apollon das Dasein schenkt. Der Legende nach versprach Gaia der

Der olympische Zeus.

über die Untreue des Gemahls weinenden Hera, der Nebenbuhlerin keinen Platz auf Erden zu ihrer Niederkunft zu gönnen, und Ares, seiner Mutter beistehend, drohte jeder Gegend Verderben, die sich jener erbarmen würde. So irrte nun Leto verzweiflungsvoll von Ort zu Ort. Kein Berg, kein Thal, keine Insel wagte es, sie zu beherbergen. Endlich erreichte sie das öde, verachtete Eiland Delos und erhielt dort durch das Versprechen einen Rastort, daß die Insel der auserwählte Wohnsitz ihres zu erwartenden Sohnes und seine erste, heiligste Tempelstätte werde solle.

Fast derselbe Sinn liegt dem Verhältniß des Zeus zur Danäe zu Grunde, welche jedoch von Hera's Rache nichts zu leiden hatte. Ihrem Vater, dem argivischen Könige Akrisios, war vom Orakel verkündigt worden, der Sohn seiner Tochter werde sein Mörder werden. Darum sperrte er die reizende Danae in ein unterirdisches Gemach. Aber Zeus verwandelte sich in einen goldenen Regen und drang durch die Decke des Gefängnisses. Danae ward hierauf Mutter vom Sonnenheros Perseus, und die Verwandlung des Zeus bezieht sich augenscheinlich auf die Besiegung der Nacht durch das himmlische Licht, während die spätere rationalistische Deutung in dem Golde nur ein Bestechungsmittel sehen wollte.

Verderben dagegen brachte die Eifersucht Hera's der von Zeus geliebten Kallisto und der Semĕle. Jene, eine Arkaderin, gehörte zum jungfräulichen Gefolge der Artemis. Als nun der Nymphe Fehltritt an den Tag kam, verbannte die keusche Göttin die Schuldige; die ergrimmte Hera aber verwandelte sie in eine Bärin. Als solche wäre sie einst von ihrem eigenen Sohne Arkas getödtet worden, wenn nicht Zeus sie gerettet und unter die Sternbilder versetzt hätte. Wie bereits angedeutet, ist die schöne Kallisto selbst eine Mondgöttin, die von den Arkadern unter dem Symbole der Bärin verehrt wurde, und sie ist also mit Europa und Io sehr nahe verwandt. Die Tochter des thebanischen Königs Kadmos, Semele, war bestimmt, ein wichtiges Glied in der Kette der Kulturgötter hervorzubringen. Ihr näherte sich Zeus in menschlicher Gestalt und ohne seinen göttlichen Rang zu verleugnen. Die arglistige Hera aber verwandelte sich in die alte Amme Semele's und erregte in dieser den Verdacht, daß sie von einem gewöhnlichen Erdensohne hintergangen worden sei. Sie erbat sich daher vom Beherrscher des Olymps die Gnade, ihr in seiner wahren Gestalt und Pracht zu erscheinen, und als Zeus, durch einen Eidschwur gebunden, von zuckenden Blitzen umleuchtet, ihr Gemach betrat, wurde die Arme von den Flammen verzehrt. Nur ihr kleiner Knabe Dionysos wurde vom Gotte dem Tode entrissen. Wahrscheinlich liegt in diesem Mythus eine sinnige Beziehung des Weinstockes und der Traube, wie der Frühlingsvegetation zur Glutwärme des Himmels und zur Fruchtbarkeit der Erde.

Leda, die Gemahlin des lakonischen Königs Tyndareos, um deren Gunst Zeus in Gestalt eines Schwanes geworben haben soll, bekommt weniger durch dieses Verhältniß, einen Lieblingsvorwurf der Malerei, als durch ihre Zwillingssöhne Kastor und Polydeukes (Pollux), die Dioskuren, mythologische Bedeutsamkeit. Abgesehen von ihren Heldenthaten, offenbaren sich diese als göttliche Mächte des Lichts, das nach eintretender Verhüllung immer wieder triumphirt. Am deutlichsten tritt dieser Wechsel in der zarten Sage von Kastor's Tode hervor. Als nämlich er, die sterbliche Hälfte der Brüder, in einem Gefechte zum Tode verwundet worden war, flehte Polydeukes zum Vater Zeus, seinem Bruder entweder die Unsterblichkeit zu verleihen oder ihn selbst mit demselben sterben zu lassen. Zeus konnte nur so viel gewähren, daß die liebenden Brüder Tod und Leben mit einander theilten, und so verweilen sie abwechselnd einen Tag im Schattenreiche der Unterwelt, den andern in den goldenen Sälen des Olymps. Als ritterliche, gütige Helfer in Nöthen zu Wasser und zu Lande, als Kriegsgötter und

Vorsteher der kriegerischen Uebungen, genossen sie hohe Verehrung, besonders in Sparta. Hier zählte man viele Merkmale ihres unmittelbaren Beistandes auf. Die Schiffer erkannten ihre rettende Nähe an dem auf den Mastspitzen züngelnden St. Elmsfeuer.

Als die letzte Geliebte des Zeus unter den Erdentöchtern wird die Argiverin Alkmēne angesehen. Ihr Sohn war der gewaltige Herakles, der am meisten unter allen Heroen von Hera's Hasse zu leiden hatte, aber in muthigem Kampfe mit dem Schicksal und mit staunenswerther Selbstbeherrschung den großen Läuterungsprozeß an sich vollzog, welcher für die hellenische Welt als Vorbild einer Selbsterlösung und als eine Versöhnung des Menschengeschlechts mit dem Olymp galt. Doch davon später mehr!

Themis.

Noch können wir endlich nicht die Entführung des Knaben Ganymēdes, eines trojanischen Königssohnes, übergehen, den Zeus wegen seiner herrlichen Jugendschönheit durch einen Sturmwind oder durch seinen Adler rauben ließ. Sein Vater, Tros, erhielt als Entgelt ein Paar windschnelle Rosse oder einen goldenen Weinstock; Ganymedes aber verrichtete im Olymp Pagendienste.

Wir kehren zu den Beziehungen zurück, in denen der Zeus- und Heradienst zum öffentlichen und häuslichen Leben stand. Hier ist die Macht des Zeus so vielseitig eingreifend, wie die keiner andern Gottheit. Im Hause war er der Beschützer der Familie und hatte als solcher seinen Altar im Binnenhofe. Als der Mehrer der Habe pflegte er in der Vorrathskammer abgebildet zu sein; auch gehörte er zu den Weihegottheiten der Ehe. In weiterem Kreise ist er ferner Schirmvogt der bürgerlichen Einigung nach Geschlechtern, Gaugenossen und Stämmen, endlich Vorsteher der Ordnung und des Rechts im Staate überhaupt. Als solcher hieß er vorzugsweise „König" und auch die irdischen Könige pflegten ihren Ursprung geflissentlich auf ihn zurückzuführen, um ihr Scepter, als von ihm ererbt, zu rühmen. Aber auch in den späteren Demokratien galt er als Aufseher der Raths- und Volksversammlungen, und als unbeugsame Wächterinnen des Rechts standen ihm hierbei Themis und die jungfräuliche Dike zur Seite. Da aber in den staatlichen Verhältnissen die Hauptsache auf treues Festhalten an der Satzung des Rechtes und des Vertrages ankommt, so waltete Zeus auch als oberster Schirmgott des Eides und drohte jeden Meineidigen schwer zu strafen. Mit diesem Hüteramte über alles Recht hing genau seine Eigenschaft als der die Unantastbarkeit der Grenzen und den Anspruch der Fremden und Flüchtlinge auf gastliche Beherbergung und auf Schutz wahrende Gott zusammen.

Ueberhaupt ist er der Retter in aller Noth, der Verleiher der höchsten Güter, der Freiheit und der männlichen Tüchtigkeit. Aber auch die bösen Schicksale der Menschen bestimmt er nach seiner Einsicht, und wenn Homer die Vorstellung bringt, daß zwei Fässer am Eingange seines Palastes ständen, das eine gefüllt mit Uebeln, das andere mit Gütern, so finden sich bei Hesiod über die Vertheilung selbst die schönen Worte:

Er setzt sterbliche Menschen in Unehr oder in Ehren,
Ruhm und Schande verleiht er, so wie's der erhabene Zeus will!
Leicht giebt Stärke der Gott, leicht wirft er Starke zu Boden!
Leicht demüthiget er auch Mächtige; Nied're beglückt er;
Leicht macht er selbst Krumme gerad'; Hochmüthige dämpft er,
Zeus, der gewaltige Donn'rer im Hause des ewigen Aethers.

Auch über den Tod trifft er Bestimmung, und dies drückt Homer durch das Abwägen der Todeslose aus. Nur ist es ihm nicht erlaubt, gegen die Moira zu handeln, d. h. das natürliche Verhängniß, das Naturgesetz, das sich, wie wir unten sehen werden, zu einer über allen Göttern stehenden Schicksalsmacht ausgebildet hat.

Außerdem aber war Zeus der Pfleger männlicher Kraft und Streitbarkeit und deshalb standen die solche Eigenschaften befördernden Wettkämpfe und Nationalfeste, besonders die zu Olympia und Nemea, unter seiner Obhut. Ferner glaubte man auch, daß er als allwissender Gott den Sterblichen Andeutungen über die Zukunft gäbe, hauptsächlich durch Blitz und Donner und durch das Erscheinen des königlichen Adlers. Ja, alle Weissagung wird auf ihn, als die oberste Quelle, zurückgeführt, und selbst der delphische Apollon heißt, als Orakelspender, der „Prophet des Zeus." Zeus selbst besaß zwei berühmte Orakelstätten, wo er seinen Willen kund that, das pelasgische Dodōna in Epirus (am See von Janina) und das sogenannte Ammonion in der libyschen Oase Siwah (vergl. die ägypt. Mythologie).

Am ersten Orte thronte Zeus, mit Eichenlaub bekränzt, neben Diōne. In der Umgebung des Tempels befand sich das Hauptheiligthum, eine uralte Eiche mit eßbaren Früchten nebst der begeisternden Zeusquelle. Aus dem Rauschen dieses von weissagender Kraft ganz durchdrungenen Baumes wollte man die Zukunft erkennen; das Amt der Auslegung verwalteten die priesterlichen Sellen, „die ihre Füße nicht waschen und ihr Lager auf dem Erdboden haben", und die Peleiaden, prophetische Greisinnen. — Endlich war Zeus Rächer des Mordes und der Blutschuld, aber auf der andern Seite auch der reinigende Gott, durch dessen Huld der Schuldige der Strafe entrann.

Hera's Bedeutung für das sittliche Gebiet umfaßt die Ehe vom Standpunkte der Monogamie aus. Streng hält sie auf Zucht und Sitte und wahrt die Würde der Ehefrau an sich und ihren Verehrerinnen. Sie spendet blühende Lebenskraft, sowie sie selbst, die „Schöngelockte", „Weißarmige", „Großäugige", in nie verwelkender Jugend und vollendeter Schönheit prangt. Ihre Ehe mit Zeus war mit drei Kindern gesegnet: Ares, Hephaistos und Hebe.

Unter den Gegenden, in denen der Kultus des Zeus eine hervorragende Stelle einnahm, stehen Arkadien und die Insel Kreta obenan. Dort war ihm die schneebedeckte Kyllēne, die Geburtsstätte des Hermes, geheiligt und der für seinen Dienst noch bedeutungsvollere lykaiische Berg, dessen Gipfel mit dem Zeusaltare und zwei vergoldeten Adlern Niemand außer dem Priester nahen durfte. Hier wurden geheimnißvolle, blutige Opfer, in früher Zeit auch Menschenopfer, dem Himmelskönige dargebracht und in der Nähe jährlich ein großes Fest, die Lykaien, gefeiert, verbunden mit angesehenen Kampfspielen.

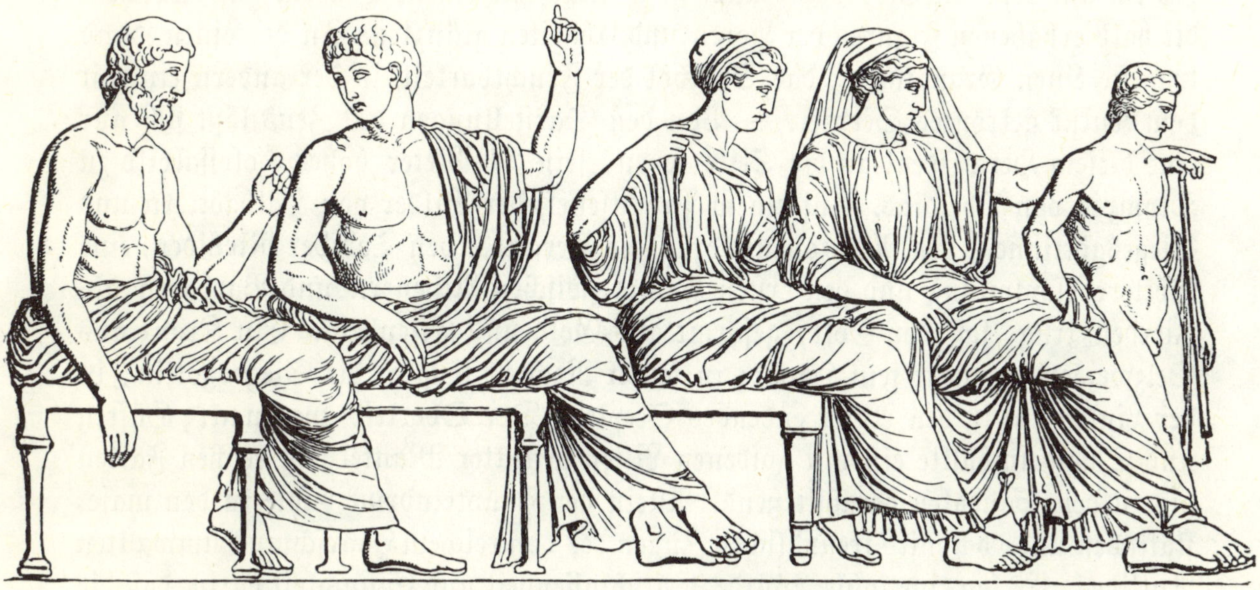

Göttergruppe vom Parthenonfries.

Auf Kreta scheint Zeus mit dem jährlich erstehenden und wieder vergehenden Naturleben identifizirt worden zu sein. Man zeigte deshalb hier nicht blos seine Wiege, sondern auch sein Grab und feierte unter wildem Gesang und Tanz in lärmenden Orgien im Frühling seine Geburt, im Herbste sein Hinabsinken in die Unterwelt. Der bekannte Minotauros ist ein altes Symbol des kretischen Zeus. In Athen hatten die öffentlichen Feste des Zeus, die Buphonien, Maimakterien und Diasien größtentheils Bezug auf seine alte Naturbedeutung, auf Witterung und Jahreszeiten. Noch zu erwähnen sind die Eleutherien, das seit der Schlacht bei Platää alle fünf Jahre gefeierte Befreiungsfest Griechenlands. Eine kriegerische Prozession bewegte sich durch die Stadt bis zu den Gräbern der Gefallenen. Dort wurden Todtenopfer dargebracht, die Grabsäulen gesalbt und bekränzt und vom Archon ein Becher mit Wein geleert zu Ehren der Männer, „die für die Freiheit der Hellenen in den Tod gegangen sind."

Die ältesten Verehrer der Hera scheinen die Pelasger in Argos gewesen zu sein. Ihr Hauptfest waren dort die Heraien oder Hekatombaien, welche in ihrem außerhalb der Stadt gelegenen Heiligthume gefeiert wurden. Dahin zog das Volk in feierlicher Prozession; die Priesterin fuhr in einem mit weißen Stieren bespannten Wagen (Kleobis und Biton). Am Altare der Göttin bluteten hundert

Farren, mit deren Fleische das Volk bewirthet wurde, und dann fanden Wettkämpfe statt. Die Hauptaufgabe bei letzteren war, einen festgenagelten Schild abzureißen. Mit diesem und einem Myrtenkranze geschmückt zog am Schlusse der Sieger zurück. An verschiedenen Orten, besonders auf der Insel Samos, die sich rühmte, die Geburtsstätte Hera's zu sein, und einen der größten Heratempel besaß, feierte man zum Andenken an ihre Vermählung die sogenannte „heilige Hochzeit" mit allen bei menschlichen Hochzeiten üblichen Gebräuchen.

Der argivische Heratempel enthielt auch das berühmteste Bild der Göttin, ein Werk des Polyklet aus Gold und Elfenbein. In kolossaler Größe saß die Göttin auf dem Throne, das Haupt geschmückt mit einem Diadem, auf welchem die halb erhabenen Figuren der Horen und Chariten glänzten. In der einen Hand trug sie einen Granatapfel, das Symbol der Fruchtbarkeit, in der andern ein mit dem Kukuk gekröntes Scepter. — Von den Darstellungen des Zeus läßt sich nur eine diesem Hera-Ideal an die Seite setzen, sein 24 Meter hohes Kolossalbild zu Olympia von Pheidias. Auf einem Prachtsessel, der Bilder von Halbgöttern und Siegesgöttinnen, den Amazonenfeldzug des Herakles, den Tod der Niobiden, eine Götterversammlung und den ersten Kampf zwischen Athenern und Barbaren als Zierden trug, saß der Gott, geformt aus Gold und Elfenbein. Ein Kranz aus Oelzweigen schmückte sein Haupt; in seiner Rechten trug er die Siegesgöttin, in der Linken ein in den Adler endendes Scepter. Der Oberleib war nackt; Hüften und Schoß umhüllte ein mit goldenen Lilien gestickter Mantel, in reichen Falten bis zu den Sandalen herabfließend. Allein der Haupteindruck ruhte in den majestätischen und doch mild freundlichen Zügen des von reichem Haarschmuck umwallten Antlitzes. Es lag eine solche Würde, Entschlossenheit und Sinnigkeit darin, daß die Beschauer sich von der außerordentlichen Wirkung kaum Rechenschaft geben konnten.

Medusenhaupt.

Die athenische Akropolis mit dem Parthenon.

2. Athene.

Athēne (Minerva) oder Pallas Athene, die Lieblingstochter des Zeus, ist wol durch den bereits erwähnten Mythus ihrer Geburt sofort als ein rein geistiger Ausfluß vom Wesen ihres Vaters bezeichnet; dennoch ruht auch ihre so Vieles umfassende Gestalt auf einem ursprünglichen Naturgrunde. In dieser Hinsicht war sie eine hohe Himmelsgottheit, begabt mit verderblicher und segensreicher Macht, und stand, dem Okeanos entsprossen, der mütterlichen Hera als spröde Jungfrau sehr nahe. Als Gebieterin im Luftkreise führt sie auch die Aegide des Zeus; ja dieselbe weicht nie von ihrer Brust und ist noch durch das Gorgoneion oder das furchtbare Medusenhaupt verstärkt; wahrscheinlich deutet auch die geschwungene Lanze auf den Blitz. Auf der andern Seite war sie wohlthätige Beförderin des Ackerbaues, und durch diese Wirksamkeit wurde jenes schreckenerregende Auftreten bald ganz zurückgedrängt. Besonders zeigt sich dies in den Mythen und dem Athenekult Attika's. Um den Besitz dieses Landes stritt Athene der Sage nach mit dem Meerbeherrscher Poseidon, und als nun diejenige Gottheit Recht behalten sollte, die der Gegend die größte Wohlthat erweisen würde, schlug Poseidon mit dem Dreizack auf den Felsen der spätern Akropolis und ließ eine salzige Quelle hervorsprudeln; Athene aber schuf den Oelbaum, und dieses Geschenk erwarb ihr den Preis. Ferner gehört hierher ihr Verhältniß zu dem der Erde entsprossenen, schlangenfüßigen Sohn des Hephaistos, Erechtheus.

Ihn nahm sie unter ihre Obhut und übergab ihn den Töchtern des Kekrops Herse, Pandrŏsos und Aglauros (Thau, Naß und heitere Luft) in einer verschlossenen Kiste mit der Weisung, dieselbe nicht zu öffnen. Herse aber und Aglauros konnten ihre Neugier nicht zügeln und erschraken über den Anblick des Wunderkindes so, daß sie sich, von Wahnsinn erfaßt, den jähen Felsen hinabstürzten, worauf die Göttin den Erechtheus bei sich im Tempel wohnen ließ. Offenbar hat man unter ihm den der Erde anvertrauten Pflanzenkeim zu verstehen.

Athene. Nach Pheidias.

Am nächsten verwandt mit der Naturbedeutung Athene's ist ihre kriegerische Thätigkeit. Stark und gewaltig, in glänzendem Waffenschmucke stürmt sie im Kampfe einher. Doch ist ihre Tapferkeit immer eine besonnene (Symbol: der wachsame Hahn), und sie liebt den Krieg nicht um seiner selbst willen, sondern als Mittel zum Siege. So erscheint sie besonders bei Homer, der sie einmal den Kriegsgott Ares selbst im Getümmel mit einem Felsstück treffen läßt, so daß er blutend und schreiend zusammenbricht. Wie Hera, ist sie vor Troja auf Seite der Achäer; sie wendet den Speer Hektor's von Achilleus ab; sie ermuthigt und kräftigt den Diomedes, und besonders steht der ihr geistesverwandte Odysseus unter ihrer Obhut. Auch das Roß, das im Alterthume mehr zu den ritterlichen Uebungen des Kriegs als zum Lastziehen verwendet wurde, soll sie zuerst schirren gelehrt haben, sowie sie auch als Erfinderin der Schiffahrt in Poseidon's Gebiet hinüberragte.

Doch damit betreten wir zugleich den großen Kreis der Vervollkommnungen, mit denen sie als segensreiche Förderin der friedlichen Kultur die Menschheit beglückt hat. Dem Ackerbau leistete sie unberechenbaren Vorschub durch Erfindung des Pfluges, des Rechens und Wagens, und indem sie den Menschen lehrte, den wuchtigen Nacken des Stiers zum Auflockern der harten Erdrinde herbeizuziehen. Auch der Oelbaum war ein sehr werthvolles Geschenk, da derselbe seine edlen Früchte spendete, ohne Ansprüche auf fruchtbares Erdreich zu erheben.

Ihr praktischer Sinn bewährte sich überhaupt durch Leistungen in jeder Gattung von Kunstfertigkeiten. Als Meisterin in den weiblichen Arbeiten heißt sie Ergane, „die Werkthätige", und alle in dieses Fach einschlagenden Meisterstücke nennt Homer „Werke der Athene". Sie war es, die zuerst den Frauen zeigte, wie man die Wolle der Schafe und den Bast des Flachses in Fäden zerlegen und drehen und zu einem Gewebe verschränken kann; denn sie galt als Erfinderin des Spinnrockens, des Webestuhls und der Färberei. Hieran knüpft sich das Märchen von der lydischen Weberin Arachne, die sich in stolzer Einbildung in einen Wettkampf mit der Göttin einließ. Ihre Arbeit kam zwar der Athene's gleich; da sie aber die Liebesabenteuer der Götter in ihren Kunstwerken dargestellt hatte, ergrimmte Pallas über den Spott und zerriß das Gewebe. Arachne erhing sich darauf aus Gram, und die Göttin verwandelte sie in eine Spinne und verurtheilte sie, ewig so zu hängen und ihre Arbeit fortzusetzen.

Athene, die Schirmerin des Kriegers.

Auch das musikalische Gebiet wurde durch Athene erweitert, indem sie die kriegerische Trompete erfand und die sanfte Flöte, die sie aber wieder weggeworfen haben soll, weil sie ihr Gesicht durch das Blasen entstellt fand. Ueberhaupt bekam die vom gemeinen Bedürfnisse unabhängige höhere Kunst durch sie erst ihre eigentliche Weihe, und darauf deutet auch ihre innige Befreundung mit Hephaistos und Prometheus hin.

Durch ihr unermüdliches Wohlwollen, das sie Allen zukommen läßt, die der wahren Geisteskultur zugänglich sind, wird sie endlich Allhelferin, ja geradezu Heilgöttin für alle Geschlechter. Als solche aber ist sie zugleich Beratherin des

Volks und oberste Schutzgöttin der Stadt Athen. Auch stiftet sie dort das Blutgericht des Areiopagos und lehrt zugleich den Unterschied zwischen strengem Recht und Billigkeit, indem sie bei dem Gericht über den Muttermörder Orestes durch ihren weißen Stein Stimmengleichheit und dadurch Begnadigung erzielt.

Nirgends überhaupt trug der Kult der Athene einen so mit dem ganzen Staate zusammenhängenden Charakter wie in Athen, dessen Name ja schon augenscheinlich mit dem der Göttin eines Ursprungs war. Als Athene Polias, d. h. Stadtschirmerin, besaß sie die Hauptstätte ihrer Verehrung auf der Burg oder Akropolis. Dort stand das uralte Erechtheion mit einem vom Himmel gefallenen Holzbilde Athene's; in der Nähe befand sich die heilige Salzquelle und der erste Oelbaum. Daneben aber erhob sich in Perikles' Zeit der herrliche Parthĕnon, und zwischen ihm und der Vorhalle der Burg, den Propylaien, stand unter freiem Himmel die über 22 Meter hohe, eherne Bildsäule der Athene Promachos (Vorkämpferin), deren goldene Lanzenspitze den das Vorgebirge Sunion umfahrenden Schiffern schon entgegenleuchtete, vor der noch der Gothenkönig Alarich entsetzt zurückschreckte, als er in die Burg eingedrungen war, um die Tempelschätze zu rauben!

Pallasbüste.

Unter den Festen der Göttin gedenken wir zunächst der in den Hochsommer fallenden Panathenaien. Sie wurden zwar alle Jahre, aber in jedem fünften mit besonderer Pracht gefeiert, weshalb man zwischen großen und kleinen Panathenaien unterscheidet. Die großen dauerten wahrscheinlich sechs Tage. Voran ging die Feier der Vereinigung Attika's zu einem einheitlichen Staate durch Theseus. Dann folgten die gewöhnlichen gymnischen Wettkämpfe, mit denen ein nächtlicher Fackellauf verbunden war, wobei derjenige Sieger blieb, der zuerst mit brennender Fackel am Ziel ankam. Es rangen auch Flöten- und Kitharspieler nebst Tänzerchören mit einander um den Preis, und auf dem Meere wurde eine Wettfahrt der Kriegsgaleeren veranstaltet. Die Krone der Feier bildete aber der letzte Tag, an welchem sich eine festliche Prozession nach dem Parthenon durch die Stadt bewegte, die ein von attischen Bürgerinnen, den Ergastinen, gewebtes safranfarbiges Gewand, in das die Heldenthaten Athene's in der Gigantenschlacht gestickt waren und das in Form eines Segels an einem Rollschiffe hing, der Göttin darbrachte. Unzählige Opferthiere eröffneten den Zug; die schönsten Frauen und Jungfrauen trugen in Körben und anderen Gefäßen gewisse Heiligthümer auf dem Haupte, begleitet von den Weibern der Schutzgenossen, die ihnen die Sonnenschirme und Sessel hielten; dann folgten würdige Greise mit Oelzweigen in den Händen und die kriegsfähige Mannschaft zu Fuß und zu Roß, prangend in ihrem Waffenschmucke.

Festzug bei den Panathenaien.

Eine Speisung des Volks und die Belohnung der Sieger mit Oel von besonderen heiligen Oelbäumen beschloß das Fest, an welchem unzählige Fremde Theil zu nehmen pflegten.

Ein anderes Fest, die Chalkeia oder das Schmiedefest, ging den Panathenaien voraus, galt zugleich dem Hephaistos mit und wurde von den Handwerkern, besonders von den Feuerarbeitern, begangen. Sehr heilig gehalten wurde auch das Wasch- oder Reinigungsfest des Heiligthums, bei welchem alle öffentlichen Geschäfte ruhten.

Die alten, hölzernen Kultus-Idole scheinen größtentheils Athene in kriegerischer Haltung, mit hochgehaltenem Schilde und gezückter Lanze dargestellt zu haben. Pheidias, der ihre Bildsäule im Parthenon schuf, faßte sie aber mehr als siegreich waltende und herrschende Göttin auf. Zwar hielt ihre Linke noch die Lanze; aber der Schild ruhte zu ihren Füßen neben der Erechtheusschlange, und auf ihrer ausgestreckten Rechten stand eine goldene, zwei Meter hohe Siegesgöttin. Unter dem Helme, den oben eine Sphinx und an beiden Seiten Greife zierten, drangen ihre „strahläugigen" Blicke hervor (die Eule war wol eben wegen ihrer runden, leuchtenden Augen ihr Symbol) und alle Züge ihres Gesichts drückten stillen Ernst sowie geistige Klarheit aus. Ein langes Gewand umschloß die jungfräulichen Glieder, und die Brust war von einem Schuppenfell bedeckt, auf welchem die Gorgonenmaske saß. Auch an diesem idealen Gebilde des Meisters glänzte Alles von Gold und Elfenbein. Das abnehmbare Goldgewand allein hatte einen Werth von 207,500 Mark. Auf der Basis der Statue war die Geburt der Pandora dargestellt, auf dem Schilde die Geschichte von den Siegen Athene's, am Rande ihrer Sandalen der Kampf der Kentauren und Lapithen: Alles erzählte von der Größe und Macht der Göttin, deren hoheitsvolles Auftreten der Homerische Hymnus treffend mit den Worten schildert:

„Und Ehrfurcht faßte die Götter
Alle zumal, und sie sprang vor dem Aegis tragenden Vater
Nieder im hurtigen Schwung vom unsterblichen Haupte desselben,
Schwingend den ragenden Speer, und die Höh'n des Olympos erbebten
Furchtbar unter der Wucht der Unsterblichen, und es erdröhnte
Rings entsetzlich die Erd', und die Meerflut wurde beweget,
Siedend mit dunkelen Wogen umher, und es stockte die Salzflut
Plötzlich sodann und es hemmte der leuchtende See Hyperion's
Lange der hurtigen Rosse Gespann."

Ein gleich beredtes Zeugniß von der Majestät Athene's legten die Statuen und Reliefs ab, welche den im Jahre 1687 durch eine Pulverexplosion zerstörten Tempel äußerlich zierten und sich jetzt zum größten Theile im Britischen Museum befinden. Ein neuerer Archäolog schreibt über den muthmaßlichen Gesammteindruck dieser Kunstgebilde: „Wir können uns die Wirkung dieser Parthenonswerke gar nicht groß genug denken. Oben, Allen sogleich vor das Auge tretend, verkünden uns die Giebelstatuen der vordern Seite die Geburt der Athene und das Freudejauchzen der Götter. Und die Rückseite erzählt uns, wie sie den Kampf gewonnen gegen Gott Poseidon; sie, die Kampfgerüstete, Feinsinnige, friedlich

Werkthätige, gegen den wüsten, stürmenden Meergott. Sie hat in Attika den Oelbaum gepflanzt und den Landbau eingeführt, und damit ist sie die Gründerin attischer Kultur geworden. Nun folgen in den Metopen (vertieften Friesfeldern) die Siege der Göttin und ihrer Diener über die wilden Naturmächte, der Sieg der Bildung über die Barbarei, die Einführung von Maß und Sitte. Und der feierliche Zug der Panathenaien am Friese verherrlicht die köstlichen Früchte dieser attischen Bildung, das freudevoll beglückte, kunstsinnige Leben, das lauter, als alles Andere, die Macht der gefeierten Göttin verherrlicht. Durch schimmernden Farbenschmuck aus dem Hintergrunde der Tempelwände hervorgehoben und nur dadurch dem Auge in ihrer Höhe erkennbar, sind diese Bildwerke überall lebendig und doch kunstvoll in einander verschlungen, in Wahrheit eine in Stein gegrabene, unsterbliche Hymne zum Preise der unsterblichen Göttin!"

Ueberhaupt bezeugen die erhaltenen Skulpturen dieses Baudenkmals (von dem 163 Meter langen Friese sind noch über $125^1/_2$ Meter vorhanden), daß man sie den höchsten Wunderwerken der plastischen Kunst beizählen muß. Ueberall herrscht in ihnen Freiheit vom überlieferten Herkommen, lebendige Natürlichkeit und doch zugleich harmonische, göttliche Ruhe. Das fließende und schwellende Leben der ewigen Jugend beseelt den leuchtenden pentelischen Marmor in urkräftigster Naturwahrheit. Besonders die frischen, freien Jünglingsgestalten mit ihren gewaltigen, straffen, elastischen Formen stehen vor uns, „heldenkräftig und jugendlich schwungvoll, wie die Homerischen Helden schnellfüßig und doch jedem Gegner unerschrocken Stand haltend!" — Noch erwähnen wir, daß die Athenestatue ihrem Meister Unheil brachte. Der Gottlosigkeit angeklagt, weil er sein Portrait auf dem Schilde der Göttin angebracht hatte, mußte er die Flucht ergreifen und wanderte nach Elis aus.

Nike des Nikomachos.

Ares.

3. Ares.

Auf Ares (Mars), den legitimen Sohn des Zeus, scheint sich der Streit und Hader zwischen seinen Eltern hinsichtlich des Charakters vererbt zu haben. Fassen wir aber jene stürmische Ehe als Bild des durch Ungewitter aufgeregten Himmels, so erklärt sich sowol sein natürliches Verwandtschaftsverhältniß zu Zeus und Hera, als seine Heimat, das winterliche, rauhe Thrakien, und seine Feindschaft mit Athene. Die physische Bedeutung des Sturmgottes Ares trat aber bei Durchbildung seiner Persönlichkeit sehr bald gegen das Bild des stürmenden Kriegsgottes zurück. Auf ehernem Wagen fährt er einher mit schäumenden, goldgeschirrten Rossen und in hell strahlendem, gewaltigem Waffenschmucke. Mit entsetzlichem Geschrei stürzt er in den Kampf; von dem wilden Feuer der Mordlust glühen seine Augen. Die Ilias nennt ihn den „Ehernen", den „Menschenverderber", den „Ungestümen, Schilddurchbrechenden, Bluttriefenden, Unersättlichen im Kampfe." So kennzeichnen ihn auch seine Begleiter. Eris, die Göttin des blutigen Streits, und Enyo, die mordende Kriegsfurie, sind seine unzertrennlichen Gefährtinnen, Deimos und Phobos, Furcht und Schrecken, seine Diener, die ihm die Rosse anschirren. — Der Wolf, der Hund, der Hahn und der Specht sind die ihm geweihten Thiere. Aber gerade wegen seiner unbesonnenen Wildheit zieht er den Kürzeren gegen die geistige Ueberlegenheit Athene's. Als er auf Seite der Trojaner

Wunder der Tapferkeit verrichtete, bestieg Athene unsichtbar den Wagen ihres Lieblingshelden Diomedes, wendete die von Ares geschleuderte Lanze ab und lenkte dagegen die Waffe des Hellenen, daß sie in die Weichen des Gottes drang.

. . . . Da brüllte der eherne Ares,
Wie wenn zugleich neuntausend daherschrie'n, ja zehntausend
Rüstige Männer, im Streit zu schrecklichem Kampf sich begegnend.

Als er aber klagend vor dem väterlichen Thron erschien, da verwies ihm Zeus sein ganzes Gebaren:

Finster schaut' und begann der Herrscher im Donnergewölk, Zeus:
„Hüte dich, unsteter Geist, mir hier zur Seite zu winseln!
Siehe, verhaßt mir bist du vor allen olympischen Göttern!
Immer hast du den Zank nur geliebt und Kampf und Befehdung!
Gleich der Mutter an Trotz und unerträglichem Starrsinn,
Hera, welche mir kaum, durch Worte gebändiget, nachgiebt!
Auch ihr Rath, wie ich mein', hat dieses Weh dir bereitet!
Aber ich kann nicht länger es ansehn, daß du dich quälest,
Bist du doch meines Geschlechts und mir gebar dich die Mutter.
Hätt' ein anderer Gott dich erzeugt, heilloser Verderber,
Traun, du lägest vorlängst tief unter des Uranos Söhnen."

Doch gab er auch zuweilen der Ueberredung Athene's nach und fügte sich, so z. B. als sein Sohn Askalaphos vor Troja gefallen war und er schon die Waffen angelegt hatte, um ihn zu rächen. Selbst von Wesen menschlicher Bildung ward einst der hitzige Kriegsgott gebändigt. Die Söhne des Aloëus (des Pflanzers) und der Iphimedeia: Otos (der Stampfer) und Ephialtes (der Kelterer), neun Klafter hohe Recken, fesselten ihn und steckten ihn in ein ehernes Faß. Dreizehn Monate schmachtete er in dieser Haft, bis Hermes ihn befreite. Der Sinn dieser Dichtung, in welcher die Aloiden die Vertreter der schnell wachsenden Kultur sind, liegt auf der Hand. Das schonungslose Eingreifen in die Lebenslänge der Sterblichen brachte den Ares auch in Verbindung mit dem nach ihm benannten Blutgerichte zu Athen, dem Areiopagos. Als er nämlich des Poseidon Sohn, Halirrhotios, in gerechtem Zorn erschlagen hatte und von dessen Vater verklagt worden war, hielten die Götter selbst auf jener Stätte Gericht und sprachen ihn frei. Dagegen zwang er den Helden Kadmos, ihm acht Jahre zu dienen.

Dieser phönikische Königssohn war auf der Ausschau nach seiner entführten Schwester Europa auch nach Delphi gekommen, um hier irgend eine Belehrung zu empfangen. Das Orakel bedeutete ihn, das Suchen nach der Verlorenen aufzugeben und sich da niederzulassen, wohin ihn eine ihm begegnende Kuh führen würde. Bereits in Phokis stieß er auf das bezeichnete Thier und folgte ihm, bis es sich an der Stelle der spätern Stadt Theben lagerte. Kadmos wollte nun seine Wegweiserin opfern und sendete Leute nach der nahen Quelle des Ares, um Wasser zu holen. Dieselbe war jedoch von einem schrecklichen Drachen bewacht, der die Abgesandten erwürgte, bis sich endlich Kadmos selbst aufmachte und ihn tödtete. Dann säete er auf Geheiß Athene's die Zähne des Ungeheuers in die Erde, worauf kampfgerüstete Recken (Sparter,

d. h. Gesäete) sich erhoben, die in grimmigem Streit über einen von Kadmos unter sie geworfenen Stein sich selbst unter einander aufrieben. Nur fünf blieben am Leben, und diese wurden die Stammväter der edelsten thebanischen Geschlechter. Nachdem die Sühnezeit des Dienstes für Kadmos abgelaufen war, machte Athene ihn zum Könige von Theben; der wiederversöhnte Ares aber gab ihm seine liebliche Tochter Harmonia zum Weibe. Alle Olympier nahmen Theil an der fröhlichen Hochzeit; Alle beschenkten das Brautpaar und die Musen sangen das Hochzeitslied. Aber Glück und Frieden sollten nicht der Tochter des Kriegsgottes in die Burg Kadmeia folgen. Gerade ein Hochzeitsgeschenk, das sagenberühmte, von Hephaistos verfertigte Halsband, auf welchem die mit Fluch beladenen Thaten des Ares abgebildet waren, sollte Hader und Uneinigkeit in das Geschlecht des Kadmos bringen und endlich dessen Untergang herbeiführen.

Ares.
Nach einem Barberini'schen Kandelaber.

Am schwächsten zeigt sich der trotzige Ares der Gewalt der Liebe gegenüber. Er liegt in den Fesseln der Göttin des höchsten Liebreizes, Aphrodite, die ihn ihrem Gatten Hephaistos vorzieht. Helios verrieth einst diesem eine Zusammenkunft der Liebenden, und der kunstfertige Hephaistos umgarnte die Schuldigen mit einem feinen Metallnetze und gab sie dem Gelächter der Himmlischen preis. Aus der Verbindung des Schlachtengottes mit Aphrodite gingen herrliche Kinder hervor: Harmonia, die nachmalige Gemahlin des Kadmos, Eros und Antĕros (Liebe und Gegenliebe).

Der Kriegsgott wurde natürlich in den civilisirten Staaten Griechenlands weniger verehrt als in solchen, deren Einwohner ohne Bedenken zum Schwerte zu greifen pflegten. Außer den rauhen Thrakern, die den Gott im Symbol eines Schwertes verehrten und ihm Menschen opferten, nennen wir die Spartaner, Arkader und Thebaner. In Sparta führte er den Beinamen Enyalios und Theritas (der Wilde). Seine Sinnbilder waren die Lanze und die brennende Fackel. Die idealen plastischen Darstellungen des Ares von den Künstlern Skopas und Alkamenes sind nicht auf unsere Zeit gekommen. Die vorhandenen Bildwerke zeigen ihn in verschiedener Weise. Theils ist er der bewehrte, kampfbereite Krieger, theils ruht er von langer Waffenübung gemächlich aus, hat die Rüstung abgelegt und ein Eros zu seinen Füßen deutet hin auf die ihn erfüllenden zarten Gefühle. Doch stets unterscheidet ihn der muskulösere Körperbau, der düstere Gesichtsausdruck, das männlichere Alter von den Jünglingen Apollon und Hermes.

Hephaistos und die Kyklopen.

4. Hephaistos.

Schon die Umstände seiner Geburt und frühesten Jugend offenbaren den Kern, der sich unter der Mythenhülle des Hephaistos (Vulcanus) verbirgt. Er ist der Beherrscher des Feuers, das vom Himmel stammt, der heißen Erdglut, die zu den vulkanischen Erscheinungen der Erdrinde gehört. Er repräsentirt aber dieses Element, als eine von der Intelligenz gebändigte, formschaffende, den Zwecken der Kultur dienstbare Kraft; er ist ein wahrer Kulturgott. Ja, von dem vorher in Höhlen wohnenden Menschen sagt der Dichter:

„Doch durch den kunstberühmten Hephaistos Werke verstehend,
Können sie leicht das Leben das kreisvollendende Jahr durch
Führen anjetzt in ihren Behausungen ruhiger Weile."

Seine Eltern sind Zeus und Hera. Er kam aber leider lahm zur Welt und mißfiel überhaupt Hera in solchem Grade, daß sie sich seiner schämte und ihn aus der Höhe des Olymps hinabschleuderte in die Fluten des Meeres. Hier nahmen sich die Töchter des Okeanos, Thetis und Eurynome, des Kindes an und verbargen es neun Jahre lang in einer von den murmelnden Wogen umspielten Grotte, wo Hephaistos schon Spangen, Ringe, Nadeln und Kettchen aus Metall fertigte. Neben dieser besonders den himmlischen Ursprung, die Verwandtschaft des Gottes mit den

Dämonen des Erdinnern (daher eben die verkrüppelten Beine), den Zusammenhang der Vulkane mit dem Meere kennzeichnenden Erzählung lebte aber auch eine andere Sage im Gedächtnisse des Volks. Danach war es nicht Hera, sondern Zeus selbst, der, erbost, weil er einst der Hera im Streite gegen ihn Beistand leistete, ihn am Fuß packte und von den Höhen des Olymps stürzte. Einen ganzen Tag fiel er und erst am späten Abend kam er nach Lemnos, wo ihn die Sintier freundlich aufnahmen. Diese Insel mit dem im Alterthume thätigen Vulkane Mosychlos und der Stadt Hephaistias war überhaupt sein Lieblingsaufenthalt. Unterstützt von den dämonischen Kabeiren hämmerte und pochte er in der Werkstätte des Berges, und auf der Stelle, wo er vom Himmel niedergefallen war, stand sein heiliger Tempel.

Hephaistos.

Eine weitere, launige Episode bildet seine Rückkehr aus der Verbannung in den Olymp. Unter allerlei Kunstwerken, die er in der Zurückgezogenheit gefertigt hatte, befand sich auch ein Stuhl mit unsichtbaren Fesseln. Diesen sendete er seiner Mutter Hera, und kaum hatte sie das Geschenk benutzt, als sie gefangen war. Keiner der Götter verstand den Mechanismus zu behandeln und endlich mußte man sich dazu herbeilassen, den geschickten Uebelthäter selbst zu rufen. Dieser trotzte aber aller Ueberredungskunst, und als Ares Gewalt brauchen wollte, jagte er ihn mit Feuerbränden aus seiner Höhle. Endlich übernahm es sein guter Freund Dionysos, ihn zu holen. Er benutzte den feurigen, von Hephaistos' Elemente durchglühten Rebensaft (daher auch ihre nahen Beziehungen), brachte dem Arglosen einen Rausch bei und führte ihn im bakchischen Triumphzuge nach dem himmlischen Sitze. Dort erbaute Hephaistos sich ein eigenes Haus und darin eine Werkstätte mit zwanzig Blasbälgen. Gutmüthig und gefällig, stattet er die Götter und Heroen mit seinen Kunstwerken aus. Es entstehen prächtige Paläste auf dem Olymp mit schönen Geräthschaften. Zeus selbst erhält von ihm Aegis und Scepter, Helios seinen goldenen Sonnenwagen. Sein herrlichstes Kunstwerk war der Schild des Achilleus, den er aus Dankbarkeit gegen Thetis schmiedete. Auf dem spiegelnden Ovale befand sich in der Mitte der Sternenhimmel und die Erde mit ihren Wundern; dann standen zwei Städte einander gegenüber, welche die Segnungen des Friedens und die Leiden der Belagerung und des Krieges versinnlichten. Die vier Jahreszeiten folgten unter dem Bilde ländlicher Beschäftigungen. Endlich umschloß das Ganze ein lebensvoller Reigentanz und am Rande der

Weltstrom Okeanos. — Merkwürdig waren auch seine Automaten, goldene Dreifüße, die sich auf Rädern von selbst bewegten, und goldene Dienerinnen, mit Verstand und Sprache begabt, die ihn beim Gehen unterstützten.

Seine Verbindungen mit dem weiblichen Geschlechte haben sämmtlich den Sinn, daß Kunstfertigkeit nothwendig mit Anmuth und Schönheitsgefühl gepaart sein muß. So nennt die Ilias als seine Gemahlin Charis, die Göttin der Anmuth; bei Hesiod ist es Aglaja, die jüngste der Chariten. Endlich galt dafür allgemein die Liebesgöttin Aphrodite selbst. Bereits ist erwähnt worden, wie sie den stattlichen Ares dem Gemahl vorzog. Schön war er freilich auch nicht, der geschäftige Schmied! Rußgeschwärzt, mit nervigem Hals, haarumwachsener Brust, schildert ihn der Dichter, „und mühsam strebten daher die schwächlichen Beine." Dazu hob seine Gestalt weder die purpurne Chlamys, noch das in anmuthigen Falten sich anlegende Himation; denn für gewöhnlich trug er die Kleidung der Handwerker und Sklaven, die Exomis, ein nur bis an die Kniee reichendes, über der linken Schulter geknüpftes, die rechte Brust nebst Schulter und Arm offen lassendes Hemd, und eine runde Mütze. Auch die anderen Götter belustigte zuweilen seine komische Erscheinung, und als er einst, da Hera über Tische mit Zeus haderte, seiner Kindheit eingedenk, ihr rasch einen mit Wein gefüllten Pokal zutrug, um sie zu begütigen, und auch die übrigen Gäste, als Mundschenk um die Tafel humpelnd, bediente, da entstand plötzlich ein unauslöschliches, allgemeines Gelächter.

Von den in Athen gefeierten Chalkeien ist bereits die Rede gewesen. An seinen Festen fanden ebenfalls Fackelläufe statt. Die Griechen in Unteritalien und auf Sizilien wurden durch den Aetna, die Liparischen Inseln und die Campanische Küste noch in weit höherem Grade an die Thätigkeit des Feuergottes erinnert als die im Stammlande. So wollte man denn dort auch an verschiedenen Orten Hephaistos mit seinen Gesellen hämmern und pochen hören, nur daß man die Homerischen Kyklopen ihm beigab und dieselben ganz mit ihren Namensvettern, den blitzeschmiedenden Titanen, verwechselte.

Auf bildlichen Darstellungen erscheint er im Schmiedekostüm und führt meistens Hammer und Zange. Der schwache Bau der unteren Gliedmaßen ist gewöhnlich bis zur Unmerklichkeit gemildert.

Hermes, der Hüter der Herden.

Hermes, dem Charon eine Seele zuführend.

5. Hermes. — Hestia.

Hermes (Mercurius), dieses vieldeutige Götterwesen, das so mannichfach mit dem gesammten Leben der hellenischen Nation in praktischem Zusammenhang stand, war dem Mythus zufolge ein Sohn des Zeus und der Plejade Maja. Geboren auf dem waldreichen Gebirge Kyllene in Arkadien und davon schlechtweg „der Kyllenier" genannt, entfaltete er sofort die geschäftliche Beweglichkeit, die ihn vor allen Göttern auszeichnet.

Schon am ersten Tage stahl er sich aus der Wiege und als er eine Schildkröte fand, tödtete er sie, bezog die gereinigte Schale mit sieben Darmsaiten und fügte den Steg und die Hörner ein; dann ließ er die Lyra ertönen und „sang schön zu dem Spiele, so geradeweg es versuchend, wie oft bei dem festlichen Mahle blühende Jünglinge necken in Wechselgesängen einander." Doch bald legte er das Instrument in die Wiege und schlich, da eben die Nacht anbrach, nach dem am Fuße des Olymp gelegenen Pierien, wo Apollon in herrlichem Gehöfte seine Rinder hatte. Davon entführte er funfzig und wußte ihren Weg durch Reisig und Laubwerk, das er der Herde an die Schwänze band und um die Füße wickelte, zu verbergen. Niemand begegnete ihm; nur bei Onchestos in Böotien (nach Anderen geschah es in Messenien) sah ihn ein Greis, der noch in der Nacht in einem Weinberge hantirte. Nachdem ihm dieser Stillschweigen gelobt hatte, gelangte Hermes gegen Morgen nach Elis und verbarg die Rinder in einer Höhle bei Pylos. Zwei davon opfert er jedoch und labt sich selbst an dem Fleische; dann schlüpft er, „einem feuchten herbstlichen Luftzug ähnlich, wie ein Nebel", durch das Schlüsselloch in Maja's Grotte und legt sich, in die Windeln gehüllt, in seine Wiege; seine Mutter aber, die ihm Vorwürfe machte, tröstete er damit, daß er nicht rasten würde, bis ihn Zeus unter die unsterblichen Götter aufgenommen hätte, und geschähe dies nicht, „dann will ich es wahrlich selber versuchen sofort; ich kann Diebsherrscher ja werden!"

Bei Anbruch der Morgenröthe bemerkte Apollon den Raub und machte sich auf, den Dieb zu verfolgen. Doch wäre er trotz seiner Sehergabe durch die verwischten Spuren irre geführt worden, wenn nicht der Alte von Onchestos geschwatzt hätte. Er kommt nach Pylos, kann aber auch hier die Rinder nicht entdecken, da sie Hermes rückwärts in den Stall gezogen hat. Endlich findet er den Pfad zur kyllenischen Grotte und trifft Hermes, unschuldsvoll in seiner Wiege schlummernd. Mit erheuchelter Verwunderung und mit Dreistigkeit leugnet der Schelm seine Betheiligung am Diebstahl, und auch als Apollon droht, ihn in den Tartaros hinabzuschleudern, wenn er den Aufenthalt der Herde ihm nicht entdecke, und ihn aus der Wiege herausreißt, benimmt er sich kaltblütig und unverschämt. So blieb denn Apollon nichts übrig, als den Fall, wie Hermes verlangte, dem Vater Zeus selbst zur Entscheidung vorzulegen. Komisch genug mag sich der angeklagte Zwerg in seinem Windelgewande ausgenommen haben, und wir können es Zeus nicht verargen, wenn er über seinen hoffnungsvollen Sprößling herzlich lachte. Doch gab er nichts auf dessen Ausflüchte und befahl ihm, sofort die Rinder auszuliefern. Mit Widerstreben gehorchte Hermes; doch gab er auch jetzt seine Sache noch nicht verloren. Bei der Ablieferung zeigte er dem Halbbruder sein neu erfundenes Spielzeug und dieser ward von dem schönen Klang der Lyra so bezaubert, daß er die Rinder gegen dieselbe eintauschte. Beide wurden nun die besten Kameraden. Apollon überließ dem Hermes die Gewalt über Triften und Herden, schenkte ihm den Heroldsstab (ursprünglich die gabelige Wünschelruthe, welche Reichthum brachte und zauberische Kraft besaß) und wies ihn wegen der erbetenen Sehergabe, die er nicht veräußern durfte, an die am Parnaß wohnenden Thrien, drei geflügelte Schwestern. Hermes dagegen schwur ihm einen Eid, daß er nie mehr die ihm angeborene diebische Kunst auf des Bruders Kosten üben wolle, und erfand, als Ersatz für die Laute, die Hirtenflöte oder Syrinx.

Zieht man zu diesem Mythus das Verhältniß des Hermes zur Mondgöttin Jo und die Tödtung des Argos, so erhält man wenigstens Anhaltepunkte zur Bestimmung seiner Bedeutung für die Naturreligion. Als Sohn des reinen Aethers und einer von den Regengewölk und Fruchtbarkeit bringenden Plejaden, entspricht er wol am deutlichsten dem Nebel, der am Abend, aus den Thälern emporsteigend, dem Tageslichte Abbruch thut, den Sonnengott beraubt und, den Sternenhimmel verschleiernd, des Mondes Hüter tödtet. In der Morgendämmerung dagegen geht er dem Erscheinen Apollon's voraus und am Gebirge emporklimmend verschwindet er spurlos. So liegt in diesem Wechselverhältniß zugleich die Freundschaft beider Götter begründet. Der Nebel ist aber auch durch Thau und Wolkenentwicklung die wichtigste Ursache der Fruchtbarkeit, und endlich läßt sich nicht verkennen, daß seine mit neckischer Veränderlichkeit sich hebenden, senkenden, über Land und Meer dahin wälzenden Schwaden das Bild diebischer Behendigkeit und rastloser Geschäftigkeit enthalten. Doch wollen wir nicht unerwähnt lassen, daß man in neuerer Zeit in Hermes vorwiegend einen Gott der Winde erkennen will.

Hermes. Nach einem pompej. Wandgemälde.

Von den Pelasgern auf der Insel Samothrake wurde Hermes noch unter dem Namen Kadmilos, als Gott des Ackersegens, verehrt. Auch in Arkadien galt er für den obersten Hort der Viehzucht und der Triften und führte mehrere darauf bezügliche Beinamen. Harmlos lebte er dort als Hirt und scherzte mit den Nymphen des Waldes und der Weide. Von der Tochter des Dryops, dessen Herden er weidete, stammte auch der Triftgott Pan. Aber der Ueberfluß an Rindern und Schafen, den er beförderte, machte ja im Alterthum den Reichthum überhaupt aus und darum galt Hermes, je nach den Gegenden, in denen er verehrt wurde, für einen Segen spendenden, rettenden, heilenden Gott. Aber seiner eigenen listigen Natur gemäß war er am meisten denjenigen Sterblichen hold, die ihr Eigenthum durch Scharfsinn jeglicher Art, wenn auch zum Nachtheil Anderer, zu vermehren trachteten. Nur schlau und gewandt mußte das Entrücken geschehen, und so beriefen sich denn sogar die Diebe von Profession auf Hermes, als ihren Patron und Freund, der deshalb auch „der Vielgewandte", „der Trügerische" heißt. Der Homerische Virtuos in dieser ganzen Kunst, Autolykos, der Großvater des ebenfalls nicht ganz aus der Art geschlagenen Odysseus, wird sein Sohn genannt: „Er übertraf die Menschen durch Diebessinn und Eidschwur; ein Gott aber gab es ihm, Hermes; denn ihm verbrannte er wohlgefällige Schenkelstücke von Lämmern und Zicklein; gern stand ihm jener zur Seite."

Als Schutzgott des Handels überhaupt erfand er auch die Mittel des Austausches: Schrift und Zahlzeichen, Maß und Gewicht, und gewährte seinen

Verehrern Klugheit und erfindungsreiche List. Auch jeder unerwartete Gewinn kam von ihm, der vergrabene Schatz wie der Fund auf dem Wege, bei dem der Zeuge rufen konnte: „Gemeinschaftlich ist Hermes!“ d. h. Halbpart!

Der geistigen Gewandtheit stand die körperliche Gelenkigkeit und Flinkheit, mit Anmuth gepaart, zur Seite. Auf sein Ideal wurden daher alle jene harmonischen Eigenschaften der Leibesbildung übertragen, welche das Resultat der griechischen Turnschulen waren. Kam es doch auch bei den Kampfspielen jeder Art weniger auf die Wucht und Stärke des Körpers als auf mancherlei Kunstgriffe, auf Geistesgegenwart und Schlauheit an.

In besonderem Verhältnisse befindet sich Hermes zum obersten Gotte. Er ist der Ausrichter der göttlichen Befehle, der Sendbote des Zeus. Aber er sorgt auch, selbst Hand anlegend, für die Durchführung der Aufträge und ist dann geradezu Vertreter der obersten Herrschergewalt. So wird ihm z. B. außer der Befreiung des Ares und der Io die Rettung des Dionysos und Asklepios vom Feuertode, aber auch die Bestrafung des Ixion und Prometheus zugeschrieben. Als göttlicher Bote und Vermittler war er der natürliche Beschützer der Herolde auf Erden. Wer aber die Befehle Anderer ausrichtet und Schützlinge Höherer mit Rath und That unterstützen will, muß die Gabe des richtigen Gedankenausdrucks in hohem Grade besitzen. Man dachte sich deshalb Hermes ferner als Ideal der Ueberredungskunst, als Schutzgott der Redner, Philosophen und Dichter. Sprüchwörtlich sagte man von einem schwer zu Ueberzeugenden: „Er glaubt selbst dem Hermes nicht“, und bei plötzlich eingetretener Gesprächspause: „Hermes ist hereingetreten!“ Auch weihte man bei Opfern dem Hermes die Zunge des Thieres.

Hestia.

Als dem Gott des Verkehrs unter den Menschen, als dem überallhin wandernden Geschäftsträger der Götter stehen Hermes alle Wege offen. Er nimmt sich auch seinerseits der Wandernden an und wird zum Geleiter und Führer auf schwierigen Pfaden. Der in den Krieg ziehende Feldherr opferte ihm, dem hülfreichen Wegegott, der Jäger getröstete sich seines Schutzes. Jede Reise, ja, jeder Ausgang erinnerte an ihn. Seine nur halb vermenschlichten Steinpfeiler, die Hermen, standen fast vor allen Privat- und Staatsgebäuden der Stadt, auf den öffentlichen Plätzen, vor den Thoren, auf den Kreuzwegen (mit drei und vier Köpfen). Auf den Landstraßen diente die Herme später mit ihrer Inschrift als Wegweiser und Längenmesser und wo sie sich nicht fand, deuteten Steinhaufen, denen der fromme Reisende im Vorübergehen einen Stein hinzufügte und die man zu salben und zu bekränzen pflegte, auf die Nähe des jeden Gang segnenden Gottes hin.

Dann greift Hermes auch in das menschliche Seelenleben ein, indem er den Schlaf beeinflußt. Denn er führt die luftigen Traumbilder, die je nach des Zeus Willen die Zukunft aufdecken oder umnebeln, aus ihrer Wohnung im äußersten Westen an das Lager des Menschen und übt überhaupt einschläfernde Kraft. Endlich ist er auch Vermittler zwischen Erde und Unterwelt und geleitet die Seelen der Verstorbenen zum Nachen des Charon, zur letzten Ruhe. Ohne sein Zuthun kann auch kein abgeschiedener Geist wieder auf der Oberwelt erscheinen.

Der Kult des Hermes war natürlich in seinem Heimatlande Arkadien weit verbreitet. Eine vorzügliche Rolle spielte dabei die Stadt Pheneos am Kylleneberg, wo ein öffentliches Fest mit Wettspielen gefeiert wurde. In Athen hielt man auch Hermaien, aber nur in den Gymnasien und Palästren, wobei den Erwachsenen früher der Zutritt verboten war. Auf Kreta bestand die Festfeier aus einer Art von Saturnalien, indem Herren und Leibeigene ihre Rollen tauschten.

Dargestellt wurde Hermes in den älteren Werken der Kunst bärtig, mit einem glockenförmigen Hute, einen Widder tragend oder die Herde treibend, wodurch man ihn als Weidegott kennzeichnete. Später erscheint er jugendlich, ja, im Petasos, dem breitkrämpigen Reisehut und in der kurzen Chlamys, ganz als Ephebos, d. h. als Jüngling von 18 Jahren. Als Götterbote trägt er an den Sandalen Flügel, die auch zuweilen am Hute, am Stabe, an den Schultern erscheinen; in der Rechten ruht der später von zwei Schlangen umwundene Heroldsstab, das Symbol des friedlichen Verkehrs. Als Schutzgott der Kaufleute trug er auch den vollen Geldbeutel in der Hand. Seine Haare sind gewöhnlich kurz gelockt; sein Antlitz zeugt von Klugheit und Heiterkeit.

Die bisher erwähnten sechs Gottheiten des Olymps gehören sicher zu den ältesten des Hellenenthums und sind wol zugleich mit dem Volke selbst von Osten her eingewandert. Wol auch echt hellenisch, doch bedeutend jünger ist Hestia (Vesta). Homer kennt zwar die hohe Heiligkeit des Herdes; aber das Herdfeuer erscheint bei ihm noch nicht versinnbildlicht. Erst Hesiod erzählt, Hestia sei die älteste Tochter des Kronos und der Rheia gewesen; Poseidon und Apollon hätten sich um sie beworben, sie aber habe beim Haupt des Zeus einen schweren Eid geleistet, daß sie ewig Jungfrau bleiben wolle. Zeus soll sie dann dadurch entschädigt haben, daß er ihr verhieß, sie würde in allen Tempeln der Götter und Wohnungen der Menschen ihren festen Sitz und bei allen Brandopfern die erste Ehrenbezeigung erhalten. Auch auf dem Olymp verharrt sie immer an derselben Stelle, während die anderen Götter ihrem Berufe nachgehen, Hermes z. B. fast nie daheim ist. Und doch steht Hestia mit letzterem in naher Beziehung, indem sie zu den äußeren Glücksgütern, die er spendet, die inneren Freuden stiller Häuslichkeit und gedeihlichen Familienlebens hinzufügt. Das reine, nützliche Feuer, ihr Symbol, brennt auf dem mitten im Hofe des griechischen Hauses stehenden Herde; um ihn wird das neugeborene Kind getragen; auf ihn setzt sich der Schutz suchende Verfolgte; vor ihm die Gebote der Sittlichkeit und des Rechts zu verletzen gilt als Frevel; er ist der religiöse Mittelpunkt des Hauses, die Stätte, wo Vätersitte und Frömmigkeit, Ordnung, Eintracht und Segen walten. Deshalb hatte auch der Schwur bei Hestia's Namen die bedeutendste Kraft.

Sah aber die Familie im Herde, als Altar der Göttin, das Zeichen ihres Zusammenhalts, so bekam auch mit dem Beginn dieses Kultus die städtische Gemeinde einen gemeinsamen heiligen Herd, als Symbol der Eintracht, der Zusammengehörigkeit. Der Staatsherd befand sich zu Athen in dem zum Prytaneion, dem Sitzungslokale des Raths gehörigen, runden Kuppelgewölbe oder Tholos (dem Vorbilde des römischen Vestatempels), und auch hier brannte ein ewiges Feuer, unterhalten von den Mitgliedern des Rathsausschusses. Eine bedeutungsvolle Sitte hieß die ihre Vaterstadt verlassenden Kolonisten ihr Feuer aus dem Prytaneion mitnehmen, um den Segen der Heimat gleichsam auf die neue Ansiedelung überzutragen und der Pflichten gegen das Vaterland stets eingedenk zu bleiben. Und wie die Hestia der Mutterstadt Einfluß behielt auf die Pflanzstädte, so gewannen die Staatsherde der Vororte von verbündeten Staaten noch größeres Ansehen. Wir nennen hier nur das heilige Feuer im Prytaneion zu Delphi, Olympia und Delos.

Eigene Tempel hatte Hestia der erwähnten Umstände wegen nicht viele, und wie der von Pausanias beschriebene zu Hermione besaßen wol auch die wenigsten ein Standbild der Göttin. Unsere Abbildung, nach der berühmten Marmorstatue der Hestia im Palaste Giustiniani, zeigt die jungfräuliche Göttin mit dem vollen Ausdrucke der Keuschheit und des Seelenadels. Ihr einfaches Gewand gleitet bis über die Füße hinab; ihr Haar ist schmucklos und ungescheitelt, Hinterhaupt und Schultern sind mit dem alterthümlichen Schleier der Heroenzeit bedeckt; die Rechte stützt sich ruhig und gelassen auf die Hüfte, während die Linke erhoben ist und zum Himmel empor weist.

Abwaschung einer Herme.

Jagdzug der Artemis.

7. Apollon und Artemis.

Die Verehrung der Zwillingsgottheiten Phoibos Apollon, „des Strahlenden", „Unglückabwendenden" (Apollo), und der Artĕmis, der „Unverletzten" (Diana), ist wieder viel älter als die Gedichte Homer's und zeichnet sich dadurch aus, daß sie sehr früh den Naturboden verlassen hat und zu sittlicher Auffassung übergegangen ist, eine allgemeine Verbreitung in Griechenland gefunden und stets ein eigenthümliches Gepräge bewahrt hat. Die Legenden über Apollon knüpfen an seine heiligsten Kultusstätten Delos und Delphi an. Wir haben bereits die Schicksale seiner Mutter, der Zeusgemahlin Leto, bis zu seiner Geburt verfolgt. Die spätere Sage hat erst den Zusatz erfunden, daß das felsige Delos vorher im Meere umhergetrieben habe und erst aus Dankbarkeit von Apollon im Meeresgrunde befestigt worden sei. Als dieser am Fuße des Berges Kynthos (daher heißt er „der Kynthier") zur Welt kam, jubelten Himmel und Erde und die ganze Insel ward von goldenem Schimmer übergossen. Kaum hatte aber der junge Gott aus der Themis Hand Nektar und Ambrosia gekostet, als er seine Windeln zerriß und sich rasch zu voller Schönheit entwickelte. Er verlangte den Bogen und die Kithara und trat sein prophetisches Amt an.

Doch Delos eignete sich nicht zur Orakelstätte und so durchzog er suchend manche Länder. Schon wollte er an der Quelle Tilphusa in Böotien seinen Sitz aufschlagen; diese aber, aus Furcht, daß ihr Ruhm durch den Namen Apollon's verdunkelt werde, überredete ihn listigerweise, landeinwärts nach der Südseite des Berges Parnassos zu wandern und sich in Krissa seinen Tempel zu gründen. In der bergigen Gegend und an der Quelle, wo es ihm gefiel, hauste jedoch der fürchterliche Lindwurm Python, der alles Lebendige würgte, die Felder verheerte, die Bäche ausschlürfte. Ihn erlegte der Gott mit seinen Pfeilen und gab ihn der Verwesung preis. Von dieser That stammt sein Beiname „der Pythier". Da es ihm nun an geeigneten Dienern fehlte, um seinen Tempeldienst würdig zu gestalten und seine Antworten den Menschen zukommen zu lassen, so erkor er zu diesem Zwecke die Mannschaft eines kretischen Handelsschiffes, das um den Peloponnes herum gen Pylos steuerte. Er verwandelte sich in einen großen Delphin, der die Leute in Schrecken setzte, das Wasser aufregte und, von einem starken Winde unterstützt, das Fahrzeug in den Meerbusen von Korinth und endlich in den Hafen von Krissa trieb. Dort erschien ihnen Apollon in seiner wahren Gestalt und eröffnete ihnen, zu welch ehrenvollem Posten er sie bestimmt habe. Da stimmten sie einen Lobgesang nach kretischer Weise an und folgten dem leichten Schrittes Voranschreitenden nach dem felsigen Parnaß. Und als er ihnen die heilige Stätte gezeigt und ihnen geboten hatte, ihn hier als Apollon Delphios zu verehren (weshalb denn auch Pytho in Delphi umgetauscht wurde), und sie ihn kleinmüthig fragten, woher sie denn ihren Unterhalt nehmen sollten, da die Gegend gar nichts hervorbrächte, antwortete er lächelnd:

„Höret ein tröstliches Wort denn jetzt und nehmt es zu Herzen!
Jeder von Euch allsammt, in der Hand nur haltend ein Messer,
Schlacht' in der Zukunft Schaf' und es wird Euch Alles in Fülle,
Was mir hierher nur bringen die herrlichen Menschengeschlechter."

Apollon und Artemis (deren Mythengeschichte viel ärmer ist) sind beide Götter des Lichts, besonders nach seinen beiden Hauptquellen, der Sonne und dem Monde. Ihre Mutter Leto, die Personifikation der Nacht oder der dunkeln Erde, wurde in vielen Gegenden hoch verehrt. Die Pelasger brachten den Dienst der Mutter, des Sohnes und der Tochter bei ihrer Einwanderung bereits in ziemlich gereinigter Gestalt mit; denn das Licht in übertragener Bedeutung zu fassen liegt ja so nahe. Als wahrhaft ethischem Gott huldigten dem Apollon besonders die Dorier, die auch durch Festhalten an dem ihrem Stammlande nahe liegenden Delphi des dortigen Gottes Einfluß ungemein erweiterten und sicher stellten. Die enge Verbindung, in welche dann der attisch-ionische Apollondienst zu Delos und im Aegäischen Meere überhaupt mit Delphi trat, ist schon durch die Tempellegende angedeutet.

Die Naturseite Apollon's hat in Mythus und Kultus manche Spuren hinterlassen. Schon der Drache Python ist das Symbol der vom Lichte siegreich bekämpften Finsterniß. Auf den Wechsel der an Licht und Wärme reicheren und ärmeren Jahreszeiten beziehen sich die Sagen von den verschiedenen Aufenthaltsorten Apollon's. In Delos glaubte man, der Gott wähle nur die sechs Sommermonate über die heilige Insel zu seiner Wohnung, in der rauheren

Jahreszeit aber verweile er im wärmeren Lykien. Die delphische Legende wußte auch von einer Reise Apollon's auf einem von schimmernden Schwänen gezogenen Wagen nach Norden zu dem frommen und seligen Volke der Hyperboreer, denen nur einmal im Jahre die Sonne auf=, nur einmal unterging, die am Morgen säeten, Mittags die Aehren schnitten und Abends in die Gruben sammelten. Zu der Zeit also, wo in diesem Lande halbjähriger Tag war, nahm Apollon dort seinen Aufenthalt und man feierte seine Abreise in den griechischen Tempeln, ebenso wie seine Wiederkunft (Theophanie). Eine dunkle Kunde von den hellen, tagegleichen Nächten des Nordens, die man schon bei Homer findet (Lästrygonen), gab jedenfalls Veranlassung zu dieser Dichtung.

Apollon Musagetes.

Auf Apollon, als Naturgott, deutet ferner die vordorische Sage von Hyakinthos hin. Dieser, der Sohn des Lakoniers Amyklos und der Diomede, war ein durch Schönheit ausgezeichneter Knabe, den Apollon beim Spielen und Jagen um sich zu haben pflegte. Einst beim Schleudern des Diskos sprang Hyakinthos zu unvorsichtig in den Bereich des von Apollon gethanen Wurfs und bekam die schwere Scheibe auf das Haupt, daß er bleich und sterbend dem herbeieilenden Gotte in die Arme fiel. Rettung war nicht möglich; doch zu verherrlichen vermochte Apollon den Liebling und so rief er aus dessen Blute die nach ihm benannte Blume ins Leben, welche die Schmerzenslaute „Ai, Ai!" ewig auf ihren Blättern tragen sollte (wahrscheinlich eine Schwertlilien= oder Rittersporn art). Das Grab des Hyakinthos wurde unter dem Altar des Apollon von Amyklä gezeigt und dort feierte man auch im Hochsommer (im Monat Hyakinthios) das Volksfest der Hyakinthien, bei denen auf den ersten Tag der Trauer, der Enthaltsamkeit und des Grabesopfers Festlust, Schmaus, Tanz und Spiele folgten. In dem Ganzen spiegelt sich die Wehmuth über die absterbende, die Freude über die einst wieder erwachende Vegetation, deren Symbol, Hyakinthos, alljährlich durch das Diskosrad

Apollon's, d. h. die versengende Sonnenglut, seinen Untergang findet. Auch in Athen opferte man Apollon, als dem Sonnengott, die Festhekatomben am Beginn des ersten Monats, der davon den Namen Hekatombaion führte, und feierte ihm die Thargelien und Pyanepsien, als dem die Früchte zeitigenden und die Ernte herbeiführenden Olympier. Es fehlt auch nicht an Beziehungen, aus denen man die Blüte des älteren Apollon- und Artemisdienstes in Kleinasien erkennen kann. Bei Homer ist Apollon als Schutzgott Troja's immer auf Seite der Asiaten, beschützt die Leiche Hektor's und entrückt den verwundeten Aineias in seinen Tempel, wo Leto und Artemis ihn heilen. Das Hauptland seines Kults in Vorderasien war aber Lykien. Im Xanthosthale sollte Leto mit ihren Zwillingen niedergekommen sein; überhaupt genoß Leto dort großes Ansehen und dies erhellt vorzüglich aus der von Meistern der plastischen und poetischen Kunst benutzten, tragischen Niobesage, die dann vom kleinasiatischen Boden auf den thebanischen übergewandert ist.

Niobe.

Niobe, die Tochter des vom Gipfel des Glücks durch Uebermuth herabstürzenden Tantalos, war mit Leto befreundet; aber stolz auf den Besitz einer blühenden Kinderschar (Homer giebt sechs Söhne und eben so viel Töchter an) überhob sie sich Leto gegenüber, die blos zwei Kinder dem Zeus geboren hatte. Da rächten Apollon und Artemis die beleidigte Majestät ihrer Mutter und streckten mit ihren Pfeilen die Geschwister alle zu Boden. (Vergl. die Schlußvign. S. 71.) Neun Tage lagen sie unbeerdigt in ihrem Blute, bis die Götter selbst mit ihnen Erbarmen hatten. Niobe aber, das Bild des höchsten Mutterschmerzes, hörte nicht auf zu jammern über den ungeheuren Verlust, bis Zeus sie in einen Stein verwandelte. Noch heute befindet sich am Berge Sipylos bei Magnesia in einer Höhe von 65 Meter ein aus dem Felsen hocherhaben gemeißeltes Bild einer sitzenden Frau mit geneigtem Kopfe und über einander in den Schoß gelegten Händen, welche schon die Alten für die trauernde Niobe ausgaben. Wie die Kinder der Niobe tödteten Apollon und Artemis auch den neunklaftrigen Riesen Tithyos, der es gewagt hatte, an die hehre Leto selbst Hand zu legen.

Artemis erscheint als reine Mondgöttin in der Sage vom riesigen Jäger Orīon, dessen glänzendes Sternbild in mancherlei Beziehung zu ihr gebracht wurde. Entweder wollte er im Diskoswerfen mit ihr wetteifern oder sie war eifersüchtig auf seine Geliebte Eos, die Göttin der Morgenröthe, so daß sie ihn tödtete, oder sie erschoß ihn aus Versehen, als sein Haupt nur als ein Punkt am Horizonte des Meeres sichtbar wurde. Als nächtlich Leuchtende, Munychia, wurde sie in Athen im Monat Munychion auf der zum Piräeus gehörenden Halbinsel Munychia durch ein Fest gefeiert, wobei man ihr große, mit Lichtern umsteckte Opferkuchen darbrachte. Auch die von hellenischem Geist durchdrungene, vielseitig entfaltete Lichtreligion der historischen Zeit kann die Verbindung mit der frühern Periode insofern nicht verleugnen, als sie das Geschwisterpaar in engem Zusammenhang und in Wechselverhältniß fortbestehen läßt und seinem Walten dem Doppeleinfluß gemäß, den Sonne und Mond auf Natur und Menschenleben ausüben, verderbende und segensreiche Wirkungen beimißt.

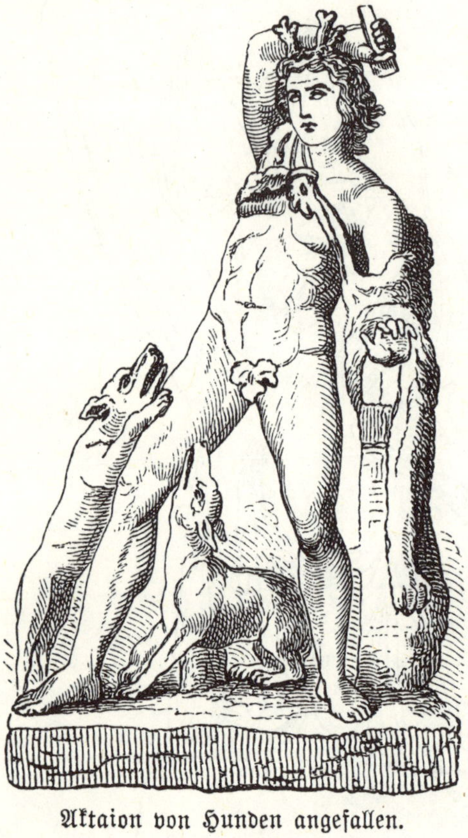

Aktaion von Hunden angefallen.

Zuerst tritt uns Apollon als Gott der Viehzucht entgegen, und viele Beinamen bezeichnen diese Liebhaberei, die wir schon in der Jugendgeschichte des Hermes kennen gelernt haben. Um Lohn weidete er die Rinderherden des troischen Königs Laomĕdon auf den Waldtriften des Idagebirgs. In demselben Dienstverhältniß stand er, um Blutschuld zu sühnen, zum thessalischen Herrscher Admētos; aber zwischen Knecht und Herrn bildete sich bald eine innige Freundschaft; Segen und Fruchtbarkeit verbreiteten sich über das Eigenthum des Königs und Apollon selbst verlebte bei ihm Jahre idyllischer Ruhe und entzückte durch Saitenspiel und Gesang die Thiere des Waldes. Auch später vergaß er des Freundes nicht. Als Admet um die schöne Alkestis warb und der König Pelios, ihr Vater, sie nur demjenigen Freier verhieß, der einen Löwen und einen Bären vor seinen Wagen zu spannen vermöchte, half der Gott das wilde Paar anschirren und Admet erhielt die Geliebte. Und als der Neuvermählte allen Göttern geopfert, aber im Rausche des Glücks Artemis vergessen hatte, versöhnte Apollon die zürnende Schwester und erlangte sogar von den Schicksalsgöttinnen das Vorrecht für den Freund, daß ihm in der Stunde des Todes das Leben geschenkt sein sollte, sobald ein Anderer seine Stelle vertreten würde. Da aber sein Ende nahte, wollte Niemand für ihn in die Schattenwelt hinabsteigen; nur die jugendliche Alkestis, das Ideal der reinsten Gattenliebe, zauderte keinen Augenblick und opferte sich für den Sterbenden auf. Zu dem trauernden Admet kommt darauf der lebenslustige

Herakles, erhält die gastlichste Aufnahme und entschließt sich, dem edlen König die Gattin wiederzuholen. Es gelang ihm wirklich, Persephone zu erbitten; nach Anderen rang er Alkestis dem Tode selbst ab.

Viele Lokalsagen sprechen auch von der Liebe Apollon's zu schönen Nymphen der Wälder und Quellen. Am bekanntesten darunter ist Daphne, die Tochter des thessalischen Flußgottes Peneios. Sie verschmähte seine Bewerbung und wurde vor dem Zudringlichen nur durch Verwandlung in den dem Gotte dann besonders geheiligten Lorberbaum gerettet.

Als Gott der Schafherden war Apollon unter dem Namen Karneios lange vor der dorischen Einwanderung im Peloponnes verehrt worden. Die Spartaner verwandelten nur sein Hauptfest, die Karneien, später in ein kriegerisches Laubhüttenfest. Ueberhaupt hielt man ihn für einen gewandten Jäger und Schützen. Doch tritt diese Auffassung mehr an der Person seiner Schwester hervor. Sie war die eigentliche Herrin der Wälder, die Göttin des Wildes und der Jagd (in Sparta selbst des Krieges). Die Hirschkuh war darum ihr liebstes Thier. Hochaufgeschürzt durcheilte die „Pfeilfrohe" mit einem Gefolge von Nymphen, deren schönste sie selbst war, die schattigen Reviere und badete sich in den krystallenen Weihern und Quellen. Denn gerade auch am Gewässer, an Hafenplätzen pflegte man sie zu verehren, sowie Apollon als Delphinios gern auf Vorgebirgen und auf Inseln sein Heiligthum hatte und Sturm und Ungewitter auf der See zerstreuen half. Stand es doch in ihrer Hand, die griechische Flotte durch Sturm im Hafen von Aulis zurückzuhalten, als Agamemnon ihre heilige Hirschkuh erschlagen hatte!

Asklepios und Hygieia.

Auch in der pflegenden Sorge für das Menschengeschlecht stimmen Apollon und Artemis vielfältig überein. Ihm liegt das Gedeihen der männlichen Jugend vorzüglich am Herzen. Die Epheben weihten ihm ihr Haupthaar und in den Turnanstalten stand sein Bild gewöhnlich neben Hermes und Herakles. In Sparta feierte man ihm das kriegerische Turnfest der Gymnopaidien. Sein Einfluß erstreckte sich überhaupt auf alle menschlichen Ansiedelungen und so stand denn auch ein ihn bedeutender Spitzpfeiler beinahe vor allen Häusern neben den Hermen.

Artemis, als Hüterin der leiblichen Wohlfahrt gedacht, stand den Wöchnerinnen schon während der Entbindung bei und nahm sich überhaupt aller jungen Geschöpfe auf Erden an. Die Mädchen besonders ehrten in ihr die Schutzgöttin ihrer Jugend und spendeten ihr Weihgeschenke. Vor Allem galt Artemis als Ideal der strengsten Jungfräulichkeit, der alles zuchtlose Wesen ein Greuel ist, als Göttin des guten Rufs überhaupt. Den rüstigen Jäger Aktaion, der ohne seine Schuld sie und ihre Nymphenschar beim Baden überraschte, verwandelte sie in einen Hirsch und ließ ihn von seinen wüthenden Hunden zerreißen. Ihr Liebling dagegen war der reine, keusche Jüngling Hippolytos, des Theseus Sohn, der seiner Unschuld zum Opfer fiel. Auch wurde sie als Heilgöttin und Helferin in Krankheiten angerufen; doch ist diese Sphäre ihrer Wirksamkeit enger begrenzt als bei Apollon, der als Meister der Heilkunst, besonders bei herrschenden Epidemien, Hülfe brachte. Ihm und der Artemis zu Ehren erscholl dann die Jubelhymne oder der Paian, welcher zuerst nach dem Siege über den Drachen Python erklungen war.

Die ärztliche Weisheit hat sich übrigens von Apollon abgezweigt in Asklepios, seinem Sohne. Als dessen Mutter nennt der Mythus Korōnis. Diese erlebte jedoch die Geburt ihres Kindes nicht, sondern wurde, da sie einen sterblichen Jüngling dem Gotte vorzog, von ihm und Artemis getödtet. Asklepios aber, von seinem Vater dem Verderben entrissen, lernte dann die Jagd und Heilkunde beim Kentauren Cheiron und wurde bald ein berühmter Arzt. Als er aber selbst Todte wieder auferweckte, beschwerte sich Pluton bei Zeus und dieser tödtete den Enkel durch einen Blitz. Die ihm geweihten Heiligthümer, Asklepieien, von denen das berühmteste zu Epidauros in Argolis stand, waren mit Gebäuden zur Aufnahme von Kranken umgeben und wurden von Leuten aus allen Ständen besucht, welche durch göttliche Offenbarung von Mitteln im Traume oder durch gewöhnliche Medikamente geheilt wurden. Asklepios wurde gewöhnlich als bärtiger, in einen Mantel gehüllter Mann dargestellt, mit einem Wanderstabe, um den sich eine Schlange, das Sinnbild der Selbstverjüngung, ringelt. Oft ruht auch in seiner Hand eine Schale, die den heilenden Trank andeutet. Zu ihm gehört Hygieia, die Göttin der Gesundheit, seine Tochter. Sie erscheint als jungfräuliche Figur, mit dem Ausdrucke der Milde und Güte, fast immer eine Schlange aus einer Schale fütternd. Ihre Tempel waren gewöhnlich mit denen des Asklepios vereinigt und neben den Bildern beider Götter fand sich oft noch Telesphŏros, der Gott der Genesung, als ein in einen weiten Mantel gehüllter Knabe.

Die Kinder Leto's trugen aber auch die Waffen den Menschenkindern gegenüber nicht umsonst. Rächend und strafend entsenden sie die schwirrenden Pfeile, die nicht nur Tod, sondern auch böse Krankheit verursachen. Hauptsächlich schrieb man den plötzlichen und schmerzlosen Tod der Männer den „sanften Geschossen" Apollon's, der Frauen denen der Artemis zu. Die Alten wollten darum auch in dem Namen Apollon den „Verderber" finden.

Endlich stehen die Geschwister auch in wichtiger Beziehung zum menschlichen Geist und Gemüth, wenn auch Artemis wieder mehr im Hintergrunde bleibt. Und zwar sind es außerordentliche Erregungen, die durch ihren Dienst hervorgerufen wurden. Das Gemüth sollte durch sie den Hauch des Göttlichen an sich selbst spüren, in der Weihe der Tonkunst und Poesie sowol als im Vernehmen unmittelbarer göttlicher Offenbarung und in der Reinigung von den Schlacken der Sünde.

Die Liebe Apollon's zur Musik und speziell zur Kithara haben wir bereits kennen gelernt. Er ergötzt nicht nur die Götter bei ihren Festen durch seine Leistungen, sondern unterrichtet auch fähige Schüler unter den Sterblichen. Dabei ist er eifersüchtig auf den Ruf seiner Virtuosität. Als Marsyas, ein phrygischer Satyr, der die von Athene weggeworfene Flöte gefunden hatte, stolz auf seine Kunstfertigkeit, sich vermaß, Apollon selbst übertreffen zu wollen, und sich deshalb für besiegt erklären mußte, weil er weder, wie der Gott, sein Instrument verkehrt spielen noch dazu singen konnte, ließ ihm dieser die Haut abziehen, dem Schiedsrichter Midas aber, der sich auf Seite des Landsmanns geneigt hatte, Eselsohren wachsen.

Die Pythia auf dem Dreifuß zu Delphi.

Auch bei den pythischen Spielen wetteiferten Kitharsänger und Flötenspieler und ein Hauptpreis stand auf einer nach einem alterthümlichen Schema gearbeiteten Komposition, die den Kampf Apollon's mit dem Drachen versinnlichen sollte. Die Musik brachte Apollon auch in die engste Verbindung mit den Musen, als deren Haupt und Führer (Musagētes) er galt, zu deren Gesange er die Laute schlug. In dieser Eigenschaft erscheint er auf Bildwerken in der Kitharsängertracht, in weitem, herabwallendem Gewande, in der Linken die an einem Tragband befestigte Kithara haltend, das Haupt mit Lorber bekränzt; auch Artemis befindet sich zuweilen an der Spitze des Musenchors.

Der Gott des Lichts erleuchtete aber auch die Seelen der Menschen, um auf Augenblicke den Nebel, der auf der Zukunft lagert, zu lüften und bei schwierigen

Entschließungen seinen Rath in die Wagschale zu werfen. „Apollon", sagt Plutarch, „der Gott, an den man sich vorzugsweise um Offenbarungen wendet, hat das Amt, den Zweifeln und Ungewißheiten im Leben abzuhelfen und sie zu lösen, indem er den Anfragenden den Willen der Götter kundthut." Hauptsächlich wurden nun die unmittelbaren göttlichen Erregungen und Eingebungen dem Lichtgotte zugeschrieben und durch sie schien er von geeigneten Personen, ohne deren Betheiligung, ja, oft gegen ihren Willen, Besitz zu nehmen und sie halb gewaltsam zu prophetischen Zwecken zu verwenden. Vergil vergleicht dies dem Bemühen des Reiters, sein Roß zu bändigen. Das klarste Bild vom Widerstreit prophetischer Wahrheit und menschlichen Unglaubens bietet die unglückliche Kassandra, die schönste Tochter des Priamos, auf welcher der Fluch Apollon's lastete, daß kein Sterblicher ihrer Sehergabe Vertrauen schenken sollte, weil sie seine Liebe nicht erwiedert hatte. Ueberhaupt nahm man an, daß die weibliche Natur zur Aufnahme der göttlichen Inspiration sich besser eigne als die männliche. Daher fabelte man so viel von Sibyllen, die, vom Gott begeistert, ihre wahrsagenden Stimmen aus tiefen, feuchten Grotten ertönen ließen. Nach Plutarch war die erste Sibylle die Delphierin Libyssa, die zweite Herophĭle aus Erythrä in Kleinasien, deren Sprüche über Cumä nach Rom gelangten. Außerdem wurden aber in allen namhaften Tempeln Apollon's unter Mitwirkung der Priester auf Anfragen Antworten ertheilt und zwar geschah dies nicht, wie zu Dodona, durch gewisse Zeichen, die verschiedene Deutungen zuließen, sondern durch den Mund begeisterter Propheten. — Eine weit und breit berühmte Orakelstätte war der Tempel des didymäischen Apollon in der Nähe von Milet.

Doch auch dieses Heiligthum wurde weit überstrahlt vom Orakel zu Delphi, dem religiösen und nationalen Centrum des vielfach gespaltenen Hellas, ohne dessen Rath keine Kolonie ausgesendet, keine Staatsreform eingeführt, nichts am Religionswesen geändert, kein Krieg geführt und überhaupt keine wichtigere Unternehmung begonnen wurde. Am südlichen Abhang des Parnaß befand sich ein Erdschlund, welchem ein kaltes Gas entströmte, dessen Einathmen einen rauschähnlichen Zustand hervorbrachte. Das Allerheiligste des delphischen Tempels umfaßte diese Spalte und über ihr stand ein großer, goldener Dreifuß mit einem Sitze für die jungfräuliche, bejahrte Seherin, die Pythia. Die abgebrochenen Laute und Worte, die sie ausstieß, wurden von dem neben ihr stehenden Priester, dem Propheten, notirt und in metrische Form (Hexameter) gebracht. Der oft dunkeln und vieldeutigen Antworten wegen führte Apollon selbst den Beinamen Loxias, d. h. „der Verworrene". Nachdem im ersten Heiligen Kriege die Delphier die Stadt Krissa, der sie botmäßig gewesen waren, zerstört hatten, bildete das dem Tempelgott zugesprochene Gebiet einen kleinen Kirchenstaat, dessen Regierung eine hierarchische Aristokratie leitete. Die oberste Behörde, die fünf Hosier (Geweihte), entsprach gewissermaßen einem Kardinalskollegium. Die Sittlichkeit von Delphi erfreute sich gerade keines guten Rufes. Das dort herrschende Wohlleben wurde gefördert durch den ungeheuern Reichthum, den die Wallfahrer an Weihgeschenken und Opfergaben zurückließen.

Wallfahrt nach dem Orakel von Delphi.

Am freigebigsten hat sich in dieser Hinsicht der reiche lydische König Kroisos bewiesen. Nach Herodot ließ er auf einer Basis, die aus 117 größtentheils aus legirtem Golde geformten, eine Elle langen, 1/2 Elle breiten, 1/6 Elle hohen Halbziegeln bestand, das goldene, zehn Talente schwere Bild eines Löwen in Delphi aufstellen.

Dazu fügte er einen goldenen und einen silbernen Mischkrug von riesiger Größe, vier silberne Fässer, einen goldenen und einen silbernen Weihkessel, viele silberne Kannen, ein drei Ellen hohes weibliches Bild und das Halsgeschmeide nebst dem Gürtel seiner Frau.

Großen Schaden erlitten die Tempelschätze durch den Brand des Jahres 548 v. Chr.; noch größeren aber durch die Plünderung der Phoker im dritten Heiligen Krieg. Die Kunstwerke von edlem Metall wanderten damals alle in die Münze und von da in die Hände der Landsknechte; aus den ehernen und eisernen schmiedete man Waffen.

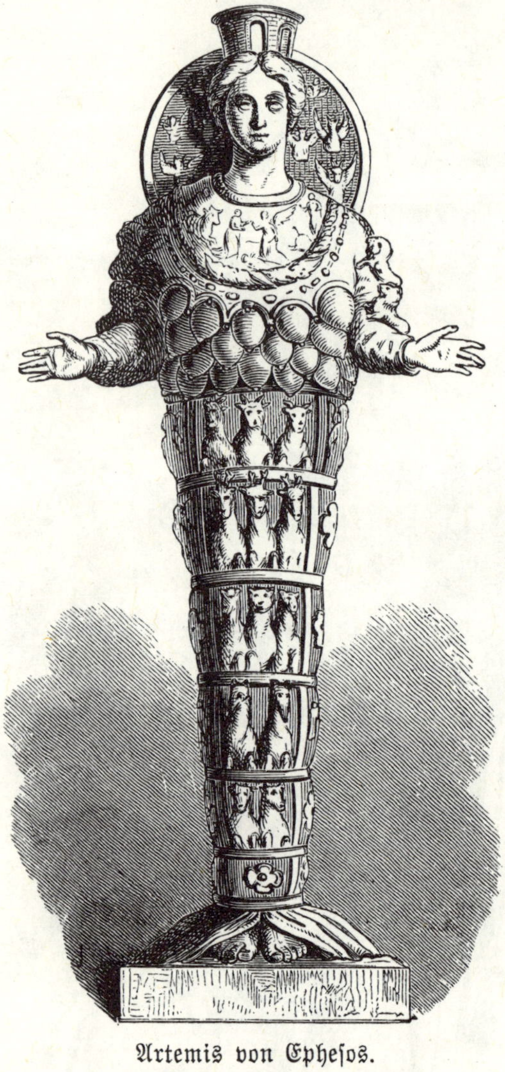
Artemis von Ephesos.

Die glaubensarme Folgezeit dachte nicht daran, die geleerten Schatzhäuser wieder zu füllen; Sulla nahm den letzten Rest der Kostbarkeiten weg. So nennt denn der Geograph Strabon den Tempel „sehr arm", und der Reisebeschreiber Pausanias traf daselbst keine werthvollen Sachen von Metall mehr. Dennoch giebt der ältere Plinius die Durchschnittszahl der in Delphi vorhandenen Statuen noch auf 300 an! Das merkwürdigste Geschick von allen Weihgeschenken erfuhr wol der von den Hellenen auf gemeinsame Kosten nach dem Siege bei Platää in Delphi errichtete Dreifuß. Sein goldenes Becken ruhte auf den Köpfen von drei sich emporringelnden ehernen Schlangen. Das Gold entging den Tempelräubern nicht; das Gestell führte der Kaiser Konstantin nach Konstantinopel, wo es heute noch unter den Resten des Hippodroms zu sehen ist. Doch die Schlangenköpfe fehlen. An einem derselben erprobte Mohammed II. seinen Säbel, ohne wol zu ahnen, daß er, der asiatische Eroberer, ein Andenken an die Siege der Griechen über Asien zertrümmerte! Auch Artemis hatte in Delphi ihren Tempel, und beide Kinder der Leto sind nach Pindar „der hohen Pytho gleichwaltende Beschützer".

Wie wir schon angedeutet, übte die Religion Apollon's der finstern Blutrache gegenüber das Versöhnungsamt, indem durch gewisse Sühnopfer, reinigende Ceremonien und Werke der Buße der Sünder von seiner geistigen Zerrüttung und Blutschuld erlöst werden konnte. Im Kultus drückte sich dies durch eine alle vier Jahre wiederkehrende Feier aus, welcher die aus der Tödtung des Drachen Python entsprungene Blutschuld, Flucht und Reinigung Apollon's zu Grunde lag. Der Kampf mit dem Drachen wurde dann förmlich dargestellt und ein auserlesener schöner Knabe, der den Gott vertrat, wanderte hierauf, von einer Prozession begleitet, nach dem anmuthigen Thal Tempe in Thessalien, brach dort im heiligen Haine den reinigenden Lorberzweig, mit dem sich auch alle übrigen Wallfahrer bekränzten, und zog dann, begleitet von Freudenchören, wieder nach Delphi zurück. Entsühnung der ganzen Stadt bezweckten auch die zu Athen im Mai gefeierten Thargelien, an welchen zwei Menschen als Sündenböcke der Gemeinde umhergeführt und früher wirklich geopfert, später zum Schein ins Meer gestürzt und über die Grenze geschafft wurden. Gleichzeitig wurde auch das große Apollonfest auf Delos begangen. Die Athener beschickten dasselbe mit einer heiligen Gesandtschaft, welche auf der uralten, immer wieder ausgebesserten Galeere fuhr, die den Theseus einst nach Kreta gebracht hatte. Bis sie wieder zurückgekehrt war, durfte in Athen kein Todesurtheil vollstreckt werden, damit sich nicht die Stadt durch Blutschuld entweihe.

Diana.
Nach der Statue zu Versailles.

Zu den Attributen Apollon's gehörten außer dem Lorber der Dreifuß, Bogen und Pfeile, und die Kithara oder Phorminx. Unter den Thieren war ihm der Wolf heilig, wahrscheinlich weil sein Name (Lykos, vergl. Lykien) auch Licht zu bedeuten schien. Außerdem wurden in Beziehung zu ihm gesetzt: die Cikade, die Maus, die Eidechse, der Habicht, der Geier, der Rabe, die Krähe, der Schwan, der Delphin.

Das Kunstideal Apollon's ist der Jüngling in herrlichster Jugendblüte. Klarheit und Erhabenheit prägt sich im Gesichte aus, Würde und Energie in seiner Haltung. Den blos mit Chlamys und Sandalen bekleideten Gott stellt bekanntlich am vollendetsten das Standbild des vatikanischen Belvedere dar. Nach neueren Untersuchungen trug dieser Apollon aber in der Linken nicht den Bogen, sondern die Aigis Athene's.

Der Dienst der Artemis im Peloponnes war sicher auch in alter Zeit mit Menschenopfern verbunden. In Sparta trat an die Stelle derselben die am Altar der Artemis Orthia vollzogene blutige Geißelung von Knaben. Auch die von

Artemis geforderte Opferung der Iphigeneia steht damit in Zusammenhang. Die Entrückung derselben nach Tauris kam zur Legende hinzu, als die Griechen bei den dortigen Barbaren eine ähnliche Mondgöttin angetroffen hatten. Die Artemis von Ephesos scheint eine von den einwandernden Joniern dort vorgefundene Mondgöttin gewesen zu sein. Als nährende Allschafferin, deren Symbol die Kuh war, wurde sie, abweichend von der hellenischen Artemis, mütterlich mit vielen Brüsten gedacht. Ihr Kultbild lief in alterthümlicher Weise nach unten keilförmig zu und trug eine Mauerkrone auf dem Haupte. Ihr Dienst war äußerst glänzend, und eine zahlreiche Priesterschaft mit einer Unmasse von Tempelsklaven und Eunuchen gab ihm ein orientalisches Gepräge. Der prächtige ephesische Tempel hatte eine Länge von 425 und eine Breite von 220 Fuß. Aus der Apostelgeschichte wissen wir, daß silberne Modelle desselben gern gekauft wurden.

Nach der Sage ist ihr Tempel und Dienst von den Amazonen gegründet worden, die eigentlich auf einen fanatischen Mondkult hinweisen, aber der späteren Zeit Idealbilder der kriegerischen Begeisterung des weiblichen Geschlechts geworden sind. Man verlegte den Hauptsitz und Mittelpunkt des von denselben gebildeten Staates in die Nähe des heutigen Trebisonde an den Fluß Thermodon. Von der dort gestifteten Hauptstadt Themiskyra aus durchstreiften auf feurigen Rossen die muthigen, schönen Jungfrauen die ganze kleinasiatische Halbinsel, und ein Strauß mit ihnen gehörte zu den Waffenproben fast aller hellenischen Heroen. Der korinthische Sonnenheld Bellerŏphon kämpfte vom Pegasos herab mit diesen Frauen; Herakles holte sich, dem Befehle des Eurystheus gemäß, das Wehrgehänge der Königin Hippolўte. Endlich erzählt die nachhomerische Sage, daß kurz nach dem Falle Hektor's die Amazone Penthesĭleia mit einer Schar von Gefährtinnen den Trojanern zu Hülfe geeilt sei. Schon begannen die Griechen wieder vor den wackeren Streiterinnen zurückzuweichen, als Achilleus in die Schranken trat und die Königin erlegte. Aber im Sterben rührte sie durch ihre Jugendschönheit und Tapferkeit sein ritterliches Herz und er gebot, sie feierlich zu bestatten. Ja, als der häßliche Thersites ihn darum verleumdete und den Leichnam zu beschimpfen wagte, streckte ihn ein Faustschlag des Helden zu Boden!

Geheiligt waren der Artemis: der Hirsch, der Eber, der Bär, der Hund und der Lorber. Die berühmte Statue zu Versailles (vergl. Abbild. S. 65) stellt die Göttin als Beschützerin des Wildes dar. Voll Eifer greift sie mit der Rechten nach dem Köcher, um den Frevler zu strafen, während die Linke das Jagdthier am Geweih erfaßt.

So früh schon war die reine Lichtreligion aus dem Naturgebiete herausgetreten, daß sich von Apollon und Artemis bereits vor der Homerischen Zeit die beiden Lichtträger Sonne und Mond als besondere mythische Gestalten, als Helios (Sol) und Selēne (Luna), abspalteten und als mächtige Gottheiten Verehrung genossen.

Apollon als Helios.

8. Helios, Selene, Hekate, Eos.

Helios und Selēne sind auch als reine Lichtgötter wiederum Geschwister, entsprossen aus dem Titanengeschlechte, Kinder des Hyperion, des Hochwandelnden, und der Theia, der Prachtvollen. Auf seinem mit vier milchweißen, feuersprühenden Rossen bespannten Wagen erhebt sich Helios täglich aus einer stillen Bucht des Okeanos und fährt lichtstrahlend seine Bahn, bis er am Abend durch das Sonnenthor im Westen wieder untertaucht. Horen und Nereiden schirren die Rosse ab; er selbst aber besteigt den von Hephaistos verfertigten goldenen Sonnenbecher und fährt auf dem Weltstrom über Norden nach Osten zurück. Auch er hatte sein Gefallen an schönem Vieh und besaß auf der Insel Trinakria (Dreispitz) sieben Herden Kühe und sieben Herden Lämmer, jede zu fünfzig Stück. Diese, welche unter der Obhut zweier Nymphen, der Lampetĭa und Phaethūsa (der Glänzenden und der Leuchtenden), standen, sind schon von den Alten auf die Wochen, Tage und Nächte des Mondjahrs gedeutet worden. Helios heißt selbst Phaëthon, der „Glänzende", das „Auge des Zeus", der „Allsehende", auch „Titan" schlechthin. Nichts bleibt ihm verborgen;

Götter und Menschen bitten ihn, wenn sie Kunde erhalten wollen von einem verborgenen Frevel, über ein verschwundenes Gut. Er offenbarte der jammernden Demeter den Räuber ihrer Tochter; er verrieth dem Hephaistos den Treubruch Aphrodite's. Kein Wunder deshalb, daß man ihn besonders bei Eidschwüren anrief.

Die ungleiche Vertheilung der Sonnenwärme auf der Erde und besonders die Hitze des Aequatorialgürtels gaben Veranlassung zur Mythe von Phaethon, dem Sohn des Helios und der Okeanide Klymĕne. Er, der Vermessene, begab sich, an seiner göttlichen Abkunft zweifelnd, zum goldenen Sitze des Sonnengottes und erbat sich, da ihm dieser, als Beweis, die Gewähr einer Bitte zugeschworen hatte, auf einen Tag die Führung des Sonnenwagens. Umsonst warnte ihn der Vater vor der Wildheit der feurigen Rosse, umsonst stellte er ihm die Gefahren der Bahn durch die drohenden Gestalten des Thierkreises, durch die im Sturme sich schwingenden Sterne vor Augen; der Jüngling beharrte auf seinem Vorsatze. Angstvoll gebot Helios, den Wagen zu bespannen, und Phaethon ergriff freudig die Zügel. Die Rosse fühlten jedoch bald die Ohnmacht und Unkunde des Lenkers, nahmen in rasender Eile ihren eigenen Weg und stiegen bald hoch über die Sterne empor, bald senkten sie sich bis in die Nähe der Erdscheibe. Eine entsetzliche Verwirrung entstand! Die Felsmassen der Gebirge schmolzen, Wälder loderten in Flammen auf, Ströme versiegten, ganze Menschengeschlechter verkohlten. Damals geschah es, daß Libyen zur unermeßlichen Wüste verdorrte, daß die Haut der Aethiopen sich schwärzte, daß der Nil seine Quellen verbarg. Endlich flehte die gequälte Erde selbst Zeus um Hülfe an, und dieser schleuderte seinen Blitz nach dem Sonnenwagen. Zerschmettert stürzte Phaethon hinab in den später für den Po gehaltenen Fluß Eridănos. Dort begruben ihn die Nymphen, und seine drei Schwestern, Aigle, Lampetie und Phaethusa, beweinten ihn so lange, bis sie in Pappeln verwandelt wurden, ihre Thränen aber zu Elektron oder Bernstein erstarrten.

Man verehrte den Sonnengott insbesondere zu Korinth, der ehemaligen „Stadt des Helios", in Lakonien und Elis, am höchsten aber auf der Insel Rhodos. Diese angeblich aus dem Meere emporgestiegene Insel beanspruchte er so als sein Eigenthum, wie Apollon Delos; ja seine sieben, mit der Nymphe Rhodos erzeugten Söhne galten für die Stammväter der ältesten Bevölkerung. Die Rhodier errichteten ihm auch nach Alexander's d. Gr. Tode die kolossalste Statue, die es bis dahin gegeben hatte. Sie war 103 Fuß hoch (jeder Finger größer als sonst ganze Standbilder), kostete 1,050,000 Mark und befand sich in der Nähe des Hafens. Das Weltwunder stand jedoch blos 54 Jahre, worauf es ein Erdbeben umstürzte. Dem Helios war der Hahn geheiligt, welcher zugleich mit der Sonne erwacht. Seine Opfer bestanden nur in weißen Thieren. Seine Gestalt dachte man sich der Apollon's ähnlich; aber immer zeichnet ihn ein von 7 oder 12 Strahlen umgebener Reif oder Helm und das Viergespann aus.

Seine Schwester Selēne ist eine mythisch weniger entfaltete Erscheinung. Eine milde, schöne Jungfrau, weißarmig, schöngelockt, beginnt sie ihren einsamen Weg am Himmel, wenn Helios, die schwarze Nacht wie einen dunkeln Mantel hinter sich über die Erde rollend, in den Okeanos taucht. Langsamer als er, begnügt sie sich mit einem Zweigespanne, ja sie wurde auch auf einem Pferde oder Maulesel reitend dargestellt. Wie Artemis liebt sie die Jagd und den Aufenthalt in Bergen und Wäldern, und die Arkader brachten sie deshalb in Verbindung mit Pan. Ein zartes Verhältniß fesselte sie an Endymion, den sie einst im Karischen Gebirge schlummernd erblickt hatte. Zeus verlieh demselben auf ihre Bitte ewige Jugend, aber auch ewigen Schlummer, und die liebende Selene stieg allnächtlich zu ihm herab und hauchte einen Kuß auf den Mund des Schläfers, der bereits im Alterthume für ein Bild des seligen Todesschlummers galt. Man opferte der Mondgöttin an den Vollmondtagen, hauptsächlich zur Frühlings-Tag- und Nachtgleiche. Außer den erwähnten Merkmalen kennzeichnet sie auf Bildwerken besonders der Halbmond über dem Scheitel.

Hekate.

Mit Artemis und Selene wol ursprünglich verwandt scheint auch die vieldeutige Hekäte gewesen zu sein. Aus dem thrakischen Norden drang der Dienst dieser Mondgöttin nach Hellas herab, und zwar muß dies in der Zeit zwischen Entstehung der Homerischen Epen und der Hesiodischen Gedichte stattgefunden haben. Denn dort wird sie nicht erwähnt, während hier ihre Macht und ihr ausgedehnter Wirkungskreis nicht genug gerühmt werden kann. Mancherlei weist auf ihre Urbedeutung zurück. Die Genealogie macht sie zur eingeborenen Tochter der Asteria, d. i. der Sternennacht, und des Perses, eines titanischen Lichtgottes. In Milet führte sie den Beinamen „die Schimmernde“; durch ihren eigenen Namen Hekate, „die Ferntreffende“, wird sie als Schützin und Jägerin bezeichnet, und als „Lichtträgerin“ erscheint sie mit der Fackel. Hören wir dagegen, wie viel Fremdartiges ihr das bei Hesiod vorkommende spätere Einschiebsel zuweist:

Welchem sie will, dem naht sie zu Nutz und Schutze gewaltig;
In der Versammlung raget hervor, wen diese begünstigt.
Auch wenn Helden sich waffnen zum männerverderbenden Kriege,
Dann auch nahet die Göttin, um Jeglichem, dem sie geneigt ist,
Sieg voll Gnade zu leih'n und herrlichen Ruhm zu gewähren.
Auch im Gericht sitzt jene bei ehrfurchtwürdigen Herrschern.

Sonst wich die spätere Zeit insofern wieder von dieser weiten Vorstellung ab, als sie vorzüglich nur in zwei Gebieten der Hekate Walten anerkannte. Als Abwenderin des Bösen, als eine den Wanderer begleitende Gottheit, wurde sie erstlich Beschirmerin der Straßen. Darum hieß sie auch des Hermes Geliebte und ihr Bild stand auf allen Kreuzwegen, aber auch an den Häusern in kleinen Kapellen, in denen man zur Neumondzeit geringe Speisen, kleine Brötchen,

Helios. Von Schliemann gefundenes Relief.

Fische und Hülsenfrüchte weihte und damit zugleich den Armen einen Dienst erwies, die sich nicht scheuten, die Göttin zu berauben. Das Böse, um dessen Fernhaltung man sie bat, dachte man sich aber von Seiten der Schattenwelt, der Geister und Gespenster, kommend, die auf den Straßen und den an denselben liegenden Gräbern ihren Spuk trieben, namentlich der Empūsa, eines weiblichen Popanzes, und der vampyrartigen Lamien. So ward sie denn zur Obwalterin des Geisterreiches, stand in naher Verbindung mit Persephone und durfte als Patronin der Zauberer und Nekromanten bei keiner Beschwörung vergessen werden. Auch hierin erkennt man einen Zusammenhang mit der Verehrung des Mondes, der so viel Schuld an den gespenstigen Spukgestalten des Aberglaubens trägt und den sich die thessalischen Magier und Hexen stets rühmten vom Himmel herabziehen zu können. Die Hunde, deren Winseln und Geheul ihre Nähe anzeigte, waren ihr heilig. Die spätere Kunst bildete die Hekate dreigestaltig in drei aneinander lehnenden weiblichen Figuren ab, von denen die eine durch Halbmond, Fackel und Lotosblume die Beziehung der Göttin zur Erde, die zweite durch Stricke und Schlüssel ihre Gewalt über die Unterwelt, die dritte durch Strahlenkrone, Dolch und Schlange das Amt der Schicksalsgöttin versinnlichen sollen.

Eine freundlichere Gestalt ist Eōs (Aurora), die Göttin des Morgenrothes, eine leibliche Schwester des Helios. Jeden Tag steigt sie, wie er, mit Strahlenkrone und Viergespann aus dem Okeanos, dem Bruder das Himmelsthor öffnend und ihm uneinholbar vorauseilend. Schon ihre Beinamen harmoniren mit der Pracht des Tagesanbruchs unter hellenischem Himmel. „Rosenfingerig, rosenarmig, weißbeschwingt, goldthronend, safrangekleidet" heißt sie; siegreich, lebendig, ewig jugendlich ist ihr Auftreten. Leidenschaftlich liebt sie alles Schöne und Frische.

Aber das Purpurlicht, in dem der Morgenhimmel schwimmt, schwindet schnell; darum erscheint ihre Liebe wie ein Raub, darum ist ihr nie ein längerer Genuß des Geliebten vergönnt. So entführt sie den herrlichen Jäger Orīon nach Delos, bis die Götter ihr zürnen und Artemis ihn mit ihren Pfeilen erlegt, ein Bild, das der sommerliche Aufgang des Orion am Morgen gegenüber seinem nächtlichen Verweilen am Himmel im Winter hervorrief. Auch ihrer Liebe zu dem rüstigen Schützen Kephălos, den sie aus den Bergen raubt, folgte bald Enttäuschung. In ihm lebte die seiner zärtlichen Gattin Prokris geschworene Treue und er kehrte zu dieser zurück, freilich um ihr, der Eifersüchtigen, einen frühen Tod zu bringen. Aehnliches Leid knüpft sich an den Raub des trojanischen Prinzen Tithōnos, dessen Schönheit ihn den Unsterblichen gleichstellte. Ihn bewog Eos, als Gemahl bei ihr zu bleiben am äußersten Okeanos, und Zeus gewährte ihm auf ihre Fürbitte die Unsterblichkeit. Doch pfeilschnell enteilten die Jahre des Glücks und der Jugend, und als endlich des Tithonos Haar bleichte und seine Haut sich faltete, da erkannte Eos zu spät, daß sie vergessen hatte, auch ewige Jugend für ihn zu fordern. Ihre Liebe erkaltete; in einsamem Gemache schwand Tithonos dahin und vermochte endlich nur noch leise zu wispern, bis er in eine zirpende Baumgrille verwandelt wurde, ein Bild des am Morgen in voller Frische erwachenden und nach und nach abwelkenden Sommertags! Ihm schenkte Eos den Emathĭon und Memnon, beide dem Tithonos an symbolischem Gehalte ähnlich. Der schöne Memnon nahm am trojanischen Kriege Theil und fiel durch Achilleus' Hand. Die trauernde Eos schuf die Memnonsvögel, die sich jährlich auf seinem Grabhügel versammelten, um zu klagen oder sich zu zerfleischen, und die Morgenthautropfen sind die Thränen, die sie täglich um ihn vergießt. Wegen der frischen Brise, die beim Frühlichte zu wehen beginnt, gilt Eos auch für die Mutter der vier Hauptwinde: Argestes, Zephyros, Boreas und Notos, sowie sie des Morgensterns und der übrigen Sterne Erzeugerin heißt.

Eos.

Aphrodite und Adonis.

9. Aphrodite.

Wir beschließen die Reihe der höheren himmlischen Gottheiten mit einer aus der Fremde eingewanderten, deren Dienst zugleich einen Beweis liefert, wie verschieden sich nach der Bildungsstufe getrennter Zeitalter die religiösen Ideen gestalten, wie der Verfall der Sittlichkeit einer Nation das Sinken ihres Gottesbewußtseins im Gefolge hat, wie nahe Gemeines und Erhabenes überhaupt in der Naturrelgion an einander grenzen und sich durchkreuzen können.

Mehrere Gründe, besonders aber auch der Umstand, daß gerade die ältesten Hauptsitze ihrer Verehrung, wie Kypros, Kythera und Korinth, zugleich uralte Kolonien und Stapelplätze der Phönikier gewesen sind, lassen es außer Zweifel, daß der Kult Aphrodite's aus dem Orient und zwar von den semitischen Völkern seinen Weg zu den Hellenen gefunden hat; ja, Herodot will es von den Kypriern selbst erfahren haben, daß die Tempel der Göttin auf ihrer Insel und auf Kythera von Syrern aus der alten Seestadt Askalon gestiftet worden seien. Sie war die Alles belebende und nährende Naturgöttin der semitischen Völker, die Mylitta der Assyrer, die Ashera der Phönikier, die Alilat der Araber, die Himmelskönigin von Karthago. Ihr Gebiet umfaßte Himmel und Meer eben so gut als die Erde. Hesiod läßt Aphrodīte (Venus), die „Schaumgeborene", in der Nähe von Kythera aus der schäumenden Salzflut geboren werden und in Kypros ans Land steigen. Rosen und Myrten und schwellendes Gras sproßten unter ihren Füßen auf, die Horen bekleideten und schmückten sie, und Eros und Himeros geleiteten sie zu den seligen Göttern, unter denen sofort schalkhafte Liebeslust und anmuthiger Scherz ihre Wohnung aufschlugen. Diese Geburt aus dem feuchten Elemente hängt wol mit orientalischen Mythen zusammen; der Name Aphrodite selbst ist weiter nichts als ein in eine anklingende und dem Sinne nach passende griechische Form verderbter semitischer Name. Homer weiß von dieser Version des Mythus noch nichts und nennt Aphrodite die Tochter der epirotischen Zeusgattin Diōne, welche ursprünglich wol selbst die meiste Verwandtschaft mit der einwandernden Göttin gehabt haben mag.

Ihre Naturbedeutung hat sie auch auf griechischem Boden vielfach behalten. Als Aphrodite Urania, die „Himmlische", gebietet sie über Mond und Sterne, Gewitter und Regen, und hatte ihre Altäre auf Höhen und auf hochgelegenen Burgen von Städten. Wegen ihres Zusammenhangs mit den Erscheinungen der Atmosphäre stellte man sie auch an manchen Orten, z. B. in Kythera und Korinth, als bewaffnete und kriegerische Göttin dar, und man könnte hieraus auf einen uralten Grund ihrer Verbindung mit Ares schließen. Daß man endlich die Himmelsgöttin in Gegenden, wo sie die höchste Verehrung genoß, zur Leiterin des menschlichen Schicksals und Glücks und selbst zur Todesgöttin machte, darf uns nicht befremden. Noch weiter verbreitet war ihre Verehrung als Göttin des Meeres. An den Küsten und auf den Inseln beteten Kaufleute, Schiffer und Fischer in ihren Tempeln um glückliche Fahrt, sowie um Besänftigung der Wogen und Winde zur meergeborenen, meerbeherrschenden Aphrodite. Ihren Einfluß auf das Naturleben der Erde endlich beurkundete sie schon durch ihr erstes Erscheinen auf dem festen Lande, und dieses Geburtsfest erneuert sich mit jedem Lenze. Sie ist es, die den erwarmenden Boden mit grünem Sammt überspinnt, mit buntem Blütenregen überstreut, die mit Wonne und Liebeslust alle Geschöpfe erfüllt. Der kühle Hain, der duftende Garten ist ihr Lieblingsaufenthalt. Die süßesten Blumen, die Rose, Anemone, Granate, Tamariske und Myrte, verdanken ihr den Ursprung.

Als Frühlingsgöttin erscheint Aphrodite auch in ihrem Verhältniß zu Adōnis. Der Mythus macht ihn zum Sohne des Königs Kinyras und dessen Tochter Myrrha oder Smyrna. Nachdem die Göttin ihn erblickt hatte, erglühte sie in leidenschaftlicher Liebe und vergaß alles Andere über seinen Umgang. Sie kosete mit ihm, wenn er die Herden weidete; sie war an seiner Seite, wenn er als kühner Jäger die Spur des Wildes verfolgte. Doch zitterte sie für ihn bei der Verfolgung der reißenden Thiere des Waldes und beschwor ihn, sich vor den Zähnen und Tatzen derselben zu hüten. Einst aber, da sie fern von ihm weilte, sandte ihm der eifersüchtige Ares oder die neidische Artemis einen wüthenden Eber entgegen, der, da ihn die Lanze des Jünglings verfehlte, denselben mit seinen furchtbaren Hauern durchbohrte. Grenzenlos war der Schmerz der herbeieilenden Göttin, als sie den Liebling in seinem Blute schwimmend fand, und Zeus selbst erbarmte sich der Trauernden und bestimmte, daß Adonis die schönere Hälfte des Jahres bei Aphrodite, die rauhere bei der ihn auch beanspruchenden Persephone zubringen sollte. Aus seinem Blute aber ließ Aphrodite zum dauernden Denkmal die Rose und die Anemone emporwachsen.

Aphrodite von Melos.

Wer erkennt nicht in dieser Fabel eine Wiederholung der Hyakinthosmythe, in Adonis (semitisch „der Herr") den wonnereichen, nur zu schnell dahinsterbenden Lenz selbst? Demgemäß wurden auch die Adonien, sein Fest, das sich erst um Perikles' Zeit von Asien und besonders von Cypern her in Griechenland einbürgerte, im Hochsommer als eine Todtenfeier begangen, die mit dem Jubel über seine Wiederauferstehung endete. Die Adonisgläubigen bestanden größtentheils aus Weibern und das Fest trug keinen öffentlichen Charakter. Man stellte besonders auf den flachen Dächern der Häuser wächserne Bilder des Gottes aus und erhob eine Leichenklage. Neben dem kleinen Katafalke befanden sich die sogenannten Adonisgärten, irdene Gefäße, in die man Weizen, Lattich, Fenchel oder andere Körner säete. Die in wenigen Tagen von der Sonne emporgetriebenen Pflanzen warf man dann ins Wasser, um durch ihr schnelles Wachsthum und Verschwinden das Geschick des Adonis zu versinnlichen. Uebrigens galt das Fest als Unglückszeit, und man vergaß dies eben so wenig beim Einzug des Kaisers Julian in Antiochia hervorzuheben, als 800 Jahre früher beim Auslaufen der gegen Sizilien bestimmten athenischen Expedition.

Sehr bald aber trat in Hellas die Beziehung der Göttin auf die Geschlechtsliebe in den Vordergrund. Sie selbst erscheint daher als das verkörperte Ideal aller weiblichen Reize, als die Göttin der Schönheit. So zeichnet sie schon Homer. Sie ist die „Goldene", die „Holdlächelnde"; die schönsten irdischen Frauen sind ihr und der Artemis ähnlich. Besonders hebt er hervor „den herrlichen Nacken, den reizenden Busen, die strahlenden Augen." Unwiderstehlich aber machte sie der Besitz eines Zaubergürtels, den sogar Hera einst von ihr entlieh, weil sie auf die Macht ihrer eigenen Schönheit allein nicht vertraute, um ihren Gemahl zu berücken, und von dem der Dichter sagt:

Sprach's und löste vom Busen den wunderköstlichen Gürtel,
Buntgestickt: dort waren des Zaubers Reize versammelt;
Dort war schmachtende Lieb' und Sehnsucht, dort das Getändel
Und die schmeichelnde Bitte, die selbst den Weisen bethöret.

Triumphzug des Eros.

Blumenschmuck, prächtige Gewänder, duftende Salben, goldenes Geschmeide erhöhten die Wirkung ihrer körperlichen Vorzüge. Die blühenden Horen und Chariten, die Göttinnen der Holdseligkeit und Liebenswürdigkeit, bedienten sie bei der Toilette und waren ihre steten Begleiterinnen. Außerdem befand sich in ihrer Umgebung Peitho, die Göttin der süßen Ueberredungsgabe, neben Pothos und Himĕros, den Repräsentanten des sehnsüchtigen Verlangens. Mit solchen Waffen ausgerüstet, besiegte Aphrodite die Herzen der Menschen und Götter, erweckte den zarten Trieb der Neigung und verlieh das Glück der Erhörung.

Triumphzug des Eros.

Nur im Kampfe gegen die rohe Gewalt unterliegt sie; denn als sie für ihre Schützlinge, die Trojaner, am Kampfe Theil nimmt, wird sie von Diomedes durch einen Lanzenwurf an der Hand verwundet und enteilt rasch,

Ach, vom Schmerze betäubt und die schöne Hand so geröthet!

Ihrem sinnlichen, mit Athene's Wesen in grellem Kontrast stehenden Charakter gemäß ist sie auch flatterhaft in ihren Neigungen. Ihrer Untreue gegen den Gemahl Hephaistos, aus Liebe zu Ares, ist bereits gedacht worden. Auch gegen sterbliche Männer konnte sie ihre aufwallenden Gefühle nicht bezwingen.

Außer Adonis durfte sich vorzüglich der Trojaner Anchīses ihrer Gunst rühmen, dem sie sich nahte, als er am waldigen Idagebirge die Herde weidete und die Laute spielte. Der starke und fromme Held Aineias (Aeneas) war die Frucht dieser Liebe, und auch ihn verließ bei allen seinen Abenteuern nicht die Huld der Göttin.

Wer von den Sterblichen ihrer Macht sich fügte, den beschenkte sie mit ihren reichen Gaben; wer ihr zu widerstehen wagte, den strafte sie mit verhängnißvoller Leidenschaft und Liebesverzweiflung. Ein besonderer Günstling von ihr war bekanntlich der trojanische Königssohn Paris. Als der von Zeus erwählte Schiedsrichter im Streite der drei Göttinnen Hera, Athene und Aphrodite über den Preis der Schönheit, hatte er weder auf die von Hera ihm versprochene Herrschaft, noch auf die von Athene ihm angebotene Weisheit geachtet, sondern, von dem ihm verheißenen Glück der Liebe und den wirklichen Vorzügen der Göttin hingerissen, Aphrodite für die Schönste erklärt. Dafür verschaffte ihm diese das schönste Weib der Erde, die Schwester der Dioskuren, Helĕna, die von Aphrodite selbst verblendet und dann von Paris hinter dem Rücken ihres Mannes nach Troja entführt ward.

Tanz der Chariten.

Homer schildert ihn als einen mit allen Gaben der Verführung ausgestatteten Weiberhelden, weichlich und säumig im Kriege, aber Allen voran im Saitenspiel und Tanze.

Einen andern Beweis von Aphrodite's Allmacht erfuhr Pygmalĭon, ein Ahn des cyprischen Adonis. Er besaß ein elfenbeinernes weibliches Bild von wunderbarer Schönheit, in das er sich sterblich verliebte. Nachdem er einst, bei einem Feste der Göttin, dieselbe gebeten hatte, ihm eine Gattin zu schenken, seiner geliebten Statue gleich, fand er bei seiner Heimkehr, daß das Bild unter seinen Liebkosungen erwarmte und wirkliches Leben bekam.

Der schöne sizilische Hirt Daphnis dagegen, welcher übermüthig geprahlt hatte, daß alle Künste der Liebesgöttin an ihm zu Schanden werden sollten, mußte eine Fremde liebgewinnen, die er nie wiedersah, und sich in leidenschaftlicher Sehnsucht verzehren. Ein ähnliches Schicksal traf den spröden Narkissos, den Sohn des Flußgottes Kephissos. Als er die Liebe der Nymphe Echo verschmäht und der Gram diese bis auf die Stimme vernichtet hatte, entbrannte Aphrodite's Zorn;

sie ließ den Stolzen zu seinem eigenen Bilde, das er im klaren Wasser erblickte, grenzenlose Liebe fassen und in Liebesschmerz dahinschwinden, bis von seinem Dasein nichts mehr Zeugniß gab, als die kalte weiße Blume, die seinen Namen trägt.

Die Alles besiegende Macht der Liebesgöttin wurde nach der Homerischen Zeit noch besonders personifizirt in Eros (Amor, Cupido). Ursprünglich der älteste Gott, unmittelbar dem Chaos entsprungen, heißt er später Aphrodite's Sohn und wird als lieblicher, goldbeschwingter Knabe gedacht, bewaffnet mit Köcher und Bogen und auf der Mutter Geheiß seine Wonne und Kummer erzeugenden Pfeile versendend, oder auf eigene Faust neckischen Muthwillen treibend mit seinen scharfen Waffen. So betet in des Euripides „Hippolyt" der fromme Chor:

Gott Eros, der du den Augen süß
Einträufelst Verlangen, holde Wonne
Dem, den du bekriegst, ins Herz hinabströmst,
Erscheine mir nie verderbend, niemals
Des Maßes vergessend!
Nicht des Feuers und nicht
Der Sterne Pfeil aus Himmelshöh'n
Tobt gleich dem Pfeil Aphrodite's,
Den Eros aus der Hand,
Der Sprößling des Zeus, schnellt.
Umsonst, umsonst an dem Alpheos
Und im pythischen Heiligthum Apollon's
Häuft Hellas den Mord der Stieresopfer;
Der Menschen Gebieter Eros aber,
Ihn, der zu Kythere's
Süßem Wonnegemach
Bewahrt die Schlüssel, ehrt man nicht,
Ihn, der verwüstend in alles
Unglück die Menschen treibt,
Sobald er herannaht.

Spätere Dichter und Künstler gesellten ihm eine zahlreiche Schar kleiner Brüder, die sogenannten Eroten oder Amoretten, bei. Eros wurde in der böotischen Stadt Thespiä seit uralter Zeit als Hauptgott verehrt und sein alle fünf Jahre gefeiertes Fest, die Erotien oder Erotidien, mit Kampfspielen begangen. Während er aber hier als Vereiniger der beiden Geschlechter angesehen wurde, dachte man in Athen und in anderen Städten mehr an einen Gott, der Männer und Jünglinge in aufopfernder Liebe und reiner Freundschaft verband, und darum stand sein Bild in den Gymnasien; ja, die Spartaner und Kreter pflegten ihm vor der Schlacht zu opfern, auch wurde er demzufolge als Urheber der auf Tapferkeit gegründeten Freiheit angesehen. In diesem Sinne stellte dann die Kunst einen zweiten beflügelten Knaben neben ihn, den Antĕros, das Sinnbild der Gegenliebe. Auch die menschliche Seele, die von ihm bald gepeinigt, bald entzückt wird, wurde als eine zarte Mädchengestalt mit Schmetterlingsflügeln abgebildet, die er umarmt, oft auch mißhandelt. Spätere philosophirende Reflexion hat aus diesem Verhältniß eine geistreiche Allegorie in Gestalt eines Märchens gebildet, die freilich weniger auf die Liebe als auf die Stationen hinausläuft, welche die menschliche Seele zu durchwandern hat. Psyche war die jüngste unter den drei Töchtern eines Königs und erregte durch ihre große Schönheit den Neid Aphrodite's, die ihrem Sohne den Auftrag ertheilte, ihr Liebe zu einem verächtlichen Menschen einzuflößen. Allein Eros erglühte selbst in Liebe zu ihr, versetzte sie in einen Feenpalast und besuchte sie allnächtlich, aber unerkannt, ja ungesehen. Psyche war glücklich; allein es peinigte sie die Neugier und die Einsamkeit der Tage, und als Eros ihren Wunsch erfüllt und ihre beiden Schwestern zu ihr gebracht hatte, folgte sie den neidischen Einflüsterungen derselben und wollte, entgegen der Warnung des Geliebten, sich über sein Aussehen Gewißheit verschaffen. Als wieder die Nacht kam und Eros entschlummert war, zündete sie eine Lampe an und schlich sich leise an sein Lager. Da erblickte sie anstatt eines Ungeheuers, wie sie befürchtet hatte, den schönsten der Götter, und freudigen Schreckens voll ließ sie einen Tropfen siedenden Oels auf seine Schultern fallen. Zürnend erhob sich der Gott, sagte sich mit bitterem Scheltwort von Psyche los und entfloh, indem zugleich das Zauberschloß verschwand. Verzweiflungsvoll jammerte nun die Unglückliche und durchirrte, den Geliebten suchend, alle Länder; aber Niemand erbarmte sich ihrer, aus Furcht vor dem Zorne der Liebesgöttin, bis sie sich endlich entschloß, sich vor Aphrodite zu demüthigen und sich zu ihrer Sklavin zu geloben. Jetzt begann aber ihr eigentliches Leiden erst; denn die Göttin legte ihr die härtesten Arbeiten und Prüfungen auf, deren Last sie nicht ertragen hätte, wenn ihr nicht immer geheimer Beistand vom kranken und in Haft gehaltenen Eros geworden wäre. Als sie endlich ein in Aphrodite's Namen von Persephone erbetenes Salbenbüchschen erhalten und unvorsichtigerweise geöffnet hatte, verfiel sie dem stygischen Todesschlummer, und nun erschien der befreite Gott, hob sie in seine Arme und eilte zum Olymp empor, wo Zeus ihren Bund segnete und alle Götter an ihrem Vermählungsfeste Theil nahmen.

Als Göttin der Liebe stand Aphrodite aber auch zur Ehe und zur Familie in ethischem Verhältniß. Sie nahm die Reife der Mädchen in ihre Pflege und wurde bei Verlöbnissen und Verheirathungen neben der ernsten Hera als Ehestifterin und Spenderin des Kindersegens angerufen. Ja, insofern der Bestand des ganzen Volks auf der Fortdauer der natürlichen Beziehung der Geschlechter zu einander beruht, wurde sie in Attika seit uralter Zeit als Pandēmos, d. h. Gemeindegöttin oder allgemeine Landesgottheit, verehrt.

Dieser reine Charakter des Aphroditedienstes, schon während der guten Zeit vielfach getrübt durch die Richtung der Hellenen auf vollen, sinnlichen Lebensgenuß, ging aber endlich größtentheils verloren, als die Zucht und Sitte von dem Hetärenwesen untergraben wurde und die Lossagung von den Fesseln weiblicher Sittsamkeit in Aphrodite ihre Schutzgottheit verehrte. Da verkehrte sich die Aphrodite Pandemos in die Göttin der Allerweltsliebe, der Prostitution; da erst trennte sich verachtungsvoll von ihr Aphrodite Urania, nun nicht mehr die himmlische Naturgöttin, sondern die Beschirmerin der reinen, ehelichen Liebe, die vom Himmel stammt. Besonders berüchtigt war in jener Hinsicht der Aphroditetempel des reichen, üppigen Korinth, zu welchem über tausend der Göttin leibeigene

Tempelmädchen gehörten. Ihre Feste waren auch dort doppelter Natur, indem die ehrbaren, freien Weiber ihre eigenen begingen, während die Aphrodisien der Hetären natürlich immer bei anständigen Leuten Aergerniß erregten.

Geheiligt waren der Göttin aus dem Pflanzenreiche die Myrte und der Apfel, die Rose und der Mohn; unter den Thieren der Widder, der Sperling, der Schwan, die Schildkröte und der Delphin, am meisten aber die weiße Taube, die ihre Statuen oft auf der Hand hielten und die scharenweise in ihren Heiligthümern gefüttert wurde.

In der bildlichen Darstellung dieser Göttin erscheint ihre Gestalt — je nach der verschiedenen Auffassung — bald ernster und würdiger, bald freier und sinnlicher. Jener entsprachen die Statuen der Urania von Pheidias und Kanachos, dieser die von Skopas und Praxiteles und ihr berühmtes Gemälde von Apelles. Die späteren Künstler gingen überhaupt darauf aus, in dem Götterideale Aphrodite's die unverhüllten weiblichen Reize in ihrer vollen sinnlichen Wirkung erscheinen zu lassen, ein Streben, das freilich in der Ueberfeinerung und künstlichen Steigerung des Liebreizes dem sittlichen Gehalte der Kunstwerke Abbruch that. Die hochberühmte mediceische Venus steht ebendeshalb der knidischen und melischen nach. Die in den erhaltenen Kunstwerken sich aussprechenden Anforderungen an Frauenschönheit bestehen in einem länglichovalen Gesicht, einer nicht zu hohen Stirn, sanft gewölbten Augenbrauen, schwimmenden Augen, kleinem, lächelndem Munde mit feinen Lippen, rundlichem Kinne, gefüllten Wangen, fleischigem Schwanenhalse und sanft schwellenden, reizenden Gliederformen.

Zu Aphrodite und Eros gesellte sich auch Hymen oder Hymenaios, der Hochzeitsgott, den man als Sohn der Liebesgöttin bezeichnete und als schönen Jüngling dachte, der aber wol nur den Hochzeitsliedern seine Entstehung verdankte.

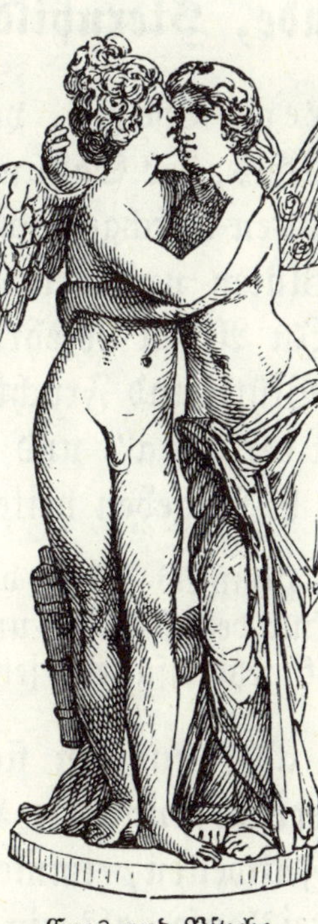

Eros und Psyche.

Aiolos und die Winde.

10. Horen, Chariten und Musen. Moiren, Nemesis und Tyche. Winde, Sternbilder.

Wie die Mutter der Horen, Themis, vom Begriffe eines Erdsymbols sich allmählich zur Göttin des Rechts, der Satzung, steigerte, so haben auch jene selbst verschiedene Entwicklungsstufen durchgemacht. Zunächst entsprechen sie den Jahreszeiten, insofern sie die Blüten und Früchte der Erde zu rechter Zeit und in stetigem Wechsel zeitigen. In Athen verehrte man zwei Horen unter dem Namen Thallo und Karpo, Blüte und Frucht. Diesem Sinne gemäß nennt Homer die Horen „Dienerinnen der Hera", und sie schließen und öffnen bei ihm das Wolkenthor des Olymps, d. h. sie geben heiteres Wetter und Regen:

Selbst nun erdröhnte des Himmels Thor, das behüten die Horen,
Welchen vertraut ist die Hut des Olymps und des luftigen Himmels,
Daß sie die hüllende Wolk' jetzt öffneten, jetzo verschlössen.

Die Jahreszeiten bezeugen aber nur am sichtbarsten den geregelten Gang, der in der ganzen Schöpfung herrscht, und die Horen erschienen infolge dessen überhaupt als die geordneten Zeitwellen, immer fortrollend und immer von Neuem beginnend in ewigem Kreislaufe, als ein Bild der Gesetzmäßigkeit selbst, als konkrete Vervielfältigungen der schon ihrer Mutter zu Grunde liegenden sittlichen Vorstellung. Bereits Hesiod kennt deshalb drei Horen und nennt sie Eunomia, Dike, Eirēne, d. i. gesetzliche Ordnung, Recht und Frieden. Doch denkt der Dichter immer noch vorherrschend an den Begriff der natürlichen Zeitigung:

Zweites Gemahl drauf wurde die herrliche Themis, der Horen
Mutter, Eunomia, Dike und blühender Tochter Eirene,
Welche die Saaten behüten dem sterblichen Menschengeschlechte.

Später wurde dieses natürliche Förderungsamt in leicht ersichtlicher Weise zur Erfüllung des Gesetzes. So preist Pindar das reiche Korinth glücklich, als eine Stadt, in welcher „Eirene wohnt und ihre Schwestern, zum sichern Nutzen der Städte, Dike und die gleichgeartete Eirene, Schafferinnen des Reichthums für die Männer, die goldenen Töchter der einsichtsvollen Themis." Insbesondere gepriesen ward von den Dichtern die Hore der heiligen Gerechtigkeit, Dike, von der schon Hesiod singt:

Drei Myriaden ja giebt's auf reichlich ernährender Erde
Ewiger Diener des Zeus und Wächter der sterblichen Menschen,
Welche die Thaten des Rechts und schmähliche Werke beachten,
Dunkelumhüllt allwärts hinwandelnd über die Erde.
Und die Gerechtigkeit ist Zeus rein jungfräuliche Tochter,
Heilig und hoch in Ehren den Göttern auf dem Olympos.
Wenn sie Einer verletzt, durch bösliche Ränke beschimpfend,
Alsbald setzt sie darauf zum Vater sich, Zeus, dem Kroniden,
Klaget der Menschheit frevle Gesinnung; und so bezahlt dann
Endlich das Volk der Gewaltigen Schuld, die traurigen Unsinns
Anderswohin abbeugen das Recht durch fälschliche Sprüche.

Man dachte sich die Horen als zarte, blühende Jungfrauen, immer freundlich, immer fröhlich, immer mit duftenden Blumenkränzen geschmückt. Stets sich gleichbleibend und den Sterblichen hold, durchwallen sie leichtfüßig den Kreislauf des Jahres und einen sich mit den Chariten, Musen und Nymphen zu anmuthigem Reihentanz und Gesang. Mit den verschiedenen Geschenken des Jahres, besonders mit Blumen und Früchten versehen, stellte sie auch die Kunst dar, und zwar meist in der Dreizahl, erst später in der Vierzahl. Als die hervorragendste unter ihnen behandelte man die Hore des Frühlings; diese wird auch Chloris genannt und entspricht der römischen Blumengöttin Flora. Recht bezeichnend nennt sie Ovid die treue Gattin des Zephyros, den sie dem reichen Freier Boreas vorgezogen habe.

Die Chariten (Gratiae), Töchter des Zeus und der Eurynome, wahrscheinlich Anfangs Göttinnen des — die Reize der Natur hervorzaubernden — feuchten Elements, wurden aus Spenderinnen guter und erfreulicher Naturgaben sehr bald Ideale der Holdseligkeit, Anmuth und heitern Geselligkeit. Wie die Horen, besaßen sie kein ihnen ausschließlich gehörendes Herrschergebiet, sondern standen Göttern und Menschen hülfreich verschönernd zur Seite. Ohne sie würde Aphrodite von ihrem Zauber verlieren. Sie baden und salben die Liebesgöttin im heiligen Haine zu Paphos mit ambrosischem Oele und hüllen ihre Glieder in herrliche Gewänder. Im Olymp wird jedes Mahl und jeder Tanz durch ihre Betheiligung zum Hochgenuß. Zeus und Hera können ihrer nicht entbehren, und im Verein mit den Musen singen sie zur Leier Apollon's; ja, selbst Hephaistos und Athene bedürfen ihrer Gegenwart zu ihren Werken.

Homer kennt mehrere Chariten und unterscheidet ältere und jüngere; doch nennt er nur Pasithëa, „die Wunderschöne", welche von Hera dem Gott des Schlafs versprochen wird. Hesiod und Pindar dagegen wissen von drei Schwestern: Aglaja, Euphrosyne und Thalīa (himmlischer Glanz, Frohsinn und Lebensfreude). In Sparta verehrte man die zwei Huldgöttinnen Kleta und Phaënna (Klang und Schimmer), in Athen ebenfalls zwei: Auxo und Hegemōne (Mehrerin und Führerin). Auf ihre uralte Dreizahl deutet übrigens hin, daß man in der böotischen Stadt Orchomenos, wo ihnen ein besonderes Fest, die Charitesien, gefeiert wurde, drei vom Himmel gefallene Steine als ihre Symbole verehrte. Auf Bildwerken treten auch die Chariten als reizende, fröhliche Mädchen auf,

Denen herab von den Brauen die gliederlösende Liebe
Troff beim Blicke: sie schauten so huldvoll unter den Wimpern.

Aeltere Künstler stellten sie bekleidet dar, spätere ohne Verhüllung und sich zu harmonischem Bunde umschlingend.

Ebenfalls von Zeus selbst stammten ferner die Musen (Musae) ab, und zwar war, wie bereits erwähnt, ihre Mutter die Titanin Mnemosyne, das geistige Vermögen, welches die Vergangenheit in Gegenwart verwandelt und, mit Seherblick begabt, den Schleier der Zukunft lüftet. Diese Sehergabe vererbte sich in noch reicherer Entfaltung auf die Töchter. „Sie singen", wie Hesiod sagt, „kündend Alles, was ist und sein wird oder gewesen; es lacht der unendliche Vater Zeus, der im Donner regiert, wenn der Göttinnen lilienartige Stimme sich ausgießt." Vorzüglich sind es die ruhmvollen Siege der Olympier und deren Allgewalt, worüber sich ihr Lied verbreitet. Auch die göttlichen Gesetze des Weltalls verherrlichen sie und die Bräuche der ewigen Götter, sowie endlich die Riesengeschlechter der Erde und die Thaten der Menschen, deren Koryphäen sie auch in Freud und Leid mit ihrem Sang beglücken. Sehr natürlich war es, mit ihnen Apollon in Verbindung zu bringen und denselben als Vorsteher und Führer der Musen zu bezeichnen. Sie theilen auch gütig ihre Gaben den Sterblichen mit. Hierüber singt noch Hesiod:

Denn von dem Musengeschlecht und dem Fernhintreffer Apollon
Stammten die Sänger auf Erden und saitenspielenden Männer,
Aber die Kön'ge von Zeus. Glückselige, welche die Muse
Liebt! Wie strömt doch ihnen so süß vom Munde die Rede!
Trägt auch Einer ein Leid in der neuverwundeten Seele,

Wird ganz hager, bekümmert im Geist; jetzt aber ein Sänger,
Diener der Musen, erhebt vom Ruhme der früheren Menschen
Festliches Lied, von den seligen Göttern in dem Olympos:
Schnell vergißt er den Gram alsdann und denket der Sorgen
Nimmer; es hat ihn schnell der Göttinnen Gabe gewandelt.

Obgleich im Alterthum Manche nur drei, Andere sieben Musen annehmen wollten, so stimmen doch schon Homer und Hesiod in der Neunzahl überein. Und während die Horen und Chariten gleichsam Akkorde bilden, die zusammen eine untrennbare Harmonie ausmachen, besitzt hier fast jede einzelne Gestalt nebenbei ihren besondern Wirkungskreis, eine kleine abgeschlossene Welt.

Die Horen der vier Jahreszeiten. (Relief von einem Sarkophag.)

Da haben wir zuerst Kalliöpe, „sie, welche die höchste von allen, weil sie den Königen folgt, ehrwürd'gen in ihrem Gebiete.“ In ihr repräsentirt sich die Schönheit der menschlichen Stimme im Vortrag des epischen Gesanges, und darum sind ihre Attribute oft Schreibtäfelchen und Griffel, während ein Epheukranz ihr Haupt schmückt. Kleio (Clio) dagegen, die ernste Muse der geschichtlichen Forschung, prüft die Thaten der Vorzeit mit kritischem Scharfsinn. Schweigsam und sinnend ist ihre Haltung und meist deutet eine Schriftrolle ihren Beruf an.

Wie ganz anders giebt sich Euterpe, die Muse der irdischen Lebenslust! Die durch sie vertretene Flötenmusik war vorzugsweise Ausdruck des Frohgenusses; zugleich wurde aber auch Euterpe dadurch Beschützerin der lyrischen Poesie.

Doch gehörte diese zugleich in die Sphäre der Terpsichöre, der Muse des feierlich erhabenen, tragischen Chortanzes. In ein langes choragisches Gewand gekleidet, hält sie gewöhnlich in der Linken die Lyra; die Rechte mit dem Plektron rührt die Saiten. Mit fast denselben Attributen ausgestattet, aber eine viel beweglichere und heiterere Gestalt ist Erăto, die Göttin des Liebesscherzes und der Mimik. An diese beiden Gegensätze reihen sich in derselben Weise Melpoměne und Thaleia (Thalīa).

Kalliope.

Kleio.

Jene, an Majestät und Würde Terpsichore ähnlich, ist die Muse der hohen Tragödie und wird durch Schleppgewand, Kothurn und Rebenkranz gekennzeichnet, sowie durch eine Maske und Keule oder ein Schwert in den Händen. Diese, wie Erato zu harmloser Lust und Freude geneigt, hat ihren Wirkungskreis in der verkehrten Welt der Komödie. Auch sie trägt eine Maske, jedoch mit schalkhafter Physiognomie, statt der Keule aber den Hirtenstab und einen an Dionysos erinnernden Epheukranz. Es folgt Polyhymnia, „die Liederreiche", das Bild der jugendlichen Volksbegeisterung, als der Quelle, welcher die Liederfülle der Volkspoesie entströmt. Sie wird stets als in ernstem Nachsinnen begriffen dargestellt. Urania endlich galt in späterer Zeit für die Vorsteherin der astronomischen und mathematischen Wissenschaften. Eigentlich steht sie der Poesie näher als Verkünderin der ewigen Gesetze des Weltalls, und weist, wie auch ihr Name besagt, die Sterblichen tröstend auf die höhere himmlische Harmonie hin. Ihr Attribut ist die Himmelskugel.

Thaleia.

Der allmählich auf alle Elemente der hohen hellenischen Bildung sich erstreckende Dienst der Musen war in der älteren Zeit vornehmlich in zwei Gegenden zu Hause, dem Distrikte Pierien am Olymp (darum führten sie selbst den Beinamen „Pierierinnen", „Olympierinnen") und in Böotien am Berge Helikon.

Erato.

Urania.

Terpsichore.

Waren es dort die Quellen Pimpleia und Libethra, an die sich ihr Kult vorzüglich knüpfte, so waren ihnen im Vaterlande Hesiod's die Quellen Aganippe und Hippokrene geheiligt.

Euterpe.

Melpomene.

Polyhymnia.

Nimmt man hinzu, daß auch an anderen Orten (besonders berühmt war die Musenquelle Kastalia am Parnaß) die Musen als Quellnymphen verehrt wurden, so läßt sich wol nicht leugnen, daß der musische Enthusiasmus ursprünglich als eine Naturbegeisterung gefaßt ward, auf welche die lebensvolle, sprudelnde Quelle von selbst führt. Die Spartaner opferten den Musen neben dem Eros vor der Schlacht, um sich der erhebenden Entschließungen zu erinnern, die ihnen durch die patriotischen Gesänge ihrer Dichter eingeflößt worden waren. Ein besonderes Volksfest wurde ihnen nur zu Thespiä in Böotien, und zwar alle vier Jahre gefeiert. Sonst hatten die Musenfeste in Athen und anderwärts nur Bezug auf die der Musenkünste beflissene Jugend.

Die Moiren (Parcae) sind jüngeren Wesens als die auf Naturgrundlage ruhenden, persönlichen anderen Götter, in deren Kreis sie erst durch Abstraktion versetzt worden sind. Die Phantasie wurde auf ihre Erschaffung geführt durch den Gedanken an das Ruhende im Wechsel der bunten Göttergestalten, an die einheitliche Bestimmtheit bei der Verschiedenheit der sich kreuzenden Willen.

Zwar stand Vater Zeus über allen Göttern; aber seine Macht und Allwissenheit war nicht unbegrenzt. Besonders die Aufeinanderfolge, das Werden und Vergehen der irdischen Dinge dachte man sich nicht als Ausfluß eines göttlichen Planes, sondern als eine gleich beim Entstehen sich an sie heftende, feste Vorherbestimmung. Schon bei Homer steht die Schicksalsnothwendigkeit (Aisa oder Moira, Fatum) als dunkle Macht hinter dem Thun der Götter, und ihre Unerbittlichkeit und Unveränderlichkeit zeigt sich besonders in der Resignation, mit welcher der Held dem Verhängnisse des Todes entgegengeht. Auch die Götter sind an die Moira gebunden und greifen sogar mit helfend ein, um den Spruch des Schicksals zu erfüllen; ja, selbst Zeus ergründet ihren Willen, indem er die Todesloose der Achäer und Trojaner, des Achilleus und Hektor vermittels einer goldenen Wage untersucht. Sank die eine Wagschale, so überwog des Todes Macht auf dieser Seite.

Uebrigens erscheint auch schon bei Homer das Austheilen der Geschicke durch die Götter und das Fatum unter dem Bilde des Spinnens, indem das Drehen des Fadens aus der formlosen Wolle dem Abgerundetwerden des einzelnen Lebensgeschickes entspricht. Doch kennt bereits Homer mehrere solche spinnende Moiren, und Hesiod giebt ihre Zahl und ihre Namen an: Klotho (die Spinnerin), Lachĕsis (die Göttin des Zufalllooses) und Atrŏpos (die Unabwendbarkeit des Todes). Diese die Idee des Schicksals nur lebendiger wiederholenden Schwestern heißen bald Töchter der Nacht, bald des Zeus und der Themis, je nachdem sie den Ausdruck der blinden Naturnothwendigkeit an sich tragen oder als Mächte einer höheren, sittlichen Weltordnung angesehen werden, deren Gebieter Zeus ist. Gewöhnlich dachte man sich ihren Einfluß am stärksten bei der Geburt und dem Sterben der Menschen. Daher ihre Verbindung mit der Geburtsgöttin Eileithyia und die Sitte, ihrer beim solennen Hochzeitsopfer zu gedenken.

Nach der Auffassung der späteren Dichter stellte die Kunst die Moiren alle mit dem Geschäfte des Spinnens beschäftigt dar, indem Klotho den Lebensfaden spinnt, Lachesis ihn leitet und Atropos ihn durchschneidet. Auch kommen die bejahrten Jungfrauen so gruppirt vor, daß Klotho allein spinnt, Lachesis das Schicksalsloos zieht und Atropos das Verhängniß in eine Schriftrolle einträgt.

Moiren und Erinyen beim Sturz des Tantalos. (Nach H. Heidel.)

Während nun aber Geburt und Tod, böses und gutes Geschick, durch die Moira gleichsam von außen an den Menschen herantreten, kann er selbst durch Ueberschreitung der sittlichen Ordnung, besonders durch blinde Leidenschaft, Stolz, Vorwitz und Uebermuth das Glück des Lebens zerstören. Denn dann erwacht der Neid und Zorn der Götter, vor dem sich der Sterbliche nach hellenischer Ansicht nicht genug zu hüten vermag. Als Personifikation des göttlichen Unwillens über solche Verletzung des rechten Ebenmaßes erscheint in der nachhomerischen Zeit die hehre Neměsis, die Vergelterin jedes Frevels und jeder ruchlosen That. Als eine Strafe des Uebermuthes kam den Athenern auch die Niederlage der Perser bei Marathon vor, da ja von diesen schon der Marmorblock aus Paros mitgebracht worden war, aus welchem das Siegesdenkmal errichtet werden sollte. Daher meißelte Pheidias aus demselben Steine die über sieben Meter hohe Statue der Nemesis für ihren Tempel im attischen Flecken Rhamnus. Sie trug auf dem Haupte eine mit Hirschen und kleinen Nikebildern geschmückte Krone, in der Linken einen Apfelbaumzweig, in der Rechten eine Schale. Sonst wird die Göttin gewöhnlich als eine in Nachsinnen versunkene Gestalt abgebildet, welche zum Zeichen des Messens den Arm zur Brust hin beugt und in der Hand einen Zaum oder eine Peitsche hält. Oft sieht man sie aber auch in voller Bewegung, mit Flügeln an den Schultern und auf einem mit Greifen bespannten Wagen.

Tyche.

Den Moiren, besonders Lachesis, nahe verwandt war Tyche (Fortuna), die Göttin des glücklichen Zufalls. In älterer Zeit weniger beachtet, wurde sie später, wo der herrschende Unglaube an die Stelle der persönlichen Götter das blind waltende Ungefähr setzte, zu einer sehr häufig genannten Gottheit; ja, fast jede Stadt verehrte endlich ihr gutes Glück in Gestalt einer schönen Tyche. Ihre Attribute waren gewöhnlich ein Füllhorn und das auf ihr lenkendes Walten bezügliche Steuerruder. Zugleich stand sie oft, der Beweglichkeit ihrer Natur gemäß, auf einer Kugel oder auf einem Rade.

Die Winde sind schon bei Homer aus dem Geschlechte der Unsterblichen entsprossen und, wie es in ihrer Natur lag, meist ungestüm und von großer Gewalt. Hesiod läßt die wohlthätigen von Eos und Astraios (Sternenmann), die verderblichen von Typhoeus abstammen. (Siehe folgende Seite.)

Diese — sie fallen herein auf den nebelgestaltigen Pontos
Schwer zu der Menschen Verderben und wüthen in gräßlichem Sturme.
Dahin und dorthin brausen sie laut; sie zerstreuen die Schiffe
Und sie vernichten die Schiffer, da giebt's nicht Hülfe vom Unheil
Für die Sterblichen, welche mit ihnen zusammengetroffen im Meere.

Boreas.

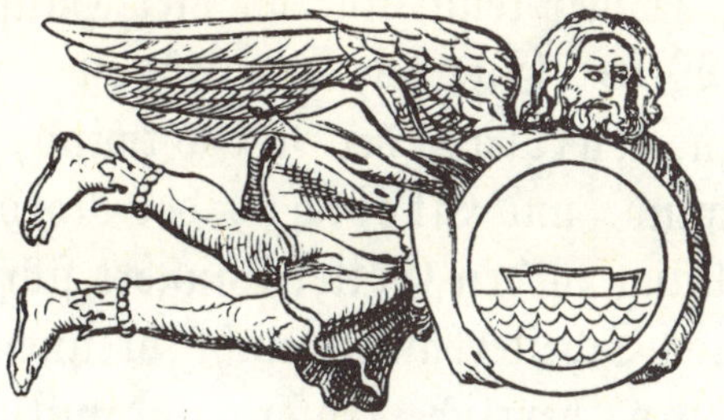

Kaikias.

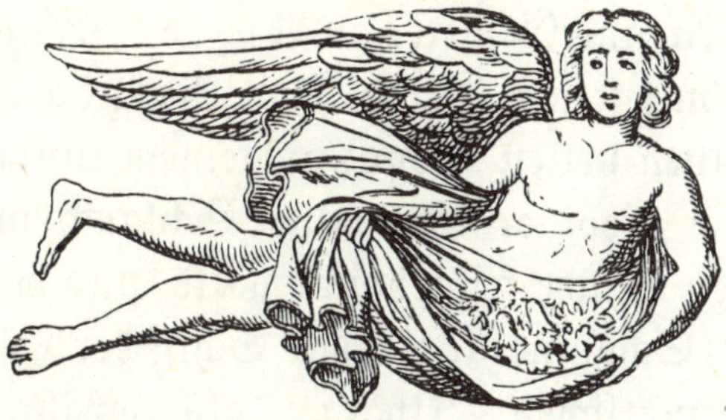

Zephyros.

Euros.

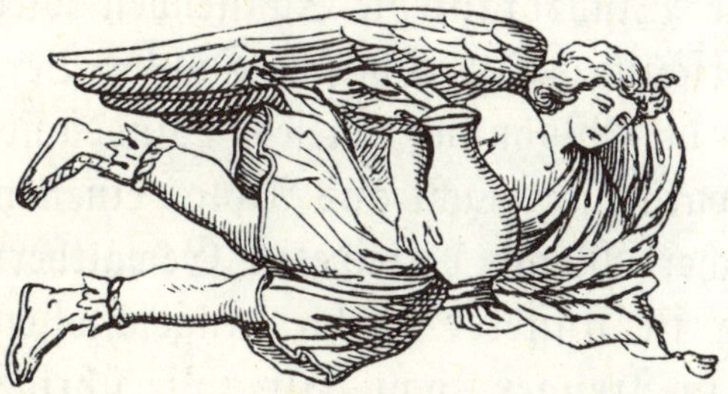

Notos.

Libs.

Die Winde.

Iris.

Harpyie. Aëllo, die Windsbraut.

Homer kennt nur die vier Hauptwinde: Borĕas, den Nord-, Zephўros, den West-, Euros, den Südost-, und Notos, den Südwind. Später kamen hinzu: Kaikias, der Nordostwind, Libs, der Südwestwind, Apeliotes, der Ostwind, und Skeiron, der Nordwestwind. Ueber ihren Aufenthalt und ihre Stellung zu den Göttern äußert sich Homer in verschiedener Weise. Als des Patroklos Scheiterhaufen nicht brennen wollte, gelobte Achilleus dem Boreas und Zephyros herrliche Opfer, und mitleidig übernahm es die schnellfüßige Iris, die Hülfe der Winde herbeizurufen, welche eben mit ihren Kameraden in des Zephyros Wohnung auf dem wilden Gebirge Thrakiens beim Schmause saßen. In der Odyssee dagegen haben die Winde ihren Herrn und Gebieter an Aiŏlos, der auf einer schwimmenden, erzummauerten Insel mit seiner Gattin Amphithĕa und zwölf Kindern Hof hält und den Odysseus einen vollen Monat an seinem lustigen Schlaraffenleben Theil nehmen läßt. Endlich giebt er ihm einen Schlauch mit, in welchem er die Strichbahnen der heulenden Winde festgebannt hatte, und heißt nur den günstigen Zephyr die Segel blähen. Schon nahte sich das Schiff der Küste des heimatlichen Ithaka, als, während Odysseus schlummerte, die neugierigen Gefährten den Sack öffneten und die herausfahrende Windsbraut die Schiffenden wieder weit verschlug. Der römische Dichter Vergil verlegt die Wohnung dieses Winddämons nach Lipara und macht aus Aiolos einen mit königlicher Macht bekleideten Gewaltherrn, der die in finsterer Höhle eingeschlossenen Winde in strenger Zucht hält. Wie übrigens Aiolos ein Sohn des Hippotes, „des Reitersmannes", heißt, so sind die Kinder von Boreas und Zephyros wieder Rosse, Sinnbilder der Schnelligkeit.

Die Dioskuren.

Noch scheidet endlich Homer von den Windgöttern die Sturmelfen, Harpyien (die Raffenden), von denen er nur Podarge, „die Schnellfüßige", nennt, während Hesiod Okypĕte (Schnellfliegende) und Aëllo (Windsbraut) kennt und dieselben zu Töchtern des Meerdämonen Thaumas und der Elektra und zu Schwestern der Iris stempelt. Ihnen schrieb die heroische Zeit auch das spurlose Verschwinden der Menschen zu; die spätere Dichtung aber machte aus ihnen Mißgeschöpfe, halb Vögel, halb Jungfrauen, von ekelhafter Gefräßigkeit und Unreinlichkeit.

Seinem Charakter gemäß wurde Boreas mit langen Flügeln, struppigem Haar und wildem Blicke dargestellt. In Athen genoß er besondere Verehrung am Ilissos. Dort wurde ihm ein Altar gestiftet, nachdem von ihm als „Schwiegersohn" Attika's, dessen Königstochter Oreithyia, „die Bergdurchstürmende", er entführt hatte, die persischen Schiffe am Vorgebirge Sepias arg beschädigt worden waren. Aelian erzählt, daß auch die Thurier in Unteritalien dem Boreas zu opfern anfingen und ihn sogar zu ihrem Ehrenbürger machten, seit eine Armada des Tyrannen Dionysios durch seine Beihülfe zerstört worden war.

Der noch vorhandene achteckige Windthurm zu Athen enthielt im Innern eine Wasseruhr; auf seinem Dache stand ein Triton als Wetterfahne, der mit einem Stabe auf die außen angebrachten Reliefbilder der Winde hinwies. Auf diesem trägt Kaikias eine Wanne mit Schloßen und Hagel, Libs den Zierrath von einem zertrümmerten Schiffe; der freundliche Zephyros, der Gemahl der Blumengöttin Chloris, schüttet aus seinem leichten Gewande Blüten über die Erde; der regenschwere Notos läßt aus umgestürztem Kruge unendliches Naß niederströmen.

Der Thurm der Winde in Athen.

Apeliotes birgt Früchte und Trauben im Mantel, während der schwüle Euros seinen rechten Arm in das Gewand gewickelt trägt und Skeiron ein bauchiges Gefäß hält. Boreas endlich, finsteren Blicks und in winterlicher Kleidung, führt die Tritonsmuschel.

Unter den Sternbildern, deren Zusammenstellung wahrscheinlich schon im Orient von der menschlichen Phantasie vollzogen ward, heben wir nur diejenigen Gestalten heraus, welche am meisten ins Auge fallen und den meisten Einfluß auf die Jahreszeiten und auf die Schiffahrt auszuüben schienen. Einen Hauptrang darunter nimmt der bereits erwähnte Orīon ein, ein ungeheurer Riese von gewaltiger Kraft, der mit goldenem Wehrgehenk und geschwungener Keule oder gezücktem Schwert bald in den Bergen und Wäldern jagte, bald durch das tiefe Meer schritt, während Haupt und Schultern noch hervorragten. Sein Aufgang am Morgen fällt in den Sommeranfang; dann ist er der strahlende Liebling der Eos.

Sein Untergang in der Frühe bezeichnet dagegen den Eintritt der rauhen Jahreszeit, und deshalb steht er dann die ganze Nacht hindurch drohend am Himmel, verfinstert denselben mit Wolken und schreckt als wilder Jäger das Sternenwild. Hinter ihm schreitet sein Hund, in dessen Kopfe sich der hellste der Firsterne, der Seirios (Sirius), d. h. der Strahlende, befindet. Da mit dessen Erscheinen in der Morgendämmerung die heißeste Jahreszeit (die Hundstage) beginnt, so galt er für ein unheilvolles Himmelszeichen, in dessen Gefolge sich Dürre und Seuchen einstellten. Auf der Insel Keos wurde darum zu dieser Zeit dem Seirios geopfert und in Argos, wo man zu derselben Zeit den Tod des zum Heroen herabgesunkenen alten Naturgottes Linos feierte, schlug man alle herrenlos herumlaufenden Hunde todt. Auf der Flucht vor Orion dachte man sich die Plejaden, Hyaden und die Bärin. Die Plejaden oder das Siebengestirn (Maja, Elektra, Taygēte, Alkyŏne, Kelaino, Sterŏpe, Merŏpe), in Tauben verwandelte Nymphen, gaben durch ihren Aufgang im Sommer das Signal zur Ernte, durch ihren Untergang im Spätherbst zu der von Sturm und Regen begleiteten Aussaat. Regen brachte auch der Aufgang der Hyaden. Zahl, Namen und Abstammung dieser Nymphen wird sehr verschieden angegeben. Hesiod kennt deren fünf. Es waren die Pflegerinnen des jungen Dionysos und erhielten als Dank dafür ihre Stelle am Himmel. Auch sie kündeten Regen an, wenn sie zugleich mit der Sonne aufgingen. Die Bärin, ursprünglich Kallisto, eine Geliebte des Zeus (S. 30), das Sternbild des großen Bären (der kleine Bär soll erst von Thales als Sternbild eingeführt worden sein), war für die griechische Schiffahrt sehr wichtig, da ihre sieben Sterne nie untergingen.

Antike Vase mit Darstellung der Graien.

Der Fall der Styx.

IV.

Die Götter des Wassers.

1. Okeanos und Pontos.

Okeanos und Pontos verhalten sich zu Poseidon, wie Uranos zu Zeus: sie repräsentiren das Element, die Naturseite, ohne als freie, menschliche Persönlichkeiten aus ihrem Reiche herauszutreten. Das Wasser war aber für die Hellenen in dem das ganze Land umgürtenden Meere so allgegenwärtig, in den das Binnenland durchziehenden Adern so bedeutungsvoll, in seiner ganzen Erscheinung so wunderbar, wechselnd, gewaltig und geheimnißreich, daß ihre lebendige Phantasie seine Tiefen mit einem vielgegliederten Gestaltenheer erfüllte.

Die Quellen, Bäche und Flüsse des Süßwassergebiets, ja, auch die Salzflut, schreiben ihr Entstehen dem ehrwürdigen Titanenpaare Okĕanos und Thetys zu, das an der Welt Ende im kreisenden Okeanosstrome lebt, ungestört von dem

Treiben der Götter und Menschen. Selbst während die Titanenschlacht tobte, blieb Okeanos unbekümmert, und seine Nichte Hera fand damals Schutz bei ihm. Dreitausend Söhne und eben so viele „schlankfüßige" Töchter gebar Thetys ihrem Gemahl.

Ihr ältester und mächtigster Sohn war der Flußgott Achelōos, weil nicht nur der ätolische Fluß gleichen Namens der größte hellenische war, sondern auch dessen Kult vom Orakel zu Dodona dringend anempfohlen wurde. Ueberhaupt galten alle Flüsse in ihrer ganzen Länge für heilig; man pflegte sie nicht ohne Gebet zu überschreiten und rief sie zuweilen in Eidschwüren an. Auf innigen Zusammenhang der Flußgötter mit ihrem Elemente deutet deren häufige Abbildung in Thiergestalt hin. Namentlich erscheinen sie gern als Schlangen (die man sich als Hüter der unterirdischen Quellen dachte) oder als Stiere (Symbole der Kraft und Fruchtbarkeit), zuweilen mit bärtigem, gehörntem Menschenantlitz. Ebenso weisen die Namen der Okeaniden, die später in Nymphen und Töchter der Flußgötter umgestaltet wurden, auf die lebendige, reinigende, befruchtende, begeisternde und beruhigende Natur der Quellen und Bäche hin. Wir nennen nur Peitho, die „Ueberredende", Doris, die „Gabenreiche", Elektra, die „Strahlende", Rhodeia, die „Rauschende", Thoe, die „Rasche", Plexaure, die „Plätschernde", Telesto, die „Weihende". Die älteste Schwester aber ist die grauenhafte Styx, die ihr eiskaltes, allen Geschöpfen verderbliches Wasser in die Tiefe des Schattenreiches strömen läßt und bei deren Namen die Götter ihre heiligen Eide schwören. Die ursprünglich im äußersten Westen wohnende Styx versetzte man in der historischen Zeit in die Nähe der arkadischen Stadt Nonakris, wo eine angeblich mit schädlichen Wirkungen behaftete Quelle in eine unheimliche Felskluft hinabrann.

Pontos, das Urmeer, erzeugte mit seiner Mutter Gaia fünf Kinder, in denen sich sein eigener Charakter nur lebendiger wiederspiegelt: Nereus, Thaumas, Phorkys, Keto und Eurybia. Thaumas, der Vater der Iris und der Harpyien, ist die an Wundern reiche Oberfläche; Phorkys und Keto repräsentiren die mit Ungeheuern und Scheusalen gefüllte Tiefe; Eurybia drückt die allgewaltige Kraft des Meeres aus. Nereus aber, der liebe, alte Meergreis, vertritt die gemüthliche, malerische, wohlthätige Seite des Elements. Von der schönen Okeanide Doris hatte er fünfzig liebliche Töchter, deren klangreiche Namen der Phantasie die bunte Welt des funkelnden Nasses vorzaubern, wie Melĭte, die „Anmuthige", Eulimĕne, die „Buchtenreiche", Pherūsa, die „Tragende", Galēne, die „Stille", Glauko, die „Schimmernde", Hippothŏe, die „Rossesschnelle", Kymothŏe, die „Wogenschnelle", Glaukonŏme, die „Glanzwaltende", Pasithĕa, die „Wunderschöne", Eunīke, die „Siegreiche", Amphitrīte, die „Wogenumrauschte". Mit ihrer Führerin Thetis, der Mutter des Achilleus, führen die Nereiden reizende Tänze am Gestade auf, oder durcheilen auf willigen Delphinen und Seepferden die rollenden Wellen.

Leipzig: Verlag von Otto Spamer.

Okeanos, umgeben von Tritonen Nereïden, Seepferden und anderen fabelhaften Seethieren.

Zeichnung von H. Leutemann.

Poseidon und Amphitrite.

2. Poseidon und Amphitrite.

Während Poseidon (Neptunus) nach dem Mythus ganz zufällig in Besitz der Meeresherrschaft gekommen ist, steht sein Name in innigster Verbindung mit dem Elemente und bezeichnet ihn als den Gott des Wassers im Allgemeinen. Als König des Meeres aber tritt er der fessellosen, tobenden Naturmacht bändigend und regelnd entgegen. Furchtlos und rasch bringt er durch seine hohe physische Kraft den widerspenstigen Wogenschlag zur Ruhe. Aber der Kampf erneuert sich immer und immer wieder, und so bekommt sein Charakter etwas Unholdes und zornig Aufbrausendes. Er ist weniger mächtig als sein Bruder Zeus und wenn er es bei Homer auch zuweilen wagt, sich gegen diesen aufzulehnen, so fügt er sich doch wieder der größeren Weisheit und dem Familienvorrechte des Himmelskönigs.

Seinen goldenen Wogenpalast legte die dichterische Phantasie in die Tiefe des Meeres bei Aigai und Helike; doch besucht er auch die Götterversammlungen des Olymps. Im trojanischen Kriege stand er auf Seite der Griechen, weil er seinen Groll über den ihm vom Könige Laomedon verweigerten Lohn für die Ummauerung der Stadt Troja forthegte, obgleich er sich durch Sendung eines Seeungeheuers, dem Laomedon's Tochter, Hesiŏne, als Beute fallen sollte, bereits gerächt hatte. Als die Trojaner die Verschanzung der Griechen angriffen und die Flotte selbst in die größte Gefahr gerieth, eilte er von seiner Warte am Gestade mit vier riesigen Schritten nach Aigai, schirrte die erzhufigen, goldgemähnten Rosse an den funkelnden Wagen und fuhr, goldgewappnet, über die Flut. Schmeichelnd umtändelten die Unholde des Abgrundes ihren Herrn; freudig machte das Meer ihm Bahn, und so schnell flog das Gespann dahin, daß nicht einmal die eherne Achse benetzt ward. Bei Tenedos, in einer tiefen Höhle, brachte er die Rosse unter und mischte sich dann zum Schrecken der Feinde selbst unter die Streitenden. Ein anderes Mal, als er sich zum Kampfe dem Apollon gegenüberstellte, erschütterte er so gewaltig die Grundfesten der Erde, daß das Gebirge Ida, die Stadt und die argivischen Schiffe erbebten und der Fürst der Unterwelt erschrocken von seinem Throne sprang und laut aufschrie, aus Furcht, es möchte Poseidon die Erdrinde sprengen und der Einblick in das grausige Schattenreich Sterblichen und Unsterblichen sich öffnen.

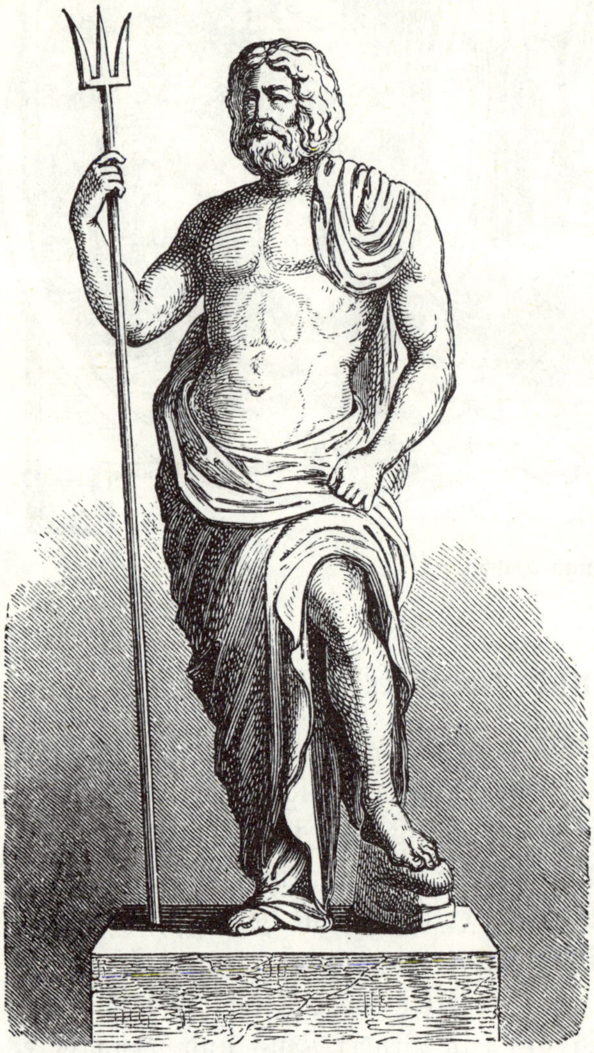

Poseidon.
Nach einer Statuette im Dresdener Museum.

Ueberhaupt schrieb man alles Zerspringen der Felsen und alle Erdbeben, aber auch jede Neubildung von festem Lande aus dem Meere Poseidon's Macht zu, besonders aber der unwiderstehlichen Kraft des in seiner Rechten ruhenden Dreizacks, der ursprünglichen Thunfischharpune. Die Wirksamkeit dieser Waffe des „Erderschütterers“ kann segensreich und verderblich für das Menschengeschlecht werden. Mehrere Inseln verehrten Poseidon als ihren Gründer und „Festiger“ und am engen Felsenthal Tempe wurde er der Wohlthäter Thessaliens, indem er den Olympos und Ossa zerriß und dem Peneios einen Abfluß verschaffte. Dagegen zerstörte er wieder die von ihm gebauten Mauern Troja's von Grund aus und ließ die Stadt Helike durch ein Erdbeben in die Tiefe versinken, weil sie aus Egoismus der Verbreitung seines Dienstes entgegen gewesen war.

Um seine unbändige, trotzige Kraft zu versinnlichen, nannte ihn Homer den „Weithingewaltigen“, den „Dumpftosenden“, und dachte sich ihn dunkelgelockt und breitschulterig. Auch seine Sprößlinge, wie Polyphemos, Kyknos, Antaios, Busiris und die Aloiden, haben dieses ungestüme, gewaltthätige Wesen von ihm geerbt. Der stürmischste Monat vor der Wintersonnenwende trug von ihm seinen

Namen; denn ihm schrieb man verderbliche Stürme und Schiffbruch zu, sowie er andererseits die hochgehenden Wogen wieder glättete und den Schiffen günstigen Fahrwind sendete. Der ganze Seehandel, der Fischfang, auch der Seekrieg hing von seiner Gunst und Entscheidung ab.

Als Gott des zum Gedeihen der Vegetation nothwendigen flüssigen Elements überhaupt gesellte er sich auch zu den Göttern des Ackerbaues, so daß man ihm in manchen Gegenden die Erstlinge der Früchte opferte, galt in Arkadien als Liebhaber der Demeter und wurde in anderen Gegenden neben Dionysos verehrt.

Neptuntempel zu Pästum.

Hauptsächlich waren es befruchtende Quellen in öder Umgebung, deren Hervorrufung ihm zugeschrieben wurde. Dahin gehört die salzige Quelle auf der nackten Höhe der athenischen Burg und der Sprudel Amymone zu Lerna. Amymōne, die „Tadellose", war von ihrem Vater Danaos ausgesandt worden, um in der dürren Gegend eine Quelle zu suchen. Von einem Satyr bedroht, flehte sie den Schutz und Beistand Poseidon's an; dieser erschien, gewann ihre Liebe und ließ aus der Stelle, wo sein nach dem Satyr geschleuderter Dreizack in die Erde gefahren war, eine dreiarmige Quelle entspringen. Ueberhaupt ist die Zahl seiner Geliebten unter den Nymphen und Nereiden groß; doch seine eigentliche Gemahlin ist Amphitrīte, die er von Naxos gewaltsam entführt haben soll, während sie einer anderen Sage zufolge zu Atlas floh, vom Delphin aber wieder ausgekundschaftet wurde. Sie, in deren Person die tosende Meeresflut ausgedrückt wird, schenkte ihm den Triton und die Benthesikyme (die Tiefaufwogende), weitere Abspaltungen seines eigenen Wesens. Triton, dessen Gestalt nur zur oberen Hälfte dem

Menschengeschlechte ähnelt, wird als ein Liebhaber der gewundenen Seemuschel, als Blasinstruments, bezeichnet, daneben in seinem Thun als ein lüsterner und tückischer Dämon. Die Dichter und Künstler vervielfachten ihn zu einem ganzen Völkchen gleichgearteter Wesen, die sie als Gefolge der höheren Gottheiten des Meeres verwendeten. Unter der Schar der die Amphitrite begleitenden Meernymphen heben wir noch die schöne Galateia hervor, bekannt wegen ihrer Hartherzigkeit gegen den Kyklopen Polyphēmos.

Kampf des Bellerophon auf dem Pegasos mit der Chimaira in Gegenwart des lykischen Königs und der Athene.

Dieser plumpe, häßliche Gesell hatte einst der Nereide auf ihr Verlangen die blumenreichste Gebirgswiese gezeigt und war dabei der allbeherrschenden Macht der Liebe erlegen. Seitdem vernachlässigte er seine Herde und besang, am Meeresgestade sitzend und die Leier in den ungeschlachten Händen, die Schönheit der Geliebten, sie beschwörend, das kühle Naß zu verlassen und seine weinumrankte Grotte mit ihm zu theilen. Doch die spröde Galateia blieb unempfindlich gegen seine Klagen, denn sie liebte den schönen Hirten Akis. Daher schleuderte Polyphem in blinder Wuth gegen den Nebenbuhler einst ein Felsstück, das ihn zerschmetterte. Er selbst aber heilte durch seine Lieder allmählich den bittern Schmerz verschmähter Liebe.

In nahem Verhältniß stand ferner Poseidon zum Rosse, dessen Schöpfer er nicht nur nach thessalischer, böotischer und arkadischer Sage war, das er auch zuerst bändigte und mit Vorliebe benutzte und tummelte. Man hat diese Sympathie aus seiner Bedeutung für Ackerbau und Viehzucht zu erklären versucht, man hat sie auf den indogermanischen Zusammenhang zwischen den Wörtern, welche „Pferd“ und „Wasser“ bedeuten, zurückgeführt; allein warum sollen wir nicht an einem Ursprung aus der Aehnlichkeit der springenden, sich bäumenden, schäumenden Welle mit den wogenden Bewegungen des galoppirenden Rosses festhalten, da die Phantasie fast aller Völker zu dieser Metapher greift? Das erste Pferd nannte man in Thessalien Skyphios und feierte seine Geburt an dem von der Legende bestimmten Orte durch ritterliche Kampfspiele. Das korinthische Urpferd war der bekannte Pegăsos und auch dieses wurde von Bellerŏphon, einem Sohne Poseidon's, gebändigt. Das Roß war auch neben dem Stier das ihm angenehmste Opferthier und wurde ihm zu Ehren zuweilen lebendig ins Wasser gestürzt.

Der Kultus Poseidon's scheint besonders bei dem äolischen und ionischen Stamme vorherrschend gewesen zu sein. Auf sein Verdrängen durch andere Dienste infolge von Ein- und Auswanderungen weisen seine Streitigkeiten mit anderen Gottheiten in verschiedenen Ländern, wobei er meist den Kürzeren zieht. So haderte er mit Hera um Argos, mit Dionysos um Naxos, mit Zeus um Aigina, mit Athene um Attika, mit Helios um Korinth. Die berühmtesten Kultstätten Poseidon's waren außer Aigai und Helike: Kalauria, eine Insel vor dem Hafen Troizen's, in uralter Zeit der Vorort eines größeren, religiös-politischen Bundes, die Insel Tenos, Mykale mit dem Bundesheiligthum der zwölf ionischen Städte, Mantineia in Arkadien, vor Allem aber der Isthmos von Korinth. Hier, wo im heiligen Fichtenhain Poseidon's berühmter Tempel nebst der angeblichen Argo und dem nach den Seesiegen über die Perser errichteten, 4 Meter hohen Erzkolosse stand, wurden dem Gott zu Ehren alle drei Jahre Wettspiele gefeiert, in denen die Sieger mit einem Eppichkranz, später auch eine Zeit lang mit einem Fichtenkranz, belohnt wurden. Hier spielte neben den gymnischen und musischen Kämpfen das ritterliche Wagenrennen, der Beziehung des Rosses zum Gotte gemäß, eine Hauptrolle. Zu Onchestos in Böotien wurden dem Herrn des Meeres ebenfalls festliche Wettrennen gehalten, wobei der merkwürdige Brauch galt, daß die Pferde, sobald sie den heiligen Bezirk betraten, sich selbst überlassen wurden und, wenn sie dann irgend welchen Schaden anrichteten, dem Poseidon als Eigenthum verfielen. Zu Mykale fanden die Panionien, zu Ephesos die Taurien, in Lakonien die Tainarien statt. Auf der Insel Aigina feierte man ein sechzehntägiges Fest; man will aber aus dem Stillschweigen, das von den Theilnehmern in dieser Zeit beobachtet wurde, schließen, daß es eine Feier zum Andenken der im Meere Verunglückten gewesen sei.

Poseidon (älteren Stils).

Obgleich berühmte Meister, wie Praxiteles und Lysippos, Idealstatuen von Poseidon gebildet haben, so besitzen wir doch wenig sichere Darstellungen. Mit Vorliebe errichtete man kolossale Erzbilder von demselben an Küsten und Vorgebirgen. Als Beigabe führt er gewöhnlich den Dreizack und den Delphin oder den Thunfisch. Man bildete ihn als kräftigen Mann, dem Zeus ähnlich, doch weniger majestätisch und mit ernsterem und aufgeregterem Gesichtsausdrucke.

Als Erderschütterer wird er durch heftige, schreitende Bewegung und durch den geschwungenen Dreizack bezeichnet. Zuweilen erscheint er auch zu Roß, am gewöhnlichsten das Bein auf einen Felsblock oder Schiffskiel gestützt, in die Weite hinausschauend. Neben seiner Gemahlin Amphitrite pflegt er als Beherrscher des Meeres entweder zu thronen, oder zu Wagen, umspielt von Nereiden, Tritonen und Delphinen, über die Wogen zu fahren.

3. Ino (Leukothea) und Melikertes (Palaimon).

Ino, als Göttin Leukothēa, d. h. die „Weißschimmernde", genannt, wird bereits in der Odyssee erwähnt, wo sie den Helden von Ithaka durch ihr Schleiertuch, das er sich um die Brust bindet, vor dem Untergange bewahrt. Sie weist durch ihre Abstammung von Kadmos, wie ihr Sohn durch seinen Namen, deutlich auf phönikischen Ursprung hin. Melikertes ist nämlich identisch mit Melkart, dem „Städtekönige", dem tyrischen Herakles. Der Dienst dieses Schutzpatrons der Seefahrer wurde von den Phönikiern im ganzen Mittelmeere verbreitet, und darum sind auch Leukothea und Palaimon überall Gottheiten, die willig den bedrängten Schiffern beispringen. Die griechische Mythologie brachte diese ausländischen Gottheiten dennoch in verwandtschaftliche Verbindung mit den einheimischen. Ino, heißt es, sei die Schwester der Semele, die Gattin des Königs von Orchomenos, Athamas, gewesen, dem sie zwei Knaben, Learchos und Melikertes, gebar. Als sie aber aus Mitleid das Kind ihrer Schwester, den kleinen Dionysos, in Pflege nahm, ergrimmte über sie Hera's Zorn, auf deren Geheiß Wahnsinn über Ino und ihren Gemahl kam. Der unglückliche Vater entriß Learchos Ino's Armen und zerschmetterte ihn an einem Felsen. Bei diesem entsetzlichen Anblick entflieht Ino mit Melikertes über das Gebirge und stürzt sich von einer Klippe ins Meer. Auf Aphrodite's Bitten verklärt aber Poseidon die Dulderin zur Nereide und läßt den Palaimon, wie er nunmehr als Meergottheit genannt wird, neben sich auf dem Isthmos göttlicher Ehre genießen. — Bei den Festen dieser Gottheiten wechselte die Trauer und Klage über die Verzweiflung Ino's und den Tod ihres Kindes mit ausgelassener Freude über dessen Rettung und Erhöhung.

Der Ort seiner Vergötterung, der Isthmos, scheint auch der Hauptpunkt seiner Verehrung gewesen zu sein; ja, die isthmischen Spiele wurden zuerst zu Ehren Palaimon's gefeiert, auf den auch der Eppichkranz der Sieger hinwies, bis der ionische Poseidon durch Hülfe seines Sohnes Theseus den fremden Gott verdrängte. Dies stellte aber die Poesie wie die Kunst als eine liebevolle Adoption von Seiten Poseidon's dar. Palaimon war ihr ein schöner Knabe, der, auf einem Delphin reitend oder von seiner Mutter getragen, dem Meerbeherrscher entgegenlächelt.

4. Proteus und Glaukos. — 5. Die Seirenen.

Proteus und Glaukos sind Meerdämonen von wandelbarer Natur und ausgestattet mit der Gabe der Weissagung, von der sie aber nur, durch Gewalt gebändigt, Gebrauch machen. Beide waren Lieblingsgestalten in den Märchen der Schiffer und Fischer. Proteus wohnte in der Tiefe des Meeres als Hirt der

Seerobben Amphitrite's. Zuweilen stieg er aber auch auf Pharos bei Aegypten aus dem Meere und sonnte sich mit seiner Herde im Sande. Dort überraschte ihn auf den Rath seiner Tochter Eidothëa (der Elfengestalteten) der auf der Rückfahrt von Troja verschlagene und von Allem entblößte Menelaos, und obgleich der Alte schnell hinter einander zu einem Löwen, einer Schlange, einem Panther, einem Eber, einer Quelle, einem Baume ward, so mußte er doch endlich seine natürliche Gestalt annehmen und Untrügliches aus der Zukunft offenbaren. Glaukos soll ursprünglich ein schöner Fischer aus der böotischen Stadt Anthedon gewesen sein und sich in einen Meerdämon verwandelt haben, nachdem er ein von Kronos gesäetes Wunderkraut genossen hatte. Die Schiffer hielten ihn meistens für einen Unglückspropheten und glaubten, daß er jährlich einmal das ganze Gebiet des Mittelmeeres zu bereisen pflege. Seine Gestalt gleicht zur Hälfte einem Menschen, zur Hälfte einem schuppigen Fische.

Seirene.

Die Seirenen (Sirenes) werden zuerst in der Odyssee erwähnt, wo sie, auf einer westlichen Insel hausend, am blumigen Gestade den vorüberfahrenden Schiffern auflauern. Mit zauberisch schönem Gesang berücken sie Alle, die auf sie hören, so daß sie, der Ihrigen und der Heimat vergessend, dem Verderben in die Arme eilen, ohne auf die Warnung der in der Nähe bleichenden Menschengebeine zu achten. Jedenfalls liegt der Sage von ihnen der verlockende, schmeichelnde Reiz der blauen Flut, verbunden mit den Gefahren der klippenreichen Ufer, zu Grunde.

Noch schrecklicher als diese Meerjungfrauen dachte man sich die zwei Ungeheuer Skylla und Charybdis. Beide waren, wie auch ihre Namen andeuten, Personifikationen des wirbelnden Meeresstrudels. Skylla (die Zerzauserin) war dem Mythus nach früher eine schöne Nymphe; aber die Eifersucht der Kirke oder Amphitrite verwandelte sie in ein Scheusal mit 12 plumpen Füßen und mit bellenden Hundeköpfen, das aus finsterer Höhle auf Menschen und Thiere Jagd machte. Später verlegte man sie nebst dem fürchterlichen Strudel des Charybdis, einer Tochter von Poseidon und Gaia, in die sizilische Meerenge, wo jetzt das Wasser ruhig und glatt das Vorgebirge Sciglio umspült.

Skylla. Nach einer agrigentinischen Münze.

Demeter und Chloris.

V.

Die Götter der Erde und der Unterwelt.

Die Gottheiten, welche als Pfleger des Erdenlebens dem Menschen am nächsten standen, bilden in Bezug auf Mythologie und Kultus einen eigenthümlich sich abschließenden Kreis. Denn zum Theil verrathen sie ausländischen Ursprung und Einwanderung von Osten her, zum Theil haben sich ihre Gestalten dadurch getrübt und verändert, daß das diesen Diensten anklebende mystische und allegorische Element im Laufe der Zeit zu einer reicheren Entwicklung gelangte. Der augenscheinliche Zusammenhang des Menschen mit den Schicksalen der Erde und aller ihrer Geschöpfe, die durch den ewigen Wechsel zwischen Entstehen und Vergehen angeregte Frage nach der Fortdauer der menschlichen Existenz, verbunden mit dem doch in vielen Gemüthern lebendigen Bedürfnisse nach Läuterung und Reinigung von den Schlacken der Selbstsucht, erleichterten das Hervortreten von religiösen Gebräuchen im Dienste der Erddämonen, bei denen diese Empfindungen an den Tag traten und sich bis zur leidenschaftlichen Wuth steigerten, während die Vorgänge des Naturlebens zugleich benutzt wurden, um symbolisch durch sie auf das Wahre und Bleibende in der moralischen und sittlichen Sphäre hinzudeuten. Große Anziehungskraft lag bei diesen Kulten in dem sie umgebenden Geheimniß; denn die den Gläubigen aus ihnen zufließende wunderbare Beseligung wurde diesen innerhalb einer geschlossenen, durch das Gelübde der Verschwiegenheit verbundenen Gemeinde zu Theil, in welche der Novize nur nach vorhergehender Prüfung und stufenweise Eintritt fand.

Diese Geheimdienste oder Mysterien scheinen uralt zu sein; sie waren aber jedenfalls Anfangs einfacher und im heroischen Zeitalter noch nicht in den Vordergrund getreten. Zu den ältesten Mysterien gehören die der Kabeiren auf der am Eingang des Hellespont liegenden Insel Samothrake. Der Name dieser Götter bedeutet im Phönikischen „die Großen" oder „die Mächtigen", und man hat deshalb wol nicht mit Unrecht auf Gründung dieses Kultus von Phönikien aus geschlossen. Was für Götter es eigentlich waren, wird wol nie ermittelt werden können, da sie nicht mit ihren gewöhnlichen, sondern mit mystischen Namen, wie Axieros, Axiokersa, Axiokersos, Kadmilos, belegt wurden. Eine zahlreiche Priesterschaft verwaltete den heiligen Dienst. Die Einzuweihenden legten später ein Sündenbekenntniß ab und unterzogen sich verschiedenen symbolischen Reinigungs- und Sühnungsceremonien. Die Steigerung des religiösen Wissens geschah durch sinnbildliche Vorführung der Tempellegenden, begleitet von dazu passenden liturgischen Worten. Nach der Homerischen Zeit kamen nach dem Sturze des Königthumes mit einem anders gearteten Geschlechte auch andere religiöse Ansichten auf, stark vermengt mit ägyptischem und phönikischem Aberglauben, und die auf Samothrake und auf Lemnos vereinzelt gewesenen mystischen Kulte begannen sich über Griechenland weiter auszubreiten. Apostel dieser erbaulichen Richtung waren vorzüglich Epimenĭdes (um 600 v. Chr.), ein großer Wunderthäter und Sündensühner, der später lebende Onomakrĭtos, ein Orakelsammler, beide aus Kreta, und der Zauberer Aristĕas aus Prokonnesos. Es entstand eine sich an die fabelhafte Person des thrakischen Orpheus, als Religionsstifters, anlehnende dogmatische Literatur, und an die Orphiker schloß sich die auf dem Boden der Magie und Asketik mit ihnen harmonirende Pythagoreische Genossenschaft eng an. Der Inhalt der Orphischen Gesänge stimmt nun aber darin mit den Mysterien überein, daß darin dieselben Gottheiten verherrlicht werden, und man hat deshalb geradezu die eleusinischen Mysterien und andere, in welchen die Unsterblichkeit der Seele, vielleicht auch die Auferstehung des Fleisches, auf dramatischem Wege einleuchtend gemacht wurden, als Stiftungen derartiger Männer angesehen.

Es gab später in jedem hellenischen Staate solche Geheimkulte, die so mit dem Staatsleben verwachsen waren, daß ihre Anordnung zu den Obliegenheiten der höchsten Magistrate gehörte, und eine hochangesehene Priesterschaft versah dabei den gebührenden Dienst. Daneben aber ging ein unprivilegirtes Konventikelwesen her, gepflegt von den Orpheotelesten, Leuten, die nach Orphischen Vorschriften Weihen, Reinigungen und Beschwörungen im Dienste des Dionysos Sabazios und der phrygischen Göttermutter vornahmen und großen Zulauf von Seiten der unteren Volksschichten, besonders der Weiber, hatten.

1. Gaia.

Gaia (Tellus), die gute Mutter aller Götter und alles Lebendigen, wurde auch als Erhalterin und Ernährerin ihrer irdischen Geschöpfe angesehen und als „ruhmreiche", „breitbrustige" Göttin hoch in Ehren gehalten. Man rief sie, neben Zeus, Helios und Hades, bei feierlichen Eidschwüren an und opferte ihr schwarze Schafe, weil ihr dunkler Schoß alle Kinder, denen sie das Leben gegeben, wieder in sich aufnimmt und sie dadurch den Gottheiten der Unterwelt an die Seite trat. In Athen ehrte man sie auch als Göttin des Kindersegens, insofern sie Urheberin des Menschengeschlechtes war. Auch galt sie für die Inhaberin mehrerer Orakel, weil ja die zur Weissagung begeisternden Dämpfe den Erdhöhlen entstiegen; doch ist weder ihr Dienst sehr verbreitet gewesen noch ihre mythische Gestalt zu voller Freiheit vom Erdelemente entwickelt worden, weil Demeter in der Reihe der Olympier in den meisten Beziehungen an ihre Stelle trat. Auch Tempelstatuen hat es von ihr gegeben; jedoch sind keine bis auf die Neuzeit gekommen.

2. Demeter.

Auch Demēter (Ceres) ist ihrem Namen nach „Erdmutter"; aber sie scheidet sich von Gaia und gelangt in die engste Verbindung mit dem Menschenleben dadurch, daß sie speziell Ackerbaugöttin und Schöpferin der nur erst mit dem Ackerbauleben möglichen höheren Kultur und sittlichen Ordnung wird. Zugleich erscheint sie in dem Verhältniß zu ihrer dem Zeus entstammenden Tochter Persephōne als Repräsentantin der reinsten, edelsten Mutterliebe und beide, in ihrer geheimnißvollen Beziehung zu den unterweltlichen Mächten, genossen besonders frommer Verehrung und hießen vorzugsweise „die Herrinnen", „die Hehren", „die großen Göttinnen". Ihre innige Verbindung entstand aus dem vergeistigten Zusammenhange zwischen der fruchtbaren Erdkraft und deren Produkt, der Saat, und der rührende Schmerz der Mutter über den Verlust der ihr entrissenen Tochter erinnert unwillkürlich wieder an das Verhältniß zwischen Apollon und Hyakinthos, Aphrodite und Adonis; nur ist es tiefer und verklärter.

Die heilige Sage vom Raube der Persephone, welche den Mittelpunkt des gesammten Demeterdienstes bildete, lautet aber wie folgt. Auf blumiger Au am Okeanos (verschiedene Orte, wie z. B. das sizilische Enna, das karische Nysa, auch Eleusis und Kreta wollten außerdem Schauplatz der Gewaltthat gewesen sein) wand die zarte Jungfrau mit ihren Gespielinnen Kränze, als die Erde sich öffnete und der düstere Gott der Unterwelt herausstürmte, die Jammernde umfaßte und in das Schattenreich entführte. Demeter, die noch den letzten Angstschrei der vielgeliebten Tochter vernommen hat, ist untröstlich und durcheilt mit fliegendem Haar, im Trauergewande, mit brennender Fackel, Länder und Meere, rastlos nach der Verschwundenen spähend. Nach neun Tagen endlich offenbart ihr der allsehende Helios den Räuber, aber zugleich die genehmigende Mitwissenschaft des Himmelskönigs. Da verbirgt sich die Göttin voll Zorn und Verzweiflung und stellt ihre segensreiche Wirksamkeit auf Erden gänzlich ein. Alles Pflügen und Säen war nun vergeblich; denn kein Samenkorn keimte und die Menschen wären Hungers gestorben, wenn nicht Zeus das Mittel gefunden hätte, die Schmerzensreiche zu versöhnen. Nachdem die Fürbitten aller Göttinnen umsonst gewesen waren, mußte er sich dazu bequemen, der Zürnenden das Wiedersehen ihres Kindes zu ermöglichen. Es kam ein Vertrag zu Stande, nach welchem Persephone vom Frühjahr bis zum Herbst jedes Jahres zur Freude der Mutter am Lichte verweilte, dann aber wieder niederstieg zu dem einsamen Gemahle.

Demeter.
Nach einem pompej. Wandgemälde.

Die Irrfahrt der Demeter ward übrigens für die Menschheit zu vorzüglichem Segen, da sie überall, wo sie gastfreundliche Aufnahme fand, als Gegengeschenk die Anweisung zum Getreidebau zurückließ und das Gedeihen der Kinder förderte. Auch behaupteten die priesterlichen Geschlechter, daß ihre Vorfahren damals von der Göttin mit den heiligen Mysteriengebräuchen bekannt gemacht worden wären. In Eleusis erzählte man von ihrer Ankunft, sie habe sich in Gestalt einer alten Frau an einen Brunnen gesetzt, wo die Töchter des Fürsten Keleos von Eleusis Wasser zu holen pflegten. Auf ihre Bitte um Aufnahme und Beschäftigung bestimmten die Mädchen ihre Mutter Metaneira, der Alten die Pflege ihres einzigen Brüderchens Demophoon anzuvertrauen. Dieses gedieh unter den Händen seiner göttlichen Wärterin zusehends. Sie salbte ihn mit Ambrosia, wodurch er der Speise entbehren konnte, und tauchte ihn des Nachts in Feuer, um ihm unsterbliches Leben zu verleihen. Aber Metaneira, neugierig nach dem geheimen nächtlichen Treiben Demeter's, belauschte sie einst, schrie vor Schrecken laut auf, als sie ihr Kind in den Flammen erblickte, und störte dadurch den Zauber. Unwillig legte die Göttin den Knaben auf den Boden; ihr bejahrtes Ansehen verschwand, und im Glanze himmlischer Majestät sprach sie: „Thörichte Mutter! dein Mangel an Glauben hat deinen Sohn der Unsterblichkeit beraubt. Ich bin die hohe Demeter, das Entzücken und die Lust der Götter und Menschen. Ich wollte deinem Sohne Freisein vom Tode und vom Greisenalter verschaffen.

Nun ist es nicht möglich, sondern er muß Beides kosten. Doch soll er immer geehrt sein, weil er auf meinem Schoße gesessen und in meinen Armen geschlummert hat. Das Volk von Eleusis möge mir einen Tempel und Altar auf jenem Hügel über der Quelle errichten."

Neben Demophoon und selbst mit ihm verwechselt erscheint als Demeter's Liebling Triptolĕmos. Ihn lehrte sie auf dem heiligen rarischen Felde bei Eleusis das Säen des Getreides und sendete ihn auf einem mit beflügelten Drachen bespannten Wagen als Lehrer des Ackerbaues in alle Länder. Die arkadische und kretische Sage machte Jasĭos oder Jasĭon zum ersten Säemann und Plutos, den Gott des Reichthums, zu seinem und Demeter's Sohne.

Als Ackergöttin heißt Demeter „Spenderin des Weizens", „die Fruchtreiche", „die blonde Göttin", die Mäherin", „die Garbenbinderin", „die Drescherin", „die Müllerin" u. s. w. Im Anfange des Herbstes, der Pflügzeit, wurde ihr in Attika das Festopfer der Proerosien dargebracht. Dann folgten die Halōen, ein von den Landleuten begangenes Tennen- oder Erntefest. Die Bedeutung der Demeter als Begründerin der durch den Ackerbau bewirkten Civilisation, besonders in Bezug auf die gesetzliche Ordnung im häuslichen und ehelichen Leben, findet seinen Ausdruck in dem Beinamen Thesmophŏros (Bringerin der Satzungen) und in den beinahe überall gefeierten Thesmophorien. Es war dies ein Weiberfest, an dem sich nur verheirathete, unbescholtene Bürgerinnen betheiligen durften, dauerte fünf Tage lang im November und begann mit einer Prozession nach dem eine kleine Meile von Athen entfernten Flecken Halimus. Hier wurde im Tempel der Demeter und der Persephone eine mit allerlei symbolischen Kultakten verbundene nächtliche Feier vorgenommen, worauf die Rückkehr nach Athen folgte. Der nächste Tag war ein Fast- und Trauertag; am letzten fand ein von erwählten Vorsteherinnen ausgerichteter Festschmaus statt, worauf mimische Spiele und Tänze angestellt wurden. — Endlich zeigte sich auch die schon angedeutete schwermüthige Uebertragung des Schicksals, das die blühenden Demetergeschenke durch den zerstörenden Einfluß der heißen Jahreszeit traf, auf das Seelenleben der Menschen in vielfachen, auf das Todtenreich, auf den Niedergang der Persephone, hinweisenden Gebräuchen.

Die Göttin der fruchtzeugenden Erde ward so zugleich zur Grabesgottheit, und man wundert sich nicht, daß ihr bei Leichenbestattungen geopfert wurde. Auch gedachte man um dieselbe Zeit, wo die Wiederkehr Persephone's aus der Unterwelt festlich begangen wurde, an den Anthesterien, der Todten durch eine Spende an ihren Gräbern, weil man glaubte, daß mit den keimenden Pflanzen auch die Seelen der Verstorbenen sich empordrängten.

Am innigsten verschmolzen mit dem Raube der Persephone war aber der eleusinische Geheimgottesdienst. Schon die Theilung der Mysterien in zwei Feste, von denen das erste in den Februar, das andere in den September fiel, deutet auf das ursprünglich zu Grunde liegende Doppelschicksal der Persephone hin. Es hat aber der eleusinische Demeterdienst — und dies scheint eben der Einfluß des Epimenides, Onomakritos und der Orphiker durchgesetzt zu haben —

die eigenthümliche Beimischung erfahren, daß sich die thrakische Dionysosreligion mit ihm verschmolz, daß besonders Dionysos selbst unter dem Namen Jakchos als Sohn oder Pflegling der Demeter oder als Sohn der Persephone einen Hauptttheil der Ehre bekam. Alle freigeborenen Hellenen, die rein von schweren Verbrechen waren, konnten zur Theilnahme an den Mysterien zugelassen werden. Jeder, welcher Lust dazu hatte, mußte sich einen bereits eingeweihten athenischen Bürger als Vermittler wählen und wurde von demselben, nachdem er einem Beamten des Geheimbundes vorgestellt und von demselben nicht beanstandet worden war, in Allem, was er weiter zu beobachten hatte, unterwiesen.

Einweihung des Herakles in die kleinen Mysterien.
Nach einem Thongefäße älteren Stils.

Die Frühlingsfeier oder die sogenannten **kleinen Mysterien** fanden zu Agrai am Jlissos statt und galten als nothwendige Vorbereitung zu den großen. Die bei ihnen aufzunehmenden Novizen hießen **Mysten**, Eingeweihte, die des ganzen Geheimnisses theilhaftig Gewordenen **Epopten**, Schauende. Reinigungen und Sühnungen der Mysten, die Aussendung des Triptolemos, die Wiederkehr Persephone's mit dem Jakchoskinde scheinen die hauptsächlichsten liturgischen Akte ausgemacht zu haben.

Die Dauer der **großen** Mysterien scheint sich auf zehn bis zwölf Tage ausgedehnt zu haben. Am ersten versammelten sich die Mysten in der „bunten" Halle zu Athen und die Oberbeamten verboten öffentlich allen Uneingeweihten, Barbaren und Unreinen den Zutritt zu dem Feste. Die nächsten Tage vergingen unter Abwaschungen im Meere, Reinigungsopfern und Umzügen in Athen. Am sechsten Tage erfolgte die Jakchosprozession auf der über 4 Stunden langen Heiligen

Straße von Athen nach Eleusis. Tausende, mit Myrte und Eppich bekränzt, Aehren, Ackergeräth und Fackeln in den Händen haltend, begleiteten das vorangetragene Bild des Jakchos zu den Göttinnen nach Eleusis. Unterwegs erinnerten überall heilige Stationen an die Hauptpunkte der Leidensgeschichte der Demeter. Dort zeigte man neben einem Feigenbaum die Stelle, wo der Fürst der Unterwelt mit der geraubten Persephone verschwunden war; dort befand sich der Tempel des Triptolemos mit der ersten Tenne und dem ältesten Felde daneben; dort stand auch noch der alte Brunnen, wo die ermüdete Demeter niedersank, bis die Töchter des Keleos kamen und die lustige Magd Jambe sie mit ihren Possen wieder aufheiterte. Während der Prozession fehlte es auch nicht an mancherlei Scherzen und Neckereien. Der Zug traf erst gegen Abend in Eleusis ein, und die weiteren Kulthandlungen wurden nun in dem von einem geräumigen Hofe umgebenen Telesterion oder Weihtempel vollzogen. Sie waren theils fröhlicher, theils ernster Art, und beiwohnen konnten ihnen, so weit sie außerhalb des Weihhauses stattfanden, jedenfalls auch die Uneingeweihten. Die eigentlichen Theilnehmer unterschieden sich von ihnen durch safranfarbige Binden, die um den rechten Arm und den linken Fuß gewickelt waren. Bei der mehrtägigen Feier scheint man am Tage gefastet und erst am Abend einen aus Mehl und Wasser bereiteten, mit Polei gewürzten Trank unter gewissen symbolischen Gebräuchen genossen zu haben.

Die liturgischen Handlungen im Tempel selbst oder die eigentlichen Mysterien bestanden höchst wahrscheinlich in stufenweise fortschreitenden Enthüllungen. Symbole und Reliquien, die man als Unterpfänder göttlicher Gnade betrachtete, wurden den frommen Gläubigen und den erwartungsvollen Novizen von den reichgeschmückten Priestern vorgezeigt. Daneben wurden aber auch die Sagen von den Leiden und Thaten der betreffenden Götter in einer Art von lebenden Bildern mit begleitenden Chorgesängen und Gebeten dramatisch zur Aufführung gebracht, und zwar mit allen Mitteln theatralischer Scenerie und Maschinerie.

Da mit diesen Darstellungen keine religiöse Belehrung in dogmatischer Form verknüpft war, so hing ihre Wirkung natürlich von der Auffassungskraft und der Gläubigkeit der Individuen ab und es läßt sich wol behaupten, daß die Mehrzahl durch die Einweihung in die Mysterien nur in den Besitz einer Gewährleistung der göttlichen Gnade zu kommen trachtete. Der vielfache Preis, der dem Geheimkult aus dem Munde edler Männer zu Theil wurde, läßt uns aber nicht daran zweifeln, daß außer der gehobenen Stimmung, in die er versetzte, auch ein wirklich sittlich reinigender Einfluß und Trost für die Widerwärtigkeiten des Lebens aus ihm geschöpft werden konnte. Die Macht der gefeierten Gottheiten reichte über das irdische Leben hinaus; sie ließen in Naturgebieten immer wieder das Leben aus dem Tode hervorgehen. So mag denn die Beseligung, die der Eingeweihte fühlte, hauptsächlich in dem Schwinden der Furcht vor dem Tode bestanden haben. „O, dreimal selig die Sterblichen", sagt Sophokles, „welche diese Weihen geschaut haben, wenn sie hinabsteigen zum Hades. Für sie allein ist ein Leben in der Unterwelt; für die Anderen eitel Drangsal und Noth." Der große Haufe freilich meinte, schon durch die bloße Einweihung einen Anspruch auf das göttliche

Wohlwollen erlangt zu haben und setzte ein thörichtes Vertrauen auf Erfüllung der vorgeschriebenen Aeußerlichkeiten, weshalb auch manche sonst religiös gesinnte Männer sich ablehnend gegen die Mysterien verhielten.

Das fortdauernde Ansehen der eleusinischen Weihen auch in der römischen Kaiserzeit wird vielfach bezeugt. Hadrian ließ sich zu Eleusis aufnehmen und Antoninus verschönerte die dortigen Gebäude. Bald darauf verheerte aber eine wahrscheinlich durch christliche Hand entstandene Feuersbrunst das Heiligthum, und gegen Ende des 4. Jahrhunderts zerstörten die fanatischen Mönche im Gefolge des Gothen Alarich in noch gründlicherer Weise die Ueberreste, wenn auch nach dieser Zeit noch Spuren von Eleusinien auftreten.

Das Kunstideal der Demeter kommt dem der Hera ziemlich nahe, nur hat sie einen mütterlichen, matronenhaften Ausdruck. Demgemäß erscheint sie immer in voller Bekleidung. Sie trägt die Fackel in der Rechten, Mohn und Aehren in den Händen oder als Kopfputz, oder einen mit Blumen gefüllten Korb im Arme. Man opferte ihr gewöhnlich Kühe und Schweine.

3. Kybele.

Kybĕle bildete den Mittelpunkt einer besondern, in Kleinasien, hauptsächlich in Phrygien, Mysien und Lydien heimischen Religion, die bald mit der der kretischen Zeusmutter Rheia verschmolz. In beiden Gestalten erkennt man wieder die Allmutter Erde, die fruchtreiche, nährende Natur, wenn auch in einer von dem Demeterdienste abweichenden Auffassung. Die „große Mutter" oder „Göttermutter" wurde nicht allein als Kulturgöttin gefeiert, sondern auch als die schöpferische Naturkraft überhaupt, besonders als Gebirgsgöttin. Ihre Verehrung zeichnete sich durch eigenthümliche Wildheit und Aufgeregtheit aus. Ausgelassene Lust wechselte mit wüthendem Schmerze und in diesem Schwanken des Affekts spiegelte sich die Tiefe des Eindrucks, den das wandelbare Schicksal der immer wieder ihrer lieblichen Kinder beraubt werdenden Natur auf die leicht entzündlichen Gemüther der Vorderasiaten übte.

Kybele. Nach einer Münze des Hadrian vergrößert.

Die phrygische Sagengeschichte wußte viel von der Blüte des Reichs unter den Lieblingen der großen Göttin, Gordios und Midas, zu erzählen. Von Midas ist unter „Apollon" und „Seirenen" die Rede. Gordios war ursprünglich ein Landmann. Ein Adler, der sich auf das Joch seines Gespannes setzte, bildete das Wahrzeichen seiner einstigen Erhebung. Den Phrygiern durch einen Orakelspruch als König bezeichnet, stiftete Gordios eine neue Dynastie und baute die Stadt Gordion. An einem von ihm herrührenden Wagen befand sich der künstliche Jochknoten von Kornelbast, den Alexander d. Gr. durchhauen haben soll. Am engsten aber mit ihrem Kulte verbunden war der Mythus von Attis, dem Adonis der Kybele-Religion, aus dessen Blute Veilchen entsprießen, während er selbst in der Fichte fortlebt. Um das Verhältniß dieses Frühlingsgottes zur Erdmutter drehte sich auch das der Kybele gefeierte Hauptfest im Frühlinge. Mit Trauer über den entschwundenen Attis begann dasselbe. Eine Fichte im Walde wurde umgehauen, mit Veilchen und Bändern bekränzt und als Symbol des Gestorbenen in den Tempel der Göttin getragen. Am zweiten Tage suchte man Attis in dem Gebirge unter tobenden Klagen der Verzweiflung, begleitet von lärmenden Hörnern, Pfeifen, Cymbeln und Handpauken. Am dritten Tage verwandelte sich der Schmerz in Freude. Attis ward wiedergefunden, und nun überstieg der Jubel alle Grenzen. Die bewaffneten Priester rannten mit brennenden Kienfackeln und unter wildem Geschrei über Berg und Thal, geriethen endlich in fanatische Wuth und verwundeten und verstümmelten sich selbst. Den Beschluß bildete die Reinigung des Götterbildes von der Berührung des Todes durch ein Bad. Nach Attika wurde der Kult Kybele's erst zur Zeit des Perikles gebracht. Ein phrygischer Metragyrt (so hießen die nach Art der Derwische herumbettelnden Priester) verirrte sich dahin. Man fand aber sein Gebahren so anstößig und religionsgefährlich, daß man ihn als einen Frevler in den Verbrecherabgrund stürzte. Bald jedoch empfand man Gewissensbisse und errichtete auf das Geheiß des Orakels der Göttermutter einen schönen Tempel neben dem Rathhause und Pheidias lieferte dazu eine Statue, die das Vorbild für die späteren Darstellungen geworden zu sein scheint. Gewöhnlich sitzt sie thronend zwischen zwei Löwen, eine Mauerkrone auf dem Haupte, das Tambourin in der Hand.

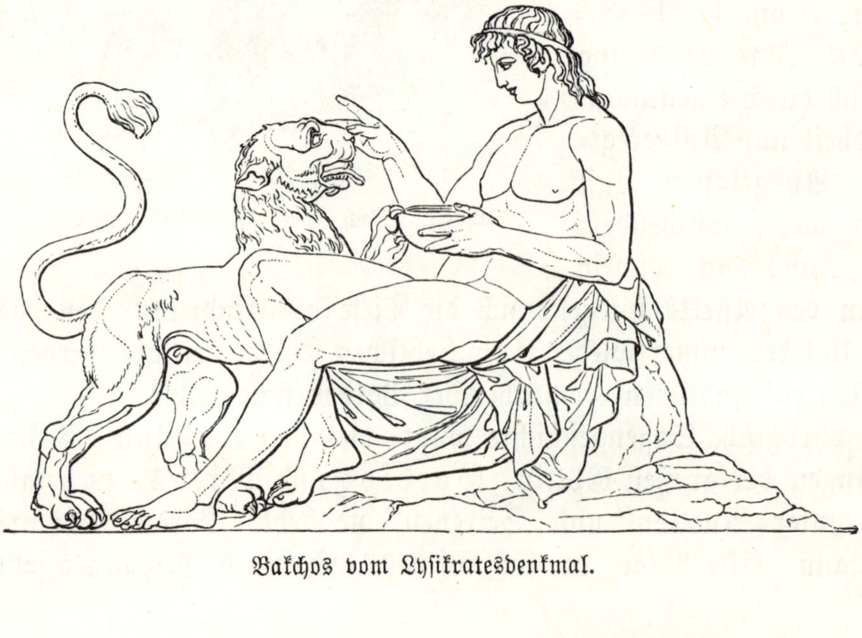

Bakchos vom Lysikratesdenkmal.

Dionysos, der verlassenen Ariadne nahend.

4. Dionysos oder Bakchos.

Mit den Kulten der Demeter und Kybele vielfach verwandt und deshalb von der Mystik mit ihnen verschmolzen, ist doch die Dionysosreligion von weit reicherem Inhalte und von begeisternderem Einfluß auf die Phantasie gewesen. Verdankt nicht die edelste Frucht des hellenischen Geistes, das Drama, diesen religiösen Antrieben seine Entwicklung? Hat nicht die bildende Kunst einen unendlichen Reichthum von Motiven aus diesem Mythenkreise geschöpft? Freilich muß man an Dionysos ein allgemeineres und spezielleres Walten unterscheiden. Einerseits wurde er als Gott der Natur schlechthin in allen ihren vegetabilischen Erscheinungen gedacht, und diese Auffassung war ursprünglich am stärksten in Kleinasien und Thrakien ausgeprägt; andererseits galt er als Spender der Leib und Gemüth stärkenden Weintraube, als Veredler des Obstes überhaupt, und in dieser Beziehung stand er mit der echt hellenischen Demeter als Kulturgott in einer Linie. Die thebanische Sage von der Herkunft des Gottes ist bereits berührt worden.

Der Zeussohn wurde nach dem Tode seiner Mutter Semele den Nymphen im Thale von Nysa zur Aufziehung übergeben. Von diesem mythischen Orte stammt sein Name Dionysos, d. i. Gott oder Zeus von Nysa. „Und als die Göttinnen ihn, den Vielgepriesenen, großgezogen hatten", erzählt der Homerische Hymnus, „siehe, da schwärmte er umher in den waldreichen Schluchten und Thälern, mit Epheu und Lorber dicht bekränzt. Es folgten ihm die Nymphen; er aber eilte voran und schallendes Toben erfüllte den weiten Wald." Ueppige Weichlichkeit, gepaart mit unwiderstehlicher Kraft, entfaltete er auf diesen schwärmenden Zügen, die er immer weiter und weiter ausdehnte, und wie er alle Feinde bestrafte, beschenkte er seine Verehrer überall mit dem Weinstocke. So geschah es auch in Attika dem Ikarĭos. Zum Danke dafür, daß dieser ihn freundlich aufgenommen hatte, theilte ihm der Gott die Kenntniß des Weinbaues mit. Er fuhr nun mit seinen Weinschläuchen umher und ließ Andere den köstlichen Trank versuchen. Weil aber einige Hirten davon berauscht wurden, meinten deren Genossen, Ikarios sei ein Giftmischer, und stürzten ihn in einen Brunnen oder begruben ihn unter einem Baume. Seine Tochter Erigŏne (die Lenzgeborene), von dem treuen Hunde Maira geleitet, folgte seiner Spur und erhängte sich an demselben Baume, der ihres Vaters Grab beschattete. Dionysos aber suchte den Gau zur Strafe mit Sinnesverwirrung heim, in der sich noch viele andere Jungfrauen auf dieselbe Weise entleibten, bis endlich auf den Rath des Orakels das Vergehen durch ein eigenthümliches Fest gesühnt wurde, wobei man zur Erinnerung an Erigone's Tod Stricke an Bäumen befestigte und sich selbst oder auch Puppen an denselben schaukelte. Der Sohn Erigone's von Dionysos, Staphȳlos (Traube), bezeichnet deutlich sie selbst als die sich im Winde wiegende, im Frühlinge knospende Rebe. Als Probe der rächenden Macht des Dionysos erzählt der Mythus auch das Schicksal der tyrrhenischen Piraten, die ihn aufgriffen und banden, als er übers Meer fuhr. Die Fesseln fielen ab, und während die Räuber noch staunten, rankten sich Reben und Trauben um Segel und Spieren, umspann dunkler Epheu den Mast, bekränzten sich die Ruderbänke und duftender Wein sprudelte über das Deck hin. Der schöne Jüngling aber selbst verwandelte sich in einen grausigen Löwen, der sich brüllend auf die Frevler stürzte. Da sprangen die Geängsteten in die Flut und wurden zu Delphinen.

Unter den in der Erzeugung edlen Weines und dem Kulte des Dionysos wetteifernden Kykladen und Sporaden rühmte sich Naxos nicht blos als Geburtsstätte des Gottes, sondern auch als Ort seiner Vermählung mit der schönen Arĭadne, der Tochter des Kreterkönigs Minos, die der attische Heros Theseus nach glücklicher Erlegung des Minotauros entführt und dort treulos verlassen hatte. Poesie und Kunst haben sich vereinigt, um den Augenblick zu schildern, in welchem sich der Gott des Weines in rauschendem Festzuge der Schlummernden nahte und wie ihre Verzweiflung der Freude wich. Uebrigens ist die auf Kreta und mehreren anderen Inseln gefeierte Ariadne, eigentlich „die Hochheilige", höchst wahrscheinlich im Grunde nur, wie Semele, eine Personifikation der Erde selbst. Nach Erfüllung seiner Mission als Kulturgott schwang sich Dionysos zum Olymp empor und hob auch seine Mutter Semele und seine Gemahlin Ariadne mit sich unter die Reihen der seligen Götter.

Der tiefgreifende Einfluß des Weingenusses auf das hellenische Volk, seine erheiternde, erhebende, veredelnde Wirkung drückte sich besonders in den Kultgebräuchen Attika's aus. Dort feierte man zuerst zur Traubenreife das dem Dionysos und der Athene gemeinsame Fest der Oschophorien. Einem von Jünglingen gehaltenen Wettlaufe von einem Dionysostempel zum Tempel der Athene Skiras, wobei die von den Läufern getragenen Weinranken nebst Trauben der Landesgöttin dargebracht wurden, folgte ein Festzug zum Tempel des Dionysos, den zwei Jünglinge in Weibertracht anführten.

Bakchoszug.

Ein Dankopfer beschloß das Ganze. Ungefähr im Dezember fanden die sogenannten ländlichen oder kleinen Dionysien statt, ein fröhliches Winzerfest, bei dem es an Schwänken, Scherzen, Mummereien und Tafelgenüssen nicht fehlte. Besonders hervorzuheben ist dabei das Balanciren auf einem aufgeblasenen, mit Oel bestrichenen Schlauche und der bunte Festzug zum Dionysosaltare. Auf die kleinen Dionysien folgten am Ende des Dezembers die Lenaien oder das städtische Kelterfest.

Sie wurden in ähnlicher Weise begangen, nur stattlicher und feiner. Im Tanzschritt bewegten sich die aus fünfzig Personen bestehenden Chöre um den Altar, den feierlichen Dithyrambos-Hymnus singend. Aus diesem entwickelte sich seit Solon's Zeit durch Hinzutreten von Improvisationen die Tragödie und Komödie, und die dramatischen Festvorstellungen im Theater, deren Kosten von den reichsten Bürgern bestritten wurden, während der Staat seit Perikles sogar den Armen das Eintrittsgeld gewährte, bildeten dann den Mittelpunkt der Feier sowol an den Lenaien als den Dionysien. Den Lenaien zunächst standen die in den Lenz fallenden dreitägigen Anthesterien (das Blumenfest), in denen sich die Freude über das Wiedererwachen der Vegetation mit der Feier der gelungenen Weingährung einte.

Am ersten Festtage wurden die Fässer geöffnet und der geklärte Most unter dankbaren Libationen von den mit Blumen geschmückten Leuten gekostet. Der zweite Tag hieß der Choen- oder der Kannentag und war dem fröhlichen Trinken gewidmet, wobei man auch die Todten nicht vergaß, sondern auf ihren Gräbern Wein opferte. Außerdem fand an demselben Tage im ältesten Tempel des Bakchos eine geheime, hochheilige Ceremonie statt, indem die Basilissa, die Gattin des zweiten Archonten, des Basileus, dem Gott selbst als Gattin vermählt wurde, entweder um die Hochzeit des Dionysos und der Ariadne zu versinnbildlichen, oder um dem von der Basilissa repräsentirten Lande die Huld des Gottes recht zu sichern. Die Chytren (Topftag), der dritte Anthesterientag, waren weniger dem Dionysos als dem Hermes, als Todtengeleiter, gewidmet, welchem man Töpfe mit gekochten Früchten opferte. Die eigentliche Frühlingszeit, wo die Reben zu blühen begannen, war endlich durch die großen, städtischen Dionysien ausgezeichnet. Ihre Dauer berechnet man auf sechs Tage. Wiewol Wettkämpfe und theatralische Aufführungen in ähnlicher Weise, wie an den Lenaien, vorgenommen wurden, so war dieses Fest doch durch die größere Gunst der Jahreszeit und durch einen zahlreicheren Zusammenfluß von Fremden gehoben.

Bakchos.
Nach einem pompej. Wandgemälde.

Blickt nun schon aus diesen Festgebräuchen hervor, daß von Alters her in Hellas mit dem Andenken an die jährlichen Traubengeschenke sich auch der Gedanke an die Wiederbelebung der ganzen Natur im Lenze verband, so herrschte in Phrygien und Thrakien die Auffassung des Dionysos als eines im Frühlinge erscheinenden, Lust und Freude bereitenden und im Winter verschwundenen, leidenden, sterbenden Gottes vor, wodurch natürlich Dionysos selbst der Kybele und Persephone sehr nahe gerückt ward. Die Orphische Theologie, deren Hauptgott dieser wandelbare Dionysos war, nannte ihn Zagreus und machte ihn zu einem Sohne des Zeus und der Persephone (vergl. die eleusinischen Mysterien). Noch als Kind wird er aber auf Geheiß der eifersüchtigen Hera von den Titanen zerrissen und von Zeus oder Semele, die sein Herz verschlingen, zum zweiten Male geboren. Dieser Vorstellung entsprach die in Griechenland sich allmählich einbürgernde, alle zwei Jahre zur Zeit der kürzesten Tage begangene Feier. Der Ausdruck des Kummers über den Tod des Gottes wechselte mit der Freude über seine Wiederbelebung; aber beides trug den Stempel asiatischer Leidenschaft, enthusiastischer Raserei. Die Feier wurde ausschließlich von Frauen und Mädchen begangen, die in gewisse Kultgenossenschaften vereinigt waren. In Hirschkalbfelle gekleidet, mit Thyrsosstäben (Rohrstangen mit aufgesetzten Pinienzapfen) und Fackeln in den Händen, Schlangen und Epheu in den fliegenden Haaren, zogen diese, Bakchen, Mainaden oder Thyiaden genannt, durch Wälder und Berge, zu dem durchdringenden Schalle der Flöten und dem dumpfen Wirbel der Tambourins klagend und jubelnd, die Glieder wie Rasende verrenkend, bis sie ermattet zu Boden sanken. Die Opferthiere, Böcke, oder auch Rehe und Hirschkälber, wurden nicht mit dem Messer zerlegt, sondern zur Erinnerung an den Titanenfrevel zerrissen und Stücke davon roh verschlungen.

Kentaur mit Mainade.

Dieser in wahnsinnigen Sinnentaumel ausgeartete Zagreusdienst fand nicht in allen Städten Eingang. In Athen fiel sein Hauptfest mit den Lenaien zusammen und man sandte blos eine Deputation zu seiner Mitfeier nach dem Parnaß.

Der gewaltsame Charakter des Kults, wahrscheinlich auch in Beziehung auf seine Verbreitung, offenbart sich in mancherlei Mythen. Der liederkundige Sänger Orpheus, welcher mit dem Klange seiner Lyra die wilden Thiere bändigte, den Lauf der Flüsse aufhielt und Bäume und Felsen mit sich fortzog, ja sogar das harte Herz der unerbittlichen Persephone zum Mitleid stimmte und die furchtbaren Erinyen zu Thränen rührte, war eigentlich der Diener des älteren Dionysos, dem Wesen nach ihm sehr verwandt, und soll von den tobenden Mainaden zerrissen worden sein, da er, aus Schmerz um die verlorene Gattin Eurydike, das ganze weibliche Geschlecht verschmäht hatte.

Wer sich dem Kulte zu widersetzen wagte, verfiel der grausamsten Strafe. Lykurgos, König der thrakischen Edoner, überfiel den mit den Nymphen, seinen Ammen, schwärmenden Dionysos mit dem Rinderstachel, nahm die Mainaden gefangen und nöthigte den Gott selbst, sich durch einen Sprung ins Meer zu retten, wo er bei Thetis freundliche Aufnahme fand. Zeus blendete den König hierauf oder Dionysos machte ihn wahnsinnig, so daß er seinen Sohn, den er für einen Weinstock ansah, mit dem Beile tödtete. Er starb endlich selbst eines elenden Todes. Aehnlich erging es dem thebanischen König Pentheus, einem Vetter des Gottes, der sammt den neidischen Schwestern der Semele und den Thebanerinnen die Göttlichkeit des Dionysos nicht anerkennen wollte. Auch nachdem die ganze Bevölkerung von Theben zur Strafe in Dionysischen Taumel versetzt war, widerstrebte er allein der Gottesbegeisterung, spottete der Macht des Dionysos, und schwur, ihn verjagen und alle Bakchantinnen tödten zu wollen. Da naht sich ihm der Gott selbst in Verkleidung und beredet ihn, das Treiben der Frauen zu belauern. Aber seine Mutter Agave erblickt den auf einem Fichtenbaum Versteckten, hält ihn für einen Löwen, stürzt sich mit der tollen Schar auf ihn und zerreißt ihn.

Auch zu Orchomenos in Böotien sollte Dionysos ein Strafexempel vollzogen haben. Die drei Töchter des Königs Minyas: Alkathöe, Leukippe und Arsippe, hatten es gewagt, aus Liebe zu den häuslichen Arbeiten des Spinnens und Webens, die Betheiligung am trunkenen Festjubel zu verschmähen, und ließen selbst in der Abenddämmerung ihre fleißigen Hände nicht ruhen. Plötzlich strahlte das Gemach in röthlicher Fackelglut; Epheu und Wein spann sich um die Webstühle und Spindeln, saftige Trauben senkten sich von dem Laubdache der Decke herab und wilde Thiere des Waldes durchstürmten das Haus. Von wahnsinnigem Schrecken erfaßt und vom Lichtschein geblendet, flüchteten die Minyaden in dunkle Winkel und wurden in häßliche Fledermäuse verwandelt. An dem Bakchosfeste der Agrionien zu Orchomenos herrschte noch später der Brauch, daß der Priester Weiber aus der Nachkommenschaft des Minyas mit dem bloßen Schwerte verfolgte und, wenn er eine ergriff, sie sogar tödten konnte. Endlich wollte man auch in Argos dem Gotte nicht huldigen, und auch hier versetzte er die Weiber in fanatische Wuth, daß sie jauchzend und schreiend ins Gebirge stürzten und ihre eigenen Kinder zerrissen und verzehrten.

Vielleicht nichts Anderes als der Orphische Zagreus selbst, wenigstens eine Verschmelzung des Attis und Dionysos, war ferner der in Phrygien und Thrakien verehrte Zeus Sabazios. Sein Dienst blieb in Griechenland stets eine wenig geachtete Winkelreligion, ist aber deshalb von Interesse, weil er mit mystischen Weihen nach Art der höheren Mysterien verbunden war. Demosthenes wirft seinem Feinde Aeschines vor, derselbe habe seiner Mutter, einer Sabaziospriesterin, bei den nächtlichen Weihen geholfen, d. h. die Ceremonien mit Vorlesen aus heiligen Büchern begleitet, den Novizen ein Rehfell umgehangen, einen Weihtrank kredenzt und die symbolische Reinigung mit Thon und Kleie an ihnen vollzogen. Dabei saßen sie auf der Erde und mußten beim Aufstehen sprechen: „Dem Bösen entrann ich; das Bessere fand ich!“

Am Tage hielten die Gläubigen Prozessionen durch die Straßen, bekränzt mit Fenchel und Pappellaub, wobei die Ministranten Schlangen (Symbole des Sabazios) schwenkten, die heilige Wannenwiege trugen, tanzend riefen: „Hyes Attes! Evoe Saboi!" und dafür von den Zuschauern, besonders den alten Weibern, mit Brezeln und Kuchen beschenkt wurden.

Abgesehen von diesen Zerrbildern des hellenischen Dionysos haben wir noch die besonderen Wirkungen des letzteren auf Leib und Seele hervorzuheben. Das Beseligende, Erquickende des Weingenusses bezeichnete man durch die Beinamen Lyaios, „der Lösende", Eleuthĕros, „der Befreiende", Pausilўpos, „der Sorgenbrecher." Als ein die Phantasie anregender und begeisternder Gott wird er ferner mit Apollon zusammengestellt und wird zum Musenführer und Beschützer der Musik und Dichtkunst. Auf der andern Seite führte die bakchische Wuth zur Idee des kriegerischen Gottes. Heilig waren ihm, außer der Rebe, der kühlende Epheu, der Stier, Löwe, Panther, Esel und Bock. Seine gewöhnlichsten Attribute bilden die Rebe und das Trinkhorn. Abgebildet wurde Dionysos als Jüngling in üppiger Jugendblüte, mit schwärmerischem und doch hoheitsvollem Ausdrucke, wobei seine Stellung gewöhnlich nachlässig angelehnt oder gelagert ist. Er erscheint aber auch als bärtiger Mann, und dann ist er der sogenannte indische Dionysos, der triumphirende Eroberer des Orients, mit dem sich besonders seit den siegreichen Zügen Alexander's des Großen die Dichtung und Kunst beschäftigte. Namentlich huldigten ihm, wie es scheint, die ägyptischen Ptolemäer in Alexandria. Mit besonderer Vorliebe hat die Kunst den Gott im Schwarme seines aus Panen, Seilenen, Satyrn, Nymphen und Kentauren bestehenden bunten Gefolges dargestellt. Doch diesen Repräsentanten des wilden Naturlebens haben wir hier noch eine genauere Betrachtung zu widmen.

Ariadne auf dem Panther.
Nach Dannecker.

Cheiron lehrt den Gebrauch des Bogens. Im Hintergrunde Nymphen mit Pegasos.

5. Pan, Priapos, Seilenos, Satyrn, Nymphen, Kentauren.

Pan, „der Weidende", ist der Dämon des arkadischen Gebirges, ein Sohn des kyllenischen Hermes und der schönen Tochter des Dryops, „des Baummenschen." Als diese ihr ziegenfüßiges, doppelgehörntes, bärtiges, immer lächelndes Kind erblickt hatte, entfloh sie voll Schrecken. Hermes aber hüllte seinen seltsamen Sprößling in ein Hasenfell und stellte ihn den in ein nicht enden wollendes Gelächter ausbrechenden Olympiern vor. Zurückgekehrt in seine Heimat begann Pan sogleich sein rastloses Treiben in den Waldschluchten, auf den Triften und den schneeigen Kuppen der Berge. Er tanzte und scherzte mit den muntern Nymphen oder folgte, auf schwindelndem Pfade jagend, der Spur des Wildes oder wetteiferte einsam auf melodischer Hirtenflöte mit dem Gesang der Waldvögel. Seinem durch die halbe Thiergestalt angedeuteten Verwachsensein mit der Natur gemäß klebt ihm auch ein derbes Stück Sinnlichkeit an. In seinen Bewerbungen um die Gunst der Nymphen ist er aber nicht immer glücklich. So entging ihm die schöne Syrinx durch Verwandlung in Schilfrohr, aus dem er sich dann seine Rohrpfeifen schnitzte. Auch von der geschwätzigen Echo, der Anbeterin des Narkissos, soll er verschmäht worden sein.

Man glaubte, daß Pan um die heiße Mittagsstunde schliefe, und kein Hirt wagte dann ihn zu stören. Dagegen setzte seine aus den Wäldern plötzlich erschallende Stimme Alles in Schrecken und übte eine moralisch vernichtende Wirkung. Da der Waldgott in der Schlacht bei Marathon den Persern diesen „panischen Schrecken" eingeflößt zu haben schien, wurde er in Attika unter die Staatsgötter aufgenommen. Ferner ist Pan ein Gott der Träume und der Wahrsagekunst überhaupt, in der er sogar Apollon Unterricht ertheilt haben soll, und wiewol er die Wanderer oft neckte und in Furcht setzte, galt er doch auch als Geleitsgott im Gebirg und auf dem Meere. Daß ihn Hirten und Jäger als ihren Patron betrachteten, versteht sich von selbst. Sein Kult war meist ein ländlicher. Er wurde in natürlichen Höhlen verehrt oder man stellte sein Bild unter Bäumen auf und brachte ihm einfache Opfergaben dar. Heilig waren ihm Fichte und Steineiche. Neben den Darstellungen, in denen er nur halb als Mensch erschien, gab es auch andere, welche aller thierischen Abzeichen bis auf die über der Stirn sprießenden Hörnchen entledigt waren. Wie Eros wurde auch Pan vervielfacht und man dachte sich um ihn einen ganzen Schwarm koboldartiger, gleichnamiger Waldteufel.

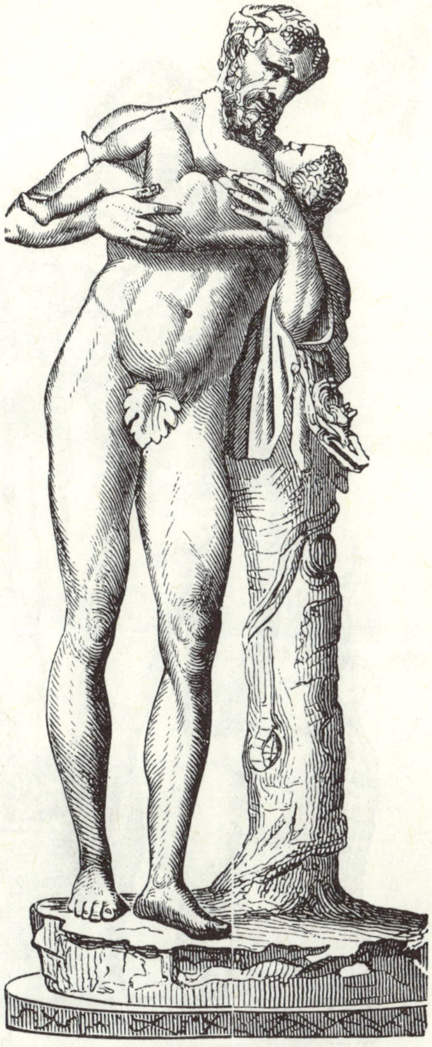
Seilenos.

Priāpos, der Gott der vegetativen und animalischen Fruchtbarkeit und deshalb des Dionysos Sohn, wurde in Gärten und Weinbergen verehrt, stand aber auch mit dem Gedeihen der Viehzucht und des Fischfangs in Verbindung. Seine Bilder wurden besonders gern in den Gärten aufgestellt.

Seilēnos, als einstiger Erzieher und unzertrennlicher Gefährte dem Dionysos sehr nahe stehend, ist eine burlesk-komische Figur, fratzenhaften Gesichts, glatzköpfig, mit behaarter Haut und aufgedunsenem Leibe und reitet im Gefolge des Weingottes fast immer auf einem Esel, den unvermeidlichen Weinschlauch bei sich führend. Dennoch war der alte, joviale Trunkenbold ursprünglich ein Liebhaber des Wassers, ein Gärten und Auen befruchtender Quelldämon und als solcher verwandt mit den phrygischen Seilenen im Dienste der Kybele, Midas und Marsўas.

Den von Apollon mit Eselsohren bestraften und dadurch als satyrähnlichen Elementargeist bezeichneten Midas erkor Dionysos zu seinem Liebling. Auf dem Zuge des Gottes durch Phrygien war nämlich der berauschte Seilenos in den Rosengärten des Midas schlafend zurückgeblieben und wurde von Landleuten, mit

Rosenketten gefesselt, vor den König gebracht. Dieser bewirthete ihn zehn Tage lang auf das Herrlichste und erhielt von dem über das Räthsel des menschlichen Lebens Befragten die berühmte Antwort: nicht geboren worden zu sein wäre für den Menschen das Allerbeste; demnächst aber, so bald als möglich zu sterben. Endlich führte er den Vermißten zu Dionysos zurück und dieser versprach ihm die Gewähr eines Wunsches. Midas bat, daß Alles, was er berührte, zu Gold werden möchte. Als aber die Gefahr, durch Hunger und Durst umzukommen, den Goldumstarrten bedrängte, flehte er um Zurücknahme des Geschenkes und wurde durch Baden in dem seitdem Gold führenden Flusse Paktōlos den Zauberbann los. — Die „nichtsnutzigen, zur Arbeit unanstelligen“ Satyrn hausten in Wald und Gebirg als tolle, neckische Kobolde, die mit Dionysos schwärmten und zechten, den Nymphen und Mainaden nachstellten, die Menschen muthwillig schreckten, ewig in bocksartigen Sprüngen tanzten und dazu musizirten. Hierzu paßte ihre an die Ziegennatur durch Schwänzchen, spitze Ohren, stumpfe Nasen und struppiges Haar erinnernde Gestalt. Die Söhne der Wildniß waren in Athen stehende Figuren der Bühne im heiteren dionysischen Satyrspiel, wo sie sich dann in Häßlichkeit, Zotenreißerei, Trunkliebe, Feigheit und Niederträchtigkeit unübertrefflich zeigten. Ihr Symbol war der lüsterne, feige Hase. Die Kunst hat sie in den verschiedensten Stellungen und Beschäftigungen dargestellt. An dem berühmten Satyr des Praxiteles war die Bocksnatur bis auf leise Andeutungen veredelt und vermenschlicht.

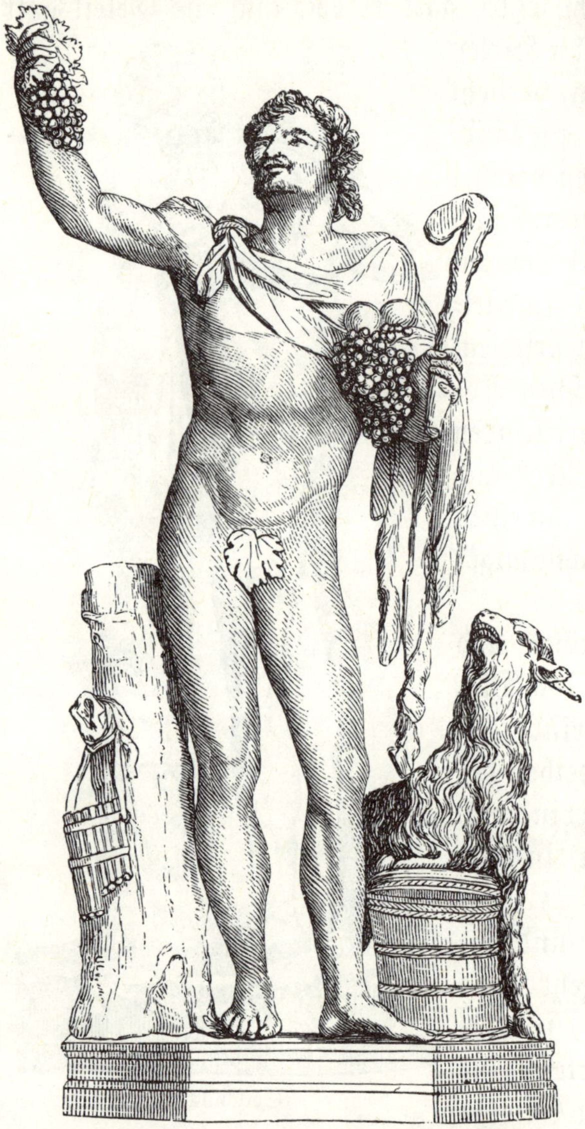

Junger Satyr. (Aus dem Vatikan.)

Ihre Schwestern, die Nymphen, bringen dagegen die freundliche, liebliche Seite des geheimnißvollen Naturlebens im Walde wie auf dem Felde, in der Quelle wie im Baume, im Grunde wie auf der Höhe zur Anschauung. Als anmuthige Mädchen und junge Frauen leben sie in beständiger Heiterkeit dahin, spinnend und webend in lauschigen Grotten, badend im schattigen Weiher, tanzend, spielend und singend auf mondbeglänztem Wiesenplan. Mit Artemis gehen sie dem Wilde nach, mit Dionysos durchschwärmen sie den Wald. Gegen die Zudringlichkeit der Satyrn sind sie ewig auf ihrer Hut. Den Sterblichen sind sie hold; ja, schöne Jünglinge und Helden rauben sie und fesseln sie durch Zauberkünste. Untreue aber strafen sie mit bitterem Leide; zuweilen bringt schon ihr Anblick Tod oder Wahnsinn. Man schied die Nymphen nach den Gebieten, in denen sie walteten. Danach wohnten im flüssigen Elemente die Najaden und diese galten für besonders segenbringend und befruchtend, weshalb sie in nächster Beziehung zu Demeter, Dionysos, Aphrodite, Zeus und Poseidon standen. In den Gebirgen wohnten die Oreaden; in den Waldthälern die Napaien. Die Wälder aber waren bevölkert von den Dryaden oder Hamadryaden, die man nicht einmal für unsterblich hielt, sondern mit ihren Bäumen zugleich sterben ließ. Den liebsten Aufenthalt des Nymphengeschlechts suchte man in den natürlichen Höhlen und Grotten, wohin schon Homer ihre Sitze, Webstühle und Schlafstätten verlegt hat. Heiligthümer der Nymphen befanden sich an Quellen und in fruchtbaren Gründen und man opferte ihnen Ziegen, Lämmer, Milch und Oel. In späterer Zeit weihte man ihnen großartige Anlagen mit Springbrunnen und Wasserreservoirs, Nymphaien genannt. Auf den Bildwerken erscheinen die Nymphen als reizende Mädchen, leichtfüßig, bekränzt, spielend und tanzend.

Kentaur. (Aus dem Vatikan.)

Die Kentauren sind doppeltgestaltete Berg- und Walddämonen, die vielleicht der von den Höhen herabstürzenden Gießbäche und Gewitterfluten halber ihre thierische Unterhälfte dem Rosse entlehnt haben. Es ist ein wildes, ungestümes und übermüthiges Geschlecht, das der Jagd auf wilde Thiere obliegt und sonst seiner Genußsucht fröhnt. Diese war auch die Ursache zu der viel besungenen Schlacht, die sie bei der Hochzeit des thessalischen Königs Peirithoos den Lapithen lieferten.

Wie Homer sagt, gab der Wein, den die an Milch gewöhnten Halbmenschen in gierigen Zügen schlürften, die nächste Veranlassung zum Handgemenge. Der Wein bethörte auch den weitberühmten Kentauren Eurytion im Palaste des hochherzigen Peirithoos, als er zu den Lapithen gekommen war. Weil nun sein Sinn durch Wein bethört war, vollbrachte er in Raserei Böses im Hause. Da erfaßte tiefer Unwille die Helden und sie schleppten ihn durch den Flur des Hauses hinaus, nachdem sie ihm mit scharfem Erze die Ohren und die Nase abgesichelt hatten. Der rohe Natursohn hatte nämlich im Rausche Hand an die schöne Braut Hippodameia selbst gelegt und seinem Beispiele waren die Genossen gefolgt. Der zu Lust und Freude bestimmte Hochzeitssaal ward nun eine Stätte des entsetzlichsten Würgens und Tobens. Die Lapithen und ihre Freunde griffen zu Lanzen und Schwertern; die Kentauren kämpften mit Baumstämmen und Felsen, unterlagen aber endlich ihren civilisirteren Feinden, besonders Theseus und Peirithoos, und flohen in die nördlichen Gebirge. Hesiod erwähnt die Kentaurenschlacht in seiner Schilderung des Heraklesschildes:

Drauf war ferner die Schlacht von den lanzenbewehrten Lapithen
Um Peirithoos her und den fürstlichen Dryas und Kaineus,
Prolochos und Hopleus, Exadios, ferner Phaleros,
Mopsos, des Ampyx Sohn; Titaresios, Sprosse des Ares,
Theseus, Aegeus' Sohn, den unsterblichen Göttern vergleichbar;
Alle von Silber gebildet, mit goldenen Waffen am Leibe.
Andererseits Kentauren; die sammelten sich gegenüber
Um den gewalt'gen Petraios und Asbolos, kundig der Vögel,
Arktos und Ureios und Mimas mit dunkelen Haaren,
Und zwei Peukeussöhne, den Dryalos und Perimedes,
Alle von Silber gebildet mit goldener Tann' in den Händen.
Und nun stürmeten sie, als lebten sie Alle, zusammen,
Strecketen Mann auf Mann, mit der Lanze sich und mit den Fichten.

Einen seltsamen Kontrast zu seinen rohen Stammesgenossen bildet der seiner Weisheit und Kunstfertigkeit wegen zum Hofmeister junger Heroen (Achilleus, Asklepios, Jason) erwählte Cheiron, der endlich, von seinem Freunde Herakles wider Willen verwundet, seine Unsterblichkeit dem Prometheus vermachte und von Zeus unter die Gestirne versetzt wurde.

Pan. (Galerien von Rom.)

Vor dem Todtenrichter. Hinten Erinyen; Darunter Parze.

6. Pluton und Persephone.

Sowie Persephŏne (Proserpina) in ihrem Verhältniß zu Demeter und zu Jakchos vorzugsweise Beleberin der Vegetation war und nur im Winter zur dunkeln Todesgöttin wurde, zeigte sich auch ihr Gemahl in der alten Volksvorstellung mehr als eine aus der Tiefe der Erde befruchtende Macht, denn als der Beherrscher der Todtenwelt. Deshalb hieß er „der Erdzeus“, „der Unsichtbare (Aïdes)“, „der Reichthumspender (Pluton)“, und die Ackersleute pflegten neben der Demeter zu ihm zu beten. Aber wenn schon dieses Reich der Finsterniß, als deren Vertreter dem Gott eine unsichtbar machende Tarnkappe beigegeben wurde, den Gedanken an die Todten nahe legte, so hat doch erst die epische Poesie den dunklen Erdschoß gleichsam vertieft und als Aufenthaltsort von Allem, was, von der Hand des Todes erfaßt, vom Sonnenlicht abscheidet, düster ausgemalt. Nun hieß Pluton „der Unbeugsame“, „der Gewaltsame“, „der den Sterblichen unter allen Göttern Verhaßteste“, Persephone aber „die Schreckliche“, und ihr Hauptname selbst bedeutet „die Würgerin.“

Außer dem Raube seiner Gemahlin weiß die Mythologie nur wenig von Pluton zu erzählen; nur in der Unterwelt sind seine Thaten bekannt.

Dort thront er neben Persephone, sorgt ängstlich dafür, daß sein dunkles Haus jedem Lichtstrahle der Oberwelt verschlossen bleibe, und sieht die Scharen der Schatten durch das weite, stets offen stehende Thor seines Palastes wallen, der größten Fremdenherberge, die es giebt! Der dreiköpfige Hund Kerbĕros hält an der Pforte Wache, tückisch Alle umwedelnd, die hineingehen, aber mitleidlos Jeden packend und zerfleischend, der wieder heraus will. Die Wohnung selbst ist endlos geräumig, aber dunkel und traurig, und unheimliches Zwielicht lagert auf den eintönigen Silberpappeln und Weidenhainen Persephone's, auf der weiten Asphodeloswiese. Als Scheidestrom durchfließt die Einöde die Styx mit dem Nebenfluß Kokȳtos (dem Heuler), außerdem der Achĕron (Aechzende) mit dem Pyriphlegĕthon (Feuerstrom). Charon, ein schmuziger, grämlicher Greis, holt als Fährmann in seinem Nachen die ankommenden Seelen über, weshalb auch den Todten als Fergenlohn eine Kupfermünze in den Mund gesteckt wurde. Die Seelen unbestatteter Todten aber wies Charon zurück und ließ sie so lange am Ufer des Acheron umherirren, bis ihnen die letzten Ehren erwiesen waren.

Ixion, Sisyphos und Tantalos.

Die abgeschiedenen Seelen selbst dachte man sich als Spiegelbilder ihres irdischen Daseins, als Schatten ohne Fleisch und Bein, aber mit den früheren Gesichtszügen und Formen der Gestalt. Diese Idole setzen auch jenseits ihre früheren Beschäftigungen fort; doch fehlt ihnen das klare Bewußtsein und die Sprache, und beides können sie erst durch den Genuß von Blut wieder erlangen. Der Zustand dieses träumenden Fortvegetirens war den Hellenen ein unerfreulicher, und Homer läßt deswegen auch Achilleus es aussprechen, daß er lieber Ackerknecht auf Erden, als Fürst über die Todten sein wolle. Dennoch kam schon früh in dieses unterschiedslose Dasein mehr Leben durch die Vorstellung einer Bevorzugung und Belohnung der Guten und einer Bestrafung der Sünder in der Schattenwelt.

Als die Hauptsträflinge schwebten der hellenischen Phantasie vor: Tityos, Tantălos, Sisўphos, Ixïon, und die Danaïden. Die Qualen dieser Warnungsexemplare waren verschieden und entsprachen dem Vergehen und der Sinnesart der Frevler. Der begehrliche Tityos, der Latona beleidigt hatte, lag über einen Acker Landes hin ausgestreckt, während ihm zwei Geier die immer wieder nachwachsende Leber verzehrten. Der übermüthige Tantalos litt Hunger und Durst, während er im Wasser stand und fruchtbeladene Aeste über seinem Haupte schwebten. Der ränkesüchtige Erzschelm Sisyphos, dem es gelungen war, nach seinem Tode selbst den Hades zu betrügen, mühte sich ewig ab, einen großen Stein unter den fürchterlichsten Anstrengungen eine steile Anhöhe hinaufzuwälzen.

Vor Pluton's Richterstuhl.

Jedesmal jedoch, wenn der Gipfel beinahe erreicht war, entglitt ihm die Last, und „hurtig hinab mit Gepolter entrollte der tückische Marmor.“ Ein rastlos sich drehendes Rad riß den darübergespannten Ixion mit sich herum, der seine Augen zu Hera emporgehoben hatte. Die Töchter des Danaos endlich, welchen die Ehe mit ihren Vettern so verhaßt gewesen war, daß sie sich derselben mit dem Dolche entledigt hatten, schöpften Wasser in ein Faß mit durchlöchertem Boden. Oknos endlich, ein Bild alles unnützen und sinnlosen Strebens, flocht unablässig aus Binsen ein Seil, das ein hinter ihm stehender Esel vom andern Ende aus wieder auffraß.

Die vorstehende Abbildung zeigt Pluton selbst in der Ausübung des Richteramts einer mit Sünde belasteten Seele gegenüber, begriffen. Zwar ist der Jüngling von edler Körperbildung; aber der zu Boden gesenkte Blick, besonders aber das Schwert in seiner Linken deuten auf ein böses Gewissen, auf vergossenes Blut. Zornig hat sich der Fürst der Unterwelt von seinem Sitze erhoben; die schüchterne Vertheidigung des Schuldigen scheint weder ihn noch die streng und kalt dareinschauende Persephone zu rühren, und in der Kluft zwischen sich und dem Throne sieht der Unglückliche schon die Verzweiflung und die Qual der Gerichteten! Unwillkürlich denken wir dabei an Agamemnon's Sohn Orestes, wiewol derselbe schon auf Erden entsühnt und vom Areiopag freigesprochen worden ist. Nachdem sein edler Vater nach seiner Rückkehr von Troja von der eigenen Gattin und deren Buhlen, dem hinterlistigen Aigisthos, überfallen und gemordet worden war, gerieth der Jüngling in den tragischen Konflikt, wählen zu müssen zwischen der Versäumniß der dem Vater schuldigen Blutrache und dem entsetzlichen Muttermorde. Er zog das Zweite vor und vollführte, von seiner entschlossenen Schwester Elektra unterstützt, das blutige Werk der Rache, nach welchem die Furien Gewalt über ihn gewannen und ihn ohne Rast verfolgten von Ort zu Ort.

Die Stätte, an der die Verdammten weilten, war der Tartăros, die finsterste Tiefe der Unterwelt. Ein anderer Theil derselben, bei Homer noch getrennt und am tief strömenden Okeanos im äußersten Westen gelegen, war zum Aufenthalte der Seligen bestimmt. Hier, im Elysion, fand Jeder in ewigem Sonnenschein und Lenze auf herrlicher Au, wonach sein Herz auf Erden am meisten verlangt hatte. Um aber durch die Erinnerung an das oben erlebte Mißgeschick im Glücke nicht gestört zu werden, gewährte ein Trunk aus der Quelle Lethe Vergessenheit aller früheren Leiden. Natürlich konnte nun aber die Vertheilung der einwandernden Schatten nach den verschiedenen Bestimmungsorten nur nach vorhergehendem Richterspruch erfolgen, und darum befand sich in der Nähe des unterirdischen Königs ein permanentes Spruchkollegium, zusammengesetzt aus den gerechtesten Fürsten der Sage, dem kretischen Minos, dessen Bruder Rhadamanthys und dem aiginetischen Heros Aiăkos.

Zur Umgebung Pluton's gehörten auch die Erinyen (Furiae), (s. auch S. 87), die Schwestern der Moiren, „die Wüthenden“ oder „die Fluchgöttinnen“. Sie waren die Rächerinnen der Blutschuld, des Meineids und aller Pietätsverletzungen. Mit sinnverwirrender Kraft verfolgen diese unheilvollen Rachegeister den Schuldigen, bis sie ihn erjagt und zu Tode gehetzt haben. Seit Euripides zählt man ihrer drei: Tisiphōne (die Blutrache), Alekto (der unversöhnliche Groll) und Megaira (der Neid). Weil aber ihr Walten durch Aufrechterhaltung der ethischen Gesetze ein wohlthätiges war, nannte man sie auch Eumenīden, d. h. „die Huldvollen", oder Semnen, „die Ehrwürdigen". In Athen hatten sie einen Tempel, dessen Allerheiligstes aus einer unterirdischen Vertiefung bestand, wohin man das Blut der schwarzen Opferthiere laufen ließ. Die Kunst hat die Erinyen als hochgeschürzte Mädchen dargestellt, welche den von ihnen Verfolgten zischende Schlangen entgegenhalten, mit denen auch zuweilen ihre Haare durchflochten sind. Auch führen sie Fackeln, Geißeln oder Dolche in den Händen.

Den Eingang zum unterweltlichen Reiche legt Homer in den äußersten Westen jenseit des Okeanos. In späterer Zeit rühmten sich verschiedene Oertlichkeiten eines direkten Verkehrs mit der Schattenwelt, und meist hingen dann mit den in die Tiefe führenden Felsspalten und Höhlen Heiligthümer zusammen, in welchen die Todten heraufbeschworen wurden, um Offenbarungen zu ertheilen oder auch um gesühnt zu werden. Die berühmtesten Stätten dieser Art befanden sich bei der thesprotischen Stadt Kichyros, wo die Flüsse Acheron und Kokytos und der acherusische See mit seinen mephitischen Ausdünstungen der Phantasie Nahrung gaben, und bei dem unteritalischen Cumä, wo der düstere avernische See ähnliche Vorstellungen erzeugte.

Geweiht waren dem Hades die Cypresse und die Narzisse, der Persephone der Granatapfel. Geopfert wurden ihnen am liebsten schwarze Schafe, von denen aber, wie schon erwähnt, der Mensch nichts genießen durfte.

Auf den seltenen Kunstdarstellungen spricht sich in Pluton's Gestalt finsterer Ernst bei großer Neigung zu Heftigkeit aus. Wirr fällt ihm das Haar über die Stirn herein und seine Haltung ist steif und starr. Als Reichthumspender erscheint er freundlicher und trägt das Fruchtmaß auf dem Haupte oder ein Füllhorn in der Hand. Doch erklärt man diese Auffassung auch für eine Verschmelzung des hellenischen Hades mit dem ägyptischen Serapis. Persephone's Gestalt wurde theils der Demeter ähnlich, nur zarter und jugendlicher gebildet, theils näherte sie sich als Gemahlin Pluton's dem Ideale der Hera, nur daß sie dann eine düsterere und strengere Miene trug.

Die Danaïden und Oknos nach Polygnot.

7. Schlaf und Tod.

Schon bei Homer tritt, neben den Todesgottheiten Hades und Persephone, Apollon und Artemis und den Moiren, der Tod selbst in doppelter Weise personifizirt auf. Zuerst wird das gewaltsame Lebensende, besonders im Kriege, einer jedem Einzelnen gleich bei der Geburt zugetheilten Ker zugeschrieben. Schrecklich, in blutigen Gewändern, tummeln sich die Keren in der Umgebung des Ares, tödten die Kämpfer und tragen die ihnen Verfallenen zum Hades hinab. Dann nennt Homer auch den Gott des natürlichen Todes, Thanătos, einen Zwillingsbruder des Schlafes, Hypnos.

Nach und nach milderte sich die Vorstellung vom räuberischen Tode so weit, daß man ihn als schönen Jüngling mit gesenkter oder erloschener Fackel, in schlummernder Haltung, darstellte. Hypnos unterscheidet sich dann von ihm höchstens durch seinen einschläfernden Zauberstab oder Mohnzweig. Die Ilias erzählt, daß er diesen selbst gebrauchte, um den Vater der Götter in Schlummer zu versenken, nachdem ihm Hera Pasithea, eine der Chariten, zur Gattin versprochen hatte. In der Nähe der beiden Brüder wohnten auch die mit ihnen verwandten Träume. Durch zwei Pforten entschwebten dieselben des Nachts auf die Oberwelt, durch eine elfenbeinerne und eine hörnerne, im ersten Falle täuschend, im zweiten Wahrheit verkündend. Besonders hervorgehoben aus dem lustigen Schwarme wurden Morpheus (der Gestalter), der in menschlicher Aehnlichkeit umgeht, Ikĕlos und Phobētor, die sich in allerhand Schreckbilder aus dem Thierreiche verwandeln, und Phantăsos, der leblose Gegenstände darstellen sollte. Nach Hesiod war endlich ein Bruder des Schlafes und des Todes Momos, die zur Person erhobene Tadelsucht. Als einst Athene, Hephaistos und Poseidon in einen Wettstreit geriethen, wer das Nützlichste hervorbringen könnte, erschuf Hephaistos einen Menschen, Poseidon einen Stier, Athene ein Haus. Momos aber, den sie zum Richter erwählt hatten, tadelte an dem Menschen, daß er auf der Brust kein Fenster habe, um ihm in das Herz sehen zu können, an dem Stiere, daß die Hörner sich nicht unter den Augen befänden. Nach einer andern Sage soll er vor Aerger geplatzt sein, weil er an der schönen Aphrodite wirklich gar nichts auszusetzen fand!

Morpheushaupt.

Herakles auf dem Scheiterhaufen.

VI.

Die Heroen.

Bei Homer führt wol vorzugsweise der Fürst und der Edle den Namen Heros, doch wird derselbe auch dem Ehrenmanne niederen Standes nicht versagt, und wenn auch die Recken und Helden der Vorzeit dem Dichter in jeder Hinsicht den Vorzug vor seinen Zeitgenossen zu verdienen scheinen, so erhebt er sie doch nicht zu Halbgöttern, zu Mittelwesen zwischen Göttern und Menschen. Dies thut erst Hesiod, der ihr Geschlecht zwischen das eherne und eiserne der Menschen als ein verklärtes einschiebt und ihnen nach ihrem Tode auf den Inseln der Seligen unter dem milden Regimente des Kronos ein neues Dasein in ewiger Seligkeit zuweist. Von da bis zu dem Glauben, daß diese Heroen einen Einfluß auf das Leben der Menschen übten, daß man ihre Gunst durch Gebet und Opfer erringen müsse, war nur ein kleiner Schritt. Man erbaute ihnen bald eigene Kapellen, sammelte ihre Reliquien und beobachtete gegen diese dämonisch fortwirkenden

Verstorbenen Gebräuche, die mit der Verehrung der Unterirdischen überhaupt große Aehnlichkeit hatten. So wurde denn in jeder Stadt, in jeder Landschaft Griechenlands neben den oberen Göttern noch besonderen Landesheroen, Stiftern von Ansiedlungen und Innungen, göttliche Ehre ertheilt; ja, es geschah gar nicht selten, daß man Zeitgenossen nach ihrem Tode zum Range der Heroen erhob und ihnen einen Kultus errichtete. Solches widerfuhr z. B. dem spartanischen Gesetzgeber Lykurgos, den bei Marathon und Plataä gefallenen Kämpfern, den Tyrannenmördern Harmodios und Aristogeiton. Zuweilen wurden aber auch Verstorbene lediglich von ihren hinterlassenen Angehörigen zu Heroen erklärt und ihnen ein Kultus gewidmet, eine Ehrenbezeigung, die manchmal auch der Staat anerkannte.

Die älteren Heroen hielt man aus der Verbindung unsterblicher Götter mit irdischen Weibern entsprungen, und damit kam man schon der ihnen zu Grunde liegenden Wahrheit bedeutend näher. Denn obgleich der eben bezeichnete Entstehungsweg des Heroenkultus recht natürlich erscheint und von den Alten selbst allgemein für wahr gehalten worden ist, so war doch die göttliche Verehrung der älteren Heroen insofern nur eine Erneuerung uralten Gebrauchs, als im Grunde die meisten von ihnen, wie Helena, Achilleus, Perseus, Danae, Bellerophon, Herakles u. A., Götter gewesen waren. Von vielen göttlichen Wesen, die durch Zersplitterung und Spaltung geschwächt, durch Eroberung des Landes in den Hintergrund geschoben, durch Aenderung ihrer Auffassung verdunkelt wurden, vergaß man ganz, daß sie den übrigen Göttern an Rang gleich waren. Sie flüchteten sich in die Menschenwelt und traten nun als Sterbliche handelnd an die Anfänge der Volksgeschichte. Freilich mag eine lange, lange Zeit vergangen sein, mögen viele Dichter den Stoff in ihre Hände genommen haben, bevor diese Göttergestalten zu leibhaften menschlichen Helden des Epos wurden, bevor z. B., wie der germanische Frühlingssonnengott Siegfried als Nibelungenheld, so der Seedämon Achilleus als Myrmidonenfürst zum Eigenthum der Volkssage gehörten. Da nun aber den nationalen Heroen Alles zugeschrieben wurde, was man von den ältesten Schicksalen, Stiftungen, Siegen und Unternehmungen der Vorzeit wußte, da sich also die älteste Ueberlieferung um sie, als ihren Kern, ablagerte, so überwiegen bei ihnen die historischen Bestandtheile doch meist die ursprünglichen religiösen. Deshalb betrachtete man sie auch im Kultus immer mehr als verstorbene, in der Unterwelt weilende Sterbliche, denn als wirkliche Gottheiten. Es ist die Stätte des Grabes, wo der Heros verehrt wird, und man läßt das Blut des Opferthieres in eine Grube laufen, wie bei den unterweltlichen Göttern. Aus der Tiefe empor sandte er nach dem hellenischen Glauben seine guten Gaben und stieg auch zu gewissen Zeiten wieder an das Licht. Ja, in späterer Zeit war Todtendienst und Heroenkultus kaum mehr von einander zu scheiden. Doch wurden die Heroen bei Eidschwüren, wie die wirklichen Götter, als Zeugen angerufen.

Aus der großen Zahl der in verschiedenen Gegenden gefeierten Heroen lassen wir die wichtigsten folgen.

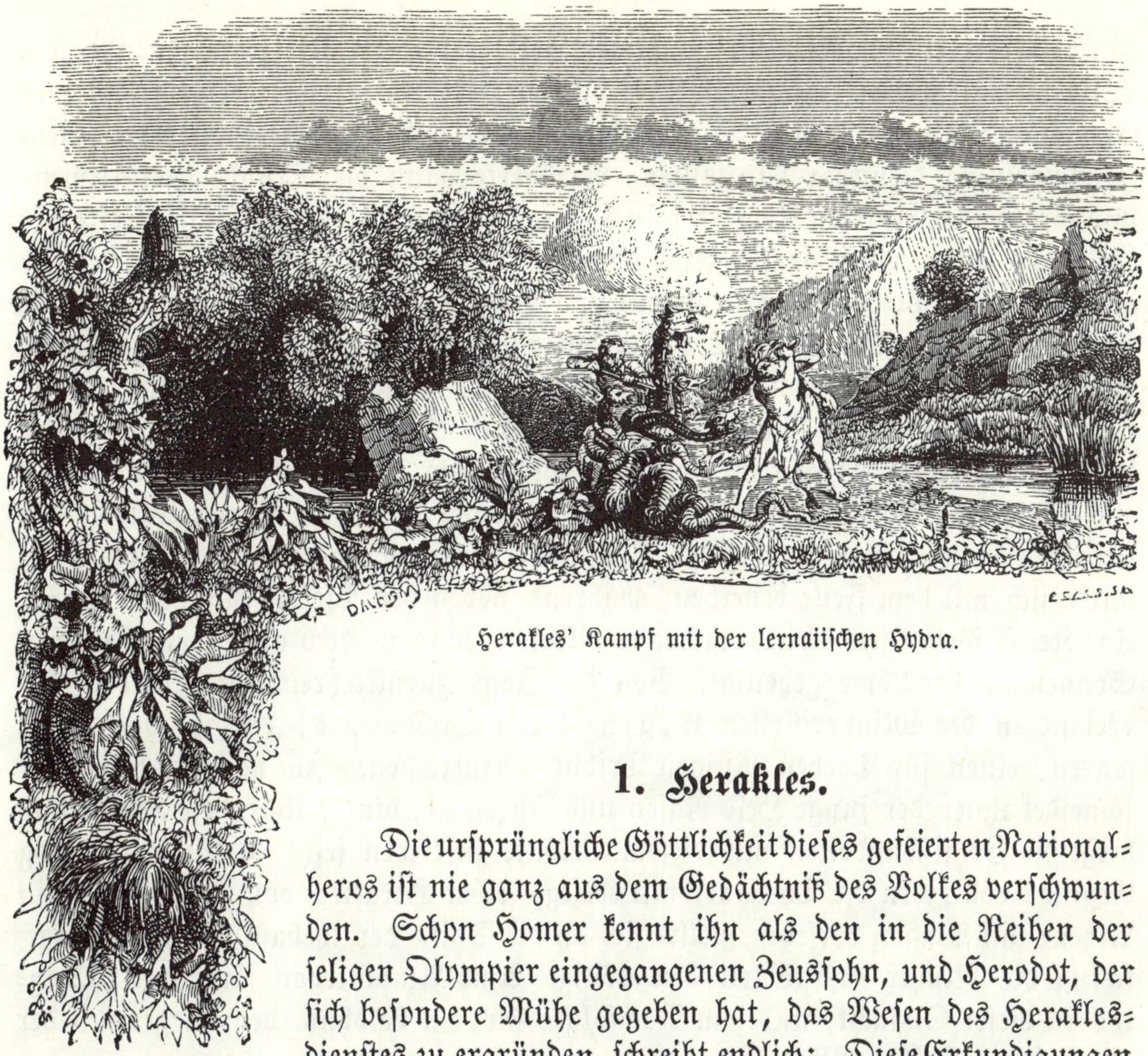

Herakles' Kampf mit der lernaiischen Hydra.

1. Herakles.

Die ursprüngliche Göttlichkeit dieses gefeierten Nationalheros ist nie ganz aus dem Gedächtniß des Volkes verschwunden. Schon Homer kennt ihn als den in die Reihen der seligen Olympier eingegangenen Zeussohn, und Herodot, der sich besondere Mühe gegeben hat, das Wesen des Heraklesdienstes zu ergründen, schreibt endlich: „Diese Erkundigungen geben also sicher zu erkennen, daß Herakles ein alter Gott ist. So scheinen mir es auch unter den Hellenen diejenigen am richtigsten zu machen, die sich zweierlei Heraklestempel gegründet haben und dem einen unter dem Namen des olympischen opfern, dem andern als einem Heros Todtenspenden weihen." Trotzdem aber, daß die Heraklessage so eng mit dem Bewußtsein des griechischen Volkes verschmolzen ist, deuten so manche sichere Spuren auf asiatischen und speziell semitischen Ursprung. Herakles ist unverkennbar ein Sonnengott, gleich dem assyrischen Bogenschützen und Löwenbändiger Bel, dem phönikischen Baal (in Tyrus Melkart genannt). Die von Osten einwandernden Pelasger scheinen freilich sehr früh an die Umbildung und Vermenschlichung dieses Naturwesens gegangen zu sein, und später formte man aus den Hemmungen, Kämpfen und Siegen der Sonnenmacht ein Bild der sich aus eigener Kraft zu dem Höchsten emporringenden und verklärenden Menschheit.

Nach der thebanischen Sage war die Mutter des Herakles, Alkmene (die Starke), eine Tochter des Elektryon (des Strahlenden), eines Sohnes vom Lichtdämon Perseus. Vermählt mit dem thebanischen Könige Amphitryon, wurde sie von Zeus in Gestalt ihres abwesenden Gatten getäuscht. Als ihre Niederkunft bevorstand, verkündete Zeus den Bewohnern des Olymps, daß, aus seinem Blute entsprossen, ein mächtiger Held und Herr aller Umwohnenden die Welt betreten werde. Ränkevoll ließ sich da Hera mit einem heiligen Eid vom Gemahle geloben, daß Alle, die an diesem Tage später geboren würden, jenem Zeussprößling dienstbar sein sollten, verzögerte dann die Stunde der Alkmene und förderte in Mykenai Eurystheus, den unreifen Sohn des Königs Sthenĕlos, ans Licht. War somit Zeus überlistet und Herakles, Anfangs Alkeides genannt, ein Höriger des Eurystheus, so ging der Haß Hera's noch weiter: sie wollte das Kind Alkmene's aus dem Wege räumen. Allein das von ihr gesandte Schlangenpaar wurde von dem Knaben spielend erwürgt. Seine Erziehung erfolgte durch die besten Meister aller ritterlichen Künste. Endlich aber, als er seinen Musiklehrer Linos im Zorne getödtet hatte, verbannte ihn Amphitryon aus Furcht oder zur Sühne unter die Hirten seiner Triften. Dort erlegte er den kithaironischen Löwen, welcher der Umgegend großen Schaden zufügte, und kostümirte sich mit dem Felle desselben, während neben den Pfeilen und dem Bogen eine Keule fortan seine Lieblingswaffe bildete. War ja doch auch dem asiatischen Sonnengott der Löwe geheiligt. Von der Jagd zurückkehrend begegnete er den Gesandten des Minyerfürsten Ergīnos von Orchomenos, die auf dem Wege waren, einen für Theben lästigen Tribut einzutreiben. Im patriotischen Eifer schneidet ihnen der junge Held Nasen und Ohren ab, bindet ihnen die Hände und heißt die Gemißhandelten mit diesem Tribute zufrieden sein. Natürlich überzog Erginos voll Zorn die Thebaner mit Krieg. Aber Herakles, von seiner Freundin Athene mit Waffen versehen, stellte sich an die Spitze der thebanischen Jünglinge, schlug die Minyer und tödtete den König. Auch Amphitryon fand den Heldentod in dieser Schlacht, und sein Nachfolger Kreon belohnte den Sieger mit der Hand seiner Tochter Megăra.

Doch die unversöhnliche Gemahlin des Zeus gönnte ihm weder sein häusliches Glück noch die Aussicht auf den Thron des Kadmos; sie versetzte ihn in Wahnsinn, und in diesem Zustande warf er seine eigenen Kinder ins Feuer (wol eine Anspielung auf die verderbliche Wirkung der Sommersonne). Nach zurückgekehrtem Selbstbewußtsein verbannte sich nun der Unglückliche selbst aus Theben und ging nach Delphi, um zu fragen, auf welche Weise er die begangenen Greuelthaten sühnen könnte, worauf ihn die Pythia mit dem Ehrennamen Herakles begrüßte, weil ihm von seiner Feindin Hera her unsterblicher Ruhm kommen würde, und ihn nach Tiryns wies, um dem Eurystheus zwölf Arbeiten nach der Wahl dieses Schwächlings zu vollführen. Diese den Heros immer weiter vom Ausgangspunkte entfernenden und sich in Bezug auf Gefährlichkeit steigernden Abenteuer sind folgende.

Die Tödtung des Löwen von Nemea war eine schwierige Aufgabe, besonders deshalb, weil das Unthier, ein Sohn des Typhon und der Echidna, unverwundbar war. Herakles verstopfte daher den einen Ausgang der Löwenhöhle und erwürgte das wüthend gegen ihn anspringende Thier mit bloßen Händen. Eurystheus versteckte sich feig vor dem tapfern Dienstmann und verbot ihm von da an das Betreten seiner Hauptstadt. Uebrigens wurde die Erlegung des nemeischen Löwen, der Triumph des Sonnengottes über die ihn selbst bedrohende Gluthitze der heißen Jahreszeit, an viele andere Orte verlegt, eben weil sie ursprünglich keine Lokalsage war.

Hierauf folgte der Kampf mit der Hydra oder Wasserschlange von Lerna bei Argos (einer Personifikation kulturfeindlicher Sumpfmiasmen), die, eines Ursprungs mit dem nemeischen Löwen, neun Köpfe, darunter einen mit Unsterblichkeit begabten, besaß. Nachdem sie Herakles durch brennende Pfeile aus ihrem Schlupfwinkel aufgescheucht hatte, versuchte er mit der Keule die Köpfe zu zertrümmern; allein jeder abgeschlagene ersetzte sich durch zwei neue. Der Drache umringelte ihn und ein riesiger Seekrebs, der der Hydra zu Hülfe kam, kneipte ihn in die Füße. Da rief Herakles seinen Wagenlenker Jolaos herbei, welcher mit glühenden Baumstämmen die Wurzeln der abgehauenen Köpfe sengte. Den unsterblichen Kopf begrub der Sieger unter ein mächtiges Felsstück und mit der Galle der Schlange vergiftete er seine Pfeile. Eurystheus, der wegen des von Jolaos geleisteten Beistandes den Kampf nicht gelten lassen wollte, stellte nun die Aufgabe, einem auf dem arkadischen Gebirge Erymanthos hausenden Eber lebendig einzubringen. Herakles hetzte die Bestie im tiefen Schnee müde, warf ihr eine Schlinge über und schleppte sie nach Mykenai, wo Eurystheus sich in ein ehernes Faß verkroch. Dennoch machte dem Helden die Ausführung des nächsten Befehls beinahe noch mehr Mühe. Er sollte nämlich eine der Artemis geheiligte Hirschkuh mit goldenem Geweih und ehernen, unermüdlichen Füßen, lebendig einfangen. Das Wunderthier floh vor ihm ein Jahr lang über die ganze Erde hin, bis er es endlich am arkadischen Flusse Ladon ereilte und auf seine Schultern lud. Unterwegs traten ihm aber Apollon und Artemis entgegen und schalten ihn, weil er das heilige Thier frevelhaft umbringen wollte. Doch es gelang ihm, den Zorn der Unsterblichen zu begütigen, und er brachte das Wild lebendig seinem Herrn. Ist dieser Hirsch mit dem scheinbar von der Sonne verfolgten Monde identisch, so erkennt man in den stymphalischen Vögeln, menschenfressenden Thieren mit eisernen Federn, Krallen und Schnäbeln, die in den Sumpfwaldungen am See von Stymphalos nisteten, unschwer von Hagel und Wolkenbruch begleitete Unwetter, die das Sonnenlicht beeinträchtigen und zu bekämpfen scheinen. Als Herakles den Befehl bekommen hatte, sie zu vertreiben, brachte er sie zunächst durch eine von Hephaistos gefertigte, von Athene ihm geschenkte, eherne Klapper zum Auffliegen, worauf er sie theils erlegte, theils verjagte. Ferner fiel es dem Dienstherrn ein, den Helden nach Elis zu schicken, um

Herakles mit dem erymanthischen Eber.

dort in **einem** Tage des an zahllosen Herden reichen Königs **Augeias** (des Strahlenden) Ställe vom Dünger zu reinigen. Herakles übernahm das Geschäft gegen das Versprechen des zehnten Theils vom Herdenbesitze des Augeias und bewerkstelligte das unmöglich Scheinende, indem er die Grundmauern des Pferchs öffnete und die beiden Flüsse Alpheios und Peneios hineinleitete. Doch erntete er nun doppelten Undank. Eurystheus wollte diese That nicht als einen ihm geleisteten Dienst anerkennen, weil sie für fremden Lohn übernommen worden wäre, und Augeias verweigerte die Auszahlung, sich auf den Befehl des Eurystheus stützend; ja, er vertrieb Herakles nebst seinem eigenen Sohn **Phyleus**, der als Zeuge für die Richtigkeit der Forderung aufgetreten war, aus dem Lande. Daher unternahm später Herakles einen Rachezug nach Elis, tödtete den Augeias und gab dem verstoßenen Sohne den Thron. Vermuthlich ist der Sohn des Helios, Augeias, der Himmel selbst, seine Herde die Sternenschar, und die Ausmistung bedeutet die durch Niederschlag erfolgende Reinigung von dem den Aether verdunkelnden Gewölke. Weiter trug ihm der König von Mykenai auf, den wilden **Stier** des kretischen Königs Minos, ein Symbol der Sonne selbst, einzufangen und über das Meer herüberzuschaffen, und auch dieses Unternehmen gelang. Der nächste Zug galt den **Rossen** des thrakischen Bistonenkönigs **Diomēdes**.

Herakles überbringt die stymphalischen Vögel der Tochter des Eurystheus.
(Vom Jupitertempel zu Olympia.)

Diese wilden Repräsentanten der von Norden her sausenden Stürme wurden mit dem Fleische erschlagener Fremden genährt und standen mit Ketten an eiserne Krippen gefesselt. Mit einer Schar Freiwilliger brach Herakles auf, und es glückte ihm, die Wächter der Ställe zu überrumpeln und die Rosse an das Meer zu treiben. Allein vor dem Einschiffen wurde er von den verfolgenden Bistonen eingeholt. Es kam zum Handgemenge, in welchem Diomedes den Tod fand; aber unterdessen hatten dessen Rosse den Sohn des Hermes, **Abdēros**, aufgefressen, und der erzürnte Herakles warf ihnen nun ihren eigenen Herrn vor und baute seinem Liebling zu Ehren die Stadt Abdera. Die Rosse selbst entrannen von Mykenai und wurden von den Wölfen des Zeus Lykaios zerrissen. Auch die Herbeischaffung des **Gürtels** der Amazonenkönigin **Hippolyte**, nach welchem Admēte, die Tochter des Eurystheus, Verlangen trug, schien nur durch eine mit Gefährten gemeinschaftlich unternommene Fahrt möglich. Nach mehreren Abenteuern landete die Expedition im Hafen von Themiskyra, und Herakles ward Anfangs freundlich aufgenommen und hatte Aussicht, auf friedlichem Wege in Besitz des Schmuckes zu kommen. Aber während er noch mit Hippolyte verhandelte, verbreitete Hera, als eine der Amazonen, unter den bewaffneten Jungfrauen das Gerücht, die Königin schwebe in Gefahr; diese stürmten zu Roß gegen die Schiffe heran und Herakles, Verrath fürchtend, riß die Königin herab, tödtete sie und nahm ihr den Gürtel.

Die zehnte Probe des Zeussohns war umgekehrt ein Zug nach dem fernsten Westen. Dort wohnte auf der Insel Erytheia (der Röthlichen) der dreileibige Riese Geryoneus und ließ neben den Herden des Hades und deren Hirten Menoitios seine fetten, purpurfarbigen Rinder unter der Obhut des Eurytion und des zweiköpfigen Hundes Orthros weiden. Um diese Herde zu rauben, machte Herakles einen weiten Umweg und fuhr im Sonnenbecher des Helios über den Okeanosfluß. Hund und Hirt fallen, da sie sich zur Wehr setzen, und Geryoneus selbst, dem Menoitios Nachricht von dem Geschehenen bringt, wird nach hartem Kampfe getödtet. Doch noch viele Hindernisse waren zu besiegen, ehe Herakles bei Eurystheus wieder eintraf. Der Rinderdiebstahl selbst wird wol am besten auf den Kampf zwischen der Sonne und der Winterzeit gedeutet, welche endlich gezwungen wird, die entführten langen Tage wieder herauszugeben. Die elfte Arbeit bestand darin, aus den Gärten der Hesperiden (Aigle, Erytheia, Hestia und Arethusa) die goldenen Aepfel zu holen, welche einst Hera bei ihrer Verheirathung von Gaia zum Geschenk erhalten und dem hundertköpfigen Drachen Ladon zur Bewachung übergeben hatte. Um den Weg dorthin zu erfahren, mußte er zuvor den Meergreis Nereus bewältigen. Sodann geht er über Libyen, wo er den 60 Ellen hohen Sohn der Gaia Antaios, der unbezwinglich war, so lange er den Erdboden berührte, in der Luft erwürgte, nach Aegypten. Nachdem er hier den Busiris getödtet, der alle Fremden opferte, und in der äthiopischen Wüste einen komischen Strauß mit dem Liliputervolke der Pygmaien bestanden hatte, die den schlafenden Helden in ganzen Zügen überfielen und von ihm dann alle in der Löwenhaut gesammelt wurden, setzte er nach Asien über und befreite dort den am Kaukasus schmachtenden Prometheus. Nach dessen Anweisung gelangte er endlich durch das Land der Skythen zu den Hyperboreern und dem Atlas. Diesen bittet er, ihm drei Früchte des Wunderbaums zu pflücken, und hält unterdessen die Himmelslast mit dem eigenen Haupte. Dann bringt er die Hesperidenäpfel dem Eurystheus; doch dieser darf sie nicht behalten, da sie das Unterpfand der Unsterblichkeit sind, und so übernimmt Athene ihre Zurücksendung.

Kampf mit dem Stier von Kreta.
(Basrelief aus dem Vatikan.)

Endlich sollte auch der Sonnenheros siegreich in die Nacht der Schattenwelt tauchen; denn Eurystheus gebot ihm, den grausigen Kerberos ans Tageslicht zu führen. So geleiten ihn denn Hermes und Athene bei Tainaron hinab, und nach mancherlei Begegnissen, in denen er seine Heldenkraft bewährte, drang er bis zum Throne des Pluton durch, der ihm den Kerberos fortzuführen gestattete, wenn er ihn ohne Waffen bezwingen würde. In seinen Harnisch und in die Löwenhaut gehüllt, würgte er den Höllenhund so lange, bis derselbe seine Unbändigkeit verlor und sich dem entsetzten Eurystheus vorführen ließ, welcher nun den Helden von dem Dienstverhältnisse befreite.

Erkennt man in den zwölf Bußarbeiten den mythologischen Kern als vorherrschend, so tritt in den nun folgenden Kriegszügen das sagenhafte Element mehr in den Vordergrund. Die ganze Abenteuergruppe beginnt aber mit einer Begebenheit, die auf das Endschicksal des Heros vom größten Einflusse war.

Pygmaien im Kampfe mit Kranichen.

Eurytos, Fürst von Oichalia auf Euboia und Meister des Bogens, hatte seine Tochter, die blonde Jole, demjenigen versprochen, der ihn in seiner Kunst übertreffen würde. Herakles bestand den Wettkampf siegreich. Als er aber den schönen Preis forderte, warf ihm Eurytos den Mord seiner Familie und die Knechtschaft bei Eurystheus vor und wies ihn schnöde aus seiner Feste. Bald darauf kam jedoch des Eurytos Sohn, Iphitos, zu Herakles nach Tiryns, um nach gestohlenen Stuten zu suchen, und fand hier durch die Hand des Gastfreundes seinen Tod, indem ihn dieser in wahnwitziger Wuth über das früher Geschehene von der Zinne seiner Burg hinabstürzte. Mit Blutschuld belastet und von einer furchtbaren Krankheit heimgesucht, wendet er sich nach Delphi, das Orakel zu befragen, und als ihm die Pythia ihren Rath verweigert, packt er den Dreifuß und geräth darüber mit dem herbeieilenden Apollon in Kampf, bis Zeus beide durch einen Blitzstrahl trennt. Darauf erhielt Herakles den Orakelspruch, daß er sich auf drei Jahre in die Sklaverei verkaufen lassen müsse, die Kaufsumme aber dem Eurytos als Blutgeld zahlen solle. Hermes verkaufte ihn demgemäß an die lydische Königin Omphăle; doch Eurytos wies die Versöhnung zurück. Nun begann ein Leben ganz nach asiatischem Geschmack, getheilt zwischen aufflackerndem Kriegsfeuer und weibischer Ueppigkeit. Er besiegte die Feinde der Lyder rings herum und bequemte sich dann dazu, im Harem als geputztes Weib zu spinnen und zu tanzen, während Omphale mit Löwenhaut und Keule sich ausstaffirte. Während seines Aufenthalts in Lydien bekam er es auch mit den Kerkopen zu thun, listigen und diebischen kleinen Kobolden, von denen die griechischen Dichter viel gefabelt haben. Als Herakles in der Nähe von Ephesos unter einem Baume eingeschlafen war, überfielen sie ihn, um ihm seine Waffen zu rauben. Er erwachte darüber, band sie und hing sie sich an einer Stange über die Schulter. Da aber auch so die Schelme ihre drolligen Scherze nicht lassen konnten, ließ er sie wieder laufen. Uebrigens lag dem von der Kunst mit Vorliebe behandelten lydischen Doppelverhältniß wieder die religiöse Auffassung von Omphale, als kriegerischer Mondgöttin, und Herakles, als lydischem Sonnengotte, zu Grunde.

Amazonenkönigin und Amazonen.

Nach Ablauf seines Sklavendienstes ermannte sich der Held wieder zu neuen Thaten. Zuerst unternahm er in Gemeinschaft mit Telămon, dem Vater des Aias, Peleus, dem Vater des Achilleus, und Oikles, dem Vater des Amphiarāos, einen Rachezug gegen Troja. Bei der Rückkehr aus dem Amazonenlande war nämlich Herakles an der dortigen Küste gelandet und hatte den König Laomĕdon in großer Bedrängniß gefunden. Nicht lange vorher hatten Apollon und Poseidon, um den Herrscher auf die Probe zu stellen, unerkannt sich erboten, gegen einen bestimmten Lohn die hohe Burg zu ummauern. Nach Vollendung des Werkes hatte aber der treulose Fürst die Zahlung verweigert und Apollon deshalb eine verheerende Seuche, Poseidon ein verderbliches Meerungeheuer gesendet. Das Orakel versprach hierauf Abhülfe, wenn Laomedon seine Tochter Hesiŏne dem Ungethüm preisgeben würde. So hatte denn Herakles die Jungfrau an einen Felsen gefesselt gefunden und als Lohn für ihre Befreiung die schönen Rosse sich ausbedungen, die Laomedon einst für den geraubten Ganymedes von Zeus erhalten hatte. In einem harten Strauße war dann das Ungeheuer überwunden worden, aber der meineidige Laomedon hatte abermals sein Wort nicht gehalten. Als nun von Lydien aus Herakles mit den Genossen ans Land gestiegen war, begann die Berennung der Feste, und nachdem Oikles bei einem Ueberfalle das Leben verloren hatte, gelingt endlich die Eroberung. Laomedon erliegt mit allen seinen Söhnen bis auf den jüngsten, Podarkes, den Pfeilen des Herakles; Hesione wird dem Telamon als Gattin gegeben, und auf ihre Bitte blieb ihr Bruder Podarkes, jetzt Priămos, der Erkaufte, genannt, als König in Troja zurück.

Diesem Abenteuer folgten kriegerische Unternehmungen gegen Elis, Pylos und Lakonien; dann aber, nordwärts sich wendend, kam Herakles zu gelegener Zeit nach Kalydon in Aetolien. Dort bedrängte nämlich gerade der gewaltige Flußgott Achelōos des gastlichen Oineus Tochter, die schöne Dejaneira, mit ungestümer Werbung. Auch Herakles trat als Freier auf, und nun erfolgte ein furchtbarer Ringkampf, in welchem Acheloos nach Verlust eines Hornes sich besiegt geben mußte. Dejaneira ward die Gemahlin des Siegers. Doch fand derselbe auch in Kalydon keine bleibende Stätte. Bei einer der von Herakles so geliebten Schmausereien, die sein Schwiegervater gab, lud er durch unvorsichtige Tödtung eines Knaben abermals Blutschuld auf sich. Er wanderte aus und wollte nach Trachis am Oeta zum Könige Keÿx übersiedeln. Unterwegs, am Flusse Euenos, bedurfte er wegen Dejaneira's der Hülfe des von den Göttern zum Fährmann bestellten Kentauren Nessos. Während er aber die Wellen durchwatete, hörte er hinter sich das Geschrei seiner Gattin, welche der Thiermensch zu mißhandeln versuchte, und augenblicklich streckte er ihn mit einem vergifteten Pfeile nieder. Der Sterbende rächte sich, indem er der Dejaneira rieth, sein geronnenes Blut als Liebeszauber zu bewahren, für den Fall daß Herakles ihr untreu werden sollte. Und eine Gelegenheit zur Anwendung sollte sich bald finden. Theils Rachedurst, theils leidenschaftliche Liebe zu Jole bewog Herakles, mit einem Heere gegen Eurytos zu ziehen; dieser und seine Söhne fanden bei der Erstürmung von Oichalia ihren Tod, und in der brennenden Burg erbeutete der Sieger die ihm einst verweigerte Braut.

Herakles im Kampfe mit Acheloos.

Auf der Heimkehr bei dem Vorgebirge Kenaion auf Euboia landend, um hier seinem Vater Zeus zu opfern, sandte er den Lichas nach Trachis, um ein Festgewand zu holen. Da glaubte die verlassene und eifersüchtige Dejaneira den Augenblick benutzen zu müssen und tränkte das Feierkleid mit dem Blute des Nessos. Sobald aber das Gewand am Körper des arglos Opfernden erwärmt, entfaltet das Gift der lernaiischen Hydra seine fressende Wirkung. Rasend vor

Schmerz schleudert Herakles den unschuldigen Boten ins Meer. Dann reißt er sich das Kleid und mit ihm die Haut vom Körper. So wird er nach Trachis geschafft, wo Dejaneira unterdessen auf die Nachricht von der Wirkung ihres vermeintlichen Zaubers sich entleibt hat, und da er hier den Zusammenhang erfährt, verzweifelt er sogleich an jeder Rettung, empfiehlt seinem Sohne Hyllos die Jole und wird auf Apollon's Rath auf den Oeta gebracht, wo er sich einen Scheiterhaufen errichten läßt. Niemand wollte denselben anzünden, bis Poias, der Vater des Philoktet, sich erbot und dafür den Bogen mit den tödlichen Pfeilen vom Göttersohne erhielt. Als aber die Flammen emporloderten, wurde Herakles unter Blitz und Donner zum Himmel emporgehoben; Hera versöhnte sich mit ihm und gab ihm, dem seligen Gotte, ihre einzige Tochter Hebe zur Gattin.

Heilig waren dem Herakles der Oelbaum, die Silberpappel und der Epheu. Von seinen Eigenschaften traten beim Kultus besonders folgende hervor. Zunächst seine Meisterschaft in der Ringkunst. Er war deshalb das Vorbild der Turner und der Schutzpatron der Athleten. In Athen war ihm das Gymnasium Kynosarges geweiht, und er galt als Stifter der olympischen Nationalspiele und des damit zusammenhängenden Gottesfriedens. In seiner unermüdlichen Kraft, die er allen Anfechtungen eines unerbittlichen Geschickes entgegensetzte, sah aber auch der höher Gebildete ein Muster zur Nacheiferung, während auf der andern Seite seine derb sinnliche Natur, die sich in außergewöhnlichem Appetite und gewaltigem Durste kund that, von dem Witze der bildenden und dramatischen Kunst ausgebeutet wurde. Vorzüglich aber zu beachten ist die Bedeutung des Herakles als eines Helfers in aller Noth. Er hatte die Erde von Unthieren, Räubern, Tyrannen und Plagen aller Art gesäubert; daher das allgemeine Vertrauen, das er bei Wanderern, Bauern und Hirten genoß, daher seine Anrufung in unzähligen Fällen des täglichen Lebens, selbst bei Staunen und Verwunderung! Zu einem sittlicheren Idealbilde wurde endlich seine Person erst durch Einwirkung der Philosophie, welche die harte Arbeit und Noth seines Lebens als Folge freier Wahl von seiner Seite darstellte und zur Tugend stempelte. In diesem Sinne erdichtete der Sophist Prodikos das bekannte Gleichniß von Herakles am Scheidewege. Als der reifende Jüngling in stiller Einsamkeit über seine Zukunft nachdachte, da

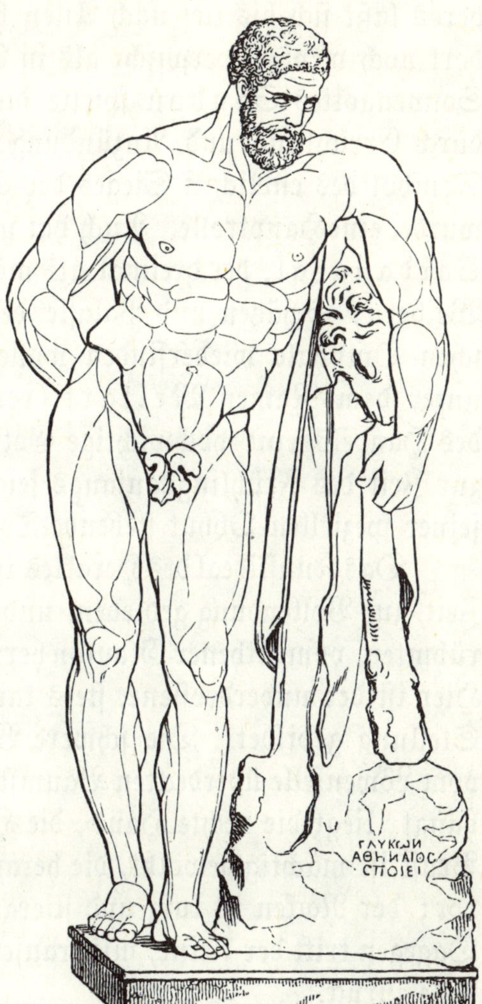

Der Farnesische Herakles.

traten zu ihm zwei Frauen, die sittsame Tugend und das künstlich aufgeputzte Laster. Beide schilderten ihm die Glückseligkeit, die seiner in ihrer Gemeinschaft wartete. Aber obgleich ihm die Tugend die Entsagungen und Mühseligkeiten auf ihrer Bahn nicht verschwieg, ihr Gegenbild aber ein fröhliches Leben voll Lust und Freude versprach, so wählte er doch den dornenreichen Weg der Tugend.

Der Kult des im Dienste der Himmelskönigin Hera hochberühmt gewordenen, mit Athene und Apollon, als Gottheiten des Aethers, innig befreundeten Sonnenheros läßt sich bis tief nach Asien hinein verfolgen, und seine Naturbedeutung ist dort noch weniger verwischt als in Griechenland. Bei der Verehrung des lydischen Sonnengottes Sandon spielte die Selbstverbrennung desselben, welche jährlich durch Errichtung und Anzündung eines Scheiterhaufens mit seinem Bilde (ein Symbol des endlichen Sieges der Sonne über die winterliche Finsterniß) gefeiert wurde, eine Hauptrolle. Auch hat man in der Person des assyrischen Haremshelden Sardanapal, der dreimal als mächtiger Krieger siegt und sich endlich mit seinen Weibern, Schätzen und Palaste den Flammen überliefert, den Gemahl der lydischen Omphale wiederfinden wollen. Endlich war auch in Phönikien Herakles unter dem Namen Melkart (vergl. S. 100) als Sonnengott wie als Patron des Handels eine hochwichtige Gottheit, und das Fest seiner Selbstverbrennung zur Zeit des Frühlingsanfangs feierten alle Kolonien, besonders aber das unter seiner speziellen Obhut stehende Tyrus.

Das Kunstideal des Herakles ist erst durch Lysippos, zu Alexander's des Großen Zeit, zur Vollendung gediehen, und man will eine Nachahmung desselben in der berühmten, vom Athener Glaukon herrührenden Statue des Palastes Farnese erkennen. Hier ist der unverdrossene, stets kampfbereite Dulder in ausruhender, nachlässiger Stellung gebildet. Die schwere Wucht des ermatteten Körpers lehnt auf einem vom Löwenfelle überdeckten Baumstrunk, und während der linke Arm schlaff herabhängt, liegt die rechte Hand, die Hesperidenäpfel haltend, auf dem Rücken. Die Brust ist mächtig gewölbt, die herausgearbeiteten Muskeln drängen sich wie Hügel vor; der Nacken ist kurz und stierartig, der ganze Körper markig und gewaltig. Dagegen tritt der kleine, mit krausem Haar bedeckte Kopf gegen die übrigen Gliederfülle zurück.

Kampf mit dem Löwen.

Perseus auf dem Pegasos.

2. Perseus und Bellerophon.

Perseus, der Sohn des Zeus und der argivischen Königstochter Danae, erblickte das Licht der Welt, wie bereits S. 29 erwähnt worden ist, in einem Gefängnisse und lebte darin mit seiner Mutter drei bis vier Jahre. Einst aber hörte sein Großvater Akrisios im Vorübergehen die Stimme des spielenden Kindes und, um dem vom Orakel ihm geweissagten Verderben zu entgehen, schloß er dasselbe sammt seiner Mutter in einen hölzernen Kasten ein und übergab diesen den treibenden Wogen des Meeres. Noch besitzen wir das Bruchstück von einem Gedichte des Lyrikers Simonides, in welchem derselbe in rührender Weise den Seelenzustand der gottergebenen Danae schildert. Es lautet:

„Als im Kasten, so kunstprangend, des stürmischen Winds Getöse braust'
Und aufsteigend die Woge
Fürchterlich ihn dahinriß, nicht unbenetzet die Wangen,
Schlang um den Perseus sie den lieben Arm

Und sprach: Theures Kind,
O wie gequält ich bin!
Und du schlummerst, aus dem Säuglingsbrüstlein athmend,
In der erzumklammerten, schrecklichen Graunwohnung,
Nachtumflossen ringsher in dem schwarzen Dunkel,
Und kümmerst dich, im Trocknen, um die Flut, dein dichtes Härlein
Hoch überwallend, nicht,
Noch um des Windes Sturmruf;
Liegend im purpurnen Gewand, holdselig Angesicht,
Wäre dir furchtbar, was so furchtbar ist,
Hieltest gewiß du meinem Wort
Gerne dein zartes Ohr hin!
Nun wohlan, schlafe mein Kind!
Schlafen mag die See auch,
Schlafen mag unermeßlich Unglück!
Und den Rathschluß wollest du noch
Aendern, o Vater Zeus!
Wenn, ach, allzuverwegen mein Beten ist,
Wider Gebühr, — verzeih' es mir!"

Endlich landete der Kasten an der damals fruchtbaren und wohl bevölkerten Insel Seriphos, einer der Cykladen, wo ihn Diktys (der „Netzfischer") an das Land zieht und die gerettete Danae nebst ihrem Kinde zu seinem Bruder, dem Könige des Eilandes, Polydektes (dem „Gastlichen") geleitet. Hier finden die Verstoßenen Schutz und freundliche Aufnahme, und Perseus wächst auf Seriphos zum stattlichen Jüngling heran. Bald aber erfaßte Liebe zur schönen Danae das Herz des Königs und er trachtete danach, sich des unbequemen Stiefsohnes zu entledigen. Als er nun bei einem Schmause von seinen Edlen Beiträge zu seiner Werbung um Hippodameia, die Tochter des elischen Königs Oinomaos, beanspruchte und ihm von allen Seiten reiche Gaben versprochen wurden, äußerte der unbesonnene Zeussohn, er wäre dem Polydektes zu Liebe zu Allem bereit und sollte derselbe selbst das Haupt der Medusa verlangen. Da nahm ihn der König beim Wort und das gefahrvolle Abenteuer mußte bestanden werden.

Es war aber Medūsa (die „Obwaltende") die Schwester von Stheno (die „Gewaltige") und Euryăle (die „Weitschweifende"). Alle Drei führten den Gattungsnamen Gorgo (die „Grimmblickende"), waren Töchter der Meerdämonen Phorkys und Keto und wohnten in der tiefen Nacht des Westens am Okeanosstrome. Ihr Aeußeres wird von den Alten als wahrhaft entsetzlich geschildert. Sie hatten thierische Ohren, eine platte Nase, einen grinsenden Mund mit fletschenden, großen Zähnen, Schlangen im Haare, Flügel und eherne Fäuste. Ihr Anblick war so graß, daß er den Beschauer in Stein verwandelte. Doch standen dem Perseus bei dem Anschlage auf diese Ungeheuer Athene und Hermes hülfreich zur Seite. Sie weisen ihm zuerst den Weg und gebieten ihm, zunächst die Graien zu besuchen. Diese waren Schwestern der Gorgonen und hießen Pephrēdo (Plappern), Enȳo (Geschrei) und Deino (Angst), waren von Geburt an weißhaarige Greisinnen und hatten zusammen nur ein Auge und einen Zahn, von denen sie wechselsweise Gebrauch machten. Sie wohnten ebenfalls an der Grenze der Finsterniß und des Todes und wußten viel von verborgenen Dingen. Als Perseus zu ihnen kam, nahm er den Augenblick wahr, als gerade Eine mit der Andern den Zahn und das Auge tauschte, also alle Drei blind waren, entriß ihnen beides und gab es den Jammernden nicht eher zurück, als bis sie ihm den Weg zu den Nymphen zeigten, die den unsichtbar machenden Helm des Hades, die Flügelschuhe und die Tasche besaßen, deren er nach Anweisung der Athene und des Hermes bedurfte. So gelangt er zu den Nymphen und erhält das Verlangte, worauf ihm noch Hermes das sichelförmige Schwert giebt, womit er dem Argos einst das Haupt abgeschlagen hatte. Außerdem unterrichtet ihn noch Athene, wie er die Medusa enthaupten solle, ohne ihre versteinernde Macht zu fühlen. Sie schenkt ihm zu diesem Zwecke einen polirten, ehernen Schild, in dem er nach dem Haupte blicken solle, wenn er den Streich mit dem Schwerte führe.

Gorgonen.

Die Gorgonen fand der Held in einer finsteren Höhle schlafend, und als er Medusa den Kopf abhaut, entspringen dem Rumpfe zwei neue furchtbare Gestalten, der gewaltige Chrysāor (Goldschwert) und das beflügelte Roß Pegăsos, das sich sofort emporschwingt und erst später dem korinthischen Heros Bellerophon dienstbar wird, nach einer anderen Sage aber sogleich den siegreichen Perseus den verfolgenden Schwestern der Medusa entzieht. Sanft am Himmel dahinschwebend, gelangte er über Libyen, wo die dem Medusenhaupte entfallenden Blutstropfen das giftige Gewürm der Wüste erzeugten, nach Aethiopien. Dort kam er gerade zu rechter Zeit an, um die schöne Andromĕda, die Tochter des Königs Kepheus, aus einer schrecklichen Gefahr zu retten. Kassiopeia, ihre Mutter, hatte sich nämlich gerühmt, schöner zu sein als die Nereiden alle. Diese beschwerten sich darüber bei dem Erderschütterer, welcher sich der beleidigten Eitelkeit seiner Lieblinge annahm und das äthiopische Land mit Ueberschwemmung und einem Meerungeheuer heimsuchte, das Menschen und Herden vertilgte. Da nun das Orakel des Ammon kein anderes Mittel der Abhülfe kannte, als Andromeda dem Unthiere preiszugeben, so zwangen die Aethiopen den unglücklichen Kepheus, seine Tochter an einen Felsen am Meere festbinden zu lassen. Doch schon war der Retter nahe!

Perseus erblickte die hülflose Jungfrau, senkte sich herab und versprach dem Kepheus, seine Tochter zu retten, wenn er sie zum Weibe bekommen werde. Der König gab sein zusagendes Wort, und nun schwang sich Perseus wieder in die Luft, stürzte sich von oben herab auf den schnaubenden Drachen und erlegte ihn nach hartem Kampfe. Allein Andromeda war bereits früher ihrem Oheim Phineus verlobt worden, und als das glückliche Paar seine Vermählung feierte, erschien der beleidigte Bräutigam mit einer Kriegerschar im Palaste, um sein Vorrecht gewaltsam geltend zu machen, worauf Perseus Alle mittels des Gorgonenhauptes versteinerte. Wahrscheinlich hat man in Andromeda, deren Schicksal mit dem der von Herakles befreiten Hesione die größte Aehnlichkeit hat, eine Personifikation des Mondes vor sich, der in der Gefahr steht, von der Finsterniß in Gestalt eines Drachen verschlungen zu werden, und vom Sonnenheros befreit wird.

Nach der Hochzeit im Aethiopenlande kehrt Perseus mit der ihm treu ergebenen Gattin nach Seriphos zurück. Hier hatte unterdessen Polydektes seine Werbung um Danae ungestüm fortgesetzt, und als dieselbe ohne Erfolg blieb, mit Gewalt gedroht, so daß der Gorgonensieger seine Mutter nebst dem redlichen Diktys als Schutzflehende an den Altären der Götter vorfand. Erzürnt heißt er den König seine Edlen wieder berufen und zeigt ihnen zum Beweise, daß er sein Wort gelöst habe, das furchtbare Medusenhaupt. Alle erstarrten zu Stein, und den „versteinernden Tod" fühlte auch die Insel selbst. Sie verödete; selbst die Frösche verstummten seitdem, und nur ärmliche Fischer, die Nachkommen des treuen Diktys, fristeten dort später durch Fischfang ihr Dasein.

Hermes übernahm es hierauf, Flügelschuhe, Tasche und Tarnkappe den Nymphen wieder zuzustellen, während Perseus das Medusenhaupt seiner Schützerin Athene verehrt, die es mitten auf ihrem Schild befestigt. Sodann eilen Danae, Perseus und Andromeda nach Argos zum Großvater Akrisios. Dieser hatte jedoch aus Furcht vor dem Orakelspruch, der ihm den Tod von der Hand seines Enkels verkündet hatte, seine Heimat verlassen und sich nach dem thessalischen Larissa begeben. Perseus fand deshalb keine Ruhe in Argos; er läßt Weib und Kind zurück und sucht seinen Großvater in Thessalien auf. Schon hatte er dem Greise seine Angst benommen und ihn zur Heimkehr beredet, als der dunkele Spruch des Schicksals sich erfüllte. Der König von Larissa stellte Leichenspiele an zu Ehren seines verstorbenen Vaters. Auch Perseus betheiligte sich, und ein aus seiner Hand geschleuderter Diskos traf seinen Großvater so hart am Fuße, daß er daran starb (vergl. den Mythus von Apollon und Hyakinthos). Perseus scheute sich nun das Erbe des getödteten Akrisios zu übernehmen und gab die Herrschaft über Argos dem Megapenthes, einem Sohn des Proitos, wogegen er von diesem Tiryns erhielt. Außerdem gründete er noch die berühmte Stadt Mykenai. Seine Kinder sind Perses, Alkaios, Sthenĕlos, Elektrўon, Gorgophŏne u. A., und aus seinem Geschlechte stammten auch Eurystheus und dessen dem Perseus so ähnlicher Vetter Herakles.

Bellerŏphon oder Bellerophontes ist ein dem Perseus der Naturbedeutung nach nahe verwandter Heros, dessen Person besonders für Lykien und

Korinth nationale Bedeutung besaß. Den Korinthern galt er für einen Sohn des Glaukos und Enkel des überschlauen Sisÿphos. Die Sage bringt, wie schon erwähnt, den Pegasos mit ihm in Verbindung, welchen Athene selbst für ihn gezäumt haben sollte. Die Bedeutung dieses Rosses, als Trägers der von den Musen begeisterten Sänger, ist neueren Ursprungs und daraus entstanden, daß Pegasos (d. h. Quellroß) auf dem Musenberge Helikon die mit begeisternder Kraft versehene Quelle Hippokrēne aus dem Boden gestampft haben sollte. Weil er seinen Bruder Deliades oder einen angesehenen Korinther, Namens Bellĕros, getödtet hatte, begab sich Bellerophon nach Tiryns; dort aber verleumdete den „Untadeligen, dem die Götter Schönheit und edle Mannhaftigkeit verliehen", die Königin Anteia oder Stheneboia bei ihrem Gemahl Proitos. Dieser schonte ihn aus Scheu vor dem Gastrecht, sendete ihn aber mit einem Uriasbrief zu seinem Schwiegervater Jobătes, König von Lykien. Nach der ehrenfesten Sitte der Heroenzeit wurde Bellerophon neun Tage lang herrlich bewirthet und erst am zehnten fragte sein Wirth nach der Botschaft. Hierauf beschloß Jobates, dem Schicksal selbst die Bestrafung des Jünglings zu überlassen, und sendete ihn deshalb auf gefährliche Abenteuer aus. Zunächst sollte er die Chimaira erlegen, eine Tochter des Typhoeus (siehe S. 13) und wie dieser ein feuerschnaubendes Ungeheuer, das die Köpfe eines Löwen, einer Ziege und eines Drachen führte und die lykische Landschaft verwüstete. Siegreich bestand der Held diesen Kampf auf seinem Flügelrosse. Hierauf gab ihm Jobates den Auftrag, das den Lykiern feindliche Gebirgsvolk der Solÿmer und nach diesen die Amazonen anzugreifen. Nachdem er diese Kriege siegreich beendet hatte, legte ihm der König einen aus den tapfersten Lykiern bestehenden Hinterhalt. Allein Bellerophon wehrte sich so tapfer, daß auch nicht einer von diesen Männern sein Leben rettete. Jobates umarmte ihn, gab ihm seine Tochter zur Gemahlin und theilte mit ihm die Herrschaft. Lange lebte nun Bellerophon glücklich im Kreise seiner Familie. Endlich aber ergriff ihn Verstörung des Geistes, und, vom Hasse der Götter verfolgt, schweifte er umher auf „dem Felde der Irren." Pindar dagegen giebt an, er habe, von Uebermuth verleitet, es gewagt, auf dem Pegasos bis zum Olymp emporzusteigen. Da sei er, vom Wunderrosse abgeschüttelt, elend umgekommen, während jenes hinauf stieg „zu den Krippen des Zeus."

Medusenhaupt.

Amazonenschlacht in Athen.

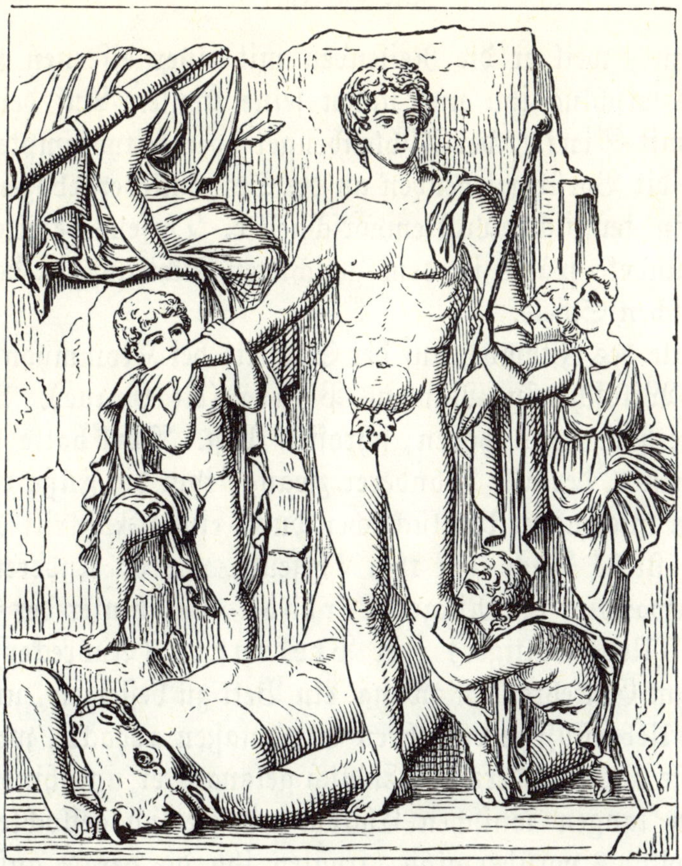

Theseus nach der Erlegung des Minotauros.

3. Theseus.

Große Aehnlichkeit mit Herakles, dem hellenischen Nationalheros, hat Theseus, der Held des ionischen Stammes und besonders der Athener. Er war ein Sohn des attischen Königs Aigeus und der Aithra, einer Tochter des weisen Königs Pittheus von Troizen, während manche Sagen den Meerbeherrscher Poseidon selbst als seinen Vater bezeichnen. Aigeus ließ seine Gattin bei ihrem Vater, und so wurde Theseus zu Troizen geboren. Seine Erziehung leitete sein Großvater, und in der Singkunst sowie auf der Lyra leistete der Jüngling bald Ausgezeichnetes. Nun hatte sein Vater bei seinem Abschiede der Aithra geboten, ihm seinen Sohn nicht eher nach Attika zu senden, als bis er im Stande sein würde, einen Felsblock, unter dem er sein Schwert und seine Sandalen verborgen hatte, zu heben. Als Theseus das sechzehnte Jahr erreicht hatte, führte ihn demgemäß Aithra zu dem Felsen, belehrte ihn über seine Abkunft und forderte ihn auf, sich der Hinterlassenschaft seines Vaters zu bemächtigen. Leicht hob er den Felsen und machte sich dann auf den Weg nach Attika. Derselbe führte ihn von der Ostküste des Peloponneses rings um den Saronischen Meerbusen herum über den Isthmos und über Megara, Gegenden, die damals vom ionischen Stamme besessen wurden. Diese Strecke reinigte der Held von reißenden Thieren und Unholden in menschlicher Gestalt. Schon ganz in der Nähe von Troizen, an der Grenze nach Epidauros zu, hauste ein Räuber, Namens Periphētes, der Keulenträger oder

Korynētes genannt, weil er die Reisenden mit einer eisernen Keule zu tödten pflegte. Theseus erschlug ihn und nahm seine Keule. Auf der Landenge von Korinth traf er mit Sinis, der Fichtenbeuger oder Pityokamptes genannt, zusammen, welcher die Vorüberziehenden an die Spitze niedergebogener Fichten band und sie hierauf in teuflischer Lust emporschnellte. Theseus bereitete ihm dasselbe Schicksal und gründete später in dem gelichteten Fichtenwalde dem Poseidon zu Ehren die isthmischen Spiele.

In der Mitte des Isthmos, auf der Südseite bei Krommyon erlegte Theseus ein gefährliches Wildschwein, Namens Phaia (die Graue). Weiter ostwärts führte die Straße über einen hohen, schroffen Paß. Dort hatte sich der Räuber Skeiron eingenistet, der alle Wanderer zwang, ihm die Füße zu waschen, und wenn sie vor ihm knieten, die Unglücklichen durch einen Fußtritt die steilen Felsen hinab ins Meer stieß. Auch ihm that Theseus, wie er Anderen gethan hatte. Vor Eleusis überwand er den Ringer Kerkyon, und hinter der Stadt tödtete er den Damastis (Ueberwältiger) oder Prokrustes (Ausrecker), so genannt, weil er die bei ihm Einkehrenden zwang, ein Bett zu besteigen, und, wenn sie zu lang waren, das Ueberflüssige von ihren Gliedmaßen abhackte, wenn das Gegentheil stattfand, sie auseinanderzog. Endlich gelangte er ungehindert nach Athen. Als er aber im langen ionischen Chiton mit zierlich geflochtenem Haar vor dem Tempel Apollon's vorüber ging, fragten ihn die gerade auf dem Dache beschäftigten Arbeiter, warum denn die Jungfrau am Hochzeitstage so allein herumwandle. Zornig schirrte da der Held von einem Wagen die Stiere ab und schleuderte denselben über das Tempeldach hinweg. In seines Vaters Hause trifft er die von Jason aus dem fernen Kolchis mitgebrachte und dann verstoßene Zauberin Medeia als Gemahlin seines Vaters. Diese erkennt den unbequemen Stiefsohn und beredet den schwachen Aigeus, den Fremdling zu vergiften. Schon steht der Giftbecher vor ihm; da braucht er sein kurzes Schwert als Messer beim Mahle, der Vater erkennt ihn daran, stößt den Becher um und zieht den ersehnten Sohn ans Herz. Medeia aber entfloh auf ihrem mit geflügelten Drachen bespannten Wagen auf Nimmerwiederkehr. Bald sollte sich aber dem Theseus eine neue Gefahr nahen. So lange Aigeus anscheinend kinderlos auf dem Throne saß, hatten sich die 50 starken Söhne seines Bruders Pallas als die natürlichen Erben seines Reichs betrachtet. Als sie aber von der Ankunft des verheimlichten Sohnes hörten, zogen sie gegen Athen heran, wurden aber von Theseus besiegt. Außerdem soll dieser das Land von einer Heimsuchung befreit haben, unter welcher es schwer litt. Nämlich der von Herakles auf Geheiß des Eurystheus aus Kreta gebrachte Sonnenstier war von diesem wieder freigelassen worden und hatte sich bis nach Attika verlaufen, wo er die Gegend von Marathon verheerte. Theseus bewältigte ihn und opferte ihn dem Apollon Delphinios in Athen. Derselbe Stier hatte aber, wenn auch nur indirekt, die Veranlassung dazu gegeben, daß bereits um ein paar Jahrzehnte früher Attika in schmachvolle Abhängigkeit von Kreta gerathen war. Minos, der mächtige König dieser großen Insel, der fast alle Inseln des Aegäischen Meeres und viele benachbarte Küsten mit seinen Flotten beherrschte, hatte seinen Sohn Androgëos zum Besuche nach Athen geschickt. Dieser, ein tapferer und starker Jüngling, hatte aus eigenem Antrieb, oder, wie Minos später annahm, von Aigeus in böser Absicht veranlaßt, den Kampf mit dem marathonischen Stier aufgenommen und war unterlegen. Alsbald zog der ergrimmte Kreterkönig mit einer großen Flotte heran, um Rache zu nehmen für den Tod seines Lieblings. Den ersten Angriff richtete er jedoch auf Megaris, wo Nisos, des Aigeus Bruder, in Nisaia residirte. Dieser hatte auf seinem Kopfe ein purpurnes Haar, von dem sein Leben nach des Schicksals Bestimmung abhing. Während der Belagerung verliebte sich seine Tochter Skylla in den stattlichen Kreterkönig und raubte, um dessen Dank zu verdienen, ihrem Vater während des Schlafes das verhängnißvolle Haar. Nun starb Nisos und die Burg wurde erobert.

Medeia im Begriff ihre Kinder zu ermorden. (Im Hintergrund ihr Drachenwagen.)

Aber Skylla erntete den erwarteten Lohn nicht, sondern Minos, voll Abscheu gegen die gottlose Verrätherin, ließ dieselbe an das Hintertheil seines Schiffes binden und im Meer ersäufen. Darauf wandte sich der Sieger gegen Athen und erwirkte es bei seinem Vater Zeus, daß die eingeschlossene Stadt von Seuchen und Hungersnoth hart heimgesucht wurde. So mußte denn der König schließlich die harte Forderung eingehen, alle neun Jahre als Zeichen der Unterthänigkeit sieben Jünglinge und eben so viel Jungfrauen nach Kreta zu senden, wo sie in dem vom Tausendkünstler Daidalos erbauten Labyrinthe bei Knossos dem Bewohner desselben, Minotauros, einem aus Mensch und Stier zusammengesetzten Ungeheuer, zum Fraße vorgeworfen wurden. Zweimal schon war der Menschentribut auf dem mit schwarzen Trauersegeln versehenen Schiffe nach Kreta abgegangen, und bald nach der Rückkehr des Theseus sollte zum dritten

Male der schwere Tribut entrichtet werden. Da entschloß sich der edle, junge Held dazu, freiwillig die Fahrt mitzumachen, um wo möglich seine Vaterstadt von der schimpflichen Last zu befreien. Auf Kreta angelangt, erhielt er vom König Minos das Versprechen, daß Attika des Tributs enthoben sein sollte, sobald Theseus den Minotauros erlegen würde. Nicht umsonst aber hatte das Orakel dem Theseus gerathen, sich Aphrodite zur Führerin über die See zu wählen. Denn diese erweckte im Herzen der Königstochter Ariadne Liebe zu dem schönen Athener, so daß dieselbe sich ihm näherte und ihm einen Knäuel gab, dessen Fäden den Jüngling durch die Irrgänge des Labyrinths bis zum Minotauros und nach dessen Erlegung wieder hinaus geleiteten. Nun tanzten Theseus und Ariadne nebst den befreiten Knaben und Mädchen zum Andenken an die verschlungenen Windungen des Labyrinths den Geränostanz, der sich später in Kreta und auf Delos erhielt.

Kampf mit den Amazonen. (Vom Friese des Apollontempels in Phigalia.)

Ariadne folgte dem Theseus, der sie aber auf Naxos zurückließ, um sie dem Dionysos abzutreten. Dann legte sein Schiff in Delos an, wo er die delischen Spiele gestiftet haben soll, zu denen die Athener später jährlich eine Festgesandtschaft schickten. Endlich lenkte er seinen Weg direkt nach Athen. Da er aber vergaß, der Verabredung mit seinem Vater gemäß die schwarzen Segel des Schiffes mit hellen zu vertauschen, so stürzte sich Aigeus verzweiflungsvoll ins Meer, das von ihm den Namen Aegäisches erhielt. Ist Aigeus weiter nichts als ein Beiname des Poseidon selbst, so muß man auch die Abhängigkeit Attika's von Minos (der mit seinem Vater, dem die Europa raubenden Zeusstier, und dem Minotauros selbst Eins ist, nämlich ein phönikisches Symbol der Sonne, während seine Frau, Pasiphäe, d. h. „die Allscheinende", den Mond bedeutet) als eine Periode ansehen, in welcher eine semitisch-phönikische Oberherrschaft sich bis auf die südöstlichen Küstengebiete von Hellas ausdehnte.

Nachdem Theseus den Thron seines Vaters bestiegen hatte, vereinigte er die verschiedenen, von einander unabhängigen Gemeinden Attika's in einen Gesammtstaat, dessen Regierungssitz und Mittelpunkt die Stadt Athen wurde. Auch stiftete er nun der gemeinsamen Landesgöttin Athene zu Ehren das Fest der Panathenaien. Seine Regierung wird von der Sage als gerecht und weise bezeichnet.

Aber auch sein Thatendrang rastete nicht und er nahm Theil an der kalydonischen Jagd, an der Argonautenfahrt und an dem Zuge des Herakles nach dem Lande der Amazonen. Bei letzterer Gelegenheit entführte er die Königin Antiŏpe, und bald darauf zog ein großes Amazonenheer gegen die Stadt heran und belagerte die Burg. In einer heißen Schlacht an ihrem Fuße siegte endlich Theseus, aber die geliebte Antiope, die an seiner Seite gegen ihre Schwestern gekämpft hatte, fand in derselben den Tod. Ihr Sohn war der keusche Hippolўtos, der Liebling der Artemis, der später durch die Ränke seiner Stiefmutter Phaidra das Leben verlor. Nach der Vermählung mit dieser, einer Tochter des Minos, hatte Theseus den Hippolytos nach Troizen gebracht, um aller Uneinigkeit in seinem Hause vorzubeugen. Einst besuchte dieser aber an einem hohen Feste die Vaterstadt und Phaidra faßte eine von Aphrodite angeregte, unbezwingliche Neigung zu dem schönen Jüngling. Mit Verachtung jedoch wies er die unedle Werbung von sich und nun verkehrte sich Phaidra's Liebe in glühenden Haß. Sie bezichtigte den Stiefsohn bei Theseus derselben Zudringlichkeit, deren sie sich schuldig gemacht hatte, und dieser fluchte dem Angeschuldigten und bat Poseidon um den Tod desselben. Als hierauf Hippolyt am Gestade des Meeres seine Rosse lenkte, wurden dieselben plötzlich scheu und schleiften ihn zu Tode. Sophokles und Euripides haben diese Sage, welche an Orion erinnert, durch hochpoetische Dramen verherrlicht und zahlreiche Kunstdenkmäler, besonders auf Gräbern, knüpfen an sie an.

Einen weiteren Lichtpunkt im Leben des Theseus bildet seine treue Freundschaft mit dem thessalischen Nationalhelden Peirithŏos. Dieser, ein Sohn des Zeus und der Dia, König der Lapithen, hatte viel von der Tapferkeit des attischen Helden gehört und beschloß seine nähere Bekanntschaft zu machen, d. h. sich mit ihm zu messen. Er trieb daher aus Marathon eine Schar Rinder hinweg. Seine Absicht gelang, denn Theseus machte sich sofort zur Verfolgung auf. Als aber die beiden Recken sich gegenüber standen, da erfüllte die Schönheit und Ritterlichkeit eines jeden den andern mit solcher Bewunderung, daß sie, anstatt zu kämpfen, Freundschaft und Waffenbrüderschaft schlossen. Bald darauf besuchte Theseus den Peirithoos in Thessalien, als derselbe seine S. 121 erwähnte Hochzeit mit Hippodameia feierte.

Nach einiger Zeit begaben sich die Freunde nach Lakedaimon, um die Tochter des dortigen Königs Tyndarĕos und der Leda, die gefeierte Helĕna, zu entführen. Der Anschlag gelingt bei einem von den spartanischen Jungfrauen der Artemis Orthia gefeierten Feste. Die Helden losen um ihren Besitz unter der Bedingung, daß der Glückliche auch dem Andern bei seiner Werbung unweigerlich beistehen sollte. Theseus erhält darauf die Helena und bringt sie nach seiner Burg Aphidnai, muß aber sofort wieder dem Rufe des Peirithoos folgen, dessen frevelhafter Wunsch auf die Fürstin der Unterwelt, Persephone, gefallen war. Die Verwegenen steigen wirklich beim Vorgebirge Tainaron hinab in das Schattenreich; als sie sich aber an der Pforte des Hades auf einen Stein niedersetzten, ließ sie Pluton anwachsen und von den Erinyen quälen eine lange Zeit, bis endlich Herakles auf seinem Wege zu dem Kerberos die Freunde erblickte. Den Theseus riß er vom Felsen los; als er es aber mit Peirithoos versuchte, erbebte die Erde.

Als nun Theseus auf die Oberwelt zurückkam, hatte sich in seinem Vaterlande Manches geändert. Die Dioskuren Kastor und Polydeukes hatten unterdessen seine Burg zu Aphidnai erstürmt und nicht blos ihre Schwester Helena befreit, sondern auch des Theseus Mutter Aithra als Sklavin mit sich fortgeführt. Die Regierung über Attika aber hatte Menestheus an sich gerissen. So blieb dem Verrathenen nichts übrig, als nach der Insel Skyros überzusetzen, wo er durch seinen Vater Verwandte und Besitz hatte. Als er aber dort seine Ansprüche geltend machen wollte, führte ihn der König Lykomēdes auf einen hohen Berg und stürzte ihn unversehens hinab. Seine beiden Söhne Demŏphon und Akămas nahmen von Euboia aus am trojanischen Kriege Theil, befreiten ihre Mutter und gelangten in Athen wieder zur Herrschaft.

Die Verehrung des ionischen Heroen Theseus trat in der früheren Zeit etwas zurück vor der Kulte des Herakles. Seit den Perserkriegen dagegen bekam sie wieder höhere Bedeutung. Während der Schlacht bei Marathon wollte man den Theseus in voller Rüstung an der Spitze seiner Landsleute gegen die Barbaren fechten gesehen haben. Nicht lange darauf befahl das Orakel, die Gebeine des Helden aus Skyros zu holen. Im Auftrag des Staates führte dies Kimon im Jahre 476 v. Chr. aus, und es wurde nun mitten in der Stadt ein ansehnlicher Tempel gebaut, welcher namentlich den Sklaven als Asyl diente; auch stiftete man einen Festtag zur Feier von Theseus' Rückkehr aus Kreta.

Die Kunst, welche seitdem seine Person und den mit ihm zusammenhängenden Sagenkreis vielfach verherrlichte, stellte ihn dem Herakles ähnlich dar, nur mit schlankerem Körper und anmuthigerer Gesichtsbildung.

Der mit der Theseussage in enge Verbindung kommende Daidălos, der Sohn des Metion (des Weisen) und Enkel des Eupalămos (des mit geschickter Hand Versehenen) ist der hellenische Kunstheros, der mythische Erfinder der Axt, der Setzwage, des Bohrers, des Fischleims, des Mastbaums und der Segelstangen. Nach Kreta zu Minos gelangte er infolge eines Mordes, den er aus Eifersucht an seinem geschickten Neffen und Schüler Talos verübt hatte. Durch Erbauung des Labyrinthes setzte sich Daidalos in große Gunst bei Minos; da er aber seinen Landsmann Theseus unterstützt und namentlich der Ariadne den helfenden Knäuel gegeben haben sollte, erzürnte der König und sperrte ihn nebst seinem Sohne Ikăros in dem Labyrinthe ein. Doch der Tausendkünstler verzweifelte nicht. Er fertigte künstliche, durch Wachs gebundene Flügel und Vater und Sohn entkamen so dem Gewahrsam. Zuvor hatte Daidalos den Ikaros sorgfältig über den Flug belehrt und ihn besonders gewarnt, die Nähe des Meeres und der Sonne zu suchen. Als aber der Jüngling das Wagniß glücken sah, wurde er kühner und kühner, stieg höher empor in den lichten Aether, bis endlich der Sonne Glut das Wachs seiner Fittiche schmolz und er selbst in das westlich von Samos liegende Meer stürzte, das nach ihm das Ikarische hieß. Daidalos kam glücklich nach Sizilien und fand Aufnahme beim König Kokălos von Agrigent, der ihn auch gegen die Verfolgung des Kreterkönigs schützte. (Vergl. Abbild. S. 154.)

4. Kekrops und sein Haus.

Noch weiter als die Sage von Theseus geht die von Kekrops in die Urzeit Attika's zurück. Er heißt der erdgeborene Urmensch des Landes und erst in späterer Zeit wollte man in ihm einen ägyptischen Einwanderer sehen. Als Erddämon dachte man ihn sich auch nur dem Oberkörper nach als Menschen, unten aber schlangenfüßig. Er soll der erste König und Gesetzgeber gewesen sein und auch die Burg von Athen, nach ihm Kekropia genannt, gegründet haben. Endlich war er es auch, unter dem Athene die Patronin der Stadt und des Landes wurde, indem er den S. 35 erwähnten Streit zwischen ihr und Poseidon zu ihren Gunsten entschied. Eine Urenkelin des erdentsprossenen Erechtheus oder Erichthonios, des Pfleglings von Athene (s. ebendas.), war die schöne Prokris, welche dem herrlichen Kephălos, einem Sohne des Hermes und der Herse, vermählt war. Zärtliche Liebe verband die jungen Gatten; aber als einst der rüstige Jäger Kephalos in der Frühe das Gebirge durchschweifte, erblickte ihn die leidenschaftliche Göttin der Morgenröthe und entführte ihn. Doch vergaß dieser seine Prokris nicht und vermochte Eos, ihn wieder zu entlassen. Sie that es, aber unter der Bedingung, daß er als Fremder mit verändertem Aeußern und mit reichen Geschenken heimkehren und durch seine Bewerbung um Prokris die Treue derselben erproben wollte. Er ging darauf ein und wirklich schenkte schließlich die Verlassene seinen unablässigen Bitten Gehör. Als er jedoch seine wahre Gestalt wieder annahm, entwich sie voll Zorn und Scham nach Kreta, wo sie sich den Nymphen der jagenden Artemis beigesellte. Von der Göttin mit einem nie fehlenden Jagdspieß und dem jedes Wild einholenden Hund Lailaps beschenkt, kehrt sie nach Attika zurück und jagt unerkannt mit ihrem Gemahle in den Wäldern. Die beiden Wundergaben reizen die Begierde des Kephalos. Prokris macht aber deren Besitz von ihrer Hand abhängig, und als jener um dieselbe bittet, giebt sie sich ihm zu erkennen. So haben sie sich wol Beide nichts vorzuwerfen; doch ist der Stachel der Eifersucht einmal in ihre Brust gedrungen. Als Prokris erfährt, daß Kephalos oft des Morgens auf der Jagd sehnend den Namen Aura (d. h. Morgenluft) ausspreche, hält sie dies für den Namen einer Nebenbuhlerin und schleicht ihm im Gebirge nach; Kephalos sieht das Gebüsch sich bewegen, hält die Versteckte für ein Wild und schleudert den von ihr erhaltenen Speer der Geliebten in die Brust! Kephalos wurde hierauf wegen seiner Blutschuld aus Attika verbannt und begab sich zum thebanischen Könige Amphitryon, um diesem bei der Jagd nach dem teumessischen Fuchs beizustehen. Da dieser aber die Eigenschaft der Uneinholbarkeit besaß, so war die Hetze zwischen ihm und Lailaps ohne Ende und Zeus verwandelte endlich beide in Stein. Hierauf begleitete Kephalos den Thebanerkönig auf dem Zuge gegen die Teleboer und erwarb sich die Herrschaft über die Kephallenen. Man will unter Prokris die Mondgöttin verstehen, unter Kephalos aber den Morgenstern, der zugleich der Nacht und dem frühen Morgen angehört.

Ein Nachkomme des Erechtheus war auch Pandīon. Dieser attische König hatte zwei Töchter, Prokne und Philomēla, von denen er die erste dem

Thrakerkönig Tereus vermählte, der ihm in einem Kriege mit Labdăkos von Theben geholfen hatte. Aber die junge Frau fühlte im Barbarenlande Sehnsucht nach der Heimat und bat ihren Mann, ihr wenigstens die geliebte Schwester zum Besuch zu holen. Er that es. Allein in Athen angekommen, erfaßte ihn eine Leidenschaft für seine Schwägerin; er heuchelt den Tod Prokne's, heirathet Philomela und nimmt sie mit sich nach Thrakien. Dort führt er sie aber nicht in seine Burg, sondern versteckt sie in einem festen Hause im Walde und schneidet ihr die Zunge aus, um jede Entdeckung der Schandthat zu verhindern. Doch die Unglückliche weiß durch ein kunstreich gewebtes Gewand ihre Schwester von ihrem Schicksal zu unterrichten, und während eines rauschenden Dionysosfestes dringt Prokne zum Verstecke Philomela's und holt sie zu sich in den Palast. Nun berathschlagen die Wüthenden über die an dem Bösewicht zu nehmende Rache. Der Sohn des Tereus, Itys, wird geschlachtet und dem Vater als Mahl vorgesetzt. Als dieser die Wahrheit erfährt, dringt er mit gezücktem Schwerte auf die Schwestern ein; aber, o Wunder! Beide entfliegen gefiedert, Prokne als Nachtigall, Philomela als Schwalbe, während sich Tereus in den beiden Sängerinnen feindlichen Wiedehopf verwandelt. Spätere, namentlich römische Dichter haben die Rollen der Schwestern verwechselt und das Ausschneiden der Zunge Philomela's auf das Schweigen der Nachtigall nach Ablauf des Lenzes gedeutet.

Eine Tochter des Erechtheus war auch die bereits S. 90 erwähnte Oreithyia (wahrscheinlich der Morgennebel). Der rauhe Boreas hatte anfänglich um sie in herkömmlicher Weise geworben, sich aber einen Korb geholt. Da entführte er die schöne Königstochter mit Gewalt, als sie am Ufer des Flusses mit ihren Gespielinnen Blumen pflückte. Zwei Söhne und eben so viele Töchter entsprangen dieser Verbindung: Zethes und Kalăis, Kleopatra und Chione.

Daidalos fertigt für sich und Ikaros Flügel.

Gruppe der Niobiden.

5. Tantalos und sein Haus.

Tantălos, Sohn des Zeus und der Pluto (der Fülle des Reichthums), der beglückte und gottbegünstigte Herrscher von Sipylos in Kleinasien, hatte seinen Sturz und seine bereits (S. 124) erwähnte Strafe in der Unterwelt lediglich seinem Uebermuthe zu verdanken. Er entwendete von der olympischen Tafel Nektar und Ambrosia und plauderte die Geheimnisse des Zeus den sterblichen Menschen aus. Sein Stolz und sein Unglück vererbte sich auch auf seine Tochter Niŏbe, deren Vergehen gegen Latona erzählt worden ist. Sein Sohn Pelops ward durch die Schuld seines Vaters zu einem zweimal Geborenen. Als nämlich einst die Götter den Tantalos besuchten, wollte dieser die Allwissenheit seiner Gäste erproben und setzte ihnen den geschlachteten Pelops als Speise vor. Niemand rührte indeß das abscheuliche Gericht an; nur die in Schmerz über die verlorene Persephone versunkene Demeter aß ein Stück von der Schulter. Als deshalb Hermes auf der Götter Geheiß vermittels Zauberei in einem Kessel die Glieder des Pelops wieder zusammengesetzt hatte, fügte er ihm anstatt der fehlenden Schulter eine elfenbeinerne an, woher es kam, daß alle seine Nachkommen ein weißes Mal an der Schulter trugen. Uebrigens behielten die Götter den Knaben im Olymp bis zum Sturze seines Vaters. Hierauf wanderte er nach Westen und gelangte nach dem später von ihm benannten Peloponnes, wo ihn besonders Hippodameia, die schöne Tochter des elischen Königs Oinomăos, anzog. Allein ihre Hand war an eine schwere Bedingung geknüpft. Da nämlich ihrem Vater geweissagt war, daß er durch die Hand seines Eidams umkommen werde, verlangte er, daß jeder Freier ihn zuvor im Wagenlenken besiegen müßte, und tödtete jeden Ueberwundenen mit der Lanze. Da trat, wie Pindar erzählt, des Tantalos Sohn in dunkler Nacht zum grauen Meer und betete zum sturmgewaltigen Dreizackschwinger:

Wenn Kypria's liebliche Gaben dich jemals
Erfreut, o Poseidon, wohlan, so hemme
Jetzt des Oinomaos ehernen Speer,
Und geleit' auf geflügeltem Wagen mich
Gen Elis und verschaffe mir Sieg,
Denn schon hat er der lebenden Männer
Dreizehn erschlagen und noch verschiebt er
Der Tochter Hochzeit.

Hierauf schenkte ihm Poseidon einen goldenen Wagen und ein Paar windschneller Rosse. Aber auch Hippodameia begünstigt sein Wagniß, indem sie aus Liebe zu dem fremden Jüngling den Wagenlenker ihres Vaters, Myrtĭlos, durch erheuchelte Zuneigung dazu verführt, vor der Wettfahrt die Nägel aus den Radzapfen zu ziehen, wodurch Oinomaos unterliegt und beim Stürzen aus dem Wagen den Tod findet. Den lästigen Myrtilos selbst stürzte Pelops auf der Rückkehr nach Asien bei der Südspitze Euboia's ins Meer, das nach ihm das Myrtoische genannt wurde. Sterbend verfluchte Myrtilos seinen Mörder und dessen ganzes Geschlecht, und nach Sophokles und Euripides ist auch dieser Frevel der Anstoß gewesen zu dem finstern Verhängniß, welches von da ab über den Pelopiden waltete.

Die älteren Sagen dagegen lassen Pelops in Pisa bis an seinen Tod herrschen und in Olympia, wo er die heiligen Spiele erneuert hatte, begraben werden. Sie bezeichnen die Ermordung des Lieblingssohnes von Pelops, Chrysippos, als die Ursache zur Auswanderung der Brüder desselben, Atreus und Thyestes. Diese wendeten sich nach Argolis, wo sie sich erst in der Burg Mideia niederließen und dann nach dem Tode des Eurystheus und dem Aussterben der Persiden als die nächsten Verwandten (der Vater des Eurystheus war ihr Schwager gewesen) den Thron von Mykenai einnahmen. Doch bald werden sie über die Herrschaft uneinig. Atreus besaß dieselbe nach dem Rechte der Erstgeburt und durch den Besitz eines Widders mit goldenem Vließe. Thyestes verleitete aber die Gattin seines Bruders, die Kreterin Airŏpe, dazu, ihm denselben zu überliefern, worauf er von Atreus verjagt wurde. Er wollte sich nun rächen und sandte des Atreus Sohn, Pleisthĕnes, den er als den seinigen aufgezogen hatte, nach Mykenai, um den Atreus zu ermorden. Allein der Anschlag mißlang, und Atreus tödtete nun, ohne es zu ahnen, seinen eigenen Sohn. Dennoch war damit das Maß der Frevel noch lange nicht gefüllt! Atreus verzieh scheinbar dem Thyestes und nahm ihn wohlwollend wieder auf. Bald aber bewirthete er ihn mit dem Fleische seiner geschlachteten Söhne Pleisthĕnes und Tantalos und ließ ihm nach dem Mahle die übrigen Glieder vor die Füße werfen. Schaudernd kehrte der Sonnengott beim Anblicke des Greuels auf halbem Wege am Himmel um; Thyest fluchte abermals dem Hause der Pelopiden und entfloh in die Wildniß. Da nun aber eine Hungersnoth das Land heimsuchte und das Orakel die Zurückführung des Thyest als einziges Mittel der Hülfe nannte, zog Atreus aus, um ihn zu suchen, konnte aber blos seinen kleinen Sohn Aigisthos auftreiben und nahm ihn mit sich. Später wurde der Gesuchte von Agamemnon und Menelāos, den Söhnen des Atreus, gefunden und nach Mykenai geführt. Atreus wollte ihn durch seinen eigenen Sohn, Aigisthos, umbringen lassen; dieser tödtet aber in Gemeinschaft mit seinem Vater den König und Thyestes bemächtigt sich des Thrones und vertreibt die Söhne des Atreus aus dem Lande. Sie flüchten sich zu Tyndarĕos, dem Könige von Sparta, der sie liebgewinnt und sie mit seinen beiden Töchtern vermählt, so daß Agamemnon die Klytaimnestra, Menelaos die schöne Helĕna bekommt. Menelaos erbt dann die Herrschaft seines Schwiegervaters, nachdem er seinem Bruder den Thyestes und Aigisthos aus Mykenai hat vertreiben helfen.

Der blinde Oidipus im Haine der Eumeniden.

6. Kadmos und sein Haus.

Wie Kadmos, der phönikische Königssohn, dazu kam, sich in Böotien niederzulassen und die Stadt Theben zu gründen, sowie die wunderbaren Ereignisse, welche er dabei erlebte, haben wir unter den Mythen des Kriegsgottes Ares berichtet, dem er ja acht Jahre als Knecht diente und der ihm endlich seine liebliche Tochter Harmonia zur Gattin gab. In dieser Ehe erfuhr Kadmos hohes Glück, aber auch schweres Leid. Seine Kinder hießen Polydōros (der Segensreiche), Autonŏe, Semĕle, Ino und Agăve. Alle vier Töchter kamen zu hohen Ehren, nur um des Unglücks Bitterkeit desto empfindlicher zu schmecken. Autonoe ward Mutter des kühnen Jägers Aktaion, der von seiner Meute zerrissen ward, weil er wider Verschulden die keusche Artemis im Bade erblickt hatte (S. 60). Semele, die Mutter des Dionysos, büßte ihr eitles Verlangen, den Himmelsgott in seiner vollen Götterglorie zu schauen, mit dem Flammentode (S. 30). Ino wurde an den König von Orchomenos Athămas verheirathet, fiel um des kleinen Dionysos willen durch Hera's Zorn in Wahnsinn und verwandelte sich schließlich in die Göttin Leukothĕa (S. 100); Agave endlich, die mit dem Thebaner Echīon vermählt war, zerreißt in bakchantischer Wuth ihren eigenen Sohn Pentheus (S. 116).

So viel Unheil veranlaßte zuletzt Kadmos, der von ihm gegründeten Stadt den Rücken zu kehren und mit Harmonia nach dem fernen Illyrien zu ziehen, wo sie eine neue Dynastie gründeten und am Ende ihrer Tage von Zeus in das Elysion versetzt wurden. Spätere Sagen machten den thebanischen Kadmos zum Erfinder der Buchstabenschrift, des Bergbaues und anderer nützlicher Dinge.

Des Kadmos Sohn Polydoros war bereits todt, als sein Vater das Land verließ; sein Sohn Labdăkos war aber noch minderjährig. Die Vormundschaft führte damals Nykteus (der Nächtliche). Dieser besaß eine Tochter, Namens Antiŏpe, welche von Zeus Mutter der Zwillinge Zethos und Amphīon ward. Bereits vorher war sie vor ihrem erzürnten Vater entflohen und vertraute nun die Pflege ihrer Kinder einem Hirten am Kithairon an, während sie selbst in Sikyon Schutz fand. Von Jugend auf entwickelte sich die Natur der beiden Knaben in verschiedener Weise, indem Zethos zu einem starken, rauhen Hirten und Jäger heranwuchs, Amphion dagegen den milden Künsten der Musen sich hingab und von Apollon mit der Lyra beschenkt wurde. Nach des Nykteus Tode übernahm dessen Bruder Lykos (der Lichte) die Regierung von Theben. Dieser eroberte Sikyon und führte seine Nichte wieder in die Heimat zurück. Hier erwartete aber die Unglückliche nur Drangsal. Sie fiel nämlich der bösen Frau des Lykos, Dirke, in die Hände, von der sie als Sklavin behandelt und erbarmungslos gequält wurde. Endlich entkommt sie in dunkler Nacht der Haft und gelangt glücklich in den Kithairon und zufällig in das Gehöfte, wo ihre Söhne, zu Jünglingen herangereift, weilen. Allein, ehe die Wiedererkennung erfolgt, führt eine bakchische Feier auch Dirke in dasselbe Gebirge; sie findet ihre entlaufene Magd und beschließt, dieselbe mit qualvollem Tode zu bestrafen. Als Königin befiehlt sie den beiden Hirten Zethos und Amphion, die Schuldige an die Hörner des wildesten Stieres ihrer Herde festzubinden und sie dann schleifen zu lassen. Die Brüder gehorchen. Der Muttermord soll eben vor sich gehen, als der alte Hirt ihnen das Geheimniß ihrer Abkunft verräth. Jetzt wendet sich der Zorn und die Rache der Jünglinge gegen Dirke und sie vollziehen an ihr, was ihre Mutter treffen sollte. Dirke wird durch das Gebirge geschleift, bis sie endlich in die gleichnamige Quelle in Böotien verwandelt wurde.

Amphion und Zethos gelangten hierauf zur Regierung in Theben und erbauten die berühmte siebenthorige Stadtmauer, wobei Zethos riesige Steine mit gewaltiger Kraft herbeischleppte, Amphion aber noch größere Felsblöcke vermittels seines Lautenspiels sich bewegen und fügen ließ. Amphion heirathete Niobe, Zethos Thebe oder Aēdon; Beide wurden in das Verderben der Niobiden verwickelt, worauf die Herrschaft endlich auf Labdakos überging.

Die beiden Brüder genossen als Heroen und Schutzgötter in Theben eine ähnliche Verehrung wie die Dioskuren in Sparta und sind wol auch als eng verbundene Mächte des Lichtes zu denken. Die 1526 zu Rom gefundene, jetzt in Neapel aufgestellte herrliche Marmorgruppe, die unter dem Namen des Farnesischen Stieres bekannt ist und wahrscheinlich von den um die Mitte des zweiten Jahrhunderts v. Chr. lebenden Künstlern Apollonios und Tauriskos herstammt, stellt den Augenblick dar, wo die umsonst flehende Dirke an den Stier gefesselt werden soll. Im Hintergrunde steht die befreite Antiope; unten zur Seite sitzt als Zuschauer ein Landmann.

Die Gruppe des Farnesischen Stieres.

Dem Labdakos folgte sein Sohn Lajos. Er war mit Jokaste, des Menoikeus Tochter, verheirathet. Aber das Orakel zu Delphi hatte ihn vor Kindersegen gewarnt, da sein Sohn ihm das Leben rauben, seine Mutter heirathen und Verderben über das ganze Haus bringen werde. Als nun Oidipus geboren war, ließen seine Eltern ihn mit durchbohrten Knöcheln (daher sein Name „Schwellfuß") auf dem Kithairon aussetzen. Ein Hirt findet das verstümmelte Kind und bringt es dem kinderlosen König Polybos von Korinth, der es mit seiner Gemahlin Merope wie seinen eigenen Sohn auferzieht. Erst als Jüngling wird ihm durch einen Zufall der schöne Wahn geraubt, daß er durch die innigsten Bande des Blutes dem edlen Königspaare angehöre. Er wendet sich, nicht beruhigt durch dessen Beschwichtigungen, an das delphische Orakel, von welchem er die unheilvolle Antwort bekommt, er solle sein Vaterland meiden, um nicht seinen Vater zu erschlagen und seine Mutter zu ehelichen. Schweren Herzens kehrt er also nicht nach dem Isthmos zurück, sondern schlägt den Weg nach Theben ein. Noch in der Nähe des Parnasses begegnet er in einem Hohlwege einem Wagen. Der Lenker der Pferde drängt den Wanderer übermüthig bei Seite; der Herr des Wagens, ein Greis, mischt sich thätig in den entstehenden Streit und wird von Oidipus erschlagen — es war sein Vater Lajos! Sorglos eilte der Mörder weiter nach Theben, wo der einzige Diener, der sich von den Begleitern des Lajos gerettet, das Gerücht verbreitet hatte, Räuber hätten denselben ermordet. Die Stadt hatte auch keine Zeit, genauer nach dem Hergang zu forschen. Denn sie schwebte in der höchsten Aufregung wegen der Sphinx, eines Ungeheuers mit dem Unterleibe einer Jungfrau und dem geflügelten Rumpfe eines Löwen, das auf dem benachbarten Berge Phikion hauste und die Jugend des Landes vertilgte. Des Schicksals Spruch lautete, daß die Sphinx sterben solle, wenn ein Räthsel, das sie den Thebanern vorlegte, gelöst werden würde. Es bedeutete aber dasselbe den Menschen; denn es hieß: „Was ist das, was nur eine Stimme hat, am Morgen vierfüßig, am Mittag zweifüßig, am Abend dreifüßig einhergeht?“ Bereits waren viele edle Jünglinge eine Beute der Sphinx geworden, unter ihnen auch Haimon, der einzige Sohn Kreon's, des Bruders der Königin, der nach Lajos' Tode Regent des Landes war, als in der äußersten Noth von diesem die Hand der Königin und die Krone als Preis für Denjenigen ausgesetzt wurde, welcher das Land von dem Würgengel befreien würde. Der Retter erscheint in der Person des Oidipus, und die Sphinx stürzt sich vom Felsen in den Tod. Theben jubelte ihm zu und der Vatermörder schließt mit der Mutter den Ehebund.

Nach den älteren Sagen kommt der Greuel bald nach der Vermählung ans Licht. Nach den Tragikern wird Jokaste zuerst Mutter von Eteŏkles und Polyneikes, von Ismēne und Antigŏne. Als das Geheimniß aufgedeckt war, entleibte sich Jokaste; Oidipus blendete sich und verließ das Land, indem er seinen Söhnen fluchte, die ihn mit Härte behandelt hatten.

Zethos, Antiope und Amphion.

Die Erlegung des kalydonischen Ebers.

7. Die kalydonische Jagd.

Dieser und die drei folgenden Abschnitte bilden insofern einen Unterschied von den früheren, als in ihnen die Sage nicht mehr an bestimmten Landschaften und Ansiedelungen haftet, auch sich nicht um die Person eines einzigen Helden gleichsam krystallisirt, sondern wirkliche Thatsachen, alte Abenteuer und Kriege, die in der nationalen Erinnerung leben, umfaßt und vereinigt, wie sie die epische Poesie zu gestalten, in größeren Kreisen zusammen zu stellen und mit dem anziehenden Gegensatze und Streite feindlicher, sittlicher Mächte auszustatten pflegte.

Die Stadt Kalydon lag am Flusse Euenos im Lande der wilden und rauflustigen Aitoler. Zur Zeit des Sonnenhelden Bellerophon herrschte hier Oineus (der Weinpflanzer), ein Liebling des Dionysos. Als dessen Gattin Althaia einen Sohn, den sie Meleagros nannte, bekommen hatte, traten die Moiren zu ihr, zeigten auf ein brennendes Scheit des Herdes und sagten, ihr Kind solle sterben, sobald die Flamme jenes Holz verzehrt haben würde. Erschrocken sprang Althaia auf, riß das Scheit von dem Herde und barg es in einer Lade. Meleagros aber wuchs rüstig heran und wurde ein tapferer und noch dazu unverwundbarer Jüngling. Während einer gesegneten Weinlese brachte sein Vater allen Göttern Dankopfer, vergaß aber die Artemis. Diese schickte darauf einen mächtigen Eber in seine Weinberge und Felder, der Alles verwüstete und zerstörte. Meleagros versammelte nun die besten Helden Griechenlands zur Jagd auf das Thier, und es stellten sich ein Idas und Lynkeus von Messenien, Kastor und Polydeukes aus Lakonien, Theseus aus Athen, Admetos aus Pherai, Ankaios und die schöne, von einer Bärin gesäugte Jägerin Atalante aus Arkadien, Jason aus Jolkos, Iphikles und Jolāos aus Theben, Peirithōos aus

Larissa, Peleus, Telămon u. A. Zehn Tage lang bewirthete der gastfreie Oineus die Helden. Dann zogen sie dem Thale zu, wo der Eber im Dickicht sein Lager hatte. Muthig wehrte sich das dickborstige Ungethüm gegen seine Feinde und Ankaios erlag seinen Hauern. Atalante verwundete ihn zuerst mit einem Pfeile im Nacken; aber Meleagros war es vorbehalten, das Thier zu erlegen. Darauf zog er ihm die Haut als den Ehrenpreis ab und schenkte sie Atalante, zu der er Liebe gefaßt hatte. Darüber ergriff Neid und Unwillen die ganze Jagdgesellschaft, besonders aber des Siegers Oheime, die Söhne des Thestios von Pleuron. Diese lauerten der Atalante auf dem Heimwege auf und nahmen ihr die Haut ab, worauf sich Meleagros so weit vergaß, daß er die Brüder seiner Mutter beide erschlug. Althaia aber warf im ersten Schmerz über den Verlust das verhängnißvolle Scheit in das Feuer, und Meleagros verschied plötzlich unter den heftigsten Schmerzen. Später bereute seine Mutter ihre rasche That und gab sich selbst den Tod. Seine wehklagenden Schwestern wurden von Artemis aus Mitleid in Perlhühner (Meleagriden) verwandelt. Des kalydonischen Helden Bild mit dem Jagdspeere, dem Eberkopfe und dem Jagdhunde blieb bei den Alten das stehende Symbol eines frühen Todes.

Die kühne Atalante wollte nach dem Vorbilde der Artemis unvermählt bleiben und suchte die Freier dadurch abzuschrecken, daß sie ihnen einen Wettlauf auferlegte, bei dem sie dessen Braut werden wollte, den sie nicht erreichte, Jeden aber, den sie einholte, mit der Lanze tödtete. Schon waren Viele umgekommen, als sich der flinke Meilanion einfand, dem Aphrodite selbst goldene Liebesäpfel geschenkt hatte. Diese ließ der Schlaue während des Wettlaufes fallen und Atalante, die sich nicht enthalten konnte, sie aufzuheben, wurde besiegt. Ein Sohn dieses Paares soll der zarte Parthenopaios gewesen sein (S. 168).

Athene unterrichtet die Argonauten im Schiffbau

Aus der Argonautenfahrt.

8. Die Argonautenfahrt.

In keiner Heroengeschichte hat sich das religiöse und symbolische Element so wunderbar mit geschichtlichen Zügen aus dem Handelsleben der Vorzeit gemischt, wie in der ursprünglich bei dem Stamme der Minyer in Böotien und Thessalien heimischen, dann aber zum Eigenthum des ganzen hellenischen Volkes gewordenen Sage von dem Goldenen Vließe und dessen Erbeutung. Sie knüpft zunächst an den schon mehrmals erwähnten König von Orchomenos und Sohn des Aiolos Athămas an, der bei den Minyern ein Sohn des Himmelsgottes war. Von Nephĕle, „der Wolke", hatte Athamas die beiden Kinder Phrixos und Helle, Bilder des befruchtenden Regens und des milden Lichts. Nach dem Tode des Nephele heirathete er dann Ino, die Tochter des Kadmos (vergl. S. 100). Diese haßte ihre Stiefkinder und suchte sie durch schändliche Hinterlist aus dem Wege zu räumen. Sie beredete die Minyerinnen, den Weizen vor der Aussaat zu rösten, und als nun Mißwachs eintrat, nöthigte sie ihren Gemahl durch einen untergeschobenen Orakelspruch, den Phrixos als Schlachtopfer zum Altare zu bringen. Da tritt Nephele oder Zeus rettend dazwischen und sendet einen goldenen Widder, der die bedrohten Geschwister auf seinem Rücken durch die Luft ostwärts entführt. Helle fällt unterwegs in das Meer, welches von ihr den Namen Hellespontos (Meer der Helle) empfängt. Phrixos aber gelangt glücklich nach dem fernen Sonnenlande Aia. Dort opfert er den Widder dem Zeus, das Goldene Vließ aber (ein Bild des vom Himmel stammenden Segens und Reichthums) schenkt er dem Könige des Landes Aiētes, der es im Haine des Ares aufhängt und von einem schrecklichen Drachen bewachen läßt. Dem Phrixos vermählt er seine Tochter Chalkiŏpe.

Mehrere Menschenalter später herrschte in der am Pagasäischen Meerbusen liegenden Stadt Jolkos der König Pelias, ein harter und listiger Mann, der seinen Halbbruder Aison vom Throne verdrängt hatte. Dieser hatte seinen Sohn Jason (Helfer, Heiland) vor den Nachstellungen des Pelias auf den nahen Pelion bei dem weisen Kentauren Cheiron in Sicherheit gebracht. Dort wurde der Knabe in allen Heldentugenden unterwiesen, und als er zum Jüngling herangereift war, kehrte er nach Jolkos zurück. Das Volk staunte ihn auf dem Markte seiner Schönheit halber an, und auch Pelias kam hoch zu Wagen, um den Fremdling zu schauen. Aber wie erschrak er, als er sah, daß derselbe nur mit einem Schuh bekleidet war! Denn das Orakel hatte ihm gesagt, er werde von einem Manne mit nur einem Schuh der Krone und des Lebens beraubt werden. Barsch fuhr er ihn an und fragte nach seinem Geschlecht und Vaterland. Jason nannte ruhig seinen Namen und machte kein Hehl daraus, daß er gekommen sei, um den väterlichen Thron zurückzufordern. Dann begab er sich zu seinem greisen Vater, und es herrschte Freude im Kreise der Familie mehrere Tage lang. Endlich trat Jason in Begleitung seiner Vettern vor Pelias und verlangte die ihm gebührende Herrschaft mit Ausschluß des väterlichen Privatbesitzes. Pelias weigerte sich keineswegs, machte aber die Uebergabe des Scepters von der Bedingung abhängig, daß Jason zuvor das Goldene Vließ aus Aia zurückhole, was das delphische Orakel befohlen habe.

Jason willigte ein und entsandte Herolde durch ganz Griechenland, um Theilnehmer an dem Abenteuer zusammenzubringen. Zugleich begann Argos, ein Sohn des Phrixos, das fünfzigrudrige Schiff Argo (die Schnelle) zu bauen, wobei ihn die Göttin Athene selbst unterstützte. Und „solchen allbewegenden Trieb zu dem Schiffe Argo fachte in der Helden Herzen Hera an", singt Pindar, „daß keiner der Männer daheim bei der Mutter blieb, ein bequemes Leben fristend, sondern daß er selbst mit Gefahr des Todes unter Jugendgenossen seines Heldenthums Befriedigung aufsuchte." Es betheiligten sich alle berühmten Helden Griechenlands, die wir schon bei der kalydonischen Jagd genannt haben, außerdem aber auch Herakles, Akastos, Sohn des Pelias, Orpheus und die geflügelten Söhne des Boreas, Zethes und Kalăis. Unter günstigen Vorzeichen schifften sich die Argonauten (Argoschiffer) ein und gelangten zuerst nach der Insel Lemnos, wo sie von den Weibern, die kurz zuvor ihre Männer ermordet hatten, freundlich aufgenommen wurden. Dann gelangten sie in die Gegend von Kyzikos, wo der junge König Kyzikos das Volk der Dolionen beherrschte. Auch hier fanden sie treffliche Aufnahme und Bewirthung. Als aber nach der Abfahrt widrige Winde die Argo während der Nacht auf dasselbe Ufer zurücktrieben, wurden die Helden von den Dolionen für Seeräuber angesehen. In dem Gefechte, das infolge dessen sich entspann, erschlug Jason seinen Wirth Kyzikos, und erst am Morgen erkannte man den unglücklichen Irrthum.

Nicht weit von jenem Punkte, als die Genossen abermals durch widrige Winde an der Weiterfahrt gehindert wurden, ging Herakles, von seinem Liebling, dem Knaben Hylas, begleitet in den Wald, um sich ein Ruder zu schneiden. Die Schönheit des Hylas veranlaßte die Nymphen ihn zu rauben, und nun durchirrte Herakles suchend und rufend den ganzen Wald, während die Argonauten ohne ihn weiter fuhren. Da noch in späterer Zeit in derselben Gegend das Verschwinden des Hylas Gegenstand einer religiösen Feier war, so erkennt man unschwer in dem

Verhältniß desselben zum Sonnenheros Herakles den Untergang der schönen Frühlingsvegetation durch die sommerliche Glut der Sonne.

Am Bosporus, wo heute Skutari liegt, wollten die Argonauten sich mit süßem Wasser versehen. Aber sie fanden an der Quelle den riesigen, ungeschlachten König der Bebryker, Amykos, der Jedem den Zugang zu derselben wehrte, der sich nicht vorher im Faustkampf mit ihm versucht hatte. Polydeukes nahm die Herausforderung des groben Patrons an, und vor den Augen der Bebryker und Argonauten ging der gewaltige Kampf vor sich, in welchem die turnerische Gewandtheit über die plumpe Kraft den Sieg davon trug.

Am Ausgang des Bosporus in das Schwarze Meer, das vor der Argonautenfahrt „der ungastliche Pontos", von ihr ab aber der „gastliche", Pontos Euxeinos, hieß, und zwar auf der linken, thrakischen Seite, wohnte der blinde, aber mit prophetischem Geiste begabte König Phineus. Als die Recken von ihm Belehrung über ihre weitere Fahrt begehrten, verlangte Phineus, sie möchten ihn zuvor von den Harpyien (s. S. 90) befreien, die ihm alle Speisen theils wegrafften, theils besudelten, so daß er von beständigem Hunger gequält wurde. Man trug also dem König sein Mahl auf, und als die Sturmgenien mit ihren furchtbaren Krallen über dasselbe herfielen, wurden sie von den beiden Boreaden Zethes und Kalaïs angegriffen und über das Meer bis zu den im Jonischen Meere liegenden Inseln der Strophaden auf Nimmerwiederkehr verjagt. Nun gab Phineus den Argonauten Unterweisung über die Reise nach Aia und warnte sie besonders vor den Symplegaden, zwei gewaltigen Felsen, die, vom Sturme gepeitscht, immer auf- und zuklappten und dem Schiffe bei der Durchfahrt jähen Untergang drohten. Phineus rieth ihnen, zuvor eine Taube durchfliegen zu lassen, und sobald diese glücklich der Gefahr entrinnen würde, sofort die Ruder einzusetzen und den Weg zu wagen. Die Taube büßte ihre Schwanzfedern ein. Der ihr sogleich folgenden Argo wäre es aber wol noch schlimmer ergangen, wenn nicht Athene das schnelle Zusammenschlagen der Klippen aufgehalten hätte, so daß das Schiff nur den hochragenden Schmuck des Hintertheiles verlor. Seitdem aber sollen die Symplegaden still und fest stehen wie die anderen Steine.

Das reiche Sonnenland Aia verwandelte die Sage in das am Flusse Phasis liegende Kolchis, wo alte Handelswege zu den Wunderländern des Ostens führten und zugleich im nahen Gebirge Metallschätze zu heben waren. Als die Argo im Phasis vor Anker gegangen war, begab sich Jason zum Könige Aietes und bat um Auslieferung des Goldenen Vließes. Allein dieser verlangte dafür eine gefahrbringende Arbeit. Der Jüngling sollte zwei feuerschnaubende, erzhufige Stiere an einen ehernen Pflug schirren, den Acker des Ares damit pflügen und endlich Drachenzähne in die Furchen säen. Jason hätte wol diese Aufgabe nicht gelöst, wenn nicht seine Schutzgöttinnen Athene und Hera die Göttin der Liebe beredet hätten, die zauberkundige Tochter des Aietes, Medeia, mit Liebe zu ihm zu erfüllen. Sie giebt ihm eine Wundersalbe, die ihn gegen Feuer und Eisen sicher macht, und räth ihm, unter die starken, gewappneten Riesen, die aus der Saat emporwachsen würden, sogleich einen Feldstein zu schleudern. So gelang denn das

Werk vor den Augen des ärgerlichen Königs und des staunenden Volkes, und als die den Drachenzähnen entwachsenden Riesen sich gegen den Helden wenden wollten, warf er den Stein, worauf sie sich in blinder Wuth gegen einander kehrten und durch eigene Hand umkamen. Nach der älteren Sage hatte Jason endlich noch einen Kampf mit dem den goldenen Hort bewachenden Drachen zu bestehen. Die gewöhnliche Ueberlieferung nimmt dagegen an, daß Aietes die Herausgabe des Vließes verweigerte, weil er argwöhnte, seine Tochter habe die Hand bei der Ausführung der Arbeit im Spiel gehabt, ja, daß er die Argonauten sammt und sonders zu tödten beabsichtigte. Allein Medeia, der Jason versprochen hatte, sie als seine Gattin mit nach Hellas zu führen, schläferte während der Nacht den Drachen durch ein Zaubermittel ein, Jason nahm das Goldene Vließ, und beide eilten zur Argo, um sofort den Heimweg anzutreten. Am nächsten Morgen sandte Aietes seinen Sohn Absyrtos zur Verfolgung der Flüchtlinge aus. Dieser wurde jedoch auf einer Insel von Jason überfallen und getödtet. Nach Sophokles und Euripides war Absyrtos noch ein kleiner Knabe, den Medeia noch vor der Abreise schlachtete und zerstückelte, um den verfolgenden Aietes durch Hinauswerfen der einzelnen Gliedmaßen ins Meer aufzuhalten!

Die spätere Sage hat auch die Heimkehr der Argonauten vielfach ausgeschmückt, indem dieselben entweder durch den Phasis in den Okeanos und von da durch Libyen, wo sie die Argo zwölf Tage lang tragen mußten, in den Tritonischen See und das Mittelmeer oder durch den Pontus in den Don oder die Donau und vermittels fabelhafter Nebenströme in den Ozean, dann durch das Mittelländische Meer und den Tritonsee nach Griechenland gelangt sein sollten. In Jolkos fand Medeia Gelegenheit, ihre Gewalt über die geheimen Kräfte der Natur in Anwendung zu bringen. Der grimme Pelias hatte während Jason's Abwesenheit dessen ganze Familie ausgerottet, und Medeia übernahm nun seine Bestrafung. Als Priesterin der Hekate schlich sie sich in den Palast des Königs und, indem sie vorgab, die Kunst der Verjüngung zu verstehen, und zum Beweise einen alten Bock schlachtete und aus einem kochenden Wasserkessel als junges Thier wieder herausspringen ließ, überredete sie die Töchter des Pelias, ihren eigenen Vater zu zerstückeln und zu kochen. Akastos, des Pelias Sohn, veranstaltete hierauf demselben herrliche Leichenspiele und vertrieb Jason und Medeia aus Jolkos. Sie wendeten sich nach Korinth. Als aber hier Jason's Liebe zur Tochter des Aietes erkaltete und er Miene machte, sich mit Glauke oder Kreŭsa, der Tochter des Königs Kreon, zu verbinden, da mordete das schreckliche Weib aus Rache nicht blos die Braut durch ein vergiftetes Gewand, sondern auch ihre eigenen Kinder Mermĕros und Pheres und flüchtete nach Athen (S. 147). Jason soll auf dem Korinthischen Isthmos von dem zerfallenden Schiff Argo erschlagen worden sein.

Kampf vor den Mauern Theben's.

9. Die Sieben gegen Theben.

Der vom blinden Oidipus gegen seine Söhne Polyneikes und Eteŏkles geschleuderte Fluch sollte bald seine Früchte tragen. Nach der älteren Sage gerathen die Brüder schon über die Theilung des Erbes in Streit und Polyneikes meidet infolge dessen die Stadt. Gewöhnlich wird aber die Sache so erzählt, daß sie die Uebereinkunft getroffen hätten, ein Jahr um das andere abwechselnd zu regieren, und daß Eteokles nach Ablauf seines ersten Jahres dem Bruder nicht Platz machen wollte. Polyneikes entfloh nach Argos, um Schutz beim Könige Adrastos zu suchen. Zugleich mit ihm und in derselben Absicht traf dort Tydeus ein, ein Sohn des aitolischen Königs Oineus (vergl. S. 177), der wegen Verwandtenmord flüchtig geworden war. Adrastos nahm Beide freundlich auf und gewann die bald durch enge Freundschaft verbundenen Jünglinge so lieb, daß er ihnen seine zwei Töchter vermählte und versprach, ihnen mit bewaffneter Hand zu ihrem Rechte zu helfen. Zuerst wurde der Kriegszug nach Theben geplant. Adrastos lud daher alle seine Sippen zu einem Gastmahl und suchte sie bei dieser Gelegenheit für das Abenteuer zu gewinnen. Alle stimmten bei; nur sein Schwager, der fromme Seher und tapfere Held Amphiarāos, widerrieth den Zug, weil er wußte, daß derselbe gegen den Willen der Götter unternommen werde. Da aber an seiner Theilnahme den Uebrigen viel gelegen war, so bestach Polyneikes mit dem S. 144 erwähnten Halsband der Harmonia des Amphiaraos Gattin, die begehrliche Eriphȳle, und sie bestimmte denselben, mit hinzuziehen in den gewissen Tod.

Trotz übler Vorzeichen trat das Heer seinen Marsch an, und zwar unter Anführung der sieben Helden Adrastos, Polyneikes, Tydeus, Amphiaraos, Kapäneus, Hippomĕdon und Parthenopaios (vergl. S. 162). Bei Nemea suchen sie durstig nach einer Quelle und finden in einem Thale die Wärterin des kleinen Opheltes (Schlangenkind), des Sohnes vom König Lykurgos. Aber während jene die Sieben zu einer Quelle führt, wird der unterdessen im Grase liegende Opheltes von einer Schlange getödtet. Amphiaraos nennt den Knaben bedeutsam genug Archemŏros, d. h. Führer zum Tode, und die zur Tröstung der Eltern angestellten Leichenspiele sollen die Veranlassung zu den nemeischen Spielen gegeben haben. Als die Helden über den Kithairon, an den schilfigen Asopos gekommen waren, schickten sie den Tydeus als Vermittler an Eteokles. Er traf die Kadmeer beim Schmause, und da sie von seinen Vergleichsvorschlägen nichts wissen wollten, so ergrimmte er, überhaupt mehr zum Dreinschlagen als zum Reden bereit, so, daß er alle zum Einzelkampfe herausforderte und sie auch ohne Mühe besiegte. Infolge dessen lauerte ihm auf dem Rückwege eine Schar von 50 Jünglingen auf. Er erschlug sie aber sämmtlich und ließ nur den einen Führer am Leben, um dem Eteokles Kunde zukommen zu lassen. Hierauf rückten die Achaier vor Theben und stellten jedem der sieben Thore einen Helden mit seinem Heerhaufen gegenüber. Dasselbe thaten aber auch die Städter zur Vertheidigung, und unter ihren Führern galten Periklymenos und Melanippos für die tapfersten. Ihr Muth wuchs noch dadurch, daß des Kreon Sohn Menoikeus durch freiwilligen Opfertod den letzten Zorn des Ares zu versöhnen suchte. Dennoch siegen die Argiver im ersten Treffen, treiben die Kadmeer in die Thore zurück und schreiten zum Sturme. Der riesige Kapaneus setzt die Leiter an die Mauer und prahlt, selbst gegen der Götter Willen die Stadt erobern zu wollen. Schon hat er die Zinne erklommen, als ein Blitzstrahl aus des Zeus Hand den Frevler hinabschmettert. Auch der liebliche Parthenopaios findet seinen Tod, indem ihm Periklymenos mit einem Felsblocke das Haupt trifft. Darauf befiehlt Adrast seinen Leuten den Rückzug, und die beiden Heere lassen die feindlichen Brüder selbst im Zweikampf den Streit entscheiden. Schon hat Eteokles dem Polyneikes das Schwert in den Leib gestoßen und will dem Sterbenden die Rüstung abziehen, als dieser die letzte Kraft sammelt und dem Bruder die Brust durchbohrt. Beide hauchen gleichzeitig ihre Seele aus, und nun entbrennt auch wieder der allgemeine Kampf, in welchem die Argiver unterliegen und ihre Führer alle fallen, außer Adrastos und Amphiaraos. Diesem drohte schon der Tod aus der Hand des Periklymenos; da spaltete Zeus mit einem Blitze die Erde, daß beide Helden in den Schlund versinken. An der Stelle aber, wo ihn der Erde Schoß geborgen hatte, spendete der verklärte Heros seitdem weit berühmte Orakelsprüche. Den Adrastos rettete sein schwarzmähniges, geflügeltes Streitroß Areion.

Der attischen Sage nach verweigerte Kreon die Herausgabe der Todten, und die Hinterbliebenen wendeten sich an Theseus und erlangten durch ihn deren Bestattung in Eleusis. Auch über das Begräbniß der zwei feindlichen Brüder gab es in Theben verschiedene Sagen. Nach der einen wurden sie auf einem Scheiterhaufen verbrannt, wo selbst die Flamme sich noch theilte. Nach der andern verbot Kreon, dem Polyneikes die letzte Ehre zu erweisen, weil er als Feind in das Land zurückgekommen sei. Aber die treue Schwester Antigŏne ließ sich nicht einmal durch die Furcht vor dem angedrohten Tode von der Pflichterfüllung gegen den Bruder abhalten. Der zweiten Ueberlieferung folgte Sophokles in seiner Tragödie „Antigone", der ersten Euripides in seinen „Schutzflehenden".

Ein Menschenalter nach diesen traurigen Begebenheiten, als bereits die Söhne der Erschlagenen (die Epigonen, d. h. Nachgeborenen) zu Männern herangereift waren, beschlossen dieselben Rache zu nehmen für den Tod ihrer Väter und zogen abermals gen Theben. Die Epigonen waren Alkmaion, Sohn des Amphiaraos, Aigiăleus, Sohn des Adrastos, Promăchos, Sohn des Parthenopaios, Thersandros, Sohn des Polyneikes, Diomēdes, Sohn des Tydeus, Sthenĕlos, Sohn des Kapaneus, Euryălos, Sohn des Mekisteus. Diesmal war die Gunst der Götter auf Seite der Angreifenden. Die Kadmeer wurden vor der Stadt geschlagen, dann dieselbe erobert und zerstört. Ein Theil der Bewohner wanderte mit dem blinden Seher Teiresias nach Norden aus und Thersandros erhielt die Herrschaft über das Land. Nach der Rückkehr von Theben erschlägt Alkmaion, um seinen Vater zu rächen, seine Mutter Eriphyle und wird dann von den Erinyen umhergetrieben, bis er endlich in Arkadien Sühnung findet und Pflege bei seiner Tochter Alphesiboia oder Arsinŏe. Aber bald entsteht seinetwegen Miswachs im Lande, und er irrt weiter nach Kalydon und zu den Thesprotern und wird endlich vom Flußgott Acheloos gereinigt, der ihm seine Tochter Kallirrhŏë zur Gattin giebt. Diese wird aber von unbezwinglicher Lust zum Halsband der Harmonia erfaßt, das er in Arkadien zurückgelassen hatte, und als er es dort zurückverlangt, wird er erschlagen.

Tod des Opheltes.

Die Vergötterung Homer's von Archelaos aus Priene.

(Oben thront Zeus mit dem Adler. Es folgen die neun Musen. In der darauf kommenden Grotte steht Apollon mit der Pythia und rechts von ihr auf einer Basis Hesiod oder Orpheus. Unten wird Homer von der Erde und dem Zeitgotte bekränzt; die Ilias und Odyssee knieen neben ihm, während hinter dem Altar die Geschichte, die epische, tragische und komische Poesie nebst der Erinnerung, Tugend, Wahrheit und Weisheit verehrend sich nahen.)

Helden von Troja.

Diomedes. Odysseus. Nestor. Achill. Agamemnon. Menelaos. Paris. Machaon. Podaleirios

10. Der trojanische Krieg.

Der von Herakles in Troja als König zurückgelassene junge Priămos sollte nach des Schicksals Bestimmung lange Zeit die Gunst des Glückes erfahren, um zuletzt den bittern Becher des Leids bis auf die Neige leeren zu müssen. Es war eine blühende, üppige Landschaft diese reich bewässerte Küstenebene mit dem im Hintergrunde sich erhebenden waldigen Idagebirge, und der Götter Segen hatte viele Jahre hindurch sichtbar den Dardanidenstamm begnadigt. Die Schatzkammern des Königs waren mit Gold und Erz gefüllt, und zahllose Herden von Rindern, Schafen und Rossen zeugten außerdem von seinem Reichthum. Im hochragenden, weitläufigen Palaste wohnte er mit seiner Gemahlin Hekăbe (Hecuba) und seinen Kebsweibern, umringt von 50 blühenden Söhnen und eben so vielen Töchtern. Unter jenen werden am meisten Hektor, Paris, Deïphŏbos, Helĕnos, Polydōros, Troïlos, unter diesen Kassandra, Polyxĕna und Kreūsa genannt.

Die Veranlassung des zehnjährigen Krieges, dem eine historische Begebenheit zu Grunde gelegen haben muß, wird von der Sage mit der Vermählung des Myrmidonenkönigs Peleus und der Nereide Thetis (s. S. 17) in Verbindung gebracht. Alle Unsterblichen erschienen nämlich bei diesem Feste und beschenkten die Neuvermählten; aber auch die ungeladene Göttin der Zwietracht, Eris, stellte sich ein und rächte sich für die Zurücksetzung dadurch, daß sie einen goldenen Apfel mit der Aufschrift „Der Schönsten“ in den Saal warf. Alsbald entbrannte über dessen Besitz ein Streit zwischen Hera, Athene und Aphrodite. Der Vater der Götter wies klüglich die Entscheidung von sich und ließ die drei Göttinnen von

Hermes zu Paris oder Alexandros, einem Sohne des Priamos, führen. Dieser hatte bis dahin seines Vaters Haus noch gar nicht betreten, ja, er kannte ihn nicht einmal. Denn durch einen Traum der Hekabe gewarnt, hatte Priamos das neugeborene Knäblein im Idagebirge aussetzen lassen, wo es, von einer Bärin gesäugt, unter den Hirten aufwuchs. Durch den Kampf mit wilden Thieren und Räubern gekräftigt, aber nichtsdestoweniger Meister auf der Laute und Günstling der schönen Nymphe Oinōne, hütete er seine Herde, als die hohen Göttinnen vor ihm erschienen und seine Entscheidung beanspruchten. Dabei versprach ihm Hera die Herrschaft über Asien, Athene hohen kriegerischen Ruhm, Aphrodite die schönste Frau auf Erden. Ohne Bedenken gab hierauf der Jüngling der Liebesgöttin den Vorzug, den Haß der beiden verschmähten Nebenbuhlerinnen auf sich und seine Vaterstadt ladend. Rasch trat nun eine Aenderung in seinem Schicksale ein. Für festliche Spiele, die Priamos in Troja anstellen wollte, wurde der Lieblingsstier des Paris als Kampfpreis geholt, und er geht aus Neigung zu dem Thiere mit in die Stadt. Dort regt sich in ihm mächtig die Lust, Theil zu nehmen an den ritterlichen Kämpfen. Er that es und besiegte alle Gegner, selbst den starken Hektor. Schon wollten die Prinzen dem frechen Bauer ans Leben, als die Seherin Kassandra den Bruder erkannte, worauf die Königsfamilie, ohne weiter der bösen Prophezeiung zu gedenken, den stattlichen Paris freudig in ihre Mitte aufnahm. Im Wohlleben des königlichen Hofes flossen ihm nun leicht die Tage dahin. Aber bald mahnte ihn Aphrodite an die versprochene Belohnung, bezeichnete ihm Amyklai, die damalige Hauptstadt von Lakonien, als Ziel der zu unternehmenden Reise, und half ihm selbst beim Zimmern des Schiffes.

In Amyklai herrschte der Atride Menelāos, und seine Gattin, die früher von Theseus geraubte schöne Helĕna, war es, welche Aphrodite ihrem Günstling bestimmt hatte. Der mit verführerischem Liebreiz ausgestattete Gast wurde vom biedern Menelaos und den Brüdern Helena's, den Dioskuren, freundlich aufgenommen. Ja, sein königlicher Wirth macht arglos eine Reise nach Kreta und läßt ihn unterdessen in seinem Hause weilen, während auch die Dioskuren durch ihren Streit mit dem messenischen Brüderpaar Idas und Lynkeus fern gehalten werden. Diese Gelegenheit benutzte Paris so trefflich, daß die leichtsinnige Helena, von blinder Leidenschaft bethört, dem Verführer willig folgte und ihm auch viele kostbare Schätze des Gemahls rauben half.

Auf die Kunde vom Geschehenen eilte Menelaos nach Hause und berieth sich zunächst mit seinem Bruder Agamemnon in Mykenai und dem greisen Nestor in Pylos über die Rache für die abscheuliche Entweihung des Gastrechts und den damit zusammenhängenden frechen Diebstahl. Großen Nutzen schaffte jetzt dem Beleidigten die Klugheit seines Schwiegervaters Tyndarĕos, der einst die zahlreichen Freier seiner Tochter durch einen Schwur verpflichtet hatte, daß Alle für Einen stehen wollten, wenn dem begünstigten Gemahle der Helena ein Unrecht geschehen sollte. Durch diesen Eid fühlten sich viele Fürsten gebunden; viele lockte auch die Aussicht auf Ruhm und Beute, sowie die Abenteuerlust einer kecken, rauflustigen Zeit. Manche ließen sich freilich nur ungern und halb mit Gewalt zur Theilnahme an dem Zuge nach der fernen asiatischen Feste bewegen, und zu diesen gehörten die beiden Helden, die das Meiste zu dem endlichen Siege beitragen sollten, Odysseus und Achilleus. Der kluge Odysseus fühlte sich in seinem Inselreiche Ithaka und an der Seite seiner jungen Gattin, der verständigen Penelŏpe, zu glücklich, als daß er Lust zu einer so weiten Heerfahrt hätte verspüren können. Als daher Nestor und Menelaos ihn abholen wollten, stellte er sich wahnsinnig. Allein der erfinderische Palamēdes aus Nauplia, der mitgekommen war, überlistete ihn. Denn als jener einmal, um ein Feld mit Salz zu besäen, mit einem Pferd und einem Stier vor dem Pfluge Furchen zog, legte ihm Palamedes sein Söhnchen Telemăchos vor das Gespann. Der erschrockene Vater fiel aus der Rolle und mußte einwilligen, er vergab aber dem Palamedes nie und stürzte denselben durch angedichteten Verrath vor Troja ins Verderben. Hierauf zögerte Odysseus nicht, durch eine ähnliche List einen andern Fürsten zur Mitfahrt zu zwingen, von dem der große Seher Kalchas gewahrsagt hatte, ohne ihn könne Troja nicht eingenommen werden. Als Schiffer verkleidet, begab er sich mit Diomēdes nach der Insel Skyros, wo, wie er wußte, die sorgsame Thetis ihren Sohn, den schönen, ritterlichen Peliden Achilleus, unter die Töchter des aus der Theseussage bekannten Königs Lykomedes versteckt hatte, um ihn dem vor Troja drohenden Tode zu entreißen. Unter allerhand zum Verkauf angebotenen weiblichen Schmuck mischten die Schlauen auch Schwert, Helm und Schild. Achill verrieth sich schon dadurch, daß er nach den Waffen griff; als aber dazu der Schall der Kriegsdrommete erklang, vergaß er alle Rücksicht, namentlich auch die auf die schöne Deïdameia, die Mutter seines Sohnes Neoptolĕmos oder Pyrrhos, und schloß sich den Werbern an. Ihn begleitete sein Busenfreund Patroklos, der Sohn des Menoitios, ein Lokrer.

Nachdem die Hellenen im Tempel der Hera zu Argos den König Agamemnon zum Führer gewählt hatten, wurde der Hafen von Aulis in Böotien zum Sammelplatz bestimmt. Dort kamen im nächsten Frühjahr gegen 100,000 Mann in 1186 Schiffen zusammen. Außer den bereits genannten Helden erwähnen wir hier noch einen Vetter Achill's, den tapfern Aias (Ajax), des Telămon auf Salamis Sohn. Derselben Familie, wie Achilleus und Aias, nämlich den Aiakiden, gehörte auch ein zweiter Aias an, der schnelle Sohn des Lokrers Oïleus. Mit dem Telamonier Aias aber war ferner gekommen sein Halbbruder Teukros, ein Sohn der Trojanerin Hesiŏne. Den rüstigen und liebenswürdigen alten Nestor begleitete sein jugendlicher Sohn Antilŏchos. Zu den tapfersten Kämpfern gehörte endlich der kretische Fürst Idomĕneus nebst seinem Neffen Meriŏnes.

Als das Heer in Aulis versammelt war und man am Strande ein großes Opfer darbrachte, ringelte sich unter dem Altare eine Schlange hervor, wand sich an der jenen beschattenden Platane hinauf und verschlang oben in einem Sperlingsneste acht Junge nebst der Mutter. Kalchas deutete dies außerordentliche Wunderzeichen sofort auf die neunjährige Dauer des Krieges und die Eroberung Troja's im zehnten Jahre. Die Einschiffung des großen Heeres wurde durch widrige Winde verzögert, welche die von dem tapfern, aber schroffen Agamemnon beleidigte Artemis gesendet hatte, und als bereits Unmuth und verderbliche Seuche die Krieger befiel, erklärte der Seher, die Göttin wolle das Blut der Tochter Agamemnon's, Iphigeneia. Nach langem Zögern entschloß sich der Führer, sie aus Mykenai holen zu lassen, und zwar unter dem Vorgeben, daß er sie dem Achilleus vermählen wolle. Sie kam mit ihrer Mutter Klytaimnestra, und schon war der Opferstahl gegen die Brust der Jungfrau gezückt, als Artemis sie nach dem Taurischen Chersonese (Krim) entrückte und anstatt ihrer eine Hirschkuh an den Altar stellte.

Der Stürme Wuth besänftigte sich hierauf, und frohen Muthes stach die Flotte in die See. Ohne Unfall gelangte sie zur Insel Tenedos, von wo aus man das trojanische Land bereits in Sicht hatte. Dort traf den malischen Königssohn Philoktētes, den trefflichsten Bogenschützen des Heeres, das Unglück, von einer Natter gebissen zu werden, und da er Tag und Nacht fortjammerte und seine Landsleute belästigte, so brachte man ihn auf die wüste Insel Lemnos, wo er neun lange Jahre in unsäglichem Elend verlebte, bis er im zehnten Jahre des Krieges in das Lager abgeholt wurde. — Die Landung selbst suchten die Trojaner mit bewaffneter Hand zu verhindern, und hier gab der junge Protesilāos einen herrlichen Beweis von Heldenmuth. Denn obgleich er vorher wußte, daß der erste Grieche, der den asiatischen Boden betrat, dem Tode verfallen wäre, sprang er zuerst vom Schiffe ans Land und fiel durch die Lanze des Hektor oder Aineias. Seine Gattin Laodameia erflehte von den Göttern der Unterwelt nur einen Tag des Wiedersehens, und als diese ihr die Bitte gewährten und den Protesilaos wieder ans Licht sendeten, starb sie zugleich mit ihm, ein Bild der edelsten Gattenliebe.

Nachdem die Griechen die Landung erzwungen hatten, zogen sie ihre Schiffe auf den Strand und bauten sich ein verschanztes Lager. Dann schickten sie Odysseus und Menelaos in die Stadt, um die Auslieferung der Helena und der geraubten Schätze zu fordern. Helena wäre ihnen gern gefolgt, da sie bereits Reue über ihren Leichtsinn empfand; aber Paris mit seinem Anhange hatte im Rathe des Volkes die Oberhand und der Krieg begann seinen Lauf. Dreimal versuchten die Achaier die Stadt Troja oder Ilion mit der Burg Pergămos an ihrer schwächsten Seite zu erstürmen, aber vergebens. So sahen sie sich in die mißliche Lage versetzt, vor der Stadt liegen zu bleiben, ohne dieselbe von allen Seiten einschließen zu können. Natürlich fehlte es auch bald an Lebensmitteln für Menschen und Thiere, und das griechische Heer verwüstete allmählich die ganze fruchtbare Umgegend, verbrannte die Ortschaften, tödtete die Männer und verkaufte Weiber und Kinder in die Sklaverei. Die Troer enthielten sich aus Furcht vor Achilleus der offenen Feldschlacht und wagten sich blos verstohlenerweise hinter den Mauern hervor. Dennoch fielen bald zwei Söhne des Priamos solchen Versuchen zum Opfer, Troïlos, der jüngste, der seine Rosse außerhalb der Stadt zu tummeln gewagt hatte und von Achilleus ereilt wurde, und Lykāon, der beim Baumfällen vom Peliden überrascht und in die Knechtschaft verhandelt ward, endlich wieder in die Heimat entrann und Tags darauf zum zweiten Male dem größten Feinde seines Volkes in die Hände fiel.

Troilos' Tod durch Achilleus.

Hektor führte in Vertretung seines alten Vaters den Oberbefehl über die Trojaner. Neben ihm zeichnete sich durch Tapferkeit und Frömmigkeit aus der Held Aineias (Aeneas), der Sohn des Anchīses und der Aphrodite. Eine große Zahl von Nachbarn und Bundesgenossen aus dem asiatischen Binnenlande ermöglichten es den Belagerten außerdem, der Macht der Griechen zu widerstehen. Denn es zogen ihnen zu Hülfe Scharen aus Lykien (unter Führung der Helden Sarpēdon und Glaukos), Mysien, Phrygien, Lydien, sowie Thraker, Kaukonen und Leleger. Unter den Göttern, die sich am Kampfe lebhaft betheiligten, standen außer Aphrodite auf trojanischer Seite Apollon, Artemis und Ares, während die von den Trojanern gekränkten Gottheiten Hera, Athene und Poseidon auf das Verderben der Stadt sannen.

Homer's Ilias, eine epische Verherrlichung des Achilleus, beginnt mit dem zehnten Jahre des Krieges, umfaßt einen Zeitraum von nur 51 Tagen und schließt mit dem Tode Hektor's. Achilleus hatte Theben, die Stadt des Eetion, welcher der Vater von Hektor's Gattin Andromăche war, erobert und von der Beute war die schöne Chrysēis dem Agamemnon zugefallen. Umsonst kam ihr Vater, der Apollonpriester Chryses, in das Lager der Griechen und bot für seine Tochter ein hohes Lösegeld; Agamemnon wies ihn mit schnöden Worten ab. Da flehte der Trauernde zu seinem Gott, daß er seine Thränen an den harten Achaiern rächen möchte. Und siehe, Apollon erhörte ihn und sendete neun Tage lang seine pestbringenden Pfeile in das Lager derselben! Endlich versammelte Achilleus das Volk und fragte Kalchas nach der Ursache von Apollon's Zorne. Der Wahrsager zögerte mit der Antwort, und erst als Achill ihm seinen Schutz versprochen hatte, erwiederte er, der Gott zürne wegen der seinem Priester widerfahrenen Schmach und würde nicht eher aufhören gegen das Heer zu wüthen, als bis Chryseis ohne Lösegeld zurückgegeben worden wäre. Zornig wendet sich nun der stolze Oberkönig gegen den Unglückspropheten, dem er noch von Iphigeneia's Opferung her grollt, und da Achill diesen vertheidigt, so richtet sich der ganze Zorn Agamemnon's gegen ihn selbst. Ja, er droht ihm, nur unter der Bedingung Chryseis ziehen lassen zu wollen, daß ihm Achill als Ersatz seine Lieblingssklavin Brisēis gebe. Die Gemüther der Streitenden erhitzten sich immer mehr, und zuletzt wäre Achilleus mit dem Schwerte auf Agamemnon eingedrungen, wenn ihn Athene nicht selbst an den blonden Locken zurückgehalten hätte. Der alte Held von Pylos trennt endlich die Wüthenden und die Versammlung geht auseinander. Agamemnon sendet darauf Chryseis zurück, entreißt aber dafür Briseis dem Achilleus, der von diesem Tage an mit seinen Myrmidonen keinen Theil mehr am Kampfe nimmt und seine Mutter Thetis beschwört, ihm Genugthuung für die Beleidigung zu verschaffen. Die mächtige Nereide steigt zum Olymp empor und erwirkt bei Zeus, daß er so lange den Trojanern den Sieg zu verleihen verspricht, bis Agamemnon selbst sein Unrecht bereuen werde.

Kaum erfuhren die Trojaner, daß Achill sich nicht mehr am Kampfe betheiligte, als sie in hellen Haufen aus den Thoren strömten und den so lange gescheuten allgemeinen Kampf annahmen. Ein Zweikampf zwischen Menelaos und Paris, der über den Besitz der Helena entscheiden sollte, wurde durch die Feigheit des Paris und den verrätherischen Schuß des troischen Bogenschützen Pandăros vereitelt. Nun entbrennt die Schlacht auf der ganzen Linie; Diomedes und Aias, der Telamonier, verrichten Wunder der Tapferkeit, aber immer fügt der Vater der Götter die Entscheidung zum Nachtheil der Griechen. Noch an demselben Abend läßt Agamemnon den Achilleus um Verzeihung bitten und verspricht ihm reiche Geschenke als Preis der Versöhnung; aber kalt weist der Beleidigte alle Anerbietungen zurück.

Kampf um den Leichnam des Patroklos.

Nachdem hierauf während der Nacht von Odysseus und Diomedes der Kundschafter Dolion erschlagen und der Ilion zu Hülfe gekommene thrakische Fürst Rhesos noch vor der Stadt in seinem Zelte überfallen und getödtet worden war, begann am andern Tage das Gefecht von Neuem, und obwol Agamemnon herrliche Thaten verrichtete, so wandte sich nach seiner Verwundung das Glück doch wieder auf Seite der Trojaner, welche endlich die Verschanzungen des Lagers erstürmten und Feuerbrände in die Schiffe schleuderten. Schon loderte die Glut am Schiffe des Protesilaos empor, da ließ sich endlich Achilleus von Patroklos erbitten, wenigstens ihn mit den Myrmidonen zur Rettung zu entsenden und ihm seine glänzende Rüstung zu leihen.

Der Pelide schärfte aber dem Jugendfreund ein, nichts weiter zu thun, als die Gefahr vom Lager abzuwenden. Muthig stürzte sich die frische Schar auf die Feinde, welche erschrocken vor der Erscheinung des gefürchteten Helden zurückwichen. Patroklos erlegte den Sohn des Zeus Sarpēdon und stürmte dann, der Warnung Achill's uneingedenk, immer weiter vorwärts bis unter die Mauern der Festung. Dort warf sich ihm Hektor entgegen, durchbohrte unter Apollon's Beistand den Gewaltigen mit seiner Lanze und behauptete im Kampfe um den Leichnam dessen Waffen.

Niemand wagte dem Freunde die Trauernachricht zu überbringen. Endlich entschloß sich Antilochos dazu. Achilleus überläßt sich dem wüthendsten Schmerze und wirft sich klagend auf die Erde. Zwar weiß er wohl, daß ihm selbst kurz nach Hektor's Ende der Tod bevorsteht, aber er hat nur den einen glühenden Wunsch, so bald als möglich den Freund am Sohne des Priamos zu rächen. Thetis steigt noch in der Nacht zu Hephaistos empor und bittet ihn, neue Waffen für den geliebten Sohn zu schmieden. Nachdem er sich dann am nächsten Morgen mit Agamemnon völlig ausgesöhnt und die Briseis zurückerhalten hat, fährt er in seinem Streitwagen den Feinden entgegen. Ein furchtbares Morden beginnt; zahllose Feinde erliegen dem Grimme des Helden, und selbst die Fluten des Skamander röthen sich von dem Blute der Erschlagenen und füllen sich mit Leichen, so daß endlich der erzürnte Flußgott, von seinem Bruder Simoeis unterstützt, dem Achilleus entgegentritt und ihn durch hoch aufgethürmte Wellen zu stürzen sucht. Die Gefahr war groß und nur des Hephaistos Dazwischenkunft schaffte Rettung. Unterdessen waren die übrigen Troer der schützenden Stadt zu geflohen. Nur Hektor bleibt außerhalb des Thores und bietet dem Feinde Trotz. Als aber der Schreckliche naht, der ihn bereits überall gesucht, ergreift Todesahnung sein tapferes Herz und er flieht dreimal um die Stadtmauer, um ihm zu entgehen. Zuletzt jedoch faßt er wieder Muth und stellt sich zum Kampfe. Nach verzweifelter Gegenwehr fährt ihm des Feindes Lanze durch die Kehle. Umsonst ist die Bitte des Sterbenden um ein ehrliches Begräbniß; der Sieger durchbohrt die Füße des Leichnams, bindet ihn mit Riemen an seinen Wagen und schleift ihn rings um die Stadt unter dem Jubelgeschrei der Myrmidonen, mit dem sich die Wehklage von ganz Troja vermischt. Am folgenden Tage erfolgte die feierliche Bestattung des Patroklos, verbunden mit Opferung von 12 trojanischen Jünglingen und mit glänzenden Wettspielen, und nochmals schleifte Achilleus am Ende der Feier den todten Hektor dreimal um den glimmenden Scheiterhaufen!

Zwölf Tage bereits lag Hektor's Körper vor Achill's Zelt im Staube, und selbst die Götter fühlten Mitleid mit seinem unverdienten Schicksale. Da machte sich in tiefer Nacht Priamos auf und wagte sich mit reichen Geschenken und von einem einzigen Diener begleitet in das Lager der Griechen zu dem Zelte des unversöhnlichen Feindes. Und als der tiefgebeugte Greis ihn an seinen, vielleicht hülflosen Vater daheim erinnerte, und die Hand an seine Lippen drückte, die ihm so manchen Sohn erschlagen hatte, da hob ihn der schnell erweichte Held weinend und voll Mitleid auf, sprach ihm Trost zu, ließ den Leichnam baden und salben und versprach dem Scheidenden Waffenruhe für die Tage der Leichenfeier.

Achilleus im Kampfe mit den Flußgöttern.

Noch war in Troja die Todtenklage um Hektor nicht verstummt, als der Muth der Städter neue Nahrung erhielt durch die Ankunft einer befreundeten Amazonenschar unter Führung der Tochter des Ares Penthesileia. Ihre ungestüme Tapferkeit brachte den Griechen Gefahr, und die jungfräuliche Kriegerin schreckte vor dem Zweikampf mit dem starken Peliden keineswegs zurück. Ritterlich wollte er das tapfere Weib schonen, und erst als er sein eigenes Leben bedroht sah, senkte er die unerbittliche Lanze in ihre Brust. Wehmuthsvoll ergriffen von der Königin Jugendschönheit, überließ er die Leiche den Trojanern, und als der mißgestaltete und spottsüchtige Thersītes ihn deshalb schmähte, ergrimmte er so, daß er den Unverschämten durch einen Faustschlag zu Boden streckte. Alle Anwesenden billigten die schnelle That. Nur Diomēdes, der Tydide, des Getödteten Blutverwandter, forderte Sühngeld für den Mord, und Achilleus trennte sich abermals unmuthsvoll vom Heere und ließ sich endlich nur mit Mühe durch Odysseus begütigen.

Unterdessen war der glänzende Sohn der Eos und des Tithōnos (S. 71), der Aethiopenkönig Memnon, als Freund der Trojaner auf dem Kampfplatze eingetroffen. Achill vermied ihn, weil er von seiner Mutter erfahren hatte, daß nach dessen Falle der Tod ihm selbst unmittelbar bevorstände. Als aber Antilochos, der freundliche Sohn Nestor's, sich für die Rettung seines Vaters aufopfernd, durch Memnon's Hand gefallen war, entschlug er sich jeder Rücksicht auf das eigene Wohl und suchte den ihm ebenbürtigen Gegner auf. Beide göttliche Mütter begaben sich zum Throne des Zeus und bestürmten ihn mit Bitten für das Leben ihrer geliebten Kinder. Zeus nahm daher die goldene Wage, die den unverrückbaren Spruch des Verhängnisses anzeigt, und warf die Loose Achill's und Memnon's in die Schalen. Das Sinken seiner Seite verkündete dem Sohne der lieblichen Eos den Tod. Verzweiflungsvoll enteilte sie dem Olymp und entführte die Leiche des bald darauf rühmlich Gefallenen in die ferne Heimat am Okeanosstrome. Als später in der Nähe des ägyptischen Thebens das räthselhafte Klingen des Kolosses von Amenoph III. sich hören ließ, erblickte man in dem riesigen Steinbilde den Sohn der Eos und glaubte, daß er mit diesen Tönen früh am Morgen seine göttliche Mutter begrüße!

Nach Memnon's Fall ließ sich Achilleus von seiner Kampfbegier bis zum skaiischen Thore fortreißen, und beinahe wäre er mit den fliehenden Trojanern eingedrungen und hätte die Stadt erobert, wenn nicht ein von Apollon's Hand gelenkter Pfeil des Paris ihn mitten im Siegeslaufe zu Boden gestreckt hätte. Seine Mutter Thetis hatte ihn als Kind in die Styx getaucht, um ihn unsterblich zu machen. Dies war ihr nun zwar nicht gelungen, aber er war durch das Bad unverwundbar geworden, mit Ausnahme der Ferse, an welcher ihn seine Mutter gehalten, und dies war die Stelle, an der ihn der tödliche Pfeil traf. Einen ganzen Tag lang stritten die Troer und Achaier um den Körper des todten Helden, bis es endlich am Abend nicht ohne Begünstigung des Zeus dem Odysseus und dem Telamonier Aias gelang, denselben vor dem Feinde in Sicherheit zu bringen. Siebzehn Tage lang klagten die Griechen und die Nereiden um Achilleus.

Am achtzehnten erfolgte die prächtige Bestattung, und ein riesiger Leichenhügel am Vorgebirge Sigeion umschloß die Asche der drei Freunde Achilleus, Patroklos und Antilochos. Ueber die goldene Rüstung des Hephaistos erhob sich bei den Leichenspielen ein Streit, der wiederum einem Helden das Leben kostete. Sie war von Thetis Demjenigen bestimmt worden, der sich um die Rettung des Leichnams das meiste Verdienst erworben hätte. Aias und Odysseus machten ihre Ansprüche geltend, und als die Richter zu Gunsten des schlauen und redefertigen Ithakesiers entschieden, fiel der Aiakide in Schwermuth und nahm sich selbst das Leben.

Von nun an ist die Klugheit des Odysseus bei allen Anschlägen auf die belagerte Stadt das bewegende Element. Zunächst glückte es ihm, den Bruder der Kassandra, Helĕnos, der, wie diese, mit untrüglicher Weissagegabe ausgestattet war, durch einen Hinterhalt zu fangen. Derselbe erklärte, durch Gewalt gezwungen, daß Troja nur vermittels der Pfeile des Herakles eingenommen werden könne, ferner nicht ohne Neoptolĕmos, den Sohn des Achilleus, und endlich nur, wenn die Griechen im Besitze des auf der Burg verwahrten heiligen Athenebildes oder Palladions wären.

Die Laokoon-Gruppe.

Die beiden ersten Erfordernisse besorgte wieder Odysseus. Er ging zuerst nach Skyros und beredete das Ebenbild des Achilleus, Neoptolemos, ihm nach Troja zu folgen, indem er ihm großmüthig die herrliche Rüstung seines Vaters übereignete. Rückwärts nahmen dann Beide ihren Weg über Lemnos und schafften den Dulder Philoktetes, dessen Vater Poias von Herakles für den letzten Liebesdienst Bogen und Pfeile geerbt hatte, nach Troas, wo Machāon, der heilkundige Sohn des Asklepios, seinen Leiden ein Ende brachte. Hierauf erlegte er im Zweikampfe den übermüthigen Paris, den Anstifter des verderblichen Krieges. Helena betrauerte diesen nicht lange, sondern verband sich bald mit seinem Bruder, dem tapfern Deïphŏbos. Neoptolemos aber trat ganz in die Fußstapfen seines Vaters, erschlug Eurypўlos, des Herakliden Telephos Sohn, der sich unter den Vorkämpfern Troja's hervorthat, und machte seine Landsleute wieder zu den Herren des Schlachtfeldes. Auf Athene's Rath ließen die Griechen hierauf durch den kunstfertigen Epeios ein riesiges Pferd aus Holz verfertigen, dessen hohler Bauch geeignet war, eine größere Anzahl von Kriegern aufzunehmen, eine Sage, die wol ursprünglich auf ein zu Schiffe nach Troas gekommenes feindliches Volk hindeutete. Unterdessen schlich sich Odysseus, als Bettler verkleidet, in die Stadt ein und kundschaftete, von Haus zu Hause gehend, Alles aus. In Helena, die ihn erkannte, fand er unerwartet eine Bundesgenossin, die ihm praktische Rathschläge ertheilte. Wohlbehalten kehrte er ins Lager zurück, aber nur um sogleich mit Diomedes durch eine unterirdische Wasserleitung in die Burg einzudringen und den Raub des Palladions zu vollführen. Auch dieser Anschlag glückte, und der Stadt des Priamos nahte mit raschem Schritte die letzte Stunde.

Die besten Helden unter Führung des Odysseus stiegen in das Versteck; die übrigen Griechen brachen das Lager ab, gingen zu Schiffe und bargen sich hinter Tenedos. Nun öffneten sich die Thore der Stadt und die Einwohner strömten hinaus, die von den Todfeinden so lange eingenommenen Lagerplätze zu schauen und das hölzerne Roß zu bewundern. Einige riethen sofort, das Bild ins Meer zu stürzen oder zu verbrennen; ja, Laokoon, der Priester Apollon's und Bruder des Anchises, schleuderte schon dem verdächtigen Bau eine Lanze in die Seite. Aber die Griechen hatten schlau einen Wagehals, Namens Sinon, zurückgelassen, der sich jetzt absichtlich in seinem Versteck fangen ließ und, vor den König geschleppt, erzählte, wie er, durch die Heimtücke des Odysseus mit dem Opfertode bedroht, sich durch die Flucht gerettet habe. Das hölzerne Pferd aber sei zur Sühne für den Raub des Palladions aufgestellt worden. Werde es von den Trojanern in die Stadt geschafft, so erneuere sich dadurch der Schutz der mächtigen Göttin, werde es aber zertrümmert — und dies sei der geheime Wunsch der Feinde —, so falle die Stadt bald unter den Händen der wiederkehrenden Achaier. Seine lügnerischen Worte fanden noch höheren Glauben, als ein grausenerregendes Wunder hinzutrat. Von Tenedos her gewahrte man plötzlich zwei riesige Seeschlangen nach dem Gestade zu schwimmen, wo eben Laokoon mit seinen beiden Söhnen bei einem Opfer für Poseidon beschäftigt war. Alles entfloh entsetzt aus der Nähe des Altars. Die Schlangen aber umwinden zunächst die Jünglinge und wühlen mit ihren giftigen Zähnen in ihrem Fleische, dann ergreifen sie auch mit gräßlichen Windungen den seine Söhne vertheidigenden Laokoon und bewältigen den sich vergeblich Sträubenden, worauf sie hinauf zur Burg eilen und in den Athenetempel schlüpfen.

Dieser Vorgang, in welchem man eine Strafe für die Verletzung des Weihgeschenks erblickt, stimmt auch die Bedächtigsten um. Man beschließt sofort, den hölzernen Koloß in die Stadt zu schaffen, und bewerkstelligt dies durch Niederlegung eines Stückes der Mauer, da die Thore zu eng waren. Dann herrschte froher Jubel in der weiten Stadt über den Abzug der verhaßten Feinde, und Jung und Alt überließ sich den Freuden des Schmauses und Gelages. Mitternacht war längst vorüber und tiefe Ruhe des Schlummers war an Stelle der Aufregung getreten, als der verrätherische Sinon das Versteck der Achaier öffnete und durch ein Feuerzeichen die Flotte von Tenedos herbeirief. Ein schreckliches Blutbad brach über die sorglose Stadt herein. Der König Priamos wurde in seinem Palaste von Neoptolemos getödtet. Menelaos erschlug seinen Nebenbuhler Deïphobos, verzieh aber der reuigen Helena um ihrer Schönheit willen. Kassandra wurde vom lokrischen Aias mit roher Gewalt vom Altare Athene's auf der Burg weggerissen. Die edle Andromache mußte erleben, daß ihr Sohn Astyanax auf des Odysseus Rath über die Mauer geschleudert wurde, um Hektor's Geschlecht gänzlich zu vertilgen. Dann wurde sie dem Neoptolemos als Beute übergeben. Die silberhaarige Königin Hekabe erfuhr endlich noch das Leid, daß ihre Tochter Polyxĕna am Grabhügel des Achilleus geopfert wurde, und daß sie den dem Thrakerkönig Polymestor von Priamos nebst vielem Golde anvertrauten Sohn Polydōros am Strande ermordet fand. Schon während des Gemetzels hatten die Griechen Brände in die Häuser geworfen, und da dem Elemente Niemand wehrte, so sank die Stadt ganz in Asche; ja, die ihr feindlichen Götter sollen bei der Zerstörung selbst mit Hand angelegt haben. Gerettet von den Trojanern wurden blos Antenor, ein Schwager des Priamos, der sich den Griechen gefällig erwiesen hatte und später Patavium (Padua) in Oberitalien gegründet haben soll, und Aineias, der unter dem Schutze seiner göttlichen Mutter mit dem Reste der Trojaner die unglückliche Heimatküste verließ, um nach Bestimmung des Schicksals in Hesperien ein neues Vaterland aufzusuchen und nebst seinem Sohn Ascanius oder Julus, dem vermeintlichen Stammvater des julischen Geschlechtes und Kaiserhauses, den Grund zur römischen Weltherrschaft zu legen.

Das trojanische Pferd

Das Schiff des Menelaos. Nach Polygnot.

11. Die Heimkehr aus Troja.

Nach Homer kam über die hellenischen Helden deshalb viel Ungemach auf der Heimfahrt, weil sie den Zorn der Athene erregt hatten, namentlich durch die brutale That des Aias. Gleich am Tage nach der Eroberung Troja's entzweiten sich die Führer, und infolge dessen traten die Helden, in mehrere Parteien vereinzelt, die Rückkehr an und hatten ganz verschiedene Schicksale zu bestehen. Ohne Fährlichkeit kamen nach Hause Nestor, Diomedes, Idomeneus, Philoktetes und Neoptolemos. Menelaos gelangte mit seinem Bruder glücklich bis zum attischen Vorgebirge Sunion. Als er aber, durch das Begräbniß seines Steuermanns von Agamemnon getrennt, allein das Kap Malea umschiffen wollte, erfaßte ihn ein Sturm und verschug ihn weit nach Osten und Süden, so daß er erst nach sieben Jahren in Lakedaimon eintraf. Dort lebte er mit der nicht verblühenden Helena und wurde endlich mit ihr in das Elysion entrückt.

Der Lokrer Aias, der sich in Agamemnon's Begleitung befunden hatte, war bei einem furchtbaren Sturme in der Nähe von Euboia von Poseidon auf die Gyraiischen Felsen gerettet worden. Da er aber in seinem Uebermuthe geprahlt hatte, er werde auch gegen den Willen der Unsterblichen aus dem Meeresschlunde sich retten, so ward die Klippe vom Erderschütterer mit dem Dreizacke gespalten und der Frevler ins Meer gestürzt.

Den Herrscher Agamemnon erwartete im väterlichen Unglückshause das schrecklichste Los. Sein Vetter Aigisthos, des Thyestes Sohn, hatte seine lange Abwesenheit benutzt, um Klytaimnestra zur Untreue zu verleiten. Es war ihm gelungen, und als der Tag und Nacht auf der Warte ausschauende Späher die Nachricht von der Ankunft Agamemnon's brachte, beschloß das tückische Paar, sofort zum Meuchelmorde zu schreiten. Nach Aischylos empfing Klytaimnestra den Gemahl mit ausnehmender Freude und bereitete ihm ein warmes Bad, während dessen ihn der lauernde Aigisthos erschlug. Nach Homer's Erzählung dagegen lud ihn Aigisthos nach der Heimkehr auf sein Landgut außerhalb der Stadt zu einem großen Mahle und ließ ihn am gastlichen Tische nebst allen seinen Mannen durch Bewaffnete tödten.

„Aber es hätte gewiß kein Anblick so dich gejammert,
Als wie wir um den Krug und die speisebeladenen Tische
Lagen im Saal umher und das Blut entdampfte dem Boden.
Aber am kläglichsten hört' ich Kassandra, Priamos' Tochter,
Schrei'n, sie wurde gewürgt von der tückischen Klytaimnestra
Neben mir. Aber ich selbst erhob an der Erde die Hand noch
Und griff, sterbend bereits, nach dem Schlachtschwert; doch die Verruchte
Wandte sich ab: nicht mochte sie mir, der schon zu dem Hades
Schied, mit der Hand zudrücken den Mund und die Augen verschließen."

So erzählt Agamemnon selbst dem Odysseus im Hades. Sieben Jahre lang beherrschte nach der ruchlosen That Aigisthos das goldreiche Mykenai. Im achten aber kehrte Orestes, der nach seines Vaters Agamemnon Tode von seiner Amme in Phokis beim König Strophios in Sicherheit gebracht worden war, mit seinem Freund Pylädes, des Strophios Sohn, nach Argos zurück und tödtete, von seiner Schwester Elektra unterstützt, nicht blos den Aigisthos, sondern auch seine mitschuldige Mutter Klytaimnestra. Aber kaum war die That der Rache vollbracht, als die Rächerinnen der Blutschuld, die Erinyen, sich ihm nahen und ihn aus dem Vaterlande scheuchen. Gehetzt von ihnen sucht er im Tempel des delphischen Apollon Schutz, der ihn zur That ermuntert hat. Der Gott sühnt ihn von Blutschuld und sendet ihn nach Athen, damit er dort von der gerechten Stadtgöttin Athene freigesprochen werde. Diese läßt außerwählte athenische Greise sich auf dem Hügel des Ares (Areiopagos) versammeln und als Blutrichter ihre Stimmen abgeben. Sie selbst legt zuletzt noch einen weißen, also freisprechenden Stein in die Urne, und Orest war dadurch gerettet, denn die Zahl der Stimmen war auf beiden Seiten gleich. Bei Euripides weicht ein Theil der Furien auch nach Orest's Freisprechung nicht von ihm, und er flüchtet sich abermals nach Delphi unter Apollon's Schutz. Diesmal wird er von der Pythia nach Tauris geschickt, um das dortige Bild der Artemis nach Attika zu bringen. Von Pylades auf diesem gefahrvollen Wege begleitet, findet er in Tauris seine Schwester Iphigeneia als Priesterin im Tempel der Artemis. Der König des Landes Thoas läßt alle Fremdlinge der Göttin opfern, und eben soll die Priesterin die beiden Jünglinge zum Tode weihen, als die Erkennung erfolgt. Der verabredete Fluchtplan mißglückt durch widrigen Wind; und schon schickt sich Thoas an, die Flüchtlinge verfolgen zu lassen: da schreitet die Göttin Athene selbst zu ihren Gunsten ein und bewirkt, daß

Iphigeneia mit den beiden Fremdlingen und dem Götterbilde nach Hellas zurückkehren darf. Dort nahm Orestes den Thron von Mykenai ein und vermählte sich mit Hermiŏne, des Menelaos Tochter, während Pylades die Elektra heirathete.

Die meisten Abenteuer erlebte auf der Heimfahrt der Held Odysseus, und sie füllen das zweite Homerische Epos, die unvergleichliche Odyssee. Mit seinen zwölf Schiffen war der Fürst von Ithaka wohlbehalten an das Kap Malea gekommen, als ihn ein Nordwind weitab südwärts bis an die lybische Küste trieb, wo die Lotophagen sich von der Frucht der Lotospflanze nährten, deren Genuß jedes Heimweh in der Brust erstickte. Von da gelangte er zu dem Lande der Kyklopen, die aber hier nicht als die rußigen Schmiede des Hephaistos erscheinen (S. 47), sondern als wüste, ungesellige Hirten des Gebirges.

Während die übrigen Schiffe an der vor dem Kyklopenlande liegenden Ziegeninsel ankerten, landete Odysseus mit dem seinigen und 12 Gefährten und gerieth in die Höhle des Polyphēmos (S. 98), eines Sohnes von Poseidon. Derselbe war mit seiner Herde abwesend. Aus Neugierde und aus Hoffnung auf Gastgeschenke warteten die Reisenden seine Zurückkunft ab. Polyphem schloß aber die Höhle mit einem ungeheuern Felsblock, zündete sich Feuer an und erwiederte die Bitte der Fremdlinge um gastliche Aufnahme damit, daß er zwei derselben „wie junge Hunde“ auf den Boden schmetterte und auffraß. Am andern Morgen wiederholte er das gräßliche Mahl, trieb dann die Herde aus, vergaß aber nicht, mit dem Felsblocke den Eingang zu vermauern. Nun erst fand der gewandte Odysseus Zeit, an Erlösung und Rache zu denken! Er spitzte einen starken Pfahl aus Olivenholz und härtete das Ende am Feuer. Als dann der Riese wiederkam und abermals zwei Gefährten verzehrte, näherte er sich ihm mit einer großen Schale voll süßen, starken Weines und bot ihm demüthig den Trank an. Arglos schlürfte der Kyklop den noch nie gekosteten Rebensaft und forderte noch zweimal das große Gefäß voll. Bevor aber der Wein seine Sinne umnachtete, sagte ihm Odysseus, daß sein Name Niemand (Utis) wäre. Dann schob er den Pfahl mit seiner Spitze in das Feuer und bohrte ihn mit seinen Genossen in das Glutauge des Kannibalen. Auf dessen fürchterliches Brüllen stellten sich seine Brüder vor der Höhle ein, entfernten sich aber lachend wieder, als er auf ihre Frage antwortete, Niemand thue ihm etwas zu Leide! Endlich öffnete er die Thür und setzte sich an dieselbe, um mit tastenden Händen die ruchlosen Fremden zu fangen. Odysseus aber band mit Ruthen je drei Widder zusammen und jedesmal unter den mittelsten einen seiner Gefährten. Er selbst klammerte sich krampfhaft an den Bauch des stärksten Bockes, und so gelangten alle glücklich ins Freie. Schnell eilten sie dann mit den fettesten Schafen zum versteckten Schiffe, konnten sich aber dann nicht enthalten, den betrogenen Kyklopen zu verhöhnen. Voll Wuth, aber vergebens, schleuderte dieser dem Fahrzeuge ungeheure Steine nach. Sein Gebet aber an Poseidon, den Odysseus spät nach Verlust aller Gefährten auf fremdem Schiffe heimkehren und dort noch Unglück finden zu lassen, blieb nicht unerhört.

Nach diesem Abenteuer gelangte Odysseus zum Winddämon Aiŏlos, dessen Wohlwollen er, wie schon S. 88 erzählt worden ist, ohne eigene Schuld verscherzte.

Orest, nach der Ermordung seiner Mutter von Erinyen verfolgt.
Nach einem Relief von Paul Müller.

Nach sechstägiger Fahrt erreichte die Flotte die Küste der Laistrygonen. Diese Menschenfresser tödten sofort die an sie gesendeten Herolde und stürmen so schnell zu den Schiffen heran, daß nur das Schiff des Odysseus der Vernichtung entgeht. Betrübt fuhr Odysseus weiter und kam zur Insel Aiaia. Hier theilte er die Mannschaft in zwei Theile und schickte die eine Hälfte unter Eurylŏchos auf Kundschaft aus. Bald standen die Späher vor dem Hause der schönen Kirke, der zauberkundigen Schwester des Aiētes. Eurylochos allein folgt der Einladung derselben nicht und verbirgt sich. Die Uebrigen werden von der Nymphe herrlich bewirthet, aber schließlich in vernunftbegabte Schweine verwandelt und wie solche behandelt. Voll Entsetzen läuft ihr Führer zu seinem Könige zurück, um ihm die neue Trauermär zu berichten. Dieser nimmt schnell entschlossen seine Waffen und eilt der Wohnung der Zauberin zu. Unterwegs begegnet ihm Hermes in Gestalt eines Jünglings, giebt ihm guten Rath über sein Auftreten und versieht ihn mit einem Gegenzauber. So hatte Kirke keine Gewalt über ihn. Er zwang sie zu schwören, ihm kein Leid zufügen und seinen Gefährten ihre frühere Gestalt zurückgeben zu wollen. Dann leben sie Alle ein ganzes Jahr auf der Insel herrlich und in Freuden, bis endlich Odysseus auf die Abreise dringt und zu seinem Schrecken von Kirke an den westlichen Okeanos und an den dort befindlichen Eingang zur Unterwelt gewiesen wird, um die Seele des Sehers Teiresias über sein ferneres Schicksal zu befragen. Auch dies führte der Held aus, sah im Hades die Geister der abgeschiedenen Freunde und seiner Mutter und wurde von Teiresias über die Wege und Bedingungen seiner Rückkehr belehrt. Dann erreicht er wieder die Insel Aiaia und kommt an dem Gestade der Seirenen (S. 101) glücklich dadurch vorbei, daß er seinen Genossen die Ohren mit Wachs verstopft, sich selbst aber an den Mast festbinden läßt. Auch den Gefahren der Skylla und Charybdis (ebend.) entging er; nur daß jene sechs seiner tapfersten Leute aus dem Schiffe entraffte.

So bekommen sie endlich die Insel Thrinakia (Dreispitz) in Sicht, vor der sie Teiresias und Kirke gewarnt hatten. Dort weideten nämlich die S. 67 erwähnten Herden des Helios, deren Verletzung entsetzliche Strafen nach sich zog. Zwar hatten dem Odysseus die Gefährten einen heiligen Eid geschworen, daß sie sich nicht an den geweihten Rindern und Schafen vergreifen wollten; als aber widrige Winde sie mehrere Wochen an der Insel zurückhielten, und sie ihren Hunger nur durch die damals verachtete Fischkost zu stillen vermochten, schlachteten sie in Abwesenheit des Führers einige Thiere. Die Strafe ließ nicht lange auf sich warten. Kaum fuhr das Schiff wieder auf dem weiten Meere dahin, so erregte Zeus auf Bitten des Sonnengottes ein greuliches Unwetter und spaltete endlich das Fahrzeug durch einen Blitzstrahl. Alle ertranken und nur Odysseus erreichte endlich auf einem Schiffsbalken die Insel Ogygia, wo die schöne Nymphe Kalypso (die Bergerin) hauste. Sieben Jahre weilte er bei ihr. Aber wiewol sie ihm Alles zu Liebe that und ihm die Unsterblichkeit versprach, wenn er bei ihr bleiben wolle, saß er täglich am Strande und schaute weinend nach der Heimat zu.

Aber auch auf Ithaka schlug das treue Herz seiner Gattin Penelŏpe in Sehnsucht nach dem Entfernten. Befand sich dieselbe doch außerdem noch in großer Verlegenheit und Bedrängniß! Allmählich hatten sich über 100 vornehme Jünglinge aus Ithaka und von den benachbarten Inseln eingefunden, welche um ihre Hand warben und übermüthig die Habe des todtgeglaubten Königs verpraßten. Trotzdem verschmähte es Penelope, eine Wahl zu treffen, und suchte durch allerlei Ausflucht und List die zudringlichen Freier hinzuhalten. So gelang ihr dies recht glücklich mit einem Leichentuche für ihren Schwiegervater Laertes, nach dessen Vollendung sie die zweite Heirath schließen zu wollen versprochen hatte, das sie aber immer während der Nacht wieder auftrennte. Drei Jahre lang hatte sie so die Freier genarrt; da verrieth es eine von den Mägden; jene überraschten sie bei der Arbeit und wurden von da an immer dringender und zahlreicher. Und obgleich Penelope die Hoffnung nicht aufgeben wollte, den theuern Gemahl wiederzusehen, so mußte sie sich doch sagen, daß durch das Prassen der lästigen Gäste schließlich ihr lieber Sohn um Haus und Hof kommen und so das Einzige verlieren würde, was ihm vom Vater geblieben war. Endlich entschloß sich der zum Manne herangereifte Telemăchos auf Athene's Rath zu einer Reise nach dem Festlande, um Kunde von dem verlorenen Vater einzuziehen. Von der Göttin selbst in Gestalt eines alten Hausfreundes, Namens Mentor, begleitet, fährt er nach Pylos und von dort mit einem Sohne Nestor's nach Sparta zu Menelaos, ohne sichere Nachrichten zu erhalten. Auf dem Rückwege entkommt er den sein Leben bedrohenden Nachstellungen der Freier und gelangt glücklich in die Heimat, wo unterdessen auch Odysseus sich eingefunden hatte.

Auf Betrieb seiner Helferin Athene war nämlich dem Dulder von Zeus die Heimkehr gestattet und die Nymphe Kalypso durch Hermes veranlaßt worden, ihn ziehen zu lassen. Er zimmerte sich hierauf ein Floß und vertraute sich wiederum der unsicheren Salzflut an. Aber bald erschaute ihn der zürnende Poseidon und zerschellte sein gebrechliches Fahrzeug. Doch die Göttin Leukothĕa (S. 100) erbarmte sich seiner und warf ihm ihr rettendes Schleiertuch zu, vermittels dessen er Scheria erreichte, die Insel der schiffahrtkundigen Phaiaken. Hülflos und nackt von der Königstochter Nausikäa am Strande gefunden und mit Kleidern versehen, gelangte er in die Stadt, wo ihn der König Alkinŏos und dessen Gemahlin Arēte wohlwollend aufnahmen. Beim Mahle entdeckte der Held den staunenden Phaiaken seinen Namen und erzählte ihnen alle seine Abenteuer.

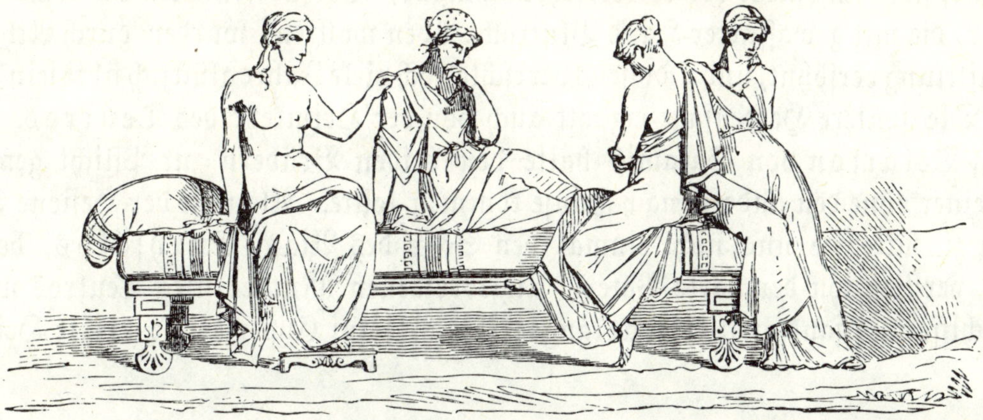

Die trauernde Penelope und ihre Frauen. (Polygnot.)

Mit reichen Gastgeschenken versehen, wurde er am folgenden Tage von einem schnellen Phaiakenschiffe der nahen Heimat zugetragen und von den Schiffern schlafend ans Ufer gesetzt. Am Morgen nahte dem Bekümmerten Athene, half ihm seine Schätze bergen und verwandelte ihn in einen alten, zerlumpten Bettler. Zunächst suchte er nun die Hütte seines treuen Schweinehirten Eumaios auf und traf dort mit dem eben aus Pylos zurückgekehrten Telemachos zusammen. Er entdeckt sich dem Sohne, und Beide schmieden nun den Plan der Rache gegen die stolzen Freier. Am folgenden Tage betrat der König nach zwanzigjähriger Abwesenheit sein Haus wieder. Niemand erkannte ihn außer einem sterbenden Hunde. Im Männersaal wo er seine Bettlerrolle treu durchführt, macht ihm ein anderer Bettler, der gefräßige Iros, die Schwelle streitig und er muß einen Faustkampf mit diesem bestehen. Antinŏos und Eurymăchos, die frechsten der Freier, beleidigten ihn thätlich. Am Abend aber sah er zum ersten Male seine Gattin wieder, der er die baldige Heimkehr des Odysseus mit einem Eidschwur versicherte, ohne sich ihr zu entdecken; jedoch erkannte ihn seine alte Amme Eurykleia an einer Narbe am Fuße.

Am nächsten Tage gab Penelope selbst Gelegenheit, die Rache ins Werk zu setzen. Sie ließ nämlich den vom gewaltigen Schützen Eurytos (S. 136) stammenden Bogen des Odysseus in den Saal bringen und versprach Demjenigen die Hand zu reichen, der durch die Oehre von 12 hinter einander gestellten Axteisen hindurch schießen würde. Allein schon das Bespannen des Bogens mit der Sehne erforderte so gewaltige Kraft, daß Niemand die Aufgabe zu lösen vermochte. Da läßt sich Odysseus, der sich vorher dem Eumaios und dem Rinderhirten Philoitios entdeckt hatte, den Bogen reichen, schießt zuerst durch die Aexte und wendet dann die verderblichen Pfeile gegen die Freier, einen nach dem andern hinstreckend. Umsonst bitten sie um Schonung und versprechen Sühnegeld; umsonst dringen sie verzweiflungsvoll mit ihren Schwertern und den Tischen statt der Schilde auf ihn ein: Alle sinken zu Boden mit Ausnahme des Sängers Phemios und des Herolds Medon. Der Rachethat folgte ein blutiges Gericht über die ungetreuen Knechte und Mägde. Dann erst sendete der von Athene wieder mit jugendlichem Aeußeren begabte Sieger nach der theuren Gattin, die Anfangs lange zweifelte und schwankte, aber endlich, an sicherem Zeichen den Gatten erkennend, sich dem Jubel des Wiedersehens hingab. Die Verwandten der ermordeten Freier, die mit gewaffneter Hand Blutrache üben wollten, wurden durch Athene's Vermittlung versöhnt, und Odysseus herrschte noch viele Jahre glücklich über sein Volk.

Die spätere Heldensage erzählt auch von der Heimkehr des Teukros. Der König Telamon von Salamis hatte den beiden Brüdern zur Pflicht gemacht, daß keiner ohne den andern nach Hause kommen sollte. Als nun der Hesione Sohn allein zurückkehrte und nicht einmal den Sohn des Aias, Eurysäkos, bei sich hatte, verstieß ihn der harte Vater. Ungebrochenen Muthes stieg Teukros wieder zu Schiffe und fand endlich nach langer Irrfahrt auf Cypern eine zweite Heimat.

Helena und Briseis. (Polygnot.)

Römische Mythologie.

Würdevoll, andachtsreich und in ängstlicher Scheu vor dem Anstoß,
Ehrest du, tapferes Rom, Götter des Volks und der Fremd'
Aber dem festlichen Pomp fehlt heit're Erhebung und Aufschwung.
Fehlet die mythische Mär', Phantasus' sinniges Kind.

Tempel des Jupiter Stator. (Vordere Ansicht.)

Einleitung.

Es ist bereits den Alten aufgefallen, daß die römische Religion so arm an Mythen ist, daß sie von Abstammung, Verwandtschaft, Liebesabenteuern und Kämpfen der Götter nichts zu erzählen weiß. Ja, mit Ausnahme des doppelköpfigen Janus hat sie kein ihr eigenthümliches Götterbild gehabt, und es erscheint ganz glaublich, daß die Römer fast 200 Jahre lang ihre Götter nur durch einfache Symbole, z. B. den Mars durch einen Speer, den Jupiter durch einen Kieselstein, bezeichnet haben sollen. Sie sind überhaupt nie im Stande gewesen, die naiven Gedanken der Urzeit so fest mit menschlichem Fleisch zu umhüllen, daß, wie bei den Hellenen, jedes bedeutsame Motiv sich zu einer nach den Gesetzen der Schönheit geformten Gestalt oder zu einer Gruppe von Sagen weiter entwickelte, sondern ihr nüchterner, nur auf das Praktische gerichteter Sinn hielt stets den Begriff und sein Bild, das geistige und das sinnliche Element, aus einander. Ihre unpersönlicheren, weniger faßbaren und beweglichen Gottheiten sind wol auch Personifikationen von Naturerscheinungen und Naturkräften gewesen, aber man blieb bei der unmittelbaren Anschauung ihrer schaffenden und zerstörenden Wirkungen stehen und zerlegte außerdem noch die Grundwesen nach den verschiedenen Seiten, die man hinsichtlich der Wirksamkeit an ihnen beobachtete, in eben so viele Einzelwesen und starre Abstraktionen. Natürlich fehlte in Rom nun auch der poetische Drang des Gemüthes und der Phantasie, Natur und Menschenleben mit den idealen Gestalten der Poesie anzufüllen, und es konnte zu keinem die Mythenbildung beeinflussenden nationalen Epos kommen. Eben so wenig schuf die bildende Kunst etwas Neues, und etruskische und griechische Meister waren es, die nach ausländischen Mustern die Kultbilder der Römer verfertigten.

Dennoch würde man irren, wollte man deshalb glauben, es sei die Religiosität der Römer eine schwächere gewesen als die der Hellenen. Eben dadurch, daß sie nicht den Begriff durch die Form verdunkeln ließen, hielten sie den geistigen Inhalt fester, gaben viel mehr auf die praktische Thätigkeit als auf den ästhetischen Einfluß der Gottheiten, und erachteten sich ängstlich an die gewissenhafte Erfüllung der den Göttern schuldigen äußeren Kultuspflichten gebunden (religio). Die Scheu vor Verletzung des von der Priesterschaft bewahrten heiligen Rituals ging so weit, daß bei den Opfern, den Gebeten, den Prozessionen ein einziger Verstoß, wie ein Versprechen der Zunge, eine falsche Bewegung der Hand, ein Scheuwerden der Pferde, die Wiederholung der ganzen heiligen Handlung oder einen eigenen Akt der Sühnung nothwendig machten. Um dies zu verhindern, ließen sich die Magistrate beim Beschwören der Götter die Formeln von einer andern dazu angestellten Person zum Nachsprechen vorlesen, nachdem vorher allen Anwesenden Schweigen geboten worden war, und ein Flötenspieler blies dazu sein Instrument, damit ja nichts Störendes vernommen würde. Auch der Privatmann verhüllte beim Beten sein Haupt, um sich zu sammeln und ungünstige Anzeichen fern zu halten, während der Grieche die Augen frei zum Himmel aufschlug. Dazu kam, daß alle wichtigen Akte des Lebens mit religiösen Ceremonien verbunden waren und verbunden sein mußten, weil ja besondere Schutzmächte über alle einzelnen Beziehungen des Lebens wachten, sowie man z. B. gegen dreißig Götter und Göttinnen kennt, die in spezieller Verbindung mit dem Kindesalter bis zur Jugendreife standen! Es konnte nicht fehlen, daß, schon um dieser Strenge des Formelwesens und um des starren Festhaltens am Herkommen willen, eine freiere religiöse Auffassung schwer aufkommen konnte, und daß der Phantasie gar kein Spielraum zur Weiterbildung der kargen Mythologie blieb.

Aber die römische Religiosität trug auch ferner den Charakter der Werkheiligkeit, insofern man in dem äußern Dienste Genüge fand und ohne Nachdenken über die Gegenstände desselben nur vom Standpunkte der Nützlichkeit aus nach Frömmigkeit trachtete. Damit die Götter den Staat erhielten, sorgte der Staat dafür, daß von seinen Bürgern in allen Punkten den vorgeschriebenen Verpflichtungen gegen dieselben nachgekommen wurde; damit sie des Einzelnen Wohl förderten, betete der Einzelne zu ihnen. In scheinbarem Widerspruch zu dem äußern Buchstabendienste steht die Leichtigkeit, mit welcher neue Kulte und fremde Götter in Rom Eingang fanden. Bei näherer Betrachtung lag aber auch diese Erscheinung in der Natur der römischen Gottesverehrung, welche darauf ausging, das göttliche Wirken bis ins Einzelne zu erkennen und zu bezeichnen. Der Kreis der Götter konnte sich eben darum nie völlig schließen, weil jede neue Offenbarung bestimmten göttlichen Waltens die Einsetzung eines neuen Kults erheischte. Als man sich z. B. der Erzmünzen zu bedienen anfing, entstand zugleich ein Deus Aesculanus; als die Silbermünze aufkam, ein Deus Argentinus. Vorsichtig fügte man darum bei Gebeten nach Anrufung eines bestimmten Gottes die sämmtlichen anderen bei, um keinen zu beleidigen, und half sich bei Unbekanntschaft mit Namen oder Geschlecht durch Formeln, wie: „Magst Du ein Mann oder ein Weib, ein Gott oder eine Göttin sein", oder „mag es Dir belieben, mit irgend einem andern Namen gerufen zu werden!" Ja, es führte diese skrupulöse Bedenklichkeit sogar so weit, daß man zu den Göttern der Feinde betete und die Schutzgötter belagerter Städte durch Versprechen reicheren Dienstes in Rom zu verführen suchte, ihre Schützlinge preiszugeben! Dieses Prinzip sollte freilich für die römische Religion sehr folgenschwer werden.

Die Schutzheiligen der eroberten Städte siedelten in großer Zahl nach Rom über, erhielten, der Zusage gemäß, ihre Heiligthümer und Kulte und bildeten bald neben den „einheimischen" (indigetes) eine besondere Klasse „neusässiger" (novensides) Götter. Auf der andern Seite trieb das bereits zur Zeit der Tarquinier in römischen Boden gesenkte Reis griechischer Kultur und Religion unter so günstigen Verhältnissen einen Zweig nach dem andern und überwucherte endlich den gesammten altlatinischen Kult. Apollon und Artemis mit Leto, Demeter, Dionysos, Persephone, Asklepios, Aphrodite und Kybele wanderten kurz nach einander in Rom ein, und man nimmt an, daß sich bis zum zweiten punischen Kriege bereits das ganze griechische Göttersystem eingebürgert hatte. Die alten Götter wurden theils nach und nach vergessen, theils — und dies in weit größerem Umfange — mit den hellenischen so vollkommen verschmolzen, daß man endlich selbst römische Götternamen aus dem Griechischen zu erklären versuchte.

Auch in Rom galten jedoch, wie in Griechenland, die alterthümlichen oder rohen Idole lange für besonders heilig und wirksam, bis der griechische Geschmack auch hier den Ausschlag gab und die römischen Göttergestalten den besten griechischen Vorbildern sich fügen mußten.

Unsere Aufgabe wird es sein, aus dieser sich selbst entfremdeten Religion nur das spezifische Römische genauer hervorzuheben, hinsichtlich der eingewanderten Mythen und Kulte aber nur das von hellenischem Dogma und Ritus Abweichende anzugeben. Dabei können wir bei dem Sichkreuzen der verschiedenen Elemente die in der hellenischen Mythologie befolgte Ordnung nur ganz oberflächlich festhalten.

1. Janus.

Die Stelle von Mythen über Entstehung der Götter und der Welt wurde gewissermaßen von diesem altitalischen Gotte ausgefüllt, eigentlich einem Sonnen- und Lichtdämon, welcher als Oeffner und Schließer des Himmels leicht zu dem Gotte des Anfangs und Ursprungs schlechthin ward. Daher war auch der einfache Durchgangsbogen sein Symbol und der gegen Morgen und Abend gewendete Doppelkopf seine Darstellung im Bilde. Da nun kein Volk größeres Gewicht auf den Anfang legte, als die Römer, da sie von dem Glauben beherrscht wurden, Fortgang und Ende seien durch den Beginn wie durch einen Bann bedingt, so gedachten sie des Janus bei jedem Schritte und Tritte im Leben. Er scheint vor der Anerkennung Jupiter's, als obersten Reichspatrons, der höchste Nationalgott gewesen zu sein. Sein Name wurde bei jedem Opfer und Gebet zuerst angerufen. Ihm war der auf den kürzesten Tag folgende Monat heilig, ihm alle ersten Monatstage, ihm der erste Augenblick jedes Morgens. Der Ursprung der Geschlechter, alle Wege des Friedens und des Krieges, des Handels und der Schiffahrt standen in seiner Hand. Alle Thüren und Thore erinnerten an sein Wirken und an seinen Namen (januae und jani); besonders geweiht aber waren ihm die über die Straßen geschlagenen Bogenhallen, die auf Kreuzwegen auch zuweilen doppelt waren. Der älteste und heiligste unter diesen Durchgängen war der unweit des Forums gelegene Bogen des kriegerischen Janus, der offen stand, so lange es Krieg gab, und nur in Friedenszeiten geschlossen ward, was von Numa bis Augustus nur zweimal vorkam. — An seinem Hauptfeste, dem ersten Januar, enthielt man sich nicht, wie an anderen Feiertagen, aller Arbeit, sondern Jeder nahm nach dem Aufstehen etwas von seinen gewöhnlichen Lieblings- oder Berufsgeschäften vor, um sich eines glücklichen Erfolges im übrigen Jahre zu vergewissern. Janus erhielt dann als Opfergaben Weihrauch, Wein, Salzschrot und nach Art über einander gelegter Finger gebackene Kuchen. Außerdem fand ein allgemeiner Austausch von Beglückwünschungen statt, die mit Geschenken (strenae) verbunden waren, wie Lorber- und Palmzweige, Datteln, Feigen, Honigkuchen und Münzen mit dem Januskopfe. Selbst die Kaiser verschmähten es nicht, an diesem Tage die Geschenke ihrer Unterthanen entgegen zu nehmen und Gegengeschenke zu machen. Die größte Feierlichkeit des Tages aber bildete die Prozession der in Begleitung des Senats und der Ritterschaft zum ersten Male mit ihren Amtsinsignien sich zeigenden und nach dem Kapitole zum Opfern hinaufziehenden beiden Konsuln. In ganzer Gestalt bildete man den Janus oft als Wanderer mit Stab und Schlüssel ab.

Janusbüste.

Jupiteropfer.

2. Jupiter.

Ihn verehrten die alten Völker Italiens als den Gott des Himmels, besonders der himmlischen Lichterscheinungen (Lucetius). Auch alle Vorgänge in der Luft, hauptsächlich das Gewitter, gehörten in seine Sphäre und darum hieß er „der Regnende", „der Aufheiternde, Blitzende, Donnernde". Ueberhaupt hielt man den Blitz für eine Offenbarung des göttlichen Willens, und sowie man in alter Zeit zu Rom einen eigenen Gott der nächtlichen Blitze, Summanus, verehrte, unterschied man auch nach etruskischer Methode die elektrischen Funken nach Farbe, Stärke und Ziel. Jeder vom Blitz berührte Gegenstand galt für Eigenthum Jupiter's, und wenn die Erde getroffen worden war, so wurde die berührte Stätte durch Opfer geweiht und mit einer brunnenähnlichen Mauer eingefaßt. Als Regengott wurde Jupiter viel von den Landleuten angerufen und bei großer Dürre wendete man eine besondere Art von Beschwörung an. Er heißt als solcher auch „der Nährende" und soll vor Einwanderung des Dionysosdienstes unter dem Namen Liber auch dem Weinbau vorgestanden haben. In Bezug auf das Nationalleben ging aber in alter Zeit zunächst seine kriegerische Bedeutung voran.

Als „der Fluchthemmende" (Stator) und „der Sieger" (Victor) besaß er mehrere Heiligthümer, und in seinem ältesten Kapitoltempel hingen nach dem Vorgange des Romulus die Feldherren die dem feindlichen Anführer im Zweikampf abgenommenen Rüstungen auf, ein Glück, welches nur zwei Römern der historischen Zeit, Cornelius Cossus und M. Marcellus, zu Theil wurde.

Dem siegverleihenden Jupiter zu Ehren wurde den mit Erfolg gekrönten Feldherren auch der Triumph gestattet, die höchste Anerkennung, welche ein Bürger erlangen konnte. Durch die auf dem Marsfelde stehende, nur für diesen Zweck geöffnete Triumphalpforte betrat der Triumphator mit seinem siegreichen Heere die eigentliche Stadtgrenze. Den Zug eröffneten der Senat und die Behörden; dann folgte die Musik, hierauf die lange Reihe der Beutestücke, Fahnen, Gefäße, Waffen, Statuen, Kronen, gemünztes und ungemünztes Gold und Silber, ferner Abbildungen von gewonnenen Städten und Schiffen. Hinterher führte man die weißen Opferstiere Jupiter's und dann die ebenfalls dem Tode geweihten Fürsten und Führer der besiegten Völker. Endlich kam der Sieger selbst, ein lebendiger Stellvertreter des kapitolinischen Jupiter, zu dessen Verherrlichung ja überhaupt das ganze Schauspiel dienen sollte. Dies deutete schon der hohe und vergoldete, von vier weißen Rossen gezogene Wagen an, auf welchem er stand, noch mehr aber der übrige Triumphalschmuck, den geradezu Garderobestücke des Gottes bildeten, nämlich die mit Palmzweigen und Viktorien gestickte Tunika, die mit Gold durchwirkte purpurne Toga, das mit einem Adler gekrönte elfenbeinerne Scepter, der über des Triumphators lorbergeschmücktem Haupt schwebend gehaltene kolossale Kranz von Gold und Edelsteinen. Ja, um die Aehnlichkeit zu vervollständigen, mußte der Gefeierte nach Art der Jupiterstatue sein Gesicht mit Mennige hochroth färben! Hinter ihm schritt das Heer, Lob- oder auch Spottlieder singend und mit den erworbenen Ehrenzeichen geziert. Vor dem Kapitole angekommen, verließ der Triumphirende den Wagen und stieg die Stufen zum Tempel hinan, um sein Gebet vor Jupiter zu verrichten, den Lorber seiner Fascen in den Schoß desselben zu legen und endlich das feierliche Opfer darzubringen. Ein Festmahl der Magistrate und des Senates im Tempel und oft eine Bewirthung der Soldaten und des ganzen Volkes beschloß die Feier.

Haupt des Jupiter. (Von Otricoli.)

Ferner gehörte zum Wesen Jupiter's, als altitalischen Lichtgottes, die Idee des Rechtes und der gewissenhaften Treue. Namentlich in den äußeren Angelegenheiten des Staates suchte man im Festhalten am Rechtsboden eine Gewähr für die göttliche Gnade. Der glückliche Erfolg des Krieges galt für einen Lohn der Frömmigkeit.

Inneres vom Tempel des Jupiter Stator.

Gottgefällig aber war nur ein Krieg, der nach vergeblichem Sühneversuch feierlich angekündigt ward, ebenso wie die Abschließung eines Bündnisses erst durch den Eidschwur heiligende Kraft erhielt.

Die Ausübung der dabei zu beobachtenden Ceremonien war dem aus 20 Mitgliedern bestehenden Priesterkollegium der Fetialen übertragen. Ausgerüstet mit den heiligen Symbolen ihrer Vollmacht, einem auf dem Kapitole gepflückten Büschel geweihten Grases, einem heiligen Kiesel und einem Scepter, traten sie ihre Sendungen an. Kam es zum Abschlusse eines Vertrags, so tödtete der Bevollmächtigte (pater patratus) das Opferschwein durch einen Schlag des Steins, unter Aussprechung des Wunsches, daß Jupiter im Falle der Untreue ebenso sein Volk treffen möchte; war aber ein Krieg unvermeidlich, so ging er an die feindliche Grenze und schleuderte, nach förmlicher Fehdeansagung, eine blutige Lanze in das fremde Gebiet, eine Formalität, die bei der Erweiterung der römischen Grenzen neben einer am Tempel der Kriegsgöttin errichteten Grenzsäule vollzogen wurde.

Uebrigens war die Treue im Worthalten, überhaupt die private und öffentliche Gewissenhaftigkeit, noch besonders in der Göttin Fides personifizirt. Ebenso fand die Unverrückbarkeit der Grenzsteine ihren Ausdruck im Termĭnus, dessen Zusammenhang mit Jupiter, als Schirmherrn des Rechts und der Ordnung, auch dadurch angedeutet wurde, daß sein Symbol in dessen Tempel stand. Endlich brachten die Sabiner ihren eigenen Gott des Schwurs und des Worthaltens unter dem Namen Dius Fidius oder Semo Sancus mit nach Rom, und auch er war Beschützer der Ordnung, des Völker- und Gastrechts und der Sicherheit des Verkehrs. Die Reinheit und Heiligkeit des römischen Jupiter spiegelte sich gleichsam im Leben seines Opferpriesters oder Flamen (Anblaser). Dieser war mit seinem ganzen Hause, seiner Frau und seinen Kindern dem Gotte heilig. Seine Ehe war unlöslich, seine Kinder geborene Ministranten bei den heiligen Handlungen. Wiewol ihm der elfenbeinerne Ehrenstuhl und der Sitz im Senat gestattet war, durfte er kein Staatsamt bekleiden, kein bewaffnetes Heer sehen, kein Pferd besteigen, keinen Schwur thun, nichts Unreines berühren, keine Fesseln an sich haben oder sehen. Wenn er in seiner dicken wollenen Toga mit Purpurbesatz und seinem spitzen Hut, auf welchem ein Oelzweig und ein wollener Faden befestigt waren, sich öffentlich zeigte, gingen ihm Ausrufer voran, damit Jedermann seine Arbeit weglege. Fiel ihm sein Hut ab, oder starb seine Frau, die Flaminica, die ebenfalls immer in feierlicher Tracht einherging, vor ihm, so mußte er das Priesteramt aufgeben.

Durch die Tarquinier erhielt der Jupiterdienst einen bedeutenden Aufschwung, indem von dieser Zeit an der alte Lichtgott als höchster Gott des römischen Reichs, als unsichtbares Staatsoberhaupt angesehen wurde. Noch früher schon war er als Schutzgott des latinischen Bundes verehrt worden und besaß als solcher ein uraltes Heiligthum auf dem Albanischen Berge, und auch nach Unterwerfung der Latiner gehörte die Bestimmung des Hauptfestes und die Darbringung des Opfers daselbst zu den ersten Amtshandlungen der römischen Konsuln. Das Opferthier war ein weißer, von keiner Arbeit berührter Stier, der, mit vergoldeten Hörnern und mit Binden geziert, vor den Altar geführt wurde.

Das Ansehen des Jupiter Latiaris wird auch dadurch bezeugt, daß viele römische Feldherren, denen der Triumph in Rom nicht bewilligt wurde, ihren feierlichen Aufzug nach der heiligen Höhe von Alba richteten.

Der von Tarquinius Priscus begonnene und von Superbus vollendete Jupitertempel auf dem Kapitol neben der Burg, nach dieser ebenfalls Capitolium genannt, war im etruskischen Stil erbaut und hatte drei Cellen, in deren mittelster Jupiter thronte, während Minerva zu seiner Rechten, Juno zur Linken ihren Platz hatten. Das älteste Tempelbild war thönern und trug in der Rechten den Blitz; sein Gesicht wurde an Festtagen roth gefärbt, und überhaupt gehörte ein zahlreiches Personal zu seiner Bedienung und Aufwartung.

Die Sitte, die Götter von Seiten des Staats durch feierliche Schauspiele zu ehren, war in Rom uralt. Natürlich waren die Opfer und Festlichkeiten Jupiter's die stattlichsten und wichtigsten. Es gehören dahin die römischen, die großen, die plebejischen und die kapitolinischen Spiele. Das allen Gemeinsame war Folgendes. Voran ging ein Opfer und diesem folgte ein von den höheren Beamten und den Senatoren gefeiertes Opfermahl, welches im kapitolinischen Tempel vor den Augen der drei Gottheiten stattfand, die man selbst einlud, auf den für sie hingestellten Sitzen sich niederzulassen. Ebenso wesentlich gehörte die Anwesenheit der Götter zu dem Wettrennen im Cirkus. Bevor darum dasselbe begann, wurden ihre Bilder mit allen Attributen auf Bahren, Thronen und Wagen in feierlicher Prozession vom Kapitol durch die Stadt in den Cirkus geführt. Der präsidirende Magistrat, im vollen Schmucke der Triumphatoren, leitete den Zug, der von zahlreichen Spielleuten, Priestern, mimischen Tänzern und Leuten aus allen Ständen und Lebensaltern gebildet war.

Der kapitolinische Tempel war überaus reich an Weihgeschenken und frommen Stiftungen und unter dem Sitze Jupiter's befand sich ein besonderes Schatzbehältniß. Inschriften und Ehrenschilde an den Säulen und Wänden berichteten von den glorreichen Thaten der Feldherren und später kamen dazu Schlachtengemälde und Siegesgöttinnen von edlem Metalle. Dann sammelten sich auch allmählich um den Haupttempel die Bildsäulen der berühmtesten Männer des Staats, griechische Götterstatuen und allerhand Trophäen und Gesetzmonumente an. 83 v. Chr. brannte der alte Tempel ab; der neue Bauplan ward nach griechischen Mustern entworfen und das Bild des Jupiter nach dem Vorbild des olympischen Zeus von griechischer Künstlerhand aus Gold und Elfenbein ausgeführt. Die Erneuerung des Gebäudes nach den Bränden von 69 und 80 n. Chr. geschah nach dem frühern Plane.

Auf die Verehrung Jupiter's als Zeus-Helios und den Serapisdienst werden wir später an einer Stelle der ägyptischen Mythologie zu sprechen kommen.

Junohaupt. (Kolossalkopf in der Villa Ludovisi.)

3. Juno.

Juno, sprachlich das Femininum von Jupiter (eigentlich Dyu-pater = Himmelsvater), bildet auch ihrem Wesen nach die weibliche Seite seines Prinzips. Ihre Bedeutung als Lichtgöttin erhellt aus dem alten Beinamen Lucina und als solche hieß sie auch Calendaris, weil ihr der erste Monatstag, an welchem die Mondsichel wieder erschien, geheiligt war. Man übertrug aber das Geborenwerden des Lichts aus dem Dunkel auf die Entstehung der Menschen, und Lucina galt deshalb für die erste und mächtigste aller Geburtsgöttinnen. Ueberhaupt erstreckte sich ihre Wirksamkeit auf das ganze Leben der Frauen, und ihr angesehenstes Fest, die Matronalien, fiel mit dem Anfange des altrömischen Jahres, dem ersten März, zusammen. Nur Jungfrauen und unbescholtene Eheweiber durften dann am Altar der Juno beten. Die Frauen wurden von ihren Männern beschenkt und bewirtheten ihre Sklavinnen. Aehnlicher Art war auch die Juno von Lanuvium und die sabinische Quirītis, nur daß beide, Schutzgöttinnen der Matronen, die Lanze in der Hand führten. Beinahe von selbst versteht es sich, daß Juno auch als Ehestifterin angerufen wurde. In dieser Beziehung hieß sie Pronūba und Juga, außerdem aber noch Domidūca (die ins Haus des Bräutigams Geleitende), Unxia (die die Pfosten Salbende).

Die neben Jupiter thronende Gemahlin, wie sie auf dem Kapitol verehrt wurde, führte den besondern Beinamen Regīna, Himmelskönigin, und war nicht blos Schutzgöttin der Matronen, sondern auch der Städte. Ihr wurden gewöhnlich Kühe als Opfer geschlachtet, und die Gänse waren ihr, als häusliche und fruchtbare Thiere, heilig und wurden in ihren Tempeln unterhalten. Besondere Ehre legten bekanntlich im gallischen Kriege die kapitolinischen Gänse durch

Witterung des Feindes ein. Deshalb wurden sie auch mit besonderer Aufmerksamkeit gepflegt und am Jahrestage jener Rettung eine Gans in Prozession auf einer Sänfte um den Tempel getragen, während ein Hund in der Nähe ans Kreuz geschlagen zu werden pflegte. Ein hoch angesehener Tempel der Juno Regina stand auch auf dem Aventinischen Hügel, und in ihm befand sich ein von Veji nach Rom übergesiedeltes Kultbild.

4. Minerva.

Diese altitalische Göttin ist sehr bald durch etruskischen und großgriechischen Einfluß in ein der griechischen Pallas Athene sehr nahe kommendes Wesen umgestaltet worden. Durch ihren Namen „die Geistbegabte" wird schon auf ihre mehr geistige Auffassung hingedeutet, und wenn sie auch als blitzschleudernde Göttin der Höhe in Rom nicht unbekannt war, so vergaß man ihre Naturseite bald ganz vor ihrem Patronate über das weite Gebiet der Erfindungen, Gewerbe, Künste und Wissenschaften. Ihr Antheil an dem kapitolinischen Tempeldienste ist bereits erwähnt worden. Noch lag ein älter, gefeierter Tempel von ihr auf dem Aventin, wo auch dramatische Dichter und Schauspieler ein stehendes Versammlungslokal hatten. Da der 19. März der Einweihungstag dieses Tempels und zugleich der Geburtstag Minerva's sein sollte, so beging man an ihm ihr Hauptfest, Quinquatrus genannt, weil es der fünfte Tag nach den Idus war. Man feierte es in den Schulen, wo die Kinder einige Ferientage bekamen und ihren Lehrern beim gleichzeitigen Beginne des neuen Kursus ein Eintrittsgeld (Minerval) erlegten, aber auch in den Häusern, wo nicht nur Frauen und Mädchen die Göttin als Urheberin des Spinnens und Webens verehrten, sondern auch Handwerker und Künstler der verschiedensten Art sich heiterer Festlust überließen. In späterer Zeit wurden dem Hauptfesttag vier andere angefügt und mit Gladiatorengefechten zu Ehren der kriegerischen Minerva gefeiert. Außer dem 19. März wurde aber auch der 19. Juni, der Stiftungstag eines Minerventempels auf dem Cälius, als kleine Quinquatrien, wenn auch nur von der Flötenspielerzunft, festlich begangen. Diese schwärmte maskirt in den Straßen herum und hielt auf Staatskosten einen solennen Schmaus im Tempel des kapitolinischen Jupiter. Das Recht des öffentlichen Aufzugs knüpfte sich an einen komischen Vorfall des Jahres 312 v. Chr. Die damaligen Censoren hatten nämlich den Festschmaus verweigert und die Musikanten waren alle nach dem nahen Tibur ausgewandert. Da man sie aber wegen der Opfer, Spiele und Leichenbegängnisse nicht entbehren konnte, veranlaßte der Senat die Tiburtiner, durch gütliches Zureden ihre Rückkehr zu vermitteln, jedoch vergeblich. Endlich gelang es durch List. Man ließ sie an einem Festtage ihrem großen Weindurste reichlich Genüge thun, packte dann die Berauschten auf Wagen und fuhr sie nach Rom, wo sie mit Sonnenaufgang mitten auf dem Forum erwachten und sich endlich zum Bleiben bereden ließen.

Die Bilder Minerva's waren ganz mit denen Athene's identisch. Rom rühmte sich auch, im Besitze des trojanischen Palladiums zu sein. Aeneas sollte von Diomedes das geraubte Heiligthum überkommen und es einem gewissen Nautes gegeben haben, der es nach seiner Einwanderung der Stadt schenkte. Es gehörte zu den heiligsten Unterpfändern göttlicher Gnade und wurde im Tempel der Vesta aufbewahrt.

5. Apollo.

Die Einführung der rein griechischen Apollo-Religion hängt genau mit der Erwerbung der Sibyllinischen Orakelsprüche durch Tarquinius Superbus zusammen. Eine unbekannte Greisin bot ihm neun Bücher göttlicher Weissagung um hohen Preis zum Kaufe an. Von ihm verlacht, verbrannte sie drei und noch einmal drei vor seinen Augen, bis er nachdenklich ward und die drei noch übrigen für den zuerst verlangten Preis kaufte. Hierauf verschwand die Alte; die Bücher galten aber fortan als Staatsorakel und wurden in allen dringenden Fällen durch zwei, später zehn besondere Beamte befragt. Sicher ist, daß die Enthüllungen aus dem griechischen Cumä stammten, wo eine sehr berühmte Sibylle ihren Sitz hatte, in griechischer Sprache verabfaßt waren und nur in Zusammenhang mit griechischen Göttern und Kulten standen. Von der Periode der Tarquinier an begannen auch die Sendungen von Rom an das Orakel von Delphi. Die Römer lernten Apollo hauptsächlich von Seiten seiner sühnenden und heilenden Wirkung kennen und ehren. Mitten in der Noth des zweiten punischen Krieges stellte man Apollo-Spiele im Cirkus an, als sicheres Mittel gegen den Feind, und machte dieselben wenige Jahre später infolge einer Epidemie zu einem stehenden Feste. So wurden auch die Säkularspiele als Sühne für Pest und Krankheit durch die Sibyllinischen Bücher eingeführt. Besondere Vorliebe für Apollo zeigte Augustus, der ihn nach der Seeschlacht bei dem aktischen Heiligthume zu seinem Schutzgotte erkor und ihm auf dem Palatin einen prächtigen Tempel erbaute.

Die Sibyllinischen Bücher waren im Jahre 83 v. Chr. beim Brande des kapitolinischen Tempels verloren gegangen; man hatte aber in allen Gegenden nach ähnlichen Weissagungen geforscht und endlich eine aus mehreren Büchern bestehende neue Sammlung zu Stande gebracht, deren Kern die Sprüche der Sibylle von Erythrä in Jonien bildeten. Von nun an befragte sie ein Kollegium von 15 Männern, und ihr Ansehen bestand ungeschwächt fort bis in die spätesten Zeiten des Reichs, wo sie endlich als eine Quelle abergläubischer Aufregung auf Befehl Stilicho's verbrannt wurden.

6. Diana.

Sowie Latona zugleich mit ihrem Sohne in Rom bekannt wurde, fand natürlich auch der Artemisdienst früh Eingang. Die griechische Göttin wurde aber sofort mit der alten Mondgöttin Diana oder Jana, der weiblichen Hälfte des Janus, verschmolzen. Sie war ebenfalls Jagd- und Waldgöttin und Förderin des weiblichen Geschlechtslebens, besonders der Geburten. Ihr berühmtester Tempel zu Rom in alter Zeit war der aventinische, welchen Servius Tullius als Bundesheiligthum für alle Latiner geweiht hatte.

Daß diese Diana mehr eine nährende Naturgöttin vorstellte, sieht man daraus, daß das älteste Kultbild dem Typus der ephesischen Artemis folgte, und daß man ihren Tempel nicht mit Hirschgeweihen, sondern mit Rinderhörnern schmückte.

Uralt war ferner der Kult dieser Diana im Haine zu Aricia im Albanergebirge, wo noch ein Walddämon, Namens Virbius, daneben verehrt ward.

7. Sol und Luna.

Beide stehen in ähnlichem Verhältniß zu den Lichtgöttern Janus und Diana, wie Helios und Selene zu Apollon und Artemis. Nur kommt hier noch der Umstand hinzu, daß sie speziell sabinische Gottheiten gewesen zu sein scheinen. Auch in Rom glaubte man, daß der Sonnengott allsehend und alle verborgenen Frevel anzuzeigen im Stande sei. Da man aber ihm und Luna Wagen und Rosse beilegte, so wurden sie im Cirkus als besondere Schutzgottheiten der Wagenlenkerkunst verehrt und hatten ganz in der Nähe ihre Heiligthümer. Beide zusammen, Sol im Aufsteigen, Luna im Niedergang begriffen, sind ein ganz gewöhnliches Bild der Ewigkeit.

Kauernde Venus nach Daidalos von Sikyon.

8. Venus.

Wiewol Venus keine altrömische Göttin war, wenigstens unter diesem Namen erst später verehrt worden ist, so scheint doch ihr Dienst im übrigen Latium ziemlich verbreitet gewesen zu sein, und es gab sowol in der alten Bundesstadt Lavinium als auch bei Ardea Heiligthümer der Venus, wo die Latiner über gemeinsame Angelegenheiten zu tagen pflegten. Doch war sie ursprünglich mehr Göttin des vegetativen Naturreizes, vorzüglich der sich im Lenz erneuernden Blüte. Bald mischte sich von Unteritalien aus die griechische Aphrodite nebst der Aeneassage mit diesen einheimischen Elementen und nach der Niederlage am Trasimenischen See wurde der Aphrodite vom sizilischen Eryx, also der Urania, ein Tempel auf Befehl der Sibyllinischen Bücher gebaut. Auf diese, als die lebenspendende Mutter der Dinge, weisen auch die Beinamen Genĕtrix und Victrix hin, obgleich später das Julische Haus dieselben mit seiner Abstammung von den albanischen Geschlechtern und speziell von Aeneas in Zusammenhang brachte.

Venus hatte drei uralte Heiligthümer in Rom unter den Namen Murcĭa, Cloacīna und Libitīnă. Als letztere war sie zugleich Göttin des Todes und der Verstorbenen, und die zu den Leichenbegängnissen erforderlichen Bahren mußten gegen eine Abgabe aus ihrem Haine geholt werden. Es wiederholt sich also bei ihr die in Hellas, z. B. bei Persephone, so deutlich sichtbare Ideenverbindung, die durch das Erblühen und Verschwinden des natürlichen Lebens hervorgerufen wird. Die eigentliche Bedeutung der römischen Venus, nach welcher alle Gärtner, Gemüsehändler und Blumenzüchter sie als Beschützerin ihrer Profession ansahen, ging endlich immer mehr in die griechische Auffassung über, nach welcher sie für die Göttin der weiblichen Schönheit und der Liebe, ja sogar in ihrer schlimmsten Ausartung, galt.

9. Vulcanus.

Er ist der Gott des Feuers, als einer die Kultur der Menschen befördernden, aber auch das Wachsthum der Gewächse unterstützenden Naturkraft. Durch seine nahe Beziehung zur Feuerstätte des Hauses geräth er in ein verwandtes Verhältniß zu Vesta, indem er zum Wächter der Familie und der staatlichen Einigung wird, und in diesem Sinne hielt man auch Servius Tullius für einen Sohn von ihm. Eine uralte Kultusstätte Vulcan's war das Vulcānal, ein unmittelbar über dem Comitium gelegener freier Platz, wo schon Romulus und Tatius ihre Zusammenkünfte gehalten haben sollten und sich später die Patrizier oft beriethen. Das Hauptfest Vulcan's wurde im August gefeiert; es fanden dabei öfters Spiele statt, und die Familienväter verbrannten nach alter Sitte eine Art kleiner Tiberfische dem Vulcan auf dem Herde. An einem andern Feiertage Vulcan's, im Mai, wurden die beim Gottesdienste nöthigen Metallinstrumente geweiht. Endlich — und diese Bedeutung trat später immer mehr hervor — wurde Vulcan für den Gebieter des verzehrenden und schädlichen Feuers angesehen und zum Schutze gegen Feuersbrünste angerufen, wobei ihm die Stata Mater, eine Gottheit, welche das Feuer zum Stehen brachte, zur Seite stand. Eben deshalb liebte man es nicht, dem Vulcan im Innern der Städte Tempel zu errichten.

10. Vesta und die Penaten.

Vesta, eines Namens und einer Bedeutung mit Hestia, war die Göttin des mitten im bedachten Binnenhofe des Hauses lodernden Herdfeuers. Jener Raum, das italische Atrĭum, um welches die einzelnen sehr kleinen Zimmer und Wirthschaftsräume herumlagen, war der eigentliche Verkehrsplatz der Familie. Dort stand in alter Zeit, dem Eingang gegenüber, das Bett des Familienvaters; dort wurde gekocht, geopfert, gespeist und von den Frauen gesponnen; an diesen Ort, und besonders an den heiligen Herd, knüpften sich die theuersten Erinnerungen. Aufs Innigste mit dieser Verehrung der häuslichen Feuerstätte hängt auch die der Penaten zusammen. Es waren dies die freundlichen Schutzgeister des Hauses, die über dessen Segen und reichliche Vorräthe wachten.

Der Herd war auch ihnen geheiligt; an demselben standen ihre Bilder, und nach der Mahlzeit stellte man ihnen das Salzfaß und einige Speise auf einer silbernen Schale hin. Auch befand sich das Gesinde in ihrem Schutze, und der Hausherr opferte ihnen für das ganze Haus, besonders an ihrem Festtage im Januar. Sie sind darum bei den Dichtern das Symbol einer friedlichen Häuslichkeit.

Opfer der Vestalinnen.

Weil nun aber auf dem Glücke der einzelnen Häuser und auf dem Wohlergehen der Familien auch das Heil des Ganzen beruhte, so hatte selbst der Staat ein Heiligthum der Vesta, auf dessen Herde, als dem idealen Mittelpunkte der Gemeinde, ein ewiges Feuer loderte. Es war dies kein gewöhnlicher Tempel, sondern ein überwölbter Rundbau mit dem Staatsherde und der heiligen Vorrathskammer, in welcher die Bestandtheile des Opfers: Salzlake,' in einem irdenen Topfe gekocht, und gesalzener Schrot von gedörrtem und gestampftem Spelt aufbewahrt wurden. Außerdem gab es noch ein Allerheiligstes daneben, wo sich in thönernen Fässern das erwähnte Palladium und die Bilder der Penaten des römischen Volkes, zwei Jünglinge in Kriegsrüstung, befanden. Diese Reliquien rettete im dritten Jahrhunderte v. Chr. bei einem Brande der Oberpriester Metellus, büßte aber die Sehkraft ein, weil er das Heiligste mit sterblichen Augen erblickt hatte. Der römische Oberpriester wohnte nämlich unmittelbar neben dem Vestatempel und stellte beim Vestadienst den Hausvater des Staates vor, weshalb seine Amtswohnung auch „Atrium der Vesta" hieß. Unter ihm fungirten die Vestalinnen, die Jungfrauen des heiligen Hauses. Die größte Einfachheit und Reinheit wurde beim Vestadienst beobachtet. Alle Gefäße mußten daher einfaches Thongeschirr sein, und täglich wurde der Tempel mit Wasser aus fließender Quelle besprengt, jährlich mit reinigendem Lorber geschmückt. Dieser Unbeflecktheit entsprach auch das Leben und der Beruf der Priesterinnen. Vestalinnen gab es ursprünglich vier, seit Tarquinius Priscus sechs. War eine Stelle zu besetzen, so schlug der Oberpriester zwanzig Jungfrauen vor, die nicht unter sechs und nicht über zehn Jahre alt und mit keinem körperlichen Gebrechen behaftet sein durften, deren Éltern noch am Leben und von anständiger Herkunft sein mußten. Diese losten dann unter sich und die Erwählte wurde feierlich geweiht und eingekleidet, um dreißig Jahre ihres Lebens dem klösterlichen Amte zu widmen, von welchen sie zehn Jahre mit der Erlernung des Dienstes und zehn andere mit der Ausübung desselben, die übrigen mit dem Unterrichte der Novizen zubrachte. Ihr Leben war mit großen Auszeichnungen und Vorrechten verbunden, aber auch mit Entbehrungen, Mühen und Gefahren. Wenn sie in ihrer weißen Tracht, zu der ein diademartiges Stirnband mit flatternden Bändern gehörte, unter Vortritt eines Liktors auf der Straße erschienen, wich ihnen Jedermann ehrerbietig aus und selbst die höchsten Beamten ließen ihre Fascen vor ihnen senken; bei den öffentlichen Spielen saßen sie auf einem Ehrenplatze. Auf Beleidigung ihrer Person stand der Tod; ihre Begleitung schützte vor jedem Angriffe; ja, ihr zufälliges Begegnen rettete den Verbrecher vor der Strafe. Auch waren sie frei von Vormundschaft; ihr Zeugniß galt ohne bekräftigenden Eid, ihre Fürbitte als eine mächtige Hülfe für Angeklagte. Ihrem Gebete schrieb man übernatürliche Kraft zu; selbst nach ihrem Tode durften sie allein, außer den Kaisern, innerhalb der Stadt begraben werden.

Dagegen mußten sie jeden Gedanken an eheliches Glück in ihrem Herzen ersticken; denn, der keuschen Göttin gleich, sollten ihre Dienerinnen völlig makellos sein. Kein Mann durfte deshalb ihre Zelle betreten, und wurden sie verbotenen Umgangs überführt, was mehrmals vorgekommen ist, so wartete ihrer der unvermeidliche Tod. Man trug die Schuldige auf einer Bahre hinaus auf den Hinrichtungsplatz, geißelte sie und begrub sie lebendig in einer Gruft, weil man sich scheute, die Gottgeweihte gewaltsam zu tödten. Aber auch wenn sie die Unterhaltung des heiligen Feuers, dessen Erlöschen von unheilvoller Bedeutung für den Staat war, vernachlässigten, wurden sie vom Oberpriester mit Ruthenstreichen bestraft. Doch erzählte man sich auch von wunderthätigem Einschreiten der Göttin selbst, wenn ihre Priesterinnen schuldloser Weise verurtheilt werden sollten.

So war einst die Vestalin Aemilia auf den Verdacht der Gelübdeverletzung hin in Untersuchung gerathen, weil sie aus Müdigkeit eingeschlummert war und die ihre Stelle vertretende Novize das Feuer hatte ausgehen lassen. Da rief sie in brünstigem Gebete Vesta um Entscheidung an und warf ein abgerissenes Stück ihres Gewandes auf die kalte Asche; dieses flackerte sofort auf und die Vestalin war gerettet. Eine Andere, Namens Tuccia, machte die falsche Anklage verletzter Keuschheit durch Berufung auf ein Gottesurtheil zunichte, schritt mit gläubiger Zuversicht zum Tiber hin, schöpfte mit einem Siebe Wasser aus demselben und trug es, ohne daß ein Tropfen durchsickerte, bis auf das Forum, wo sie es unter dem Zujauchzen des Volks zu den Füßen der Priester ausgoß. Uebrigens erfolgte die Wiederanzündung des Vestafeuers durch Aneinanderreiben trockener Holzstücke von einem glückverheißenden Baume.

Vestatempel zu Tivoli.

Das Hauptfest der Göttin, die Vestalien, wurde am 9. Juni zum Andenken der alten patriarchalischen Häuslichkeit gefeiert, welche Vesta geschaffen hatte. Jede Familie hielt am Herde ein einfaches Mahl und schickte davon den Vestalinnen zum Opfer in irdenen Schüsselchen; auch wallfahrteten die Matronen mit entblößten Füßen zum Tempel, um den Segen der Göttin für den Haushalt zu erflehen, und hatten an diesem Tage zum inneren Raume desselben Zutritt, der den Männern nie erlaubt war. Die Müller und Bäcker feierten das Fest, bekränzten die Mühlsteine und führten ihre mit Guirlanden und Halsbändern aus kleinen Broten gezierten Esel durch die Stadt. Am 15. Juni wurde dann das ganze Heiligthum gereinigt und der Kehricht an einem besondern Orte verborgen. In Gegenwart der Vestalinnen fand auch im Hause eines Konsuls oder Prätors zu Anfang des Dezember das hochwichtige Opfer der Bona Dea, einer befruchtenden Erdgöttin, statt. Wie bei den attischen Thesmophorien, durfte kein Mann dieser Feier beiwohnen, und es war ein arger Frevel, daß der freche Clodius, Cicero's Feind, als Harfenspielerin verkleidet, sich dazu einschlich. Wie in Attika, folgte auch hier der ritualen Feierlichkeit ausgelassener Scherz und Tanz.

Als nach Augustus' Vorgang die Kaiser stets das Amt des Oberpriesters bekleideten, kamen der Vestadienst und seine Dienerinnen in Abhängigkeit von den Regenten. Der erste Kaiser suchte das etwas in Verfall gekommene Institut in jeder Weise wieder zu Ehren zu bringen. Vespasian stellte den im Neronischen Brande zerstörten Tempel wieder her, und Domitian ahndete streng die Sittenlosigkeit der Priesterinnen. Aber Caracalla ließ vier unschuldige Vestalinnen tödten, und der freche Heliogabal holte das heilige Bild der jungfräulichen Pallas aus dem Vestatempel, um es seinem syrischen Sonnengotte zu vermählen! Noch Konstantin hatte die Privilegien des Vestatempels nicht geschmälert. Aber Kaiser Gratian, welcher zuerst das Amt des Pontifex Maximus ablehnte, zog das Vermögen desselben ein, sowie er auch die übrigen Tempelgüter nicht schonte.

Als Göttin des heiligen Feuers wurde Vesta bei keinem Gottesdienste übergangen; doch wurde ihr Name stets zuletzt angerufen. Statuen von ihr sind selten, und meist bleibt es zweifelhaft, ob nicht eine andere Göttin oder überhaupt eine Matrone gemeint sei.

Die Laren.

11. Die Laren.

Wiewol an eine andere Stelle gehörig, stehen die Laren und ihr Kult doch in so inniger Verbindung mit den Penaten und dem heiligen Herde, daß wir das Wichtigste über sie hier sogleich folgen lassen. Da die Römer glaubten, daß die Seelen der Verstorbenen als göttliche Wesen in der Unterwelt fortexistirten und eine Macht auf die lebende Generation ausübten, so ehrten sie speziell in den Lares, d. h. „Herren", die Ahnen der Familie, in dem Lar familiaris den Stammvater. Was also die Penaten für materiellen Haussegen, das sind die Laren für den Bestand und das Glück der Familie. Auch diese Schutzgeister, die man als junge Männer, mit Lorber bekränzt, in kurz aufgeschürzten Gewändern, Hörner, Schalen oder Kannen in den Händen haltend, abbildete, hatten ihren Platz am Herde, und bei den Aermeren und auf dem Lande blieb dies so, während man in wohlhabenderen Häusern den Herd später aus dem Atrium entfernte und die Penaten und Laren in besonderen Nischen und Kapellen verehrte, ihre Bilder aber nicht mehr aus Holz, sondern aus edlem Metall aufstellte. Die Laren waren bei jedem wichtigeren und unwichtigeren Momente des Familienlebens betheiligt; in Freude und Leid betete man zu ihnen und beschenkte sie; jedes Fest traf sie mit. Der Hausfrau lag die Verpflichtung ob, jeden Abend den Herd rein zu fegen und an bestimmten Monatstagen einen Kranz auf denselben zu legen. Wie die Penaten, so bekamen auch die Laren von den täglichen Speisen kleine Portionen, die man auf den Herd setzte und dann in die Flammen schüttete. Besondere Spenden, Opfergaben, wol auch ein Schwein, wurden ihnen bei Familienfesten dargebracht, wie wenn der Haussohn ihnen seine Bulla (das Amulet, welches er in den Kinderjahren am Halse trug) weihte, oder ein Familienmitglied glücklich aus der Fremde wieder heimkehrte, oder an Geburtstagen, oder an einem Genesungsfeste u. s. w. Denn die Laren beschirmten die Familie auch auf der Reise zu Lande und zu Wasser, wie in den Gefahren des Kriegs, und hüteten selbst den Feldbesitz.

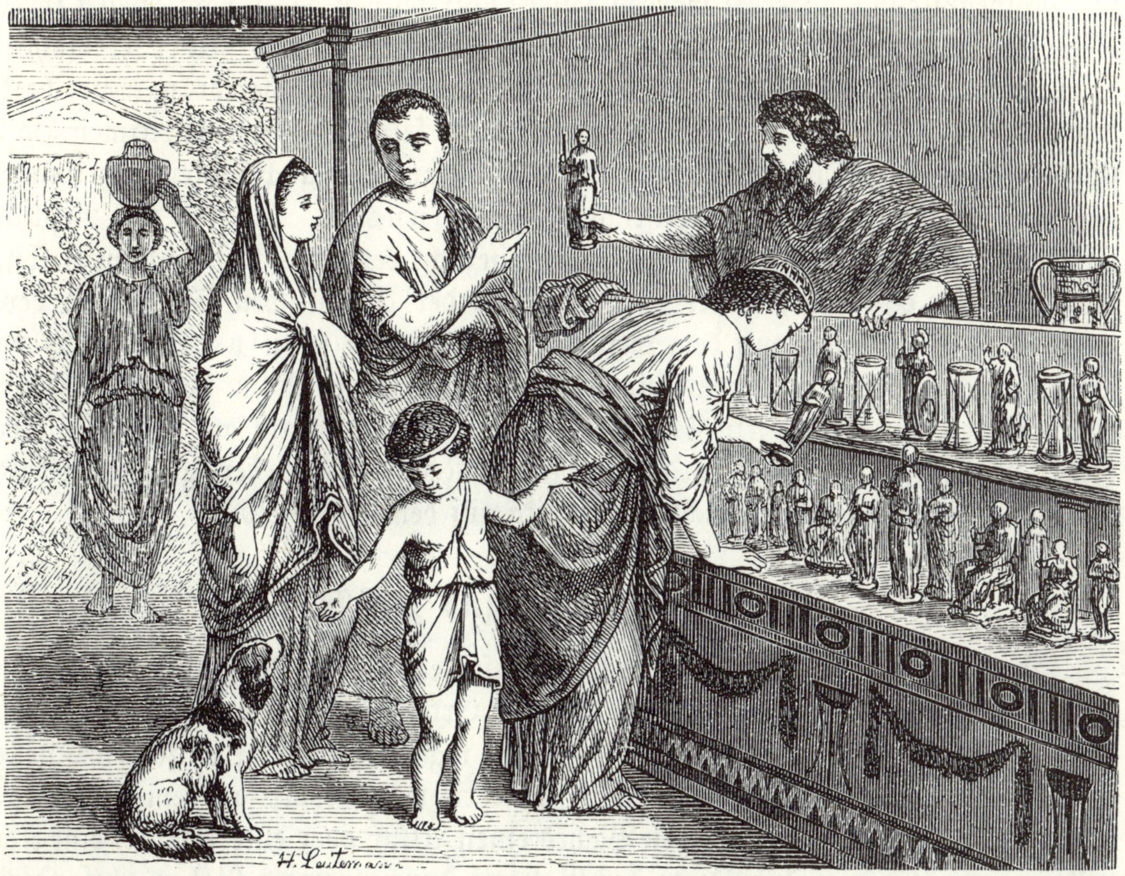

Larenverkauf.

Nun besaß aber nicht allein die Familie ihre Laren, sondern auch das Geschlecht, der Distrikt, das ganze römische Volk, als eine Familie gedacht. So kam es denn, daß man an allen lebhaften Verkehrspunkten, besonders an den Kreuzwegen, auf dem Lande und in der Stadt, kleine Larenkapellen errichtete, deren Versorgung der Nachbarschaft anheimfiel. Jährlich fand für diese Weg-Laren nach Anordnung des Servius Tullius ein Fest, die Compitalien, statt, bei welchem die zu einem Distrikte gehörigen Bürger zu gemeinsamem Opfer sich vereinigten. Diese volksthümlichen, mit Scherz und Lust begangenen Feste wurden allmählich so beliebt, daß sich förmliche Vereine zur Anstellung solcher Compitalspiele bildeten, deren Vorsteher freilich oft im Solde ehrgeiziger Demagogen standen. Die öffentlichen Laren erscheinen stets als zwei Brüder und waren sicher die Gründer der Stadt selbst, Romulus und Remus, welche ja eben deshalb Pflegesöhne der Acca Larentia, d. h. „der Larenmutter", hießen. Zu diesen beiden Laren wurde nach dem Tode des Augustus dessen Genius hinzugefügt und seitdem als Schutzgeist des Volkes verehrt.

12. Neptunus.

Die Römer haben sich nie sehr zum Seewesen hingezogen gefühlt. Den Seehandel überließen sie Fremden; zum Seekrieg drängte sie nur die Noth. Darum ist auch die lateinische Sprache arm an technischen Ausdrücken für dieses Fach. Wie sollte unter solchen Verhältnissen ihre Phantasie durch die Wunder des Meeres zur Mythenbildung angeregt worden sein? Wir kennen daher vom Wesen ihres Seegottes Neptūnus (bei den Etruskern Nethuns) und seiner Gemahlin Salacĭa, der Salzflut, kaum mehr als die Namen. Wol aber drängte sich bald der Erderschütterer Poseidon mit Amphitrite und seinem ganzen maritimen Hofstaat in Rom ein. Doch schrieb man die Erfolge zur See auch später noch immer nebenbei den Laren und dem Hafengotte Portūnus zu. Da sich mit Neptun auch die griechische Vorstellung von der Rossezucht verband, so machte man ihn, als Neptunus equester, später zum Vorstand der circensischen Spiele und verwechselte ihn vollständig mit dem latinischen Todtengotte Consus, dem dieselben ursprünglich geweiht waren. Sein einziger Tempel in Rom befand sich am Flaminischen Cirkus und sein Fest, die Neptunalien, scheint am Meeresgestade unter Laubhütten gefeiert worden zu sein. Noch erbaute der große Seeheld Agrippa dem Neptun eine prächtige Basilika auf dem Marsfelde.

13. Die Quellen und Flüsse.

Janus, der Gott alles Anfangs, nebst seinem Sohne Fontus wurden in Italien für die allgemeinen Urheber der der Erde entquellenden Gewässer angesehen. Doch vermuthete man auch hinter dem regen Leben jeder einzelnen Quelle die waltende Macht eines höheren Wesens, errichtete deshalb an dem Ursprunge und der Strömung jedes größeren Baches einen Altar oder eine Statue, eine Kapelle, einen Hain, und huldigte der Gottheit durch fromme Gaben, besonders durch Kränze, Wein und zuweilen durch Schlachten eines Böckchens. Außerdem galt jede Verunreinigung für einen Frevel; ja, von dem Flusse Clitumnus in Umbrien durfte eine ganze Strecke weder durch Baden noch durch Beschiffen entweiht werden. Gewöhnlich dachte man sich die Flüsse als männliche Wesen, oft als die ehemaligen Könige des Landes; in den Quellen dagegen hausten Göttinnen, mit heilender und reinigender Kraft begabt, zuweilen auch den Sinn der Sterblichen bethörend und verführend. Die oberste der Quellnymphen war Juturna, welche die Sage bald zur Gattin des Janus, bald zur Geliebten Jupiter's machte. Ihren Namen führten eine Quelle, ein Fluß und ein See am Albanischen Berge, aber auch mehrere Quellen in Rom, wo auch Alle, die in ihrem Gewerbe mit Wasser zu thun hatten, ihr Fest, die Juturnalien, feierten. — Besondere Erwähnung verdient noch die Quellnymphe Egerĭa, unter deren Beirath der König Numa seine gottesdienstlichen Einrichtungen getroffen haben soll. Sie offenbarte ihm in nächtlichen Zusammenkünften die Geheimnisse und den Willen der Götter, und das Weihevolle dieses Umgangs verschaffte seinen Gesetzen höhere Autorität, indem er selbst kein Hehl daraus machte und einst Ungläubige durch plötzliche Verwandlung seiner ärmlichen Wohnung in einen mit dem kostbarsten Geschirr und den leckersten Speisen wohlversehenen Palast bekehrte. Als Ort der Zusammenkünfte wurde in Rom der Hain der Camēnen, ebenfalls zaubernder und wahrsagender (später mit den Musen verwechselter) Nymphen, bezeichnet. Er lag vor dem nach Capua führenden Thore und umfaßte ein an schattigen Grotten und feuchtem Rasen reiches Thal, das aber später durch Bauten beeinträchtigt wurde.

Unter den Flüssen genoß bei den Römern der Tiber eine seiner Bedeutung für die Stadt gleichkommende Verehrung. Durch sein häufiges Austreten für die Niederung gefährlich und verderblich, und durch die Verbindung, die seine Fluten zwischen Rom und dem Meere herstellten, wichtig, konnte er beim römischen Gottesdienste nicht übergangen werden. Der Mythus machte ihn zu einem alten Könige von Veji oder Alba und gab ihm die von ihrem Oheim Amulius in den Fluß gestürzte Rhea Silvia zur Gemahlin. Sein Heiligthum stand seit den ältesten Zeiten auf der Tiberinsel. Die hohe Scheu, die man in alter Zeit vor Reizung des „Vaters Tiberinus“ zum Zorn hegte, offenbarte sich klar in dem während der republikanischen Periode festgehaltenen Gebrauche, nur mit einer einzigen Brücke den Strom zu belasten, und zwar war dieses Brückenjoch nur aus Holz, ohne Anwendung von Eisen, zusammengefügt, weil dieses für die Gottheit etwas Verletzendes hatte. Um der Erneuerung und Wiederherstellung dieser Brücke (pons sublicius) willen scheint ursprünglich das sich später zu einer Aufsichtsbehörde über den gesammten römischen Gottesdienst erweiternde Kollegium der fünf pontifices (Brückenbauer) eingesetzt worden zu sein, zu deren Insignien auch die Axt gehörte. Ja, es ist ziemlich wahrscheinlich, daß man Anfangs zur Sühne für seine Fesselung dem Flußgotte Menschenopfer dargebracht hat. Wenigstens deutet hierauf der Gebrauch hin, daß jährlich am 15. Mai von den Vestalinnen in Gegenwart der weltlichen und geistlichen Behörden 24 aus Binsen geflochtene Menschenpuppen, Argei genannt, von der Holzbrücke in den Strom gestürzt wurden. Wie andere Flußgötter, dachte man sich Tiberinus als einen ernsten Greis in bläulichem Gewande und mit einem Schilfkranze.

Tiber. (Koloß im Mus. Pio-Clem.

Feierliches Marsopfer.

14. Mars.

Der später mit dem hellenischen Kriegsgotte ganz auf gleiche Stufe gesetzte Mars (Maurs, Mavors, Marmar) hatte bei den altitalischen Stämmen ursprünglich eine viel höhere Bedeutung als Ares. Er bildete nicht blos den Mittelpunkt einer besondern Göttergruppe, sondern war überhaupt der Hauptgott im ganzen Götterkreise. Demgemäß war auch seine Wirksamkeit eine vielseitige. Er ist nicht nur Todes- und Kriegsgott, sondern auch ein Gott des Wachsthums, ein Beschützer der Felder und Herden, ja sogar ein Gott der Weissagung. Sein heiligstes Thier, der unheimliche Wolf, war zugleich das Wahrzeichen der römischen Bürgerschaft und stand in genauester Verbindung mit der Stiftung des Staates. Andere Symbole von ihm waren der im Walde einsam pickende Specht, zugleich sein Prophet, der Ackerstier, das Streitroß und die Lanze. Jede Gemeinde scheint ihren eigenen Mars besessen zu haben. Ihm gelobte sie in schweren Kriegsläufen oder in Sterbezeiten einen „heiligen Lenz", d. h. alle im nächsten Frühling vorkommenden Geburten von Menschen und Vieh. Die Thiere wurden dann geopfert, die junge Mannschaft aber, sobald sie herangewachsen war, über die Landesgrenzen gesandt, um sich neue Wohnsitze mit dem Schwerte zu erkämpfen. Als dem Frühlingsgotte war ihm auch der erste Monat des Jahres, der März, geweiht. Seine Beziehung auf die Natur, auf Ackerbau und Viehzucht, war noch im zweiten Jahrhundert v. Chr. nicht für das religiöse Gefühl erloschen. Ertheilt doch der ältere

Cato in seiner Schrift über den Landbau dem Viehzüchter die Vorschrift, dem Mars Silvanus für jedes Stück Rindvieh eine Spende darzubringen, und schreibt dem Ackersmann bei dem Feldweihopfer folgendes Mustergebet vor: „Zu dir bete ich, Vater Mars, und flehe dich an, daß du gewogen und gnädig seist mir, meinem Hause und unserer Familie, weshalb ich ja auch die Opferthiere um meinen Acker, mein Land, mein Grundstück habe herumführen lassen. Mögest du Krankheit, bekannte und unbekannte, Mißwachs, Verwüstung, Schäden, Unwetter hindern, abwehren, fernhalten. Mögest du den Feldfrüchten, dem Getreide, den Weinbergen, den Baumpflanzungen Wachsthum und gutes Gedeihen geben! Hirten und Herden erhalte wohl und verleihe gut Heil und Gesundheit mir, dem Hause und unserer Familie!"

Als Verleiher des Natursegens stand ihm auch bei den Sabinern die weibliche Gottheit Nerio zur Seite, welche mit Minerva und Aphrodite verglichen wurde, und mit ihm die Ehen stiftete und beschützte. Auch Anna Perenna, eine nährende Frühlingsgöttin, vielleicht richtiger eine Mondgöttin, die bald jugendlich, bald ältlich erscheint, kommt in seltsamen Zusammenhang mit Mars. Als sich dieser nämlich einst in Minerva verliebt hatte und es nicht wagte, der strengen Göttin seine Leidenschaft zu gestehen, wandte er sich, um Vermittlung bittend, an Anna Perenna. Anstatt aber ihm zu helfen, beschloß die lustige Alte, ihm einen Possen zu spielen, bewilligte ihm im Namen Minerva's eine Zusammenkunft und nahte sich dem Liebenden in lang herabwallendem, bräutlichem Schleier. Als er nun hastig die Hülle wegzog, schaute das schalkhaft lächelnde Antlitz des Mütterchens hervor, und beschämt und zürnend wandte sich Mars ab, während Venus entzückt über die komische Verwechselung war. In späterer Zeit, wo man sich den Namen nicht mehr erklären konnte, dachte man an Anna, die Schwester der von Aeneas schmählich verlassenen Dido, und fabelte, dieselbe sei nach dem Tode ihrer Schwester von Karthago vertrieben, an die latinische Küste gekommen; Aeneas habe sie freundlich aufgenommen, seine Gemahlin Lavinia aber sie aus Eifersucht einst während der Nacht so in Schrecken gesetzt, daß sie aus dem Fenster gesprungen sei und sich in den Fluß Numicius gestürzt habe, neben welchem sie dann als Nymphe verehrt wurde. Eine andere Sage wollte wissen, daß Anna Perenna eine gute Bäuerin aus dem uralten latinischen Flecken Bovillä gewesen sei, die beim Auszuge der Plebejer auf den Heiligen Berg die hungernde Menge Morgens mit frisch gebackenem Brote versorgte. Ihr zu Ehren wurde bei Beginn des Lenzes ein fröhliches Volksfest in ihrem Haine am Tiber gefeiert, wobei man tapfer zechte und jubelte.

Der kriegerische Charakter des Mars wurde im Laufe der Zeit, wie schon erwähnt, zur Hauptsache. Als voranstürmender Schlachtengott hieß er vornehmlich Mars Gradīvus (später erklärt durch „der Weitausschreitende", eigentlich „der Gott des Wachsthums"), und beim Ausbruche des Kriegs schlug der Feldherr an die Lanze und die Schilde des Mars und forderte ihn durch den Zuruf „Mars, wache!" zur Betheiligung auf. Natürlich wurde ihm im Felde auch viel geopfert und ein Theil der Beute geweiht. Ueberhaupt war Mars der eigentliche

Schutzpatron der Soldaten und Gladiatoren, in dessen Heiligthümern dieselben auch am Ende ihrer Laufbahn ihre Waffen aufzuhängen pflegten.

Vor den nördlichen Thoren Roms, aber noch vom Tiber eingeschlossen, streckte sich eine weite Ebene aus, die angeblich zu den Gütern der Tarquinier gehört hatte und seit deren Vertreibung den Namen des Mars trug. Auf diesem „Marsfelde" befand sich ein ehrwürdiger Altar des Gottes, umgeben von anderen Heiligthümern desselben; dort übte sich die römische Jugend in kriegerischen und ritterlichen Fertigkeiten, dort wurde auch von den Censoren am Schlusse der Schätzung die im Waffenschmuck aufgestellte Bürgerschaft durch ein feierliches Sühnopfer gereinigt. Im Marsfelde fand ferner im Oktober ein Rennen zu Ehren des Kriegsgottes statt, dessen Schluß freilich wieder auf seine Herrschaft über die Natur hindeutet. Es wurde nämlich das Handpferd des siegenden Gespanns um des guten Gedeihens der neuen Aussaat willen am Marsaltare geopfert. Um den abgehauenen Kopf entstand ein Streit zwischen zwei benachbarten Stadtvierteln, von denen jedes die Segen bringende Trophäe in seinem Distrikte annageln wollte. Der Schwanz wurde so schnell als möglich in das mit dem Vestatempel verbundene alte Königshaus getragen, wo der Oberpriester das Blut auf den Altar der Vesta träufeln lassen mußte. Ueberhaupt enthielt die Amtswohnung des Oberpriesters ein Heiligthum, in welchem die heiligen Speere und Schilde des Mars aufbewahrt wurden. Letztere hatten ihre besondere Legende.

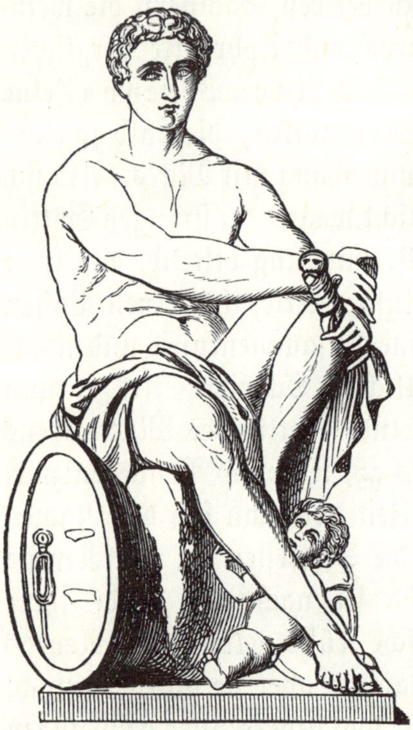

Mars und Cupido.
(Villa Ludovisi.)

Als Numa einst vor seinem Hause die Hände betend zum Himmel ausstreckte, fiel ein Schild vom Himmel herab und zugleich weissagte eine göttliche Stimme, daß das Gedeihen des neuen Staates von der Aufbewahrung dieses Unterpfandes himmlischer Gnade abhängen werde. Um nun jede Entwendung zu verhüten, ließ der König elf, dem Original wunderbar gleichende Schilde durch den Künstler Mamurius Veturius verfertigen und setzte zu ihrer Hut das Priesterthum der Salier, d. h. „Springer", ein. Es gab deren zuerst zwölf, welche ihr Versammlungslokal auf dem Palatin hatten. Als aber Tullus Hostilius die sabinische Ansiedelung auf dem Quirinal mit der palatinischen Stadt vereinigte, verdoppelte sich auch die Zahl dieser Priester durch Hinzutritt der zwölf Salier des Mars Quirinus, die aber ein abgesondertes Kollegium bildeten. Die Mitglieder beider Körperschaften ergänzten sich aus jungen Männern der vornehmsten Familien, deren Eltern noch am Leben sein mußten. Sie bekleideten ihr Amt lebenslänglich und an ihrer Spitze stand ein Magister, neben welchem noch ein Vortänzer und ein Vorsänger fungirten. Die Hauptthätigkeit der Salier fiel in den Monat März, der fast ganz durch ihre religiösen Leistungen in Anspruch genommen wurde.

Gleich am ersten Tage, dem Geburtstage des Mars, dem Stiftungstage der heiligen Schilde, die von ihrer auf beiden Seiten ausgeschnittenen Form ancilia hießen, begannen die Festaufzüge. Halb kriegerisch, halb priesterlich gekleidet, in einer gestickten Tunika, worüber ein eherner Panzer gegürtet wurde, und in purpurgestreiftem Ueberwurfe, auf dem Haupte einen Helm mit kegelförmiger Spitze, an der Seite ein Schwert, trugen die Salier den heiligen Schild am linken Arme, eine Lanze in der rechten Hand.

Tanz der Salier.

Die Prozession machte bei den heiligen Orten der Stadt Halt, und dann führten sie, uralte liturgische Gesänge anstimmend und mit den Lanzen die Schilde rührend, einen Waffentanz auf, zu dessen Dreitritt (triumpus) die Flöte den Takt angab. Der Umzug endete jeden Tag an bestimmten Stationen; dort hatten die Salier besondere Einkehrhäuser für die Ancilien und erholten sich durch üppige Festschmausereien. Am 15. März, den Mamuralien, wurde ein mit Fellen behangener Mann, der, wie der Schildschmied, Mamurius Veturius hieß, mit langen weißen Stäben aus der Stadt getrieben. Wahrscheinlich repräsentirt derselbe, wie der Name schließen läßt, den alten Mars, d. h. den Monatsgott des abgelaufenen Jahres, und die Schilde selbst lassen sich recht gut als Symbole der zwölf Monate deuten, so daß der ganze Zweck der Märzfeier wiederum auf die Fruchtbarkeit des ganzen Jahres hinauslief. Während übrigens die Schilde in

Bewegung waren, vermied man alle öffentlichen und privaten Unternehmungen; namentlich hütete man sich dann, ein Ehebündniß zu schließen. Die salischen Gesänge verstanden schon zu Quintilian's Zeit nicht einmal die Priester ganz mehr. Jeder Vers war einer bestimmten Gottheit gewidmet; es galt für eine besondere Ehre und Belohnung, daß man verdiente Männer in das Gebet der Salier aufnahm. Bei den Opfern, welche die Salier darbrachten, spielte der Eigenpriester des Mars (Flamen Martialis) eine Hauptrolle.

Durch das Eindringen griechischer Kunst und Mythologie ging die Bedeutung des alten Marsdienstes allmählich verloren. Man brachte seinen Namen fortan nur mit kriegerischen Erfolgen in Verbindung, und in diesem Sinne stiftete ihm auch Augustus nach Besiegung der Mörder Cäsar's einen neuen Tempel und Dienst, als dem „rächenden Mars". Wie wenig aber Anfangs das rein kriegerische Element überwog, sieht man auch daraus, daß die Sabiner schon Bellōna verehrten, die eigentliche Göttin der Kriegsfurie. Bei den Römern heißt sie bald Schwester, bald Gemahlin oder Tochter des Mars, und in ihrem auf dem Marsfelde liegenden Tempel pflegte der Senat fremden Gesandten oder den Triumph beanspruchenden Feldherren Audienz zu ertheilen. Neben ihm stand die oben erwähnte Säule, das Symbol der Reichsgrenze.

Quirīnus ist der Doppelgänger des albanisch-römischen Mars, der Stammgott des sabinischen Cures. Er ist sehr früh mit dem römischen Stadt- und Nationalheros Romulus, der ja auch ein Sohn des Mars war, verwechselt und identifizirt worden. In Sturm und Ungewitter sollte dieser nach einer Musterung des Volkes im Marsfelde verschwunden und zum Gotte verklärt worden sein. Ueberhaupt brachte man nachher die Stiftung des Quirinusdienstes mit der Vereinigung zwischen Sabinern und Römern so zusammen, daß man in ihm vor Allem den Schirmherrn des staatsbürgerlichen Vereins erkennen wollte. Deshalb bildete man ihn in friedlicher Haltung als bärtigen Mann in halb priesterlichem, halb kriegerischem Kostüm ab; deshalb standen vor seinem Tempel zwei uralte Myrten als Bundessymbole; deshalb war sein Feiertag, die Quirinalien, ein allgemeines Fest der Curien. Der alte Tempel des Quirinus wurde 461 v. Chr. von L. Papirius Cursor neu erbaut und mit der ersten Sonnenuhr geschmückt. Augustus, der gern ein zweiter Romulus genannt werden wollte, stellte ihn nachmals wieder her und verwandelte ihn in ein prächtiges, von einer doppelten Säulenreihe umgebenes Gebäude. Auch die Gemahlin des Romulus, Hersilia, war unter die Götter versetzt und unter dem Namen Hora Quirini in seinen Tempel aufgenommen worden.

15. Picus, Faunus und Silvanus.

Diese Gottheiten sind, genauer betrachtet, nur Eigenschaften, Wesensbestimmungen des Mars selbst, die im Kultus Geltung als selbständige Wesen erlangt haben. Wegen ihrer nahen Verwandtschaft fließen ihre Begriffe auf vielen Punkten sehr in einander.

So erscheint gleich **Picus**, ursprünglich der heilige Specht des Mars, in verschiedenerlei Gestalt.

Zunächst ist er seinem Namen nach ein weissagender Walddämon. Dann wirkte er viel als Ackerwirth und Feldbauer, wurde unter dem Namen **Picumnus** als Erfinder des Düngens angesehen und hatte zum Bruder **Pilumnus**, den Urheber des Getreidezerstampfens. Als hülfreiche Dämonen des ländlichen Segens überhaupt wurden die beiden Letztgenannten auch von den Kindbetterinnen um Schutz angefleht. Endlich tritt Picus als gewaltiger Kriegsmann in der Sage der Laurenter auf, die ihn zu einem Sohn Saturn's stempelten. Dieser Picus war eben so schön als tapfer, so daß alle Nymphen für ihn erglühten. Er schenkte aber seine Neigung allein der schönen Nymphe **Canens** (der Singenden), die, wie Orpheus, der ganzen Natur durch ihr holdes Lied Bann anzulegen vermochte. Einst, während sie sang, ritt Picus auf die Jagd in den tiefen Forst. Dort erblickte ihn die Zauberin **Circe** und suchte ihn, von Liebe entbrannt, zur Untreue zu verleiten. Doch vergebens; er widersteht und stößt die Verführerin zurück. Sie aber murmelt zornig unheimliche Beschwörungsformeln und verwandelt den Jüngling in einen Specht, der nun einsam und voll Wuth die Rinden der Bäume zerhackt.

Bestimmtere Umrisse als Picus zeigt der in ganz Italien verehrte **Faunus** (der Gütige.) Es war ein guter Geist des Ackers und der Trift, welcher Menschen und Herden Fruchtbarkeit verlieh. Doch klebte ihm immer, wie dem ihm verwandten Pan, etwas Koboldartiges, Schelmisches, Tückisches an. Er hauste in verborgenen Höhlen und Dickichten, jagte den Nymphen nach und erschreckte die Menschen bei nächtlicher Weile durch Spuk und Alpdrücken, wogegen man sich durch allerhand Zaubermittel zu schützen suchte. Auch ist von seiner gewaltigen Stimme die Rede, welche zuweilen aus dem Walde ertönte und die Feinde des römischen Heeres mit jähem Schrecken erfüllte. Endlich war ihm auch die Gabe der Orakelsprüche und Weissagung eigen. Gewöhnlich opferte man in seinem heiligen Haine und legte sich auf den Fellen der Opferthiere schlafen, um die göttliche Offenbarung zu empfangen. Seine Gattin war **Fauna**, auch **Bona Dea** oder **Maja** genannt, eine Göttin der weiblichen Fruchtbarkeit, der sich Faunus in Gestalt einer Schlange beigesellt haben sollte, und die von den Matronen in geheimer Nachtfeier ihre Opferspenden erhielt. Die Dichter umgaben den Gott mit einem Gefolge von vielen ihm ähnlichen Gestalten, den **Faunen**.

In Rom befand sich ein alterthümliches Heiligthum des Faunus am Palatinischen Berg, nach seinem Beinamen Lupercus (Wolfswehrer) **Lupercal** genannt. Es war die Grotte der die Zwillinge Romulus und Remus säugenden Wölfin; in der Nähe standen die strohgedeckte Romulushütte und der rettende Feigenbaum. Diese heilige Stätte, zu welcher ein besonderes Priesterthum, die **Luperci**, und ein auf den Februar fallendes Fest, die **Lupercalien**, gehörten, war jedenfalls so alt, daß man seine Stiftung dem arkadischen Einwanderer **Evander** andichtete, dessen Name weiter nichts als eine Uebersetzung von Faunus ist. Ueber die Zahl der Priester, die nach alten Geschlechtern in Quintilische, Fabische und Julische Luperci zerfielen, verlautet nichts Bestimmtes; es gehörten aber viele edle junge Leute dazu. Die Lupercalien waren ein Sühn- und Reinigungsfest. Es wurden dabei sowol Ziegen als auch ein Hund als Opfer geschlachtet, worauf man zwei Jünglinge vorführte, denen man ein mit dem Blute benetztes Messer über die Stirne strich, dann mit Wolle, in Milch getränkt, das Blut wieder abwischte, wozu sie lachen mußten — ein Gebrauch, der auf ursprüngliche Menschenopfer hinweist. Nach dem Opfermahle folgte aber ein toller Karneval. Die Priester des Faun schnitten sich aus den Fellen der geopferten Ziegen Riemen, die sie als Peitschen in die Hand nahmen, liefen, bis auf einen Schurz von Fellen, ganz nackt in den Straßen auf und ab und schlugen die begegnenden Frauen mit den Riemen in die flache Hand. Der Umlauf sollte jedenfalls reinigende Kraft besitzen, der Schlag das Gedeihen der Nachkommenschaft fördern. Die Bilder des Faun entsprachen denen des griechischen Pan oder Seilenos.

Silvanus kommt in allen wesentlichen Punkten dem Faunus sehr nahe, nur daß er sich mehr auf den Wald, auf Jäger, Hirten und Bauern beschränkte. Doch dachte man sich ihn auch als Schützer der künstlichen Anpflanzungen, der Haine und Gärten und stellte sein Bild oft hier auf. Durch diese gemüthliche Beziehung zum Landleben ward er aber auch zum Gotte der Rodungen, der Grenzen, des Grundeigenthums überhaupt, der, den Laren und Penaten verwandt, im Allgemeinen um Schutz und Segen von den Landleuten angerufen wurde. Dargestellt wurde er seltener als struppiger Waldteufel, öfter als Gärtner und Pflanzer, eine Cypresse in der Hand. — An die genannten reihen sich weiter als ländliche Gottheiten

16. Pales und Dea Dia.

Besonders auf die Viehzucht, auf die nährende Weide bezog sich der weit verbreitete Dienst der Hirtengöttin Pales (die männliche Form des Namens scheint die ältere zu sein), welche dem sprachlichen Zusammenhange nach die Schutz- und Stiftungsgöttin der ersten römischen Ansiedelung, Palatium, gewesen sein muß. Darum galt auch ihr Fest, die am 21. April gefeierten Palilien oder Parilien, für den Geburtstag der Stadt Rom. Reinigung und Sühnung war sein Hauptzweck. In Rom holte Jedermann das Sühnmittel aus dem Tempel der Vesta; dieses war von den Vestalinnen bereitet und bestand aus dem Blute des Oktoberpferdes, der Asche eines jungen Kalbes und aus Bohnenstroh. Man ließ sich vermittels eines Lorberwedels mit Wasser besprengen, räucherte das Haus mit Schwefel und feierte gemeinsame Mahle. Auf dem Lande dehnte man diese Reinigung auf die Viehställe aus, deren Thüren bekränzt wurden. Die der Pales dargebrachten Opfer durften nicht blutig sein und beschränkten sich auf Hirse und Milch. Endlich zündeten die Hirten Strohfeuer an und sprangen unter lustigen Scherzen hindurch.

In dem Ausdrucke Dea Dia haben wir nur den Beinamen einer Acker- oder Erdgöttin, unter welchem dieselbe von der religiösen Brüderschaft der Fratres Arvāles (Ackerbrüder) verehrt wurde. Der mit einem Tempel, mit

Zelten und einer Rennbahn versehene Hain der Göttin lag nicht weit von der Stadt am rechten Ufer des Tiber. Die Stiftung der Brüderschaft aber wird von der Sage so erzählt. Acca Larentia, die Pflegemutter des Romulus, hatte zwölf Söhne, mit denen sie alljährlich ein feierliches Opfer für die Feldflur verrichtete. Als einer derselben starb, trat Romulus in die Lücke ein, und Larentia nahm ihn an Kindesstatt an, worauf derselbe die Brüderschaft fester konstituirte und ihr auch den Namen beilegte. Acca Larentia war die Mutter der Laren, zu denen man ja auch um Fruchtbarkeit der Fluren betete, und so ergiebt sich leicht der Zusammenhang. Die Zahl der Arvalbrüder, welche als Abzeichen eine weiße Binde nebst einem Aehrenkranze trugen, entsprach der Stiftungslegende; sie waren patrizischer Herkunft und verwalteten ihr Priesterthum lebenslänglich.

Ihr Hauptfest fand im Mai statt, war aber von veränderlichem Datum und dauerte drei Tage. Am ersten versammelten sie sich im Hause ihres Vorstehers, salbten die Statue der Göttin und die mit Lorber bekränzten Brote, opferten Weihrauch und Wein und berührten Feldfrüchte des alten und des neuen Jahres. Dann nahmen sie nach vorhergegangenem Bade unter verschiedenen Ceremonien ein kostbares Mahl ein. Der zweite Tag war das eigentliche Dank- und Weihungsfest für die Erstlinge der Ernte. Nach einem Sühnopfer von zwei Ferkeln und der Darbringung einer weißen Kuh zogen die Arvalen in der mit Purpur umsäumten Toga, den Aehrenkranz und die weiße Binde auf dem verhüllten Haupte, in die Tiefe des Hains, wo sie, abgesondert vom Publikum, ein fettes Schaf, Weihrauch und Wein opferten. Zurückgekehrt, spendeten sie wieder im Tempel die gekochten Eingeweide und legten die milden Gaben der Festtheilnehmer auf den Altar. Dann folgte die Weihe der Feldfrüchte, die sich die in der Reihe aufgestellten Priester einander zulangten, und nach einem Gebete im Tempel lagerten sie sich vor demselben und ließen die bekränzten Brote und die Fleischreste vertheilen, worauf sie sich in den Tempel zurückzogen und tanzend folgendes Lied unter dreimaliger Wiederholung jedes Verses absangen:

> Uns Laren helfet!
> Nicht Sterben und Verderben, Mars, Mars, laß einstürmen auf Mehrere!
> Satt sei, grauser Mars!
> Auf die Schwelle springe! stehe! tritt sie!
> Rufet an im Wechselsang die Semonen (Genien) alle!
> Uns, Mars, Mars, hilf!
> Springe! Springe!

Nachdem nun noch ein Vorsteher und ein Opferpriester für das nächste Jahr gewählt worden waren, nahmen die Arvalen wieder ein Festmahl ein, worauf unter Vorsitz eines derselben ein Wagenrennen folgte, bei dem Palmen und silberne Kränze den Siegern winkten. Die Feierlichkeiten des dritten Tages wiederholten genau die des ersten. — Außer diesem Feste gab besonders die Instandhaltung des heiligen Hains den Arvalen viel zu thun, weil jede Arbeit, wobei Eisen verwendet wurde, durch ein Opfer gesühnt werden mußte. Endlich beschäftigten sie sich später viel mit Gelübden und Dankgebeten für das Wohl und die Erhaltung der Kaiser, die meist selbst zu den Mitgliedern der Brüderschaft zählten.

Saturnusbüste. (Aus dem Vatikan.)

17. Tellus, Tellumo, Saturnus und Ops.

Tellus und ihr Doppelgänger Tellūmo stehen zu Saturnus und Ops in demselben Verhältnisse, wie die hellenische Gaia zu Kronos und Rheia. Ohne nähere Personifikation war jene dem Römer der mütterliche Schoß der Erde, der die Aussaat empfängt und hundertfältig zurückgiebt, daneben aber auch das Grab, der Abgrund, in den das Dasein aller Dinge zurücksinkt, und die Feste, auf der die ganze Naturordnung beruht. Erst im Jahre 268 v. Chr. erhielt sie einen Tempel in Rom, und zwar infolge eines Gelübdes, das ein Feldherr in einer Schlacht, während welcher die Erde bebte, geleistet hatte.

Energischer wird das Leben spendende Erdprinzip durch Saturnus und Ops dargestellt, deren Dienst so alt ist, daß einst ein großer Theil Italiens Saturnia geheißen haben soll. Ihre Bedeutung als Erdgottheiten trat aber bald zurück vor der Beziehung auf den Ackerbau, auf Aussaat und Ernte, und endlich ging durch Bekanntschaft mit der griechischen Mythologie Saturn im Wesen des Kronos auf, dessen Schicksale man nun dahin veränderte, daß man sagte, er sei nach seinem Sturze durch Jupiter zur See nach Latium gekommen und habe, von Janus freundlich aufgenommen, sich am Fuße des Kapitolinischen Berges, wo ein uraltes Heiligthum von ihm stand, niedergelassen. In die Aera, die dann mit seinem Regiment begann, verlegte man ferner nicht nur die Segnungen, die der Ackerbau mit sich bringt, sondern überhaupt den paradiesischen, seligen Zustand beständigen Friedens, unerschöpflicher Fülle, allgemeiner Freiheit und Gleichheit, wie er in der Phantasie jedes Volkes lebt. Im Glauben an das Glück und den Wohlstand, der damals geherrscht haben sollte, stellte man auch den Staatsschatz in den Schutz des Saturn, indem man ihn in einem Gewölbe seines Tempels aufbewahrte.

Dieses Segens wollte man sich vielleicht auch dadurch versichern, daß man die Füße seiner hohlen und mit Oel gefüllten Bildsäule, nur mit Ausnahme seines Festes, mit wollenen Binden umwickelte, gleichsam fesselte. Dieses Fest, die bekannten Saturnalien, hielten die Römer selbst für älter als ihre Stadt. Es fiel auf den 19. Dezember und war bis Cäsar's Zeit eintägig; von da an aber verlängerte sich die Feier allmählich bis auf eine ganze Woche. War ursprünglich der Charakter des Festes, als des Sonnenwendepunktes, wo die Hoffnung auf die Erneuerung des Natursegens an die Menschen herantrat, schon ein freudiger, so kam auch noch die Erinnerung an die Herrlichkeit des goldenen Saturnischen Zeitalters hinzu, und so wurden die Tage zu einem wahren Volksfeste, das die Banden des Gesetzes und der Konvenienz in Ausgelassenheit und Jubel löste. Die öffentliche Feier bestand in einem solennen Opfer vor dem Saturnustempel und in einem Opferschmause. Alle Gerichte und Schulen hatten Ferien; der Krieg ruhte; selbst Schuldige zu strafen schien sündlich. Es sollte überall nur Freude sein, weshalb man auch den Sklaven alle Freiheit ließ, welche die Kleidung der Freien trugen und mit an den Tischen ihrer Herren speisten. In den Häusern der Wohlhabenden war offene Tafel angerichtet, besonders für den Klientenschwarm, der zu dem Hausstande des Reichen gehörte. Man beschenkte sich mit buntbemalten Wachslichten und kleinen Puppen aus Thon, Teig oder Metall, aber auch mit Bijouteriewaaren, Toilettengegenständen, Leckerbissen, Kleiderstoffen, Kunstsachen u. s. w., die auf einem besondern Markte zu kaufen waren. Endlich spielte auch man überall mit den sonst streng verpönten Würfeln, die Jugend um Nüsse, die Alten um Geld.

Ops theilte mit Saturnus den Tempel und die Verehrung an den Saturnalien; sie stand ja auch als Inbegriff des Erdsegens in der innigsten Verbindung zu ihrem Gemahle. Wenn man ihr Gelübde that, beobachtete man den alten Gebrauch, sitzend die Erde zu berühren. Als Saatgöttin, Consivia, hatte sie ein besonderes Heiligthum im Königshause, wo ihr der Oberpriester und die Vestalischen Jungfrauen zur Erntezeit ein Dankopfer darbrachten. Seit Saturnus mit Kronos verwechselt wurde — und dies geschah schon seit Ende des 3. Jahrhunderts v. Chr. — und allmählich zum bloßen Symbol der Zeit ward, identifizirte man auch Ops mit Rheia oder Kybele. Ja, sie erhielt einen Tempel auf dem Kapitole und wurde als die Mutter Jupiter's verehrt.

18. Ceres, Liber und Libera.

Trotzdem daß die Namen dieser Gruppe von Göttern altitalischen Ursprungs herrühren, so ist ihre Zusammenstellung doch nach dem Vorbilde der eleusischen Trias, Demeter, Dionysos und Persephone, gemacht worden. Ueber Ceres, die eigentlich eine besondere Göttin des Wachsthums gewesen zu sein scheint, schreibt Cicero ganz klar: „Den Dienst der Ceres haben unsere Vorfahren sehr rein und heilig besorgt wissen wollen. Aus Griechenland entlehnt, ward er auch immer durch griechische Priesterinnen ausgeübt und Alles griechisch benannt."

Die Stiftung dieses Dienstes geschah schon zu Anfang des fünften Jahrhunderts v. Chr. wegen Mißwachs und Störung der Kornzufuhr auf Rath der Sibyllinischen Bücher. Gleichzeitig waren auch die plebejischen Aedilen eingesetzt worden, die speziell für die Kornzufuhr sorgten und daher in nahe Beziehung zu dem neuen Kulte traten, indem sie im Tempel der Ceres ihr Amtslokal aufschlugen, von dort aus den Kornmarkt überwachten und vielleicht von der aedes Cereris „Aedilen" genannt wurden. So kam es, daß Ceres eine rein plebejische Gottheit blieb und daß sogar Strafgelder für Verletzung plebejischer Rechte und Freiheiten in ihre Tempelkasse flossen.

Dem Hauptfeste der Ceres, den im April gefeierten Cerealien, lag die griechische Idee vom Raube der Persephone und der endlichen Versöhnung Demeter's zu Grunde. Darum war Alles weiß gekleidet, die Plebejer bewirtheten sich gegenseitig und beschenkten sich mit Blumensträußen, und es herrschte überhaupt zwanglose Heiterkeit. Auch im Cirkus wurden allerhand Geschenke, besonders Eßwaaren und Nüsse, unter das Publikum geworfen. Außer dem Wagenrennen gab es noch eine Fuchshetze, wobei man Füchse mit Bränden an den Schwänzen durch die Rennbahn jagte, zur Erinnerung an den schädlichen Kornbrand, den man Rothfuchs (robigo) nannte. Im August begingen dann die Frauen allein eine mit Fasten und Enthaltsamkeit verbundene Feier zum Andenken an die Auffindung der Persephone.

Ihren „Vater Liber" faßten die Römer mehr im Sinne des griechischen Lyaios auf, als den Befreier von Sorge und Traurigkeit, als Freudebringer, als Erlöser von jeglicher Knechtschaft, aber auch als Schöpfer des fruchtbaren Segens im Pflanzen- und Thierreich, und in letzterer Beziehung spielten gewisse Symbole bei seinem und der Libera Kulte eine Hauptrolle, indem man sie in Prozession einhertrug, bekränzte und als kräftiges Mittel gegen jede Bezauberung zur Anwendung brachte. Uebrigens wurde die Libera eben deshalb gewöhnlich mit der Venus verwechselt, während man sie wieder vom hellenischen Standpunkte aus zur Gattin des Unterweltsgottes machte und den Namen Persephone in Proserpina zustutzte. Die Hauptfeier des Liber und der Libera war die Zeit der Weinlese, wo, wie in Griechenland, allerlei Mummereien und Neckereien getrieben und dem Vater Liber oder Bacchus Böcke geopfert wurden. Bedeutungsvoll für die römische Auffassung des Gottes ist es noch, daß an den Liberalien die erwachsenen Jünglinge die männliche Toga anzulegen pflegten. Der fanatische orphisch-mystische Bacchusdienst, den wir in Hellas kennen gelernt haben, drang zu Anfang des zweiten Jahrhunderts v. Chr. bis Rom vor. Da aber seine Orgien und Weihen nur zum Deckmantel schändlicher Ausschweifungen dienten und endlich den Sitten- und Rechtszustand des Staates gefährdeten, wurde er mit blutiger Strenge ausgerottet.

Nach Aufzählung so vieler Gottheiten, die es mit dem Gedeihen der Feldfrüchte zu thun hatten, schalten wir hier Beispiels halber noch die Einzelwesen ein, in welche die über den Getreidebau wachende Vorsehung von der nationalrömischen Theologie zerfällt wurde.

Seja befruchtet das in der Erde liegende Korn; Segesta läßt den Keim aus der Erde hervorsprossen; Nodōtus hilft dem wachsenden Halme von einem

Knoten zum andern. Dann giebt es eine Volutīna, welche die Hülse der Aehre erzeugt, eine Patellāna, welche diese ans Licht treten läßt, eine Hostilīna welche für die gleiche Höhe der Aehren sorgt; dann kommt Flora, die Schützerin der Getreideblüte, Lactans, die Beförderin der Milchbildung, Matūra, die Behüterin der Reife. Endlich betete man zu Runcīna, weil sie das Unkraut ausgäten half, zu Messĭa, der Göttin der Schnitter, zu Tutilina, die das Getreide einheimste, und zu Terensis, die dem Ausdreschen auf der Tenne vorstand!

19. Flora, Vertumnus und Pomona.

Flora, eine alte sabinische Gottheit, war die liebliche, segnende Göttin der Blüten an Bäumen und an Nahrung spendenden Pflanzen sowie der das Auge und den Geruchsinn erfreuenden Blumen. Die Sage wollte wissen, Flora sei eine Buhlerin gewesen, die das durch ihre Reize erworbene Vermögen bei ihrem Tode dem römischen Volke hinterlassen habe — eine Hindeutung auf die zur schwellenden Blütezeit herrschende üppige Frühlingslust. Infolge von Mißwachs hatte man ihr bereits früher zuweilen zur Zeit der Kornblüte Spiele, die Floralien, angestellt, aus denen seit 173 v. Chr. regelmäßig wiederkehrende wurden. Dieselben zeichneten sich vor allen anderen derartigen Festlichkeiten durch muthwillige Ausgelassenheit und lärmende Lustigkeit aus. Die ehrbaren Frauen trugen bunte Kleider, wie sonst die Dirnen; Ziegen und Hasen wurden im Cirkus gehetzt und Erbsen und Bohnen unter das Volk geworfen, um die man sich dann balgte. Im Theater pflegten mimische Vorstellungen niedriger Art gegeben zu werden, und am Ende verlangte das Volk, daß die Tänzerinnen sich entblößten, weshalb selbst der strenge Censor Cato einst das Theater verließ, um dem Volke, das sich vor ihm scheute, keinen Zwang anzuthun. Auch sonst wurde an diesen Tagen im Essen und Trinken das Mögliche geleistet.

Ein Bild des Gottes Vertumnus stand am Ausgange des tuscischen Viertels auf dem Forum in einer bemalten Nische, und mit Unrecht hielt man ihn deshalb für einen etrurischen Einwanderer. Seinem Namen nach (der Verwandler) war er Anfangs wol eine Personifikation des Jahreszeitenwechsels und wurde durch dichterische Sage zu einem Gotte, der die Saaten und Gartengewächse des Lenzes, die Ernten des Sommers und den Fruchtsegen des Herbstes verleiht und hütet. Diese Vielseitigkeit und Wandelbarkeit spricht sich auch in seinem Verhältniß zu Pomōna aus. Nach einem latinischen Märchen war Pomona, die schöne Nymphe der Gärten und Fruchtbäume, nur mit ihren Pflanzen beschäftigt. Mit dem Gartenmesser wehrte sie dem üppigen Wuchse, pfropfte das Edelreis auf wilden Stamm, tränkte die durstigen Wurzeln der verschmachtenden Lieblinge und schützte sie durch warme Hülle gegen des Winters Frost. Darüber vergaß sie alle anderen Wünsche und selbst die Liebe; ja, sie verschloß den zudringlichen Göttern des Waldes, unter denen selbst der greise Silvanus als Freier um sie warb, den Zugang zu ihrem Garten und Obsthain. Nicht besser erging es dem Vertumnus.

Umsonst nahm er allerlei Gestalten an, um Eindruck auf ihr sprödes Herz zu machen, und stellte sich als Schnitter, als Mäher, als Pflüger, als Gärtner, als Winzer, als Krieger, als Fischer ihr vor. Endlich trat er als altes Mütterchen mit grauem Haar und bunter Haube am Krückenstabe in Pomona's Garten, küßte sie, pries ihr Obst und begann das Gespräch auf das Glück der Ehe zu wenden, indem er an das Beispiel einer vor seinen Augen sich um einen Ulmbaum rankendem Rebe anknüpfte. Wol habe sie recht, fuhr er fort, die Ehelosigkeit dem Umgange mit den Faunen des Waldes vorzuziehen; aber ihrer Liebe höchst würdig sei doch Vertumnus, der eine zärtliche Neigung zu ihr hege, dabei von schöner Gestalt sei und in der Liebe zur Gärtnerei mit ihr harmonire. Zugleich warnte er sie davor, den Liebenden zur Verzweiflung zu treiben, und erwähnte eines tragischen Falles. Dennoch hätte alles Eigenlob nichts gefruchtet, wenn nicht Vertumnus endlich, sich der Maske entäußernd, in seiner wahren Gestalt als herrlicher Jüngling vor ihr gestanden hätte, „so wie aus dichtem Gewölk das strahlende Bild der Sonne siegend hervor sich drängt und ohne Verdunkelung leuchtet." Da fühlte Pomona die Flamme der Gegenliebe und vermählte sich mit Vertumnus. Dieser hatte auf dem Aventin eine Kapelle, wo ihm im August ein Opfer von Früchten dargebracht wurde. Die Kunst stellte ihn als schönen Jüngling oder rüstigen Mann dar, geschmückt mit einem aus Früchten oder Kräutern gebildeten Kranze; in der Rechten trägt er ein Winzermesser, in der Linken eine Schale oder ein Füllhorn mit Früchten. Pomona hatte ihren besonderen Opferpriester in Rom, der aber unter seinen Kollegen der letzte dem Range nach war. Ihre Statuen glichen ganz denen der Horen. — Noch sei hier bemerkt, daß der ungezogene Sohn des Dionysos, Priāpus, sich sehr bald aus Griechenland in Latium einbürgerte. Auch hier galt er für einen Dämon der üppigen Vegetationskraft, und sein aus Holz geschnitztes, mit Mennige übermaltes Bild behütete die Gärten vor Bezauberung wie vor Dieben.

Flora.

20. Fortuna.

In der Reihe der in speziellerem Bezug auf das praktische Leben stehenden dämonischen Mächte gebührt dem Schicksale, als der Quelle alles Unverhofften und Unberechenbaren, die erste Stelle. Als Glücksgöttin wurde Fortuna schon in uralter Zeit in Latium verehrt, während man sie später mehr als Göttin des Geschickes überhaupt auffaßte. Die zwei ältesten Tempel der Fortuna werden dem Könige Servius Tullius beigelegt, der auch in vertrautem Umgang mit der Göttin gelebt haben soll. Der eine lag jenseit des Tiber und wurde besonders am 24. Juni besucht. Ovid sagt über diese Feier: „Theils zu Fuß, theils auf schnellem

Nachen begebet euch hinüber und scheut euch nicht, angetrunken nach Hause zu kehren. Tragt, ihr bekränzten Kähne, die zechenden jugendlichen Genossen, und viel Wein mag mitten auf dem Wasser geleert werden! Der gemeine Mann verehrt diese Göttin, weil der Stifter ihres Tempels aus niedrigem Stande den Thron erklomm; auch dem Sklaven ziemt ihre Verehrung, weil Tullius einer Sklavin Sohn war." Der zweite Tempel, am Rindermarkte, enthielt neben dem Kultusbilde ein ganz von Geweben verhülltes, vergoldetes Holzbild, das Niemand berühren durfte, das sich aber auch Niemand sicher zu deuten wußte. Das Volk fabelte von ihm Mancherlei, als einer Statue des Servius; die Gelehrten hielten es wol richtiger für eine Darstellung der jungfräulichen Schamhaftigkeit.

Fortuna.

Das Wesen der wankelmüthigen Fortuna zerlegte sich in der römischen Phantasie in verschiedene Personifikationen, je nach den Bedürfnissen und Erwartungen des Staates und der einzelnen Stände und Klassen. Voran steht der Bedeutung nach die Fortuna des römischen Volkes, die Glücksgöttin der Stadt. Daneben gab es eine Fortuna Privata, eine Fortuna der Weiber, eine Fortuna der Ritter, eine der Männer, sogar eine bärtige, eine mit dem Beinamen Respiciens (die Erhörende), Obsequens (die Gnädige), eine Fortuna „des heutigen Tages", eine Viscata (mit Vogelleim Bestrichene, d. h. Ködernde), eine Brevis (Kurze), Manens (Dauernde), Redux (glücklich Heimführende), Tranquilla (das Meer Beruhigende) u. s. w. In späterer Zeit, wo die Welt zwischen Unglauben und Aberglauben schwankte, wo die auffallendsten Glückswechsel die Hoffnung in Spannung erhielten, dehnte sich die Verehrung Fortuna's unmäßig aus, und es wurde im Haushaltungsbuche des menschlichen Lebens Gewinn und Verlust allein auf ihren Namen eingetragen. „In der ganzen Welt", schreibt der ältere Plinius, „aller Orten und zu allen Stunden wird von den Stimmen Aller nur Fortuna angerufen; sie wird allein genannt, allein angeklagt, allein bedacht, allein beschuldigt, allein gelobt, ja, unter Schmähungen verehrt, sie, die Bewegliche, von den Meisten sogar für blind Gehaltene, Unstete, Unbeständige, Unsichere, die Gönnerin der Unwürdigen". Ihre Bilder zeigen als Attribute das Steuerruder, die Kugel, das Rad, das Füllhorn, einen Federaufsatz.

Berühmte Fortunatempel außerhalb Roms befanden sich zu Präneste, wo ein Loosorakel die Zukunft erschloß, und zu Antium, wo ebenfalls Weissagungen ertheilt wurden.

Den griechischen Moiren wurden die römischen Parcen, als Bestimmerinnen des Lebensschicksals, erst von den Dichtern verähnlicht. Ursprünglich waren sie blos Geburtsgöttinnen und hießen Nona und Decŭma. Die Todesgöttin Morta scheint ihnen dann später beigegeben worden zu sein.

21. Die Genien.

Sie waren den Laren und Penaten nahe verwandt, indem sie auch als Geister gedacht wurden, die auf das Naturleben schöpferisch einwirkten, die den Einzelnen ins Leben einführten, ihn aber auch schützend und fördernd bis ans Grab begleiteten. Der Schutzgeist der Weiber hieß Juno. Der Genius', als das bessere Ich, die ideale Menschennatur, wurde nicht in menschlicher Gestalt nachgebildet. Sein Symbol war die Schlange, und eine unschädliche Gattung dieses Thieres gehörte deshalb bei den Römern zu den gewöhnlichsten Hausgenossen. Am Geburtstag opferte Jedermann seinem Genius, als dem schöpferischen Prinzipe seines Lebens und der Ursache seiner Gesundheit, Weihrauch, Wein, Kränze oder Kuchen. Daher hieß auch „seinen Genius betrügen": sich den Lebensgenuß verkümmern, und „dem Genius zu Willen sein": sich Etwas zu Gute thun. Man schwur nicht nur beim eigenen Genius, sondern auch bei dem anderer werther und geachteter Personen, z. B. bei dem der Geliebten, des Freundes, der Sklave bei dem des Herrn. Wie einzelne Personen, glaubten aber auch Innungen, Gemeinden und Völker an ihre Genien. Der Genius des römischen Volkes stand in Gestalt eines Jünglings auf dem Forum, ein Fruchtmaß auf dem Haupte, eine Schale in der Linken, ein Füllhorn in der Rechten, und der Kaiser Aurelian stellte sogar ein goldenes Bild von demselben auf.

In der Kaiserzeit nahm seit Augustus der Genius des Monarchen einen bedeutenden Zoll der Verehrung in Anspruch. Hatte dieser schon seinen Genius den Laren der städtischen Distrikte hinzugefügt, so darf man sich nicht wundern, daß spätere Despoten mit großer Strenge auf die ihrem Genius bei Schwüren und Geburtstagsfesten zu leistende hohe Achtung sahen.

Genau hiermit hing der von der Servilität der östlichen Provinzen begünstigte Gebrauch zusammen, die verstorbenen Kaiser durch feierliche Weihe (Apotheose) unter die Götter des Staates zu versetzen. Zu diesem Zwecke wurde nach Bestattung des wirklichen Leichnams dessen Wachsbild auf einer prächtigen Bahre vor dem Palaste sieben Tage lang als anscheinender Kranker ausgestellt. Aerzte gingen ab und zu und Senatoren und vornehme Frauen hatten dabei die Trauerwache. Dann wurde die Puppe über den Markt, wo von Knaben- und Mädchenchören feierliche Gesänge zum Preise des Verstorbenen ertönten, ins Marsfeld getragen. Dort erhob sich eine vierseitige, aus mehreren staffelförmig abnehmenden Stockwerken bestehende, auswendig mit bunten Decken und Bildern bekleidete, inwendig mit Reisig gefüllte Holzpyramide, in deren zweiter Etage das Kaiserbild, umgeben von Weihrauch, wohlriechenden Kräutern und Essenzen, niedergesetzt wurde. Nun erfolgte unter militärischer Musik ein Umritt des Rittercorps und der Leibwache, und endlich zündete der neue Kaiser mit einer Fackel den Scheiterhaufen an. Gleichzeitig ließ man von der Spitze einen Adler emporsteigen, als Symbol der sich von der Erde zu den Göttern emporschwingenden Seele. Weil jedem konsekrirten Kaiser auch Tempel gebaut und Opferpriester eingesetzt wurden, so füllte sich die Hauptstadt mit immer neuen Kulten und Heiligthümern.

Apotheose eines Kaisers.

22. Mercurius.

Der römische Handel war lange Zeit in ausländischen Händen, und darum besaßen die Römer eben so wenig einen Handelsgott als einen Gott der Schiffahrt. Als sie aber endlich den griechischen Hermes kennen lernten, nannten sie ihn einfach Mercurius, „den Kaufgott", und behielten auch fort und fort im gewöhnlichen Leben nur diese Seite von dem reichen Wesensgehalte des hellenischen Gottes im Auge. Er blieb der Gott des Handels und Gewinnes, der Schutzgott der Krämerei und des Betrugs, und nur den Gebildeten waren auch seine weniger materiellen Eigenschaften bekannt. Eben so einseitig und verändert erscheint die Person des dem Mercur nahe verwandten römischen Hercules.

23. Hercules.

Wir müssen es hier unentschieden lassen, ob der Dienst dieses Gottes kein von außen her überkommener, sondern ein in seinen Wurzeln italischer war, so daß Hercules einen Patron des Hauses, des Vermögens vorstellte, oder ob wir hier wirklich den Lieblingssohn des Zeus, den von Oskern und Latinern dem Namen nach sich mundgerecht gemachten Sonnenheros Herakles vor uns haben. Für Letzteres spricht, daß dem Hercules, soweit man sich zurückerinnern konnte, nach griechischem Ritus, d. h. unverhüllten Hauptes, geopfert wurde, und daß bei den benachbarten Etruskern der tyrische Herakles Nationalheros war. Auch knüpft der römische Mythus, der den Hercules selbst nach Rom kommen läßt, geschickt an die Naturbedeutung des Gottes an. Während der Arkader Evander (Faunus) die neugegründete palatinische Stadt beherrschte, erzählt sie, sei auch Herakles auf der Rückkehr von Erytheia mit den Rindern des Geryoneus durchs Land gekommen und habe in der grasreichen Niederung am Tiberstrome seine Herde weiden lassen, sich selbst aber dem Schlummer hingegeben. Diesen Augenblick benutzte Cacus, ein in einer Höhle des Aventin hausender Räuber, der ein Schrecken der ganzen Umgegend war, stieg eilig ins Thal hinab und schleppte einige Rinder rückwärts am Schweife nach seinem Versteck. Der Held vermißte zwar beim Erwachen die gestohlenen Thiere, konnte sie aber trotz vielen Suchens nicht finden, und schon brach er auf, als dem Gebrülle der abziehenden Herde die Stimmen der in der Höhle eingeschlossenen Kameraden antworteten. Da gerieth Hercules in furchtbare Wuth, rannte den Berg hinan, und obgleich Cacus mit einem riesigen Felsblocke den Eingang verrammelt hatte und dem Eindringenden Feuer und Rauch entgegenspie, so erlag er doch bald den Keulenschlägen des Stürmenden. Dankbar setzte dieser dem „Fundgeber" Jupiter einen Altar, ihm selbst aber weihte Evander auf dem Rindermarkt den sogenannten „größten Altar" und einen eigenen Gottesdienst. Wer erkennt nicht in dem Räuber Cacus ein dem unterirdischen Typhoeus gleiches Wesen und denkt nicht bei dem Rinderdiebstahl an das Verhältniß des Hermes zu Apollon? Am westlichen Abhange des Palatin zeigte man später noch eine Stiege des Cacus.

An dem erwähnten Hauptaltare pflegte der zehnte Theil der Habe oder des Gewinnes an Vieh und Waaren oder an Geld, den man bei drohenden Verlusten, gewagten Spekulationen, hoffnungsreichen Unternehmungen dem Hercules, als dem Spender alles außerordentlichen Vermögenszuwachses, gelobte, dargebracht zu werden, und dem Opfer folgte dann stets ein üppiger Schmaus. Vorzüglich thaten dies die Feldherren, indem sie den Zehnten der Kriegsbeute oder ihrer gesammten Habe weihten und gewöhnlich das Volk mit ungeheurer Verschwendung bewirtheten (der Zehnte des Crassus reichte auf drei Monate zur Beköstigung der ganzen Residenzbevölkerung aus!). Infolge dieser Beziehung des Gottes auf das Vermögen entstanden bei dem selbstsüchtigen Trachten nach Mehrung der Habe, bei dem Geiste der Habsucht, der die Römer zu allen Zeiten beseelt hat, unzählige Tempel und Altäre, und Hercules wurde so eine der populärsten Gottheiten Roms.

Dazu kam, daß er zugleich als Gottheit der Wahrheit und Treue galt, weshalb an seinem Hauptaltare die wichtigsten Staatsverträge durch Eidschwur bekräftigt wurden, sowie im gewöhnlichen Leben die Männer seinen Namen zur Bestärkung ihrer Aussagen gebrauchten. Die Frauen waren von seinem Dienste ganz ausgeschlossen und schworen lieber bei dem Dioskurenzwilling Kastor, vielleicht wegen des in seinem Namen liegenden Anklangs an castus, keusch.

24. Aesculapius.

Zwar hatten die Römer ihre eigene alte Heilgöttin Meditrīna; als aber im Jahre 293 v. Chr. eine schwere Seuche das Land verheerte, ertheilten die Sibyllinischen Bücher den Rath, den Asklepios von Epidauros zu holen. Eine dorthin geschickte Gesandtschaft brachte eine heilige Tempelschlange, die ihnen freiwillig gefolgt war und in der sie nach ihrem Glauben den Genius des Gottes selbst erblickten, mit nach Hause. Auch hier wählte sich dieselbe freiwillig die Tiberinsel zu ihrem Aufenthalte, und nachdem sofort nach ihrer Ankunft die Pest aufgehört hatte, stiftete man auf der Insel das Heiligthum des Gottes. Diese wurde durch die Ausbreitung der zum Tempel gehörenden Gebäude und durch die Verehrung, die der Gott sich erwarb, ganz zur „Insel des Aesculap" und zum Andenken an die Herreise der Schlange in Gestalt eines Schiffes ummauert. Bald wanderten auch griechische Heilkünstler in Rom ein, und im Jahre 219 v. Chr. ließ sich hier der erste griechische Wundarzt nieder. Allein sein unbarmherziges Schneiden und Brennen erregte großen Anstoß, und viele Römer, wie der alte Cato, zogen den Aerzten ihre alten Hausmittel und Rezeptbücher vor. Auch später haben sich die Römer höchst selten mit der Heilkunst befaßt und dieselbe den Griechen überlassen, unter denen es natürlich viele Charlatane gab. Desto mehr blühte infolge dessen der Dienst Aesculap's, der sich mit am längsten dem Christenthum gegenüber erhalten hat.

25. Die Götter der Unterwelt.

Die römischen Dichter beschränken sich hinsichtlich des Schattenreiches auf Ausmalung hellenischer Volksvorstellungen. Aber wenn auch phantasieloser, scheinen die italischen Vorstellungen von den unterirdischen Mächten und dem Leben nach dem Tode doch den alten griechischen sehr ähnlich gewesen zu sein. Besonders tritt in der römischen Religion die Beziehung der unterweltlichen Gottheiten zur Fruchtbarkeit des Bodens sowol als zum Gedeihen von Menschen und Vieh hervor, und da man bei ihnen überhaupt mehr Neigung zum Schaden voraussetzte, so glaubte man, sie von Zeit zu Zeit besänftigen und versöhnen zu müssen. So kommt es, daß eine Menge aus Tanz, Wettlauf, Wettrennen, bisweilen auch aus Theatervorstellungen bestehender Festspiele den Zweck hatte, die feindlichen Einflüsse abzuwenden, deren man immer von den Geistern der Tiefe gewärtig war. Die Gottheiten waren theils männliche, theils weibliche. Voran steht im populären Glauben Orcus, der Todesgott. Ihn lassen die Dichter seine Ernte halten auf Erden und einheimsen in seine Scheuer oder Schatzkammer, die ebenfalls Orcus (eigentl. „Verschluß") heißt. Im Kampfgewühle erscheint er als grimmiger Streiter, der den Tapfern zu Boden streckt und den feigen Flüchtling einholt; sonst geht er still und schweigend umher und „pocht mit gleichem Fuße an die Hütten der Armen und an die Paläste der Reichen"; oder er ist ein schwarz geflügelter Dämon. Dagegen war der durch die Sibyllinischen Bücher zu Anfang der Republik eingeführte Dīs Pater oder Pluto nach griechischer Vorstellung der Fürst der Unterwelt und der Gemahl der Prosĕrpĭna.

Noch gehört hierher Consus (der Verborgene), dessen Altar im Cirkus das ganze Jahr über mit Erde zugeschüttet war und nur am Festtage der Consualien (21. Aug.) geöffnet wurde. Die weiblichen Gottheiten lassen sich fast alle auf die Mutter Erde zurückführen. Da gab es zuerst eine Manĭa, die Großmutter der Laren und Manen, die, durch Proserpina in den Hintergrund gedrängt, ein Popanz der Volkskomödie und der Kinderstube wurde. Dann werden noch als Göttinnen der unterweltlichen Finsterniß genannt die Furīnä oder Furĭä, die Laverna und die Dea Muta oder Larunda.

Pluto und Proserpina.
(Nach einem Grabgemälde.)

Die Verstorbenen wohnten nach römischem Glauben in der Tiefe der Erde als unsterbliche, des Leibes entkleidete Geister und hießen daher Manes, die Guten, oder Dii Manes, die guten Götter. Doch nahm man neben dieser Existenz in Reinheit und Klarheit auch einen infolge eigener Verschuldung oder erlittener schwerer Unbill eintretenden unseligen Zustand der Seelen an, in welchem sie keine Ruhe fänden, sondern als Gespenster und Spukgeister ihre Wohnungen wieder aufsuchten und die Lebendigen schreckten. Sie hießen dann Lemures oder Larvä. Durch das Fest der Lemurien, das am 9., 11. und 13. Mai gefeiert und mit dem gewaltsamen Tode des Remus in Verbindung gebracht wurde, suchte man diese Plagegeister zu sühnen und zu beruhigen. Der Hausvater stand dann um die Mitternachtsstunde auf und ging barfuß durch das Haus, wobei er, um die Schatten von sich abzuhalten, mit der Hand schnippte. Darauf wusch er die Hände dreimal in einem fließenden Quell, drehte sich um und nahm schwarze Bohnen in den Mund. Dann, wieder durch das Haus schreitend, warf er diese hinter sich und sprach dazu: „Diese gebe ich euch; mit diesen Bohnen kaufe ich mich und die Meinigen los". Man glaubte nämlich, daß die Geister die Kerne auflammelten. Diese Worte mußte er neunmal sprechen, ohne sich umzusehen. Endlich wusch er sich abermals, schlug an ein ehernes Becken und rief wieder neunmal: „Hinaus, ihr Geister der Ahnen!" Dann erst durfte er sich umblicken. Merkwürdigerweise sicherte sich außerdem jede Stadt die Möglichkeit des Verkehrs mit den Unterirdischen durch einen schon bei der Gründung angelegten Eingang zur Tiefe. Denn noch bevor man mit der Pflugschar die Grenzen der Ansiedelung bezeichnete, wurde eine tiefe Grube gegraben, in welche man die Erstlinge von Feldfrüchten und Erde vom heimatlichen Boden warf. Dieses Loch, mundus genannt, wurde mit einem Stein, der für die Pforte des Orcus galt, geschlossen und mit einem Altar überbaut. An drei Tagen im Jahre aber, am 24. August, 5. Oktober und 8. November, wurde der Mundus geöffnet, und die Bewohner der Tiefe konnten nach Belieben schalten. Es galten deshalb auch diese Tage für ungünstig und bedenklich für jede Unternehmung, und man wagte an denselben weder eine Schlacht zu liefern, noch eine Aushebung zu halten, noch einen Marsch oder eine Seereise anzutreten, noch eine Hochzeit zu feiern. Die Zeit dieser Feier deutet übrigens darauf hin, daß man hier weniger den furchtbaren Einfluß der Unterwelt sühnen als ihrem auf Ernte und Aussaat wirkenden Segen ungehemmten Zugang verschaffen wollte.

Furien.
(Nach einem Vasengemälde.)

Daneben hegte man aber auch die Ueberzeugung, durch gewisse Beschwörungs- und Bannformeln die Mächte der Tiefe gegen Feinde sich willig machen, besonders dadurch, daß man ihnen das feindliche Heer preiszugeben versprach oder daß ein Einzelner sich stellvertretend für die Seinigen aufopferte, ihren Groll versöhnen, eine drohende Gefahr abwenden zu können. Solchen Edelmuth bewiesen in der römischen Geschichte bekanntlich M. Curtius und die beiden Decier. Jener, der tapferste Jüngling seiner Zeit, soll sich im Jahre 362 v. Chr., als plötzlich mitten auf dem Markte der Boden sich gesenkt hatte und ein ungeheurer Schlund aufgeklafft war, den Göttern der Unterwelt geweiht und sich dann in voller Rüstung auf prächtig geschmücktem Rosse in den Abgrund gestürzt haben, worauf die Bürgerschaft ihm Früchte und andere Geschenke nachsandte und der Platz seine vorige Gestalt wieder annahm. Die kühnen Decier aber, Vater und Sohn, fielen in demselben Jahrhunderte, der eine im Kriege gegen die Latiner, der andere gegen die Samniter, als Opfer für den Sieg ihrer Nation. Livius hat uns noch den Gebrauch aufbewahrt, welcher vom Feldherrn bei dieser Opferweihe beobachtet wurde. Der Oberpriester heißt ihn anstatt des Kriegskleides das purpurverbrämte Staatsgewand (toga praetexta) anlegen, den Kopf verhüllen, die Hand unter dem Kleid ans Kinn legen und auf einer Lanze stehend folgendes Gebet nachsprechen: „Janus, Jupiter, Vater Mars, Quirinus, Bellona, ihr Laren, Novensides und Indigetes (vergl. über diese Götter S. 195), ihr Götter, die ihr Macht habt über uns und unsere Feinde, und ihr Manen, euch bete ich an und verehre ich, um eure Gnade bitte und flehe ich, daß ihr dem römischen Volke der Quiriten Kraft und Sieg verleihet und die Feinde desselben Volks mit Furcht, Schrecken und Tod schlaget. Wie ich es mit Worten verkündigt habe, so für das Gemeinwesen des römischen Quiritenvolkes, für das Heer, die Legionen und Hülfstruppen des römischen Volkes, weihe ich mich und die Legionen und Hülfstruppen der Feinde den Manen und der Erde!" Dann, die Toga aufschürzend, sprang er auf sein Roß und warf sich mitten unter die Feinde. Kam er nicht um, so mußte wenigstens ein über 2 Meter hohes Bild von ihm vergraben und darüber ein blutiges Opfer gebracht werden. Weist diese Hingabe auf die in Italien überhaupt in uralter Zeit gewöhnlichen Menschenopfer hin, so nahm der Staat selbst später noch in drangsalvollen Zeiten zu dem schrecklichen Mittel seine Zuflucht, durch Menschenblut die Hölle zu besänftigen, wie z. B. nach der Schlacht bei Cannä ein Gallier und eine Gallierin, ein Grieche und eine Griechin als Stellvertreter der röm. Nation auf dem Rindermarkte lebendig begraben wurden!

Eine noch besonders zu erwähnende Kultstätte des Unterweltfürsten befand sich im Marsfelde. Dies war das sogenannte Tarentum oder Terentum, eine vulkanisch rauchende Stelle. Schon im Kriege zwischen Rom und Albalonga soll hier ein 6 Meter unter dem Boden befindlicher Altar des Dis Pater erbaut, aber nach seiner Zuschüttung wieder in Vergessenheit gerathen sein. Endlich sei — so erzählt die Tradition — dem reichen Bauer Valesius, als er während einer argen Pest für die Genesung seiner Kinder zu den Hauslaren betete, von wunderbaren Stimmen der Rath gegeben worden, die Kranken nach Tarent zu bringen und mit warmem Wasser vom Herde des Dis und der Proserpina zu erquicken. Valesius schiffte nun den Tiber hinab, um das Meer zu erreichen, weil er an die Stadt Tarent dachte. Als er aber in der Nacht am Marsfelde bei Rom anlegte und seine Kinder Fieberdurst litten, schöpfte er Wasser aus dem Tiber, wärmte dasselbe an der rauchenden Stelle, deren Namen er durch einen Schiffer erfuhr, und brachte es den Seinen. Diese erwachten am andern Morgen gesund und erzählten dem Vater, ein Gott habe ihnen mit einem Schwamme die Körper abgewaschen, aber auch verlangt, daß ihm an der heißen Stelle des Tarentum beim Altar des Dis und der Proserpina schwarze Opferthiere geopfert und nächtliche Spiele abgehalten werden sollten. So habe man also den alten Altar wieder entdeckt und darauf die tarentinischen oder Säkularspiele gestiftet, die alle 100 oder 110 Jahre in drei auf einander folgenden Nächten gehalten wurden, bis Augustus außer Jupiter und Juno besonders den palatinischen Apollo und Diana bei dieser Feier in den Vordergrund treten ließ und damit andeutete, daß bei einem so wichtigen Zeitabschnitte der Schutz der himmlischen Götter eben so angerufen werden müsse wie der der unterirdischen.

Der Verlauf des nun drei Tage und drei Nächte dauernden Jubelfestes war folgender. Beim Beginne der Erntezeit luden Herolde das Volk zu der Feier ein, welche weder Jemand gesehen habe, noch jemals wieder sehen werde, und die zur Beobachtung der Sibyllinischen Bücher angestellten Priester vertheilten an sämmtliche Freie die aus Schwefel, Pech und Fackeln bestehenden Sühnmittel, während zugleich in den Tempeln Jupiter's, Apollo's und Diana's Weizen, Gerste und Bohnen dem Volke verabreicht wurden, wovon dasselbe die Erstlingsopfer darbrachte. Von dem Feste selbst war allemal die Nacht den Göttern der Unterwelt, der Tag den oberen gewidmet. In der ersten Nacht opferte der Kaiser am Tarentum auf drei Altären drei Widder, die ganz verbrannt wurden. Dieses Opfer galt den Parcen, denen zu Ehren auch das Volk beim Scheine der Fackeln und der Feuer einen neu gedichteten Hymnus sang, worauf die herkömmlichen Spiele folgten. Am nächsten Tage zog eine feierliche Prozession auf das Kapitol, um dem Jupiter weiße Stiere, der Juno eine weiße Kuh zu opfern, und im Theater wurde eine Vorstellung zu Ehren Apollo's gegeben. In der zweiten oder dritten Nacht erhielten Tellus ein schwarzes Schwein und ein schwarzes Ferkel, Dis und Proserpina einen schwarzen Stier und eine schwarze Kalbe. Am zweiten Tage beteten die Frauen zur Juno auf dem Kapitole; am dritten endlich opferte man weiße Stiere im Tempel des Apollo Palatinus, und ein Doppelchor von dreimal neun Jünglingen trug den von den berühmtesten Dichtern verfaßten Sekulargesang vor.

Hatte Augustus die Sekularspiele in dieser feierlichen Weise im Jahre 17 v. Chr. gehalten, so stellte schon 63 Jahre später der Kaiser Claudius dasselbe Fest wieder an, indem er behauptete, August und seine Rathgeber hätten nicht die rechte Zeit beobachtet. Und so entstanden denn zwei verschiedene Rechnungsarten, denen die späteren Kaiser nach Gutdünken gefolgt sind. Domitian veranstaltete hierauf die Jubelfeier schon 41 Jahre nach Claudius. Später setzte man sogar das Maß eines Seculums auf die Hälfte herab und feierte die Spiele dennoch nach beiden Annahmen. Zum letzten Male sah Rom das Fest unter Diocletian und Maximian im Jahre 1051 seit Gründung der Stadt. Denn als das Christenthum zur Herrschaft gelangt war, fing man an, absichtlich jene alten Ueberlieferungen zu vergessen.

Cerberus. (Nach einer Bronzestatuette.)

Haruspicium.

26. Die Augures und Haruspices.

Die eigenthümliche Ueberzeugung der Römer, daß der Mensch im Stande sei, die Götter nicht nur zur Offenbarung der Zukunft zu bewegen, sondern auch die Genehmigung derselben zu jeder bestimmten Handlung zu erreichen, führte zur Bildung einer förmlichen Wissenschaft, die nach festen Regeln die Naturerscheinungen in Beziehung zu dem Vorhaben der Menschen setzte, ihre Vertreter aber, die Augüres (Vogeldeuter), zu einem der einflußreichsten Priesterkollegien machte. Denn keine Staatshandlung im Frieden oder im Kriege durfte ohne vorhergegangene Auspicien angestellt werden; kein Auszug in den Krieg, keine offizielle Volksversammlung, kein Amtsantritt eines höheren Beamten, keine Priesterweihe, keine Städte- oder Tempelanlage, keine Lagerbefestigung schien ohne die Augures möglich. Doch hatten sie keineswegs die Befugniß, im Namen des Staates die Genehmigung des göttlichen Willens einzuholen; dieses Recht gebührte blos dem Könige und später den höchsten Magistraten und dem Oberpriester. Ihre Pflicht war, auf die ihnen vorgelegte Frage zu antworten, ob die beobachteten Zeichen günstig oder ungünstig wären. Ihrem Ausspruch hatten sich freilich dann die Fragesteller unbedingt zu unterwerfen, da infolge einer Vernachlässigung hereinbrechendes Unglück dem Beamten zur Last gelegt wurde. Den Beobachtungen der Augures mußte die Bestimmung eines heiligen Bezirkes vorhergehen. Diese erfolgte um Mitternacht, indem der Augur in seinem Purpurgewande mit dem Lituus, einem oben gebogenen Stabe, an einer günstigen Stelle eine Linie von Norden nach Süden, eine andere, diese schneidende, von Westen nach Osten zog und endlich durch zwei Parallelen zu den beiden Linien ein Quadrat abschloß, welches templum hieß. Nach Einweihung desselben durch bestimmte Formeln wurde im Mittelpunkt ein Zelt errichtet mit einem Eingange nach Süden. In dieses setzte sich der Augur, nachdem er die Götter um bestimmte Zeichen gebeten hatte. Dabei mußte die Natur vollkommen ruhig und der Himmel wolkenlos sein. Jedes Geräusch, das Knarren des Stuhls, das Nagen einer Maus, das Anstoßen des Fußes konnte die Beobachtung stören, und der Augur sagte dann gewöhnlich: „An einem andern Tage!“ Die Bedeutung der himmlischen Zeichen hing von der Richtung ab, in welcher sie eintraten, denn das auf die Erde gezeichnete templum galt für die Eintheilung der himmlischen Regionen. Handelte es sich um Blitze, so waren die den Augen links oder östlich erscheinenden glücklicher Art, die der rechten Seite von schlechter Vorbedeutung, eine Theorie, welche aber mannichfache Ausnahmen durch die verschiedene Stellung des Augurs erleiden konnte. Die Beobachtung der Vögel war eine noch verwickeltere Sache, da es nicht allein auf die Richtung, die Art des Fluges, die Gattung der Vögel selbst, sondern auch darauf ankam, ob man überhaupt auf die Stimme zu achten hatte. Der Uhu z. B. war an sich ein Unglücksvogel; der Rabe mußte von der rechten, die Krähe von der linken Seite kommen, die Nachteule besaß neunerlei Variationen ihrer angenehmen Stimme. Zur Abkürzung des Verfahrens, besonders im Kriege, wo die Auguren nicht gegenwärtig waren, bediente man sich einer einfachen Zeichendeutung aus dem Fressen heiliger Hühner, die in einem Käfig unter Aufsicht eines besondern Hühnerwärters mitgenommen wurden. Eilten dieselben, sobald der Käfig geöffnet wurde, auf den ihnen vorgeworfenen Mehlkloß zu, und fiel ihnen dieser beim Fressen aus dem Schnabel, so war das Zeichen günstig; waren sie langsam, oder wollten sie gar nicht fressen, oder liefen sie gar fort, so erblickte man darin eine ungünstige Vorbedeutung. Der jähzornige Admiral Claudius Pulcher ließ vor der unglücklichen Schlacht bei Drepanum im ersten punischen Kriege die weissagenden Hühner, weil sie keinen Appetit zeigten, mit der Bemerkung in die See werfen, sie möchten saufen, wenn sie keinen Hunger hätten!

Dagegen hatte früher im dritten Samniterkriege vor der glücklichen Schlacht bei Aquilonia ein Hühnerwärter, der auf Befehl des Konsuls Papirius die Orakelprobe anstellen sollte, aber wie das ganze Heer selbst vor Kampfbegier brannte, trotz der Unlust der heiligen Thiere die günstigsten Vorzeichen erlogen. Als nun aber das Heer schon geordnet und im Vorrücken begriffen war, entstand zwischen jenem und seinen Kollegen ein Streit über die Richtigkeit seines Spruches, und der

Zweifel an derselben drohte bereits den Muth der Soldaten zu schwächen. Da half sich der Feldherr auf sehr kluge Weise aus der Verlegenheit. „Wer das Auspicium besorgt", sprach er, „und einen falschen Ausspruch thut, nimmt die Verantwortung auf sich. Die Nachricht vom hungrigen Fressen der Hühner gilt für das Heer und das römische Volk als treffliches Vorzeichen." Zugleich befahl er den Hauptleuten, die Hühnerwärter dem heranziehenden Feinde entgegen in die erste Linie zu stellen, und siehe da, der erste samnitische Wurfspeer durchbohrte den Schuldigen, und der Konsul rief: „Die Götter sind in der Schlacht zugegen! Des Frevlers Haupt hat seine Strafe!"

Die Kunst der Haruspices, welche erst später in die Zahl der römischen Priester aufgenommen worden sind, stammte aus Etrurien und bürgerte sich allmählich im Leben der Familie und des Staates so ein, daß sie sich den Vorrang vor der römischen Zeichendeutung errang. Besonders war die Eingeweideschau von ihnen zu einem künstlichen System ausgebildet worden. Nach diesem wurden hauptsächlich Herz, Leber und Lunge der Opferthiere der genauesten Prüfung unterzogen. So zerfiel z. B. die Leber in eine freundliche und eine feindliche Hälfte; jeder Einschnitt an ihr hatte seine Bedeutung; das Fehlen ihres „Kopfes" war ein sehr schlimmes Anzeichen, seine Verdoppelung ließ Entzweiung, seine Abreißung Aufhören des gegenwärtigen Zustandes erwarten. Auch kochte man die Leber und sah, ob sie dabei sich gleich blieb oder zusammenfiel. Wiewol schon am Ende der Republik die Gebildeten sich über die Eingeweideschau hinwegsetzten, so daß selbst der ältere Cato, sonst kein Freund der Aufklärung, die Aeußerung that, er wundere sich, daß ein Haruspex nicht dem andern beim Begegnen ins Gesicht lache, so erhielt sich doch das später aus 60 Mitgliedern bestehende Kollegium durch die Gunst mehrerer Regenten und den steigenden Einfluß des Aberglaubens bis an das Ende der Kaiserzeit.

Die heiligen Hühner. (Nach einem römischen Basrelief.)

Victoria, den Sieger krönend.

Schluß.

Allegorien und Personifikationen.

Unter den Personifizirungen ganz abstrakter Begriffe, die nicht bereits zur Erwähnung gekommen sind, heben wir nur die wichtigsten hervor. Es waren dies **Victoria**, die Siegesgöttin. Sie, welche dem römischen Volke fast nie den Rücken kehrte, verdiente in reichem Maße die Verehrung, die ihr in der Hauptstadt entgegengebracht wurde. Außer ihren Tempeln wurde ihr Bild bei allen Prachtbauten und Siegesdenkmälern wie auf Münzen angebracht. Das berühmteste war das von Augustus in der Julischen Kurie aufgestellte; denn diese Victoria wurde später geradezu für die Schutzgöttin des Staates angesehen.

Concordia, die Eintracht, hatte verschiedene Tempel in Rom, die ihr, als Stifterin des guten Einvernehmens zwischen den streitenden Ständen des Volkes, gewidmet worden waren. Doch wurde sie auch als das gute Prinzip des Familienlebens und der Ehe von den Matronen angerufen. Man gab ihren Bildern als Symbol bald einen Oelzweig, bald ein Füllhorn.

Pax, die Friedensgöttin, bekam erst durch Augustus einen Altar im Marsfelde, und Vespasian baute ihr am Forum einen großen, mit herrlichen Kunstwerken geschmückten Tempel. Auf Münzen erscheint sie als jugendliche Frau mit einem Aehrenkranze, mit Füllhorn und Oelzweig oder dem Hermesstabe.

Libertas, die Freiheit, als Gegensatz von Tyrannei und Sklaverei, hatte mehrere Heiligthümer und ist auf Münzen an dem Freiheitshute, den sie auf dem Kopfe trägt oder in der rechten Hand emporhält, und an der Lanze oder dem Füllhorn in der Linken kenntlich.

Spes wurde in alter Zeit nicht als die Göttin der Hoffnung im Allgemeinen verehrt, sondern war eine Frühlings- und Gartengöttin. Deshalb stand ein alter Tempel von ihr auf dem Gemüsemarkte, deshalb zeigen auch ihre Abbildungen ein schlankes Mädchen, das mit der Linken das Gewand im Einherschreiten hebt, während die Rechte eine Lilie oder Granatblüte oder Kornähren trägt. Von einer auf den Anker sich stützenden Spes weiß das Alterthum nichts.

Virtus und **Honos,** die tapfere Mannhaftigkeit und die ihr zu Theil werdende Ehre, wurden in Rom theils getrennt, theils neben einander verehrt. Die Kunst stellte Virtus als Jungfrau in kurzer Tunika dar, mit dem Helm auf dem Haupte, in der Linken eine Lanze, in der Rechten ein Schwert, mit dem rechten Fuße auf einen Helm tretend. Honos dagegen ist ein bewaffneter Jüngling, lorberbekränzt, ein Füllhorn in der Linken, den Fuß auf eine Kugel gestellt.

Juventas, nicht allein die Patronin der männlichen Jugend, sondern auch die Repräsentantin der Jugend des römischen Staates. Der Gebrauch erheischte es deshalb, daß der junge Römer, sobald er die männliche Toga angelegt hatte, sein Gebet in dem neben dem Jupitertempel auf dem Kapitole liegenden Heiligthum dieser Göttin verrichtete. Ihre Gestaltung unterschied sich nicht von der der Hebe.

Pudicitia, die Schamhaftigkeit, nach altrömischen Begriffen die erste Tugend des weiblichen Geschlechts, besaß eine uralte Kapelle auf dem Rindermarkte (s. o. Fortuna), in welcher ihr von patrizischen Frauen gehuldigt wurde. Als nun aber Virginia, die Tochter einer altadligen Familie, die einen plebejischen Konsul geheirathet hatte, von ihren früheren Standesgenossinnen von der Theilnahme an jenem Gottesdienste ausgeschlossen ward, gründete sie 296 v. Chr. in ihrem eigenen Hause ein Heiligthum der plebejischen Pudicitia. Die mit Gewalt einreißende Sittenverderbniß brachte aber bald beide Kulte in Vergessenheit. Die Kunst hat die Göttin dargestellt als eine sittsame, in ihr Gewand gehüllte oder sich eben verschleiernde Matrone.

Salus, das Heil, die Wohlfahrt, war eigentlich eine alte sabinische Gottheit und wurde oft des öffentlichen und kaiserlichen Wohles wegen angerufen, dann aber auch mit Hygieia, der Tochter Aesculap's, verwechselt und als Gesundheitsgöttin um Abwehr von Krankheiten angegangen. Ihr Bild glich oft ganz dem der Fortuna; zuweilen steht oder sitzt sie mit einer Opferschale in der Hand vor einem Altar, um den sich eine Schlange windet.

Aegyptische Mythologie.

Welcherlei Art Scheusale verehrt wahngläubig Aegypten,
Wem ist es fremd, mein Freund Volusius? Diese vergöttern
Ein Krokodil; die zittern dem schlangengemästeten Ibis;
Gold entstrahlet dem Bild des langgeschwänzeten Affen,
Wo aus des Memnon's Hälfte das magische Saitengetön hallt
Und die grauende Thebe mit hundert Thoren in Schutt liegt.

Juvenal.

Sphinx-Allee zu den Ruinen des Tempels bei dem Dorfe Wady-Sabua.

Einleitung.

Wir nahen uns dem Wunderlande des Nils, dessen Natur und Eigenthümlichkeit die Phantasie und das Interesse aller Zeiten, aller gebildeten Nationen rege erhalten hat! Noch heute wälzt der heilige Strom seine klaren Fluten durch das vom einsamen, todten Wüstensande begrenzte schmale Thal, das bald als ein staubiges Feld, bald als ein Süßwassermeer, bald als ein lachender Garten erscheint. Noch heute stehen an seinen Ufern die staunenswerthen, übermenschlichen Monumente einer uralten Kultur, künstliche Steinberge, festungähnliche Riesentempel, unermeßliche, labyrinthisch verschlungene Felsenkatakomben, Wälder von Kolossen und Sphinxen: die versteinerte Traumwelt einer sinnigen, aber fremdartigen Volksphantasie. Erst der neueren Zeit war es vorbehalten, den eigentlichen Schlüssel zu den Geheimnissen Aegyptens zu finden, die alle Wände der öffentlichen Gebäude und Denkmäler bedeckende Bilderschrift der Hieroglyphen zu entziffern. Hat die Geschichte des Volkes durch diesen Fortschritt mancherlei Aufhellung und Berichtigung erfahren, so ist der Nutzen, den Religion und Mythologie daraus zogen, mindestens eben so bedeutend. Da nämlich die griechischen und römischen Reisenden, welche das Nilthal besuchten, keine Kenntniß der ägyptischen Sprache und Schrift besaßen, so gingen sie bei der Erklärung der Göttergestalten und gottesdienstlichen Ceremonien nach dem sinnlichen Eindruck und ließen sich außerdem von dem einseitigen Streben leiten, ihre eigenen Götter und Dogmen in den fremden wiederzufinden, ihre Theologie um jeden Preis mit der ägyptischen in Einklang zu bringen.

Neben dieser Quelle der ärgsten Mißverständnisse gaben auch verschiedene Eigenthümlichkeiten der Landesreligion selbst Anlaß zu Irrthum. Wir rechnen hierzu die Sitte, daß jede größere Stadt Aegyptens eine Hauptschutzgottheit verehrte, in deren Tempel aber wieder gewöhnlich zwei entweder verwandte oder den benachbarten Distrikten entlehnte Götter zugleich mitthronten und besondere Berücksichtigung erheischten. Diese Zerfällung erschien dem Unkundigen als ein Polytheismus ohne System, ohne einigende Mitte. Besonders aber war es die Anbetung gewisser Thiere, die als Fetischdienst bei anderen Nationen großen Anstoß erregte, und die deshalb auch hier genauer ins Auge gefaßt werden muß. Herodot drückt sich über den Thierdienst in folgender Weise aus: „Aegypten ist eben nicht reich an Thieren, alle aber, die es hat, die Hausthiere sowol als die wilden, sind heilig. Wenn ich aber sagen wollte, warum die heiligen Thiere geweiht sind, so würde ich göttliche Dinge berühren, wovor ich große Scheu hege. Ihr Brauch mit den Thieren ist aber folgender. Für jedes Thier sind besondere Pfleger und Wärter aus den Aegyptern bestellt, männliche und weibliche. In den Städten leistet man diesen Thieren Gelübde und die, welche dem Gott, dem das Thier gehört, Gelübde thun, scheren ihren Kindern den ganzen Kopf oder die Hälfte oder den dritten Theil und wägen die Haare mit Silber auf; was es wiegt, geben sie den Wärtern der Thiere, die dafür Fische als Futter den Thieren vorschneiden. Auf diese Weise ist ihre Pflege festgesetzt. Falls aber Jemand ein solches Thier umbringt, so ist, wo es mit Willen geschieht, der Tod seine Strafe, geschieht es aber wider Willen, so büßt er die Strafe, welche ihm die Priester vorschreiben. Wer aber einen Sperber oder einen Ibis tödtet, muß ohne Gnade sterben, mag er es nun freiwillig oder unfreiwillig gethan haben.“ Von dem Begräbniß dieser heiligen Thiere heißt es weiter bei Herodot: „Die Katzen werden nach ihrem Tode in heilige Gemächer gebracht, wo sie einbalsamirt begraben werden, in der Stadt Bubastis. Die Hunde begraben sie, je nach den einzelnen Städten, in heiligen Schreinen, und wie die Hunde werden auch die Ichneumone bestattet. Die Spitzmäuse und die Sperber bringen sie in die Stadt Buto, die Ibisse nach Hermopolis.“

Ein Hauptirrthum liegt bei diesen Angaben Herodot's schon in der Allgemeinheit, mit welcher er über die Verehrung so vieler Gattungen von Thieren spricht. Denn nicht an allen Orten fand das Gleiche statt, sondern die den Thieren erwiesene Ehre hing eng mit dem Kultus der einzelnen Gottheiten zusammen. Von diesen hatte beinahe jede ihr heiliges Thier und nur in ihren Hauptkultusstätten wurden demselben Bevorzugungen zu Theil, ja, in der von Herodot beschriebenen Weise nur einzelnen, beim Tempel gehegten Exemplaren. Es konnte daher der Fall eintreten, daß ein in einem Distrikte heilig gehaltenes Thier in einem andern mißachtet oder gar gegessen wurde, und auch Herodot schreibt deshalb über das Krokodil: „Einigen Aegyptern sind die Krokodile heilig, anderen nicht, sondern sie behandeln dieselben als Feinde. Aber die um Theben und den See Möris wohnen, achten sie für ganz besonders heilig. Auch unterhalten sie an beiden Orten ein Krokodil vor allen, das gezähmt ist. Diesem legen sie Ohrgehänge aus Glas oder Gold in die Ohren und Spangen um die Vorderfüße, bringen ihm bestimmte Speisen und Opferthiere dar und halten es auf das Herrlichste so lange es lebt, nach dem Tode aber balsamiren sie die Thiere ein und bestatten sie in heiligen Behältern. Die Umwohner von Elefantine verspeisen sie dagegen und halten sie gar nicht für heilig."

Was war nun aber der Grund dieses Zusammenhangs der Thierwelt mit der Religion? Herodot verschweigt aus frommer Scheu, was ihm die ägyptischen Priester zur Erklärung darüber berichtet hatten. Möglicherweise haben sie ihm bereits die spätere Tradition mitgetheilt, die seit dem Vorwiegen des Osiridienstes sich bei der ganzen Kaste eingebürgert zu haben scheint, daß sich nämlich die Götter selbst aus Furcht vor dem Typhon (Set) in Thiere verwandelt hätten! In neuerer Zeit hielt man sich besonders an die Lehre von der Seelenwanderung, um diese Erscheinung zu erklären, und suchte in dem Glauben an die Möglichkeit, daß in jedem Thiere eine sich reinigende und läuternde Menschenseele ihr Wohnung aufschlagen könnte, die Ursache der religiösen Scheu vor dem Thierreiche, während man andererseits aus den hervortretenden Haupteigenschaften gewisser Thiere auf ihre spezielle symbolische Verbindung mit bestimmten Gottheiten schloß. Und doch liegt der eigentliche Grund ganz wo anders, in der innigen Verbindung der darstellenden Künste mit der Bilderschrift, den Hieroglyphen. Wie die Künstler hartnäckig am Hergebrachten, Typischen, festhielten, so gaben sie auch einem Menschengesichte denselben Ausdruck wie dem andern. Um also die Gottheiten in menschlicher Gestalt zu unterscheiden, half man sich durch Hinzufügung von Attributen. Diese sind jedoch nur äußerlich, symbolisch, d. h. es sind Gegenstände, besonders Thiere, die mit dem Eigennamen der Gottheit dieselben Mitlauter oder auch nur Anfangsbuchstaben besaßen, z. B. Os, der Stuhl, und die Göttin Isi; Suki, das Krokodil, und der Gott Sebek. Auf diese Weise gesellte sich zu Net das Weberschiffchen, zu Pascht die Löwin, zu Jah der Ibis, zu Ment der Bock, zu Amun die Schlange, zu Set die Fuchsgans, aber zugleich in der Ausdehnung, daß nicht nur der betreffende Thierkopf anstatt des Menschenhauptes der Gottheit aufgesetzt ward, sondern auch das ganze Thier selbst seine Gottheit vertrat, oder in umgekehrter Weise, wie z. B. bei der Löwensphinx, ein Menschenkopf sich dem Thierleibe anfügte.

Von dieser merkwürdigen Anschauungsweise war es dann kein großer Sprung, wenn das Volk in dem lebendigen Thiere gleichsam die beseelte Hieroglyphe des namensverwandten Gottes sah und dem thierischen Stellvertreter dieselbe Ehre erwies. So war also der Thierdienst im Grunde kein Fetischismus. Dennoch wird er sich in der Praxis des großen Haufens wenig davon unterschieden haben. An sich schon war er gefährlicher als jeder Bilderdienst, da es nahe lag, in den Bewegungen der Thiere, besonders in dem Fressen, unmittelbare Willensäußerungen der Gottheit erkennen zu wollen.

Dann aber erstarrt ja bekanntlich der Kultus nirgends schneller in äußerlichen Formen und krassem Aberglauben, als in Staaten, wo die religiöse Weisheit im Besitze einer geschlossenen, gewöhnlich selbst allmählich entartenden Priesterkaste ist. Sagt doch der Geograph Strabo ausdrücklich von Aegypten, daß die Priester zu seiner Zeit über die Verehrung der Thiere „sehr verschiedene und nicht miteinander übereinstimmende Ursachen" anzugeben pflegten!

Was übrigens die bildliche Darstellung der ägyptischen Gottheiten im Allgemeinen betrifft, so waren erstlich die nackten Theile je nach der Bedeutung verschieden bemalt, z. B. bei Amun stets blau, bei Ptah grün, bei Net gelb. In der einen vorgestreckten Hand halten ferner alle Götter einen langen Stabscepter (Gam), der bei den männlichen mit dem Kopfe eines Wiedehopfs (Kukupha), bei den weiblichen mit der Lotosblume gekrönt ist und das Zeichen der Gnade und Milde sein soll; in der andern tragen sie oft eine dreschflegelartige Geißel, die zu den Zeichen der königlichen Würde gehört, oder das sogenannte Nilkreuz, ein T, worüber eine Handhabe in Form einer Schlinge angebracht ist, und welches man für ein Symbol des Lebens und der Fruchtbarkeit hält. Sehr häufig kommt dann noch die Königskrone (Pschent) vor, bestehend aus zwei Theilen, von denen der innere, helmartige, von weißer Farbe die Krone von Oberägypten, der äußere, rothe die von Unterägypten vorstellt. Die Götter tragen am Kinn eine abwärts gekehrte Bartflechte; die Göttinnen sind bekleidet und haben oft lange Flügel. Beide führen endlich über der Stirn den königlichen Basilisk als Diadem.

Hinsichtlich der Kultusformen sind ebenfalls einige erklärende Bemerkungen vorauszuschicken. Die Tempelgebäude der Aegypter entsprachen in ihrer Anlage den Verhältnissen des Bodens und Klimas. Das jährliche Austreten des Nils bedingte die Errichtung der Heiligthümer auf erhöhten Terrassen; vor den brennenden Sonnenstrahlen gewährten nur dicke Umfassungsmauern mit schattigen Säulensälen Schutz, obgleich die kleinen Tempel auch nur aus offenen, mit flachen Dächern versehenen Säulenhallen bestanden. Die kolossalen, nach innen geneigten Mauern gaben dem Ganzen das Aussehen einer Festung, bildeten meist längliche Vierecke und umschlossen zuweilen einen Raum, der fast fünfzigtausend Quadratmeter maß. Die Vorderseite lag gewöhnlich dem Flusse zugewendet, und von dorther führte in der Regel eine Allee von riesigen Sphinxen, die in einer Entfernung von ungefähr $13^1/_4{}^m$ von einander aufgestellt waren, nach dem haushohen Eingange zu, welchem zunächst zu beiden Seiten zwei sitzende Kolossalfiguren und vor diesen zwei Obelisken aus rothem Granit, Sinnbilder der heiligen Sonnenstrahlen, sich zu befinden pflegten. Die Tempelpforte selbst wurde auf beiden Flanken überragt von den Pylonen, thurmartigen, nach oben etwas schief zulaufenden, mit flachen Dächern bedeckten Flügeln. Durch dieses über die Breite der Seitenmauern vorspringende Riesenportal gelangte man über einen Säulenhof in einen Saal, dessen Decke von einem Walde oft $3^3/_4{}^m$ dicker, bis 22^m hoher Säulen getragen wurde. Diese standen gewöhnlich sehr dicht neben einander, besaßen nur fünf Durchmesser Höhe und hatten geschlossene oder offene Lotoskelche, Palmblätter, auch oft vier Köpfe zu Kapitellen. Hinter dieser Halle, die ihr Licht dadurch empfing, daß die Vorderseite offen gelassen war, folgte das Allerheiligste, ein enger, nur durch kleine Fenster erhellter Raum, der außer mehreren Gemächern, welche zu Wohnungen für die Priester und zur Aufbewahrung der heiligen Geräthe dienten, auch die Zelle mit dem Kultbilde der Tempelgottheit enthielt.

Diese Tempelanlagen, welche sich stets nach der Rückseite hin verjüngten, konnten aber durch Wiederholung der genannten beiden ersten Theile noch mehr ausgedehnt werden. Bei großen Tempeln folgten drei Pylonenpaare in der gehörigen Entfernung auf einander, ehe das eigentliche Tempelgebäude anfing, eine Einrichtung, die der bei den Festen zudrängenden Volksmasse wegen wol nothwendig war (die Zahl der Wallfahrer am Feste der Pascht zu Bubastis wird von Herodot auf 700,000 angegeben!). Einige dieser weitläufigen Tempelanlagen standen sicher in Verbindung mit der Ertheilung von Orakeln und mit den verschiedenen Graden der geheimen Weihen. So mochten denn manche Räume blos für die Priester, andere für Geweihte höherer Stufe bestimmt sein, während der Zutritt zu den Vorhallen dem großen Haufen offen stand, um allda ihre Aufzüge, Gebete, Opfer, Tänze und Gastgelage zu Ehren der Götter zu halten. Um sich des Eindrucks klarer zu werden, den ein ägyptischer Tempelbau auf den Beschauer macht, muß man sich endlich noch hinzudenken, daß alle Wände innen und außen, alle Säulen und Decken mit halb erhabenen, bunt bemalten Skulpturarbeiten bedeckt waren, welche Handlungen des Gottesdienstes, Darbringung von Spenden, religiöse Prozessionen, Weihen von Königen u. s. w. darstellten. Von den in Felsen gehauenen Tempeln wird später die Rede sein.

Die gewöhnlichen Opferspenden bestanden aus Weihrauch und Wein und wurden der Flamme des Altars überliefert. Von Thieren opferte man natürlich nur solche, die für den Bezirk nicht besonders geheiligt waren, z. B. in Theben keine Schafe, sondern Ziegen, in Mendes umgekehrt keine Ziegen, sondern Schafe. Bei der großen Verbreitung des Osiridienstes hütete man sich vorzüglich, beim Stieropfer ein Thier zu tödten, das die Kennzeichen des dem Osiri geweihten Hapi (Apis) am Leibe trug. Jedes zum Opfer bestimmte Exemplar wurde von den Priestern einer Prüfung unterworfen, und hatte es bei weißer Farbe nur einzelne schwarze Härchen oder gar das Merkmal des Hapi unter der Zunge, so durfte es bei Todesstrafe nicht geopfert werden; war es aber von jenen Zeichen frei, so umwand der Prüfende die Hörner mit Papyrus und versiegelte diesen mit einem Petschaft, auf dem ein an einen Pfahl rücklings gefesselter Mann abgebildet war, dem das Opfermesser an der Kehle stand. Den Opferbrauch selbst beschreibt Herodot mit folgenden Worten: „Haben sie das gezeichnete Thier zum Altar geführt, wo es geopfert werden soll, so zünden sie ein Feuer an. Dann sprengen sie Wein auf den Altar über das Opferthier hin, rufen die Gottheit an und schlachten es. Hierauf hauen sie ihm den Kopf ab und ziehen vom Rumpfe des Thieres die Haut herunter. Auf den Kopf stoßen sie eine lange Verfluchung aus und tragen ihn fort; an solchen Orten, wo ein Markt ist und sich Hellenen zum Handel einfinden, da bringen sie ihn auf den Markt und schlagen ihn gleich los; wo es aber keine Hellenen giebt, da werfen sie ihn in den Fluß. Der Fluch, den sie über den Kopf aussprechen, lautet so: Wenn über sie, die Opfernden, oder über ganz Aegypten ein Unglück kommen sollte, das möchte auf diesen Kopf übergehen!" Auch das Ausweiden und Verbrennen der Opferthiere ward bei verschiedenen Kulten verschieden gehandhabt.

Das ägyptische Göttersystem läßt in seinen Grundzügen eine große Verwandtschaft mit den Religionen der anderen alten Priesterstaaten durchblicken. Der Sterndienst oder Sabäismus bildet auch seine Basis; nur daß außer Sonne, Mond, Erde und Himmel nicht nur andere sichtbar wirkende Naturkräfte verehrt wurden, sondern das Nachdenken auch bald auf ganz abstrakte, bei der Bildung und Erhaltung der Welt thätige Wesen führte. Interessant ist es ferner, zu sehen, wie auch hier in der Vorstellung die Gottheiten sich immer mehr von dem Naturgrunde losrissen, nach und nach mehr Leben bekamen, sich vermenschlichten. Die Entstehung des Osiridienstes mit dem dazu gehörigen Götterkreise läßt sich recht passend mit dem Eintritte der olympischen Götter in der Mythologie der Griechen, mit dem Uebergange der Wanen in Asen bei den Germanen zusammenstellen. Von diesem Punkte an beginnen auch die Mythen reichlicher zu fließen. Vorher entspricht die Dürftigkeit der Göttergeschichte der Unbestimmtheit und Unfaßlichkeit der Persönlichkeiten selbst, und man hört von ihnen kaum mehr als die Stufen ihrer vielseitigen Verwandtschaft, die aber gerade dazu beigetragen hat, daß ihre Gestalten noch mehr ineinander schwimmen. Aber das Bestreben, den Wirkungskreis der neuen Götter möglichst auszudehnen, übertrug diesen auch sehr viel von der Machtbefugniß der älteren, und so wird es auch darum oft schwierig, die Personen auseinander zu halten.

Herodot unterscheidet in der ägyptischen Götterwelt drei Reihen oder Ordnungen. In die erste setzt er acht Götter, unter denen Mendes der älteste sein sollte. Außer diesem nennt er noch die Göttin Leto. Von den zwölf Göttern zweiten Ranges hebt er ganz besonders Herakles hervor, sowie aus den Gottheiten der dritten Ordnung, welche Nachkommen der zweiten sein sollten, Dionysos oder Osiris. Außerdem macht er noch, ohne die Klasse anzugeben, namhaft: Amun, Apis, Isis, Horos, Bubastis, während er von sechs anderen nur die griechischen Namen anführt, nämlich Hermes, Athene, Hephaistos, Aphrodite, Ares und die Kabeiren. Sonst ist der Geschichtschreiber über die Göttergeschichten selbst sehr zurückhaltend, weil er sich scheut, durch Erzählung der Tempellegenden einen religiösen Verrath zu begehen. Ebenso giebt er über die schwierige Frage nach Wesen, Macht und Herrschaft der Götter nur unzureichende Auskunft.

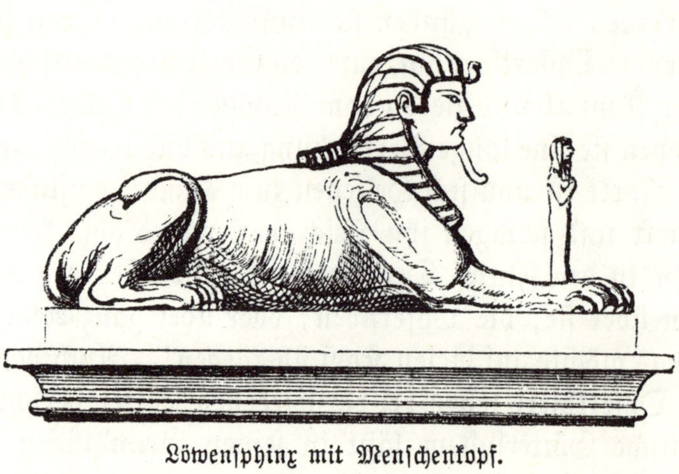

Löwensphinx mit Menschenkopf.

Der König vor dem Gotte Sebek.

I. Die älteren Götter.

Net (Neith).

Die priesterliche Theologie setzte den in der Welt, als der bereits geformten Materie, wirkenden Gottheiten vier vorweltliche und weltbildende Potenzen oder Urkräfte voraus, die wieder in einem fünften Wesen ihren geheimnißvollen Einigungspunkt fanden. Sie hießen Net, Neph, Sebek und Pascht, in ihrer Viereinigkeit Amun.

Die Göttin Net, welche die Griechen mit ihrer Athene verglichen, hatte ihren Hauptsitz zu Sais (ägypt. Sai), und das Priesterkollegium ihres dortigen Tempels stand in so hohem Rufe, daß weisheitbegierige Griechen, wie Solon, zu ihm wallfahrteten. Nach Plutarch soll ihr Name bedeuten: „Ich kam von mir selbst." Dieser Erklärung liegt das Richtige zu Grunde, daß allerdings Net die Mutter des Alls, die Urmaterie war, verkörpert im schlammigen Urwasser des Nils. Was in der Welt ist, Sonne, Himmel, Erde und Götter, sind aus ihr, als dem Urstoffe, hervorgegangen. Als den letzten Grund alles Seins faßt sie auch die weltberühmte Tempelinschrift zu Sais: „Ich bin Alles, was war, ist und sein wird, und meinen Schleier hat Niemand gelüftet." In diesem Sinne gelangt Net zu genauer Verbindung mit Isi, noch mehr aber mit Osiri, von dem ein heiliges Grab sich auch in ihrem geweihten Bezirke neben der hintern Tempelwand befand.

Ihre Verwechselung mit der griechischen Athene kommt theils von dem Weberschiffchen, das sie zuweilen auf dem Haupte trägt, theils von ihrer Bewaffnung mit Bogen und Pfeilen. Auch will man sie als Freundin des Kriegshandwerks auf den Basreliefs zu Theben erkennen, wo die siegreichen Könige ihr Gefangene vorführen.

Ihr Tempel zu Sais wurde nach Herodot vom König Amasis (Jahmes) verschönert. Er baute eine herrliche Vorhalle daran und stellte Kolosse und Sphinxe vor ihr auf. „Was ich aber daran nicht am wenigsten, sondern am meisten bewundere", schreibt Herodot, „ist, daß er eine aus einem Stein bestehende Tempelzelle von Elefantine herschaffen ließ. Man brauchte dazu drei Jahre, und 2000 Männer waren bei der Zugarbeit angestellt, lauter Leute aus der Schifferkaste. Das Gemach mißt von außen $9\,^3/_4{}^{m}$ in der Länge, $6\,^1/_2{}^{m}$ in der Breite, $3\,^1/_2{}^{m}$ in der Höhe; inwendig aber ist es $8\,^1/_4{}^{m}$ lang, $5\,^1/_2{}^{m}$ breit und $2\,^1/_4{}^{m}$ hoch. Dieses Haus steht gleich am Eingange; denn hinein in das Heiligthum soll man es deshalb nicht geschafft haben, weil der Baumeister, während man daran zog, aus Verdruß über den großen Zeitaufwand aufgeseufzt habe, worüber der König so betroffen worden sei, daß er nicht weiter habe ziehen lassen. Ja, es sagen sogar Einige, es sei ein bei dem Hebelwerk beschäftigter Mensch durch den Stein umgekommen, und infolge dessen habe man das Hineinziehen aufgegeben."

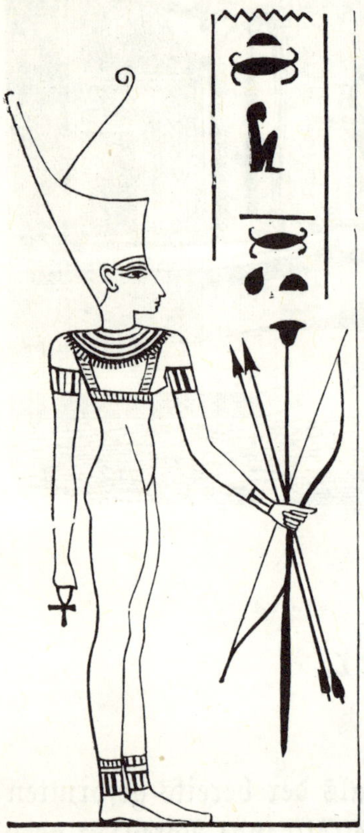

Net.

Dieses Märchen war jedoch nur erfunden, weil die Tempelzelle in Sais sich nicht wie gewöhnlich im Allerheiligsten, sondern im Tempelhofe befand. Denn nicht blos erwähnt der Kirchenlehrer Clemens von Alexandria, daß der Tempel der Net ein offenes Dach gehabt habe, sondern auch Herodot schreibt an einer andern Stelle, daß in demselben Tempel „ganz nahe an der Zelle, beim Eingange zur Linken" sich die Gräber der ägyptischen Könige befunden hätten. Dort war auch das von dem Perser Kambyses geschändete Grab des Amasis selbst, wie Herodot weiter sagt, „im Hofe des Heiligthums, eine große steinerne Galerie, deren Säulen Palmbäume vorstellen und aus der Doppelthüren zu der Kammer führen, in welcher der Sarkophag steht". Noch findet sich endlich bei Herodot die Beschreibung eines großen saitischen Festes, das aber nach der Ansicht neuerer Forscher nur ein Theil der Trauerfeier um den verschwundenen Osiri war. „So oft sie sich in Sais versammeln", sagt der Geschichtschreiber, „zünden sie alle in der auf das Opfer folgenden Nacht rings um die Häuser viele Lampen unter freiem Himmel an. Die Lampen sind Näpfchen, gefüllt mit Salz und Oel (das Oel wurde durch einen Salzzusatz aus dem Kikisafte abgesondert), und oben darauf schwimmt der Docht. Sie brennen die ganze Nacht über, und das Fest hat davon den Namen „Lampenfest" bekommen".

Neph (Kneph).

Der Gott Neph ist der in dem Urstoffe wirkende und lebende Geist und insofern innig mit Net verbunden. Er, das geistige Prinzip Amun's und darum so oft mit ihm identifizirt, wurde vorzüglich in Oberägypten und in Aethiopien verehrt. Sein großer Tempel zu Esneh (Sna) in der Thebais, wo Net neben ihm thronte, bezeichnet ihn als Schöpfergeist des Weltalls, Lebenskraft des göttlichen Wesens, Stütze aller Welten, Herrn des Landes Sna. Auch auf anderen Darstellungen erscheint er als Bildner von Göttern und Menschen, und die Neuplatoniker sagten deshalb, der Gott Ptah sei aus dem Ei entstanden, das aus Neph's Munde gegangen; das Ei aber bedeute die Welt. Die ideale Seite des Gottes erhellt auch aus der Bemerkung Plutarch's, daß der Gott Kneph „ungeboren" sei und „unsterblich." Das Thierbild des Neph ist der Widder. Widderköpfig erscheint er theils mit geraden, theils mit abwärts gekrümmten Hörnern. Die liegenden Widder ruhten vor verschiedenen Tempeln, gleichsam als Vertreter des göttlichen Geistes den Zugang beschützend und wahrend. Seine Farbe ist grün. Gewöhnlich trägt er nur die Krone von Oberägypten und wird besonders gekennzeichnet durch die zu seinen Seiten angebrachten Schlangen, von denen eine besondere Art ihm heilig war.

Sebek.

Sebek.

Auch er war ein Tempelgenosse der Götter der Thebais, wo er vorzüglich zu Ombos verehrt wurde, wiewol er den dort unter den Ptolemäern der Länge nach in zwei Hälften getheilten Tempel mit Harueri, dem Bruder des Osiri, theilen mußte. Außerdem war ein Hauptpunkt seines Kults Arsinoe (Piom) in Mittelägypten. Diese Stadt hieß bei den Griechen auch „Krokodilstadt", weil das Krokodil (Suki) das dem Sebek geheiligte Thier war. Natürlich wurde auch hier bei dem Tempel ein zahmes Exemplar dieser Thiergattung gehalten, und wir besitzen noch vom Geographen Strabo einen Bericht über einen demselben abgestatteten Besuch. „Man ehrt in diesem Bezirke", schreibt er, „vorzüglich das Krokodil, und ein in dem See unterhaltenes ist heilig und gegen die Priester zahm. Genährt wird es mit Brot, Fleisch und Wein, und alles dies pflegen die Fremden, welche hinkommen, um es zu sehen, mitzubringen. Da während meines dortigen Aufenthaltes mein Gastfreund, einer der angesehensten Einwohner der Stadt, mir die Heiligthümer zeigen wollte, ging er mit mir zum See und nahm etwas Backwerk, ein Stück Braten und einen mit Honig gemischten Trank mit. Wir fanden das Thier am Rande des Sees liegen; die Priester aber gingen zu ihm, öffneten ihm den Rachen, und der Gastfreund schob ihm den Kuchen und dann das Fleisch hinein; zuletzt schluckte es den Trank. Hierauf sprang es in den See und schwamm an das jenseitige Ufer. Als aber ein Anderer kam und eine Gabe brachte, liefen sie herum, erreichten es und reichten ihm wieder dieses Futter."

Seinem Wesen nach ist Sebek der Gott der ungetheilten Zeit, der Ewigkeit, und als solcher erscheint er auf Münzen der Stadt Arsinoe geradezu in der Gestalt des griechischen Kronos, ein Krokodil in der Rechten haltend. Die ägyptischen Denkmäler zeigen ihn als sitzenden oder stehenden Gott von grüner Farbe, mit einem Krokodilkopf und Widderhörnern, zwischen diesen die Sonnenscheibe, daneben zwei Federn und endlich den Basilisk zu beiden Seiten tragend.

Pascht.

Diese Göttin, hauptsächlich verehrt in der Stadt Paschti oder Bubastis am Pelusischen Nilarme, wurde von den Griechen Bubastis genannt und zur ägyptischen Artemis gestempelt. Ihre Bedeutung scheint aber eine viel allgemeinere, umfassendere gewesen zu sein. Sie war weder Mondgöttin noch Geburtsgöttin allein, sondern ihre Festfeier und ihre Beinamen (Mut: Mutter; Menhe: unbekannten Sinnes) deuten auf einen hinter der Erscheinungswelt verborgenen Urgrund des Werdenden, den unendlichen Raum hin, aus dem Alles entsteht, in den die Welt zurücksinkt. Deshalb heißt sie auch „die Liebende des Ptah", da dieser für den die Materie schöpferisch belebenden Gott gilt. Der hohe Grad ihrer Heilighaltung wird durch die Achtung bezeugt, die ihr Symbol, die Katze, genoß. Man balsamirte diese Thiere nicht nur sehr häufig ein (die Stadt Bubastis war ihre Nekropole), sondern ihre Mörder wurden unbedingt mit dem Tode bestraft, und unter einem Ptolemäer konnte ein Römer, der unglücklicherweise eine Katze ums Leben gebracht hatte, trotz der Bemühungen des Hofes und des Respekts vor Rom, nicht vor der Rache des Volkes geschützt werden. Das Fest der Pascht beschreibt Herodot in folgender Weise. „Wenn sie nach Bubastis fahren, beobachten sie diese Gebräuche. Es schiffen Männer und Weiber zusammen und es ist eine große Menge von beiden auf jedem Fahrzeug. Und einige Weiber haben Klappern in den Händen und klappern, von den Männern aber spielen einige auf der ganzen Fahrt die Flöte; die übrigen Männer und Weiber singen und klatschen in die Hände. So oft sie aber während der Fahrt zu einer anderen Stadt gelangen, landen sie, und ein Theil der Weiber thut das bereits Erwähnte, andere necken mit Geschrei die Weiber in derselben Stadt, andere tanzen, andere stehen auf und entblößen sich. Kommen sie endlich nach Bubastis, so feiern sie das Fest mit Darbringung großer Opfer, und es wird dabei mehr Rebenwein verbraucht, als sonst im ganzen Jahre".

Ueber den Tempel der Pascht zu Bubastis sagt derselbe Schriftsteller an einem andern Orte: „Ihr Heiligthum ist also beschaffen. Bis auf den Eingang ist es ganz eine Insel, indem aus dem Nil Graben um dasselbe geführt sind, die auf jeder Seite bis zum Zugang des Tempels laufen, so daß der eine ihn rechts, der andere ihn links umströmt, jeder 32 m breit und mit Bäumen beschattet. Die Vorhalle hat eine Höhe von 19 m und ist mit 3 m hohen, sehenswerthen Bildwerken ausgeschmückt. Da das Heiligthum mitten in der Stadt liegt, so sieht man beim Herumgehen von allen Seiten hinein; denn die Stadt ist durch den Schutt erhöht, der Tempel aber noch unverrückt, wie er von Anfang errichtet ward, und so hat man freie Einsicht. Ein aus sehr großen Bäumen bestehender Hain ist im Innern um ein großes Tempelhaus angelegt, in dem das Götterbild steht. Das Heiligthum ist auf jeder der vier Seiten ein Stadion (150 m) lang."

Pascht trägt über dem Katzenkopfe, der oft dem Löwenhaupte sehr nahe kommt, die Sonnenscheibe, um die sich die Schlange windet.

Amun.

Amun (Ammon).

Wie erwähnt, besaßen die vier Gottheiten Net, Neph, Sebek und Pascht eigentlich keine selbständige Existenz, sondern waren im Grunde nur Sonderelemente eines sie alle umfassenden, in sich vereinigenden fünften Wesens. Dies war Amun, von den Griechen Ammon genannt, der Hauptgott im alten Theben (Tape) und in Meroe. Plutarch sagt über ihn: „Während die Meisten glauben, daß Amun bei den Aegyptern ein Eigenname des Zeus sei, meint Mancher, es werde durch dieses Wort das Verborgene und die Verheimlichung bezeichnet. Hekataios aus Abdera aber sagt, die Aegypter bedienten sich auch dieses Ausdruckes, um Jemand herbeizurufen, denn es sei ein Zuruf. Darum nennen sie den obersten Gott, den sie für Eins mit dem Weltall halten, als einen unsichtbaren und verborgenen, Amun, indem sie ihn anrufen und bitten, sichtbar zu werden und sich ihnen zu zeigen." Diese Erklärung stimmt mit der Annahme des Ammon als dunkeln und unbegreiflichen Ausgangspunktes aller göttlichen Wesen überein und wird durch seine bildliche Verschmelzung mit jenen vier Elementen seiner selbst gestützt. Seine gewöhnlichen Titel sind „König der Götter", „Herr des Himmels", „Herr der Throne", und er nimmt in den Heiligthümern anderer Götter die Ehrenseite rechts ein. — In rein menschlicher Gestalt findet sich der Gott thronend oder stehend, mit Scepter und Nilkreuz. Das Fleisch ist blau, das Haupt geziert mit der Krone, über welcher zwei große, buntfarbige Federn sich erheben, während ein langes Band oder eine Schnur hinten bis auf die Füße herabhängt. Er wird auch häufig, gleich dem Neph, widderköpfig dargestellt; denn sein Zeichen ist der Schafbock oder der Widder. Herodot ließ sich über die Entstehung dieses Symbols eine von einem Festgebrauche herrührende Legende erzählen, durch welche zugleich der Sinn des Namens Amun als des Verborgenen Bestätigung findet. „Die Thebaner", heißt es bei ihm, „und Alle, die sich der Schafe enthalten, geben folgenden Grund zu diesem Gebrauche an. Herakles habe durchaus den Zeus (Amun) zu sehen verlangt, dieser aber von ihm nicht geschaut werden wollen.

Opfer vor Amun.

Endlich, auf inständiges Bitten des Herakles, habe Zeus zu dem Auswege gegriffen, einen Widder zu häuten, dessen abgeschnittenen Kopf sich vorzuhalten, das Vließ anzuziehen und sich so jenem zu zeigen. Infolge dessen machen die Aegypter das Bild des Zeus widderköpfig, und nach den Aegyptern auch die Ammonier, welche Kolonisten von Aegyptern und Aethiopen sind. Die Widder aber opfern die Thebaner nicht, sondern sie sind ihnen deshalb heilig. Nur an einem Tage im

Jahre, bei dem Feste des Zeus, schlachten sie einen Widder und bekleiden das Bild des Gottes mit der Haut; dann bringen sie ein Bild des Herakles zu ihm. Hierauf beklagen alle im Tempel den Widder und begraben ihn in heiliger Gruft."

Der Tempelbezirk des thebanischen Amun war noch viel größer, als der oben erwähnte der Pascht zu Bubastis; denn das Gebäude allein bedeckte einen eben so großen Flächenraum, als dort der ganze heilige Platz mit Einschluß der Gartenanlagen und der Sphinxallee. Es hatte vier Pylonen. Eine Doppelreihe von 600 Sphinxen war vor dem Hauptportale gelagert; das Dach des Säulensaals wurde von 134 Säulen getragen, von denen die zwölf mittelsten 22^{m} hoch waren und $11^1/_2$^{m} im Umfange maßen. Dieser Tempel war auch zugleich eine Orakelstätte, und den Priestern gelang es, Herodot bei seinem Besuche davon zu überzeugen, daß das griechische Orakel des Zeus zu Dodona nur eine Filialanstalt des thebanischen wäre.

Noch weit berühmter, als der thebanische, war bekanntlich der auf der lieblichen Oase Siwah liegende Amuntempel mit seiner vielbesuchten Orakelstätte. Er bedeckte einen Flächenraum von 105 Dekametern und die Decke seines Saales bestand aus 11^{m} langen, $1^1/_2$^{m} breiten, 1^{m} dicken Steinen. Nicht weit davon befindet sich noch heute in einem Dattelhain der heilige Sonnenquell, welcher eine periodisch abwechselnde Temperatur besitzt, indem sein Wasser in der Nacht viel wärmer ist als am Tage und in der Frühe etwas zu rauchen pflegt. Auch in diesem Tempel war das Kultbild widderköpfig. Wenn man dem Berichte des Curtius trauen darf — und es wird auch von anderer Seite erzählt, daß das Bild des thebanischen Amun zu gewissen Zeiten in Prozession herumgeführt wurde — so pflegten die Priester, so oft Jemand eine Antwort von dem Gotte der Oase verlangte, sein Bild in einem vergoldeten Schiffchen, an welchem zu beiden Seiten silberne Schalen herabhiengen, im heiligen Bezirke herumzutragen, während Matronen und Jungfrauen hinter ihm herzogen und heilige Lieder sangen, um den Gott günstig zu stimmen. Die Orakelantworten wurden übrigens nicht durch Worte, sondern durch Winke und Zeichen ertheilt, und der das Orakel Befragende befand sich dabei nicht einmal im Allerheiligsten, sondern erhielt seine Antwort durch den die göttlichen Zeichen verdolmetschenden Priester. Nur Alexander der Große, den Amun ja für seinen Sohn erklärte, erhielt Zutritt, sogar ohne die Kleider zu wechseln.

Es folgen nun die in der gewordenen Welt fortwirkenden und waltenden Gottheiten, die aber mehr für innenweltliche Mächte und Kräfte anzusehen sind, als göttlichen Personen gleichen, welche von ihrem Elemente getrennt bestehen. Dazu gehören

Ment und Mut.

Ment, auch „Khem" geschrieben und von den Griechen Pan genannt, wurde besonders im Distrikte Mendes (Ment) im nördlichen Oberägypten und in dessen Hauptstadt Panopolis (Chemmi) verehrt. Was Herodot von ihm erwähnt, scheint stark an Verwechslung zu leiden. Zuerst zählt er ihn den acht ältesten Göttern bei und sagt: „Daß ein Theil der Aegypter keine Ziegen und Böcke opfert, geschieht darum, weil die Mendesier den Pan unter die acht Götter rechnen. Auch zeichnen und formen wirklich ihre Maler und Bildhauer das Bild des Pan, gleich wie die Hellenen, ziegenköpfig und bocksfüßig, ohne zu glauben, er sei von dieser Art und Gestalt. Weshalb sie ihn aber auf diese Art zeichnen, mag ich nicht gern sagen. Es halten die Mendesier die Ziegen überhaupt für heilig, noch mehr als die weiblichen aber die männlichen, deren Hirten auch höher in Ehren stehen. Besonders ist ein Bock darunter, dessen Tod immer den ganzen Distrikt in Trauer versetzt.“ Jedenfalls war also der Bock das Hieroglyphenzeichen des Ment und stand zu ihm wie der Widder zu Amun; auch tragen die dortigen Münzen sein Bild. Dagegen kann seine Kultstatue nicht die volle Thiergestalt, sondern höchstens deren Kopf an sich gehabt haben. Zwar sind die Denkmäler von Chemmi untergegangen, aber nach einer andern Nachricht stellte man den Ment in menschlicher Gestalt dar, in der erhobenen Rechten eine Geißel schwingend, sonst aber dem griechischen Priapos ähnlich. Man muß deshalb beinahe annehmen, daß der geistreiche Reisende das Heiligthum des Ment zu Chemmi gar nicht betreten hat. Ja, er hat, wie es scheint, den Tempel aus Mißverständniß für ein Heiligthum des griechischen Lichtheros Perseus gehalten, während doch der von ihm erwähnte große steinerne Vorbau mit den riesigen Steinbildern davor auf rein ägyptischen Baustil hinweist und Heroendienst im ganzen Lande nicht stattfand. Nach Diodor dehnte sich der Kult Ment's über ganz Aegypten aus, und es wurde jeder Priester, sobald er sein erbliches Amt antrat, in die göttlichen Geheimnisse eingeweiht. Weniger aus diesem Thiersymbol des Ment, als aus seiner geierköpfigen Darstellung und daraus, daß er auch ein Beförderer des Kindersegens war, läßt sich schließen, daß er nicht nur als das befruchtende Naturprinzip, sondern als der weltliche Schöpfergeist überhaupt angesehen wurde.

Als weibliches Element wird ihm die mütterliche Göttin Mut beigegeben, welche „die Mutter“ oder „die Herrin der Finsterniß“ heißt und von den Griechen mit Leto identifizirt wurde. Die große, an der Sebennytischen Nilmündung gelegene Stadt Buto (Pteneto) bildete den Hauptpunkt ihres Kultus, und dort wurde ihr zu Ehren auch jährlich eine große Festversammlung abgehalten. Zugleich war ihr Tempel eine berühmte Orakelstätte, wie Herodot sagt, „das untrüglichste Orakel von ganz Aegypten“. Ueber das Gebäude selbst heißt es bei demselben Autor: „Der Tempel, in welchem sich das Orakel befindet, ist an sich schon recht groß und hat Pylonen von $18^1/_2{}^m$ Höhe; was mir aber am Aeußeren am meisten wunderbar vorkam, ist Folgendes. In dem heiligen Bezirke der Leto steht ein aus einem Steine gefertigtes Tempelhaus, von gleicher Länge und Höhe an jeder Wand, und jede Seite mißt $18^1/_2{}^m$. Ein anderer Stein aber liegt als Dach darauf, der einen $^1/_2{}^m$ hohen Aufsatz hat“. Heilig war der Mut die Spitzmaus, und dieselbe wurde zu Buto einbalsamirt. Wie bei anderen Göttern hat man auch viele vergebliche Versuche gemacht, aus diesem Thiere das Wesen der Göttin näher zu erkennen. Dasselbe bleibt aber so unbestimmt, daß man der Vermuthung Raum geben möchte, sie sei nur die besondere Form einer noch unter anderem Namen existirenden Gottheit.

Ptah (Phtha).

Die gewöhnliche Darstellung des Ptah, des in der unterägyptischen Hauptstadt Memphis vorzugsweise verehrten Gottes, in welchem die Hellenen ihren Hephaistos wiedererkennen wollten, ist die eines männlichen Wesens, welches mit beiden Händen das Götterscepter, das Nilkreuz und den Nilmesser vor sich hält. Sein Fleisch ist von grüner Farbe, sein Haupt von einer eng anschließenden Haube bedeckt. Im Nacken geht aus dem Gewande ein Band hervor, an welchem eine glockenförmige Kapsel hängt. Unter der Brust ist er von einer Umhüllung mumienartig bis auf die Füße fest eingeschlossen. Diese Bildung weist jedoch schon auf eine Ueberführung seiner Naturbedeutung auf das sittliche Gebiet hin. Der Nilmesser ist das Symbol der Beständigkeit; außerdem steht er oft auf einem Maßstabe, dem Zeichen der Gerechtigkeit, und führt den Titel „Herr der Wahrheit". Nur die unentwickelte Form des Unterkörpers giebt einen Anhalt für die Vereinigung dieses Typus mit der Beschreibung, die Herodot von dem im großen Ptahtempel zu Memphis befindlichen Bilde liefert. Er sagt nämlich über Kambyses: „Er kam auch in das Heiligthum des Hephaistos und hatte seinen Spott über dessen Bild; denn dasselbe ist den phönikischen Pataiken sehr ähnlich, welche die Phönikier an den Vordertheilen ihrer Kriegsschiffe führen. Wer aber diese noch nicht gesehen hat, dem füge ich zum näheren Verständnisse hinzu, es ist das Abbild eines Pygmaien. Er ging auch in das Heiligthum der Kabeiren, welches Keinem außer dem Priester zu betreten erlaubt ist, und die Bilder derselben verbrannte er auch, nachdem er vielen Spott damit getrieben hatte. Diese sind ebenfalls dem Hephaistos ähnlich und sollen seine Söhne sein."

Ptah.

Kein anderer Schriftsteller hat weiter hierüber eine Notiz hinterlassen; aber in den Gräbern bei Memphis findet man häufig Figuren, die wirklich den Gott als einen Zwerg oder vielmehr als ein unentwickeltes Kind mit großem Kopfe darstellen. Wegen der von Herodot berührten Aehnlichkeit hat man sofort die Pataiken mit Ptah und seinen Kindern identifizirt und ist vermittels Ableitung des Wortes aus dem Semitischen auf die Bedeutung „Eröffner des Himmels" in Beziehung auf die Zeit gekommen, wodurch also Ptah zum Ordner des festen Zeitkreises ward. Ja, man hat sein unschuldiges Symbol, den Käfer (scarabaeus), deshalb ihm geheiligt gefunden, weil dieser eine Kugel aus Mist bilde (die Sonne) und von Osten nach Westen wälze, mit seinen 30 Zehen die Zahl der Monatstage anzeige u. s. w. Im Gegentheil hatte im Allgemeinen die gewöhnliche Annahme, nach welcher Ptah dem Hephaistos gleichkam, das Richtigere getroffen. Zwar ist es nicht die formbildende Geschicklichkeit im Bearbeiten des Metalls, die man dem Ptah nachsagen könnte, aber der hinkende Gemahl Aphrodite's ist ja zugleich der Gott der in der ganzen Natur wirkenden Elementarkraft des Feuers, und auch der ägyptische Gott ist der Schöpfer des Urfeuers, der Urwärme, gewesen. Erst durch die Wärme wird dem unfertigen Weltzustande ein Ende gemacht; erst durch sie war also auch die Entstehung der Pflanzen und Thiere möglich. Diese sich immer wiederholende Entwicklung spiegelt sich in der kindlichen Gestalt des Ptah ab; die Hieroglyphen lassen ihn zuerst aus dem Weltei hervorgehen, und endlich deutet auch sein Vorkommen mit dem Kopfe des Frosches, von dem man glaubte, er entstehe unmittelbar aus dem Schlamme, auf seine Betheiligung bei der Weltschöpfung hin. Als Erfinder des Feuers nennt ihn auch ein von Diodor bewahrter, freilich etwas abgeschmackt klingender Mythus, nach welchem er, als einst der Blitz zur Winterszeit in einen Wald eingeschlagen hätte herbeigelaufen sei, der Wärme sich gefreut und das Feuer durch zugelegtes Holz genährt habe, wofür ihn dann die Leute zum König machten. Ptah galt aber, wirklich den Aegyptern für den ersten König; auch fand die Krönung der Könige in seinem Tempel zu Memphis statt. Vor der Geburt des Sesostris (Sesoosi) verkündigte er dessen Vater im Traume, daß sein Sohn größer werden würde als alle Könige vorher, und wieder war es Ptah, der das Ende der Zwölfherrschaft durch seine Priester vorhersagte und in dessen Tempel Psammetik aus eiserner Schale opferte.

An dem Ausbau und der Ausschmückung des vom König Menes gestifteten Tempels haben sich mehrere Könige betheiligt. Sesostris z. B. errichtete vor ihm zwei aus je einem Stein bestehende Kolosse, die ihn und seine Frau vorstellten, und vier Steinbilder seiner Kinder. Als später der persische König Darius seine Statue vor die des alten Eroberers setzen wollte, wehrte es ihm der Oberpriester des Ptah mit den Worten, Darius habe noch lange nicht solche Werke vollbracht wie Sesostris! Noch heute liegt die $12^3/_4{}^m$ hohe Bildsäule des Letzteren umgestürzt auf dem Rücken. Auch Amasis weihte einen $23^1/_2{}^m$ hohen Koloß, der schon zu Herodot's Zeit in der Eingangsallee auf dem Rücken lag. Der Tempel hatte übrigens nach allen vier Himmelsrichtungen Pylonen mit dazu gehörigen Säulenhöfen. Den nördlichen baute nach Herodot Moiris (Amenemes III.), den westlichen mit zwei einander das Gesicht zukehrenden Kolossen, von denen der nach Norden schauende vom Volke „der Winter", der andere „der Sommer" genannt wurde, Ramessu V. (Rhampsinit), den östlichen und schönsten ein sonst unbekannter Asychis, den südlichen Psammetik. Dieser verband aber auch mit diesem Portale einen mit Osiristatuen als Säulen geschmückten Hof, in welchem der berühmte Stier Hapi (Apis), das Symbol des Osiri, gehalten wurde. Es geschah dies zu einer Zeit, wo die Osirireligion bereits die anderen Gottheiten zu überflügeln und mit sich zu verschmelzen begann. Ptah selbst kam dabei in die engste Verwandtschaft zu Osiri und wurde oft als Eins mit demselben gesetzt. Beweise davon sind außer den Inschriften das Merkmal des Käfers unter der Zunge des Hapi und die Darstellung des Ptah mit zwei Köpfen, deren einer, die Sperbermaske, auf den Osirikreis hinweist.

Ra.

Ra, der Sonnengott, wie eine Inschrift in Theben sagt, „der Herr der beiden Welten, der in der Sonnenscheibe thront, der geoffenbart ist in dem Abgrunde des Himmels", wird als Sohn sowol mit Net als auch mit Ptah in Verbindung gebracht. Seine Attribute sind der Sperber und der Löwe. Sperberköpfig trägt er die rothe Sonnenscheibe mit der Schlange auf dem Haupte und hält das Nilkreuz in der Hand. Erscheint er mit menschlichem Antlitze, so ist dieses roth. Der Löwe ist sein Symbol als liegende Sphinx. Hauptsächlich verehrt wurde er in der von der Bibel On, von den Griechen Heliopolis (Sonnenstadt), auf den Inschriften „Haus der Sonne" genannten Stadt in Unterägypten. Ueber seine Festfeier daselbst wissen wir nur so viel, daß kein Wein getrunken werden durfte, und daß den Opfernden zur Pflicht gemacht war, kein Gold an sich zu tragen und keinen Esel zu füttern, wahrscheinlich weil die genannten Dinge an den verhaßten Set (s. u.) erinnerten. In einem besondern Raume des Sonnentempels wurde ein heiliger Stier, der Mnevis, unterhalten. Man hat über dessen Bedeutung und besonders über seine Beziehung zu Ra in alter und neuer Zeit unendlich viel gefabelt. Wir mögen ihn für weiter nichts halten, als für einen Bruder des Hapi, des Osiristieres, also für ein Symbol der Sonne. Damit stimmt die Gleichheit der Farbe und was sonst Plutarch von ihm schreibt: „Der in Heliopolis genährte Stier, den sie Mnevis nennen — man glaubt, er sei dem Osiris geheiligt; Einige nennen ihn aber auch den Vater des Apis — ist schwarz und nimmt nach Apis den zweiten Rang ein." Die ägyptischen Könige nannten sich Söhne des Ra und Ra selbst, was mit dem Artikel Phra lautete (daraus Pharao).

Ra.

Pe, Anuke und Jah.

Von diesen drei Wesen, von denen die Göttin Pe das Himmelsgewölbe, der Gott Jah den Mond und die Göttin Anuke die Erde repräsentiren, wissen wir kaum mehr als die Namen. Die Verehrung des Jah erscheint ganz in den Isikult aufgegangen zu sein. Anuke aber zeigt viel Verwandtschaft mit Net; ja, diese führt den Beinamen Ank, doch wol weil der Urstoff zunächst in dem Erdkörper verdichtet erscheint. Die Anuke selbst kennzeichnet die untere Krone Aegyptens mit einem rund um dieselbe laufenden Feder- oder Blätteraufsatz. Die Göttin Pe ist eine weibliche Figur, welche mit beiden Armen den Thierkreis umfaßt hält.

Sate.

Sate ist in Oberägypten die Tempelgenossin des Neph. Sie heißt „Tochter des Ra“, „Herrin des Himmels“. Ihre Hieroglyphe ist der gleichnamige Pfeil. Die späteren Griechen sahen in ihr die Hera, wiewol Herodot behauptet, diese Göttin sei den Aegyptern nicht bekannt gewesen. Richtiger faßt man sie als die erleuchtete Hemisphäre, überhaupt als den Tag. Sie trägt die Helmkrone von Oberägypten, neben welcher zu beiden Seiten Kuhhörner emporragen, und ihre Gesichtsfarbe ist roth, während die übrigen Göttinnen gewöhnlich gelb sind. Ihr Gegensatz, die dunkle Welthälfte, die Nacht, ist

Hathar.

Diese, „die Behausung des Har“ (ihre Hieroglyphe zeigt deshalb auch ein Haus, in welchem sich ein Sperber befindet), Tochter von Ra, Herrin von Amenth (Unterwelt im Westen), hatte aber eine viel ausgedehntere Bedeutung als Sate. Ihr Kult war ein über ganz Aegypten verbreiteter; denn man dachte sich unter ihr die Erneuerung aller Geschöpfe durch die Geburt, und so entwickelte Hathar, als Mutter des Lebens, auch in sich die Bedeutung einer Liebesgöttin, weshalb sie von den Griechen Aphrodite und in Aegypten selbst „Herrin des Tanzes und Scherzes“ genannt wurde und hier die Handpauke und die Stricke der Liebe in den Händen führte. Kein Wunder also, daß Königinnen und Prinzessinnen sich gern in der Gestalt der Hathar abbilden ließen! Ihr Thiersymbol ist die Kuh, und so kommt sie auch als Kuh mit der Sonnenscheibe zwischen den Hörnern vor oder blos mit dem Kuhkopfe; auch fehlen bei rein menschlicher Bildung fast nie Sonnenscheibe und Hörner. Ihre ganze Persönlichkeit hat aber durch Verschmelzung mit Isi und durch Aufnahme in den Osirikreis etwas sehr Verschwimmendes erhalten, so daß man oft kaum die Grenzlinie zu ziehen vermag. Hathar erscheint in dieser Verbindung auch als Amme des Isikindes Har. Zu Tentyris, einem Hauptorte ihrer Verehrung, standen die Tempel der Hathar und Isi neben einander und ebenso auf der Insel Pilak.

Taati (Thot).

Dieser Gott mit dem Ibiskopfe, dessen Name so viel bedeutet wie der „Leuchtende“, ist am wahrscheinlichsten ein Repräsentant des Mondes gewesen. Die Meisten unter den Griechen sahen in ihm frischweg ihren Hermes. So schreibt Platon irgendwo, zu Naukratis in Aegypten sei ein alter Gott, welchem der Ibis heilig sei, er heißt Theut, sei Erfinder der Zahl und des Rechnens, der Geometrie und Astronomie, des Bret- und Würfelspiels und der Schrift, und alle diese Künste habe er einst dem König Thamus von Theben gezeigt. Aehnliches berichten Diodor und Andere. An den Hermes dachten die Hellenen bei ihm nur deshalb, weil er oft den Griffel mit der Schreibtafel in der Hand führte und „Herr der göttlichen Worte“, „Schreiber der Wahrheit“ genannt wurde. Er besaß aber auch insofern Aehnlichkeit mit Hermes, als er, wie dieser, als Geleiter der abgeschiedenen Seelen, mit der Unterwelt zu schaffen hatte. Er war es nämlich, der, vor dem Throne Osiri's stehend, bei der Abwägung der menschlichen Handlungen (s. u.) das Ergebniß aufzeichnete, überhaupt ein Gefährte des Osiri blieb. So zeigt sich der göttliche Gerichtsschreiber als das Prinzip der göttlichen Gerechtigkeit und Weisheit, wenigstens in seinem Verhältniß zur Osirireligion. Ihm legten die ägyptischen Priester die Abfassung der 42 heiligen Bücher bei. Thot steht auch in enger Verbindung mit Masi, der Göttin der Wahrheit, und trägt oft das Sinnbild derselben, die Straußfeder. Plutarch erzählt außerdem, daß es Sitte gewesen sei, an seinem Festtage Honig und Feigen zu essen und dazu zu sagen: „Etwas Süßes ist die Wahrheit“.

Neben dem Ibis war ihm auch der hundsköpfige Affe oder Kynoskephalos geheiligt, und indem man diesen für Eins mit dem Hundsstern erklärte und dazu nahm, daß die Aegypter den ersten Monat ihres Jahres nach Taati benannten, wollte man in letzterem auch einen Gott der Zeit erkennen, ohne dies weiter begründen zu können. Hermopolis in Mittelägypten war die heilige Stadt des Gottes, wo dem Kynoskephalos göttliche Ehre erwiesen und der Ibis begraben wurde.

Seb und Nutpe.

Dieses Paar bildet den natürlichen Uebergang zu Osiri und Isi, da diese seine Kinder genannt werden. Sie selbst heißen daher auch „die jüngsten der Götter“, und Seb führt den Beinamen „Vater der Götter“, während Nutpe als „die Mutter der Götter“ bezeichnet wird. Nicht unpassend haben also die Griechen die beiden Gottheiten mit Kronos und Rheia, den Eltern der olympischen Götterdynastie, verglichen. Seb trägt oft seine Hieroglyphe, die Gans, auf dem Kopfe. Nutpe wird durch ein Wassergefäß kenntlich, das sie auf dem Haupte führt, aus dem sie aber auch oft auf Grabmonumenten, in einer Sykomore stehend, Wasser auf die unter ihr knieende Seele eines Verstorbenen ausgießt, jedenfalls um die Hoffnung auf Wiederbelebung nach dem Tode anzudeuten.

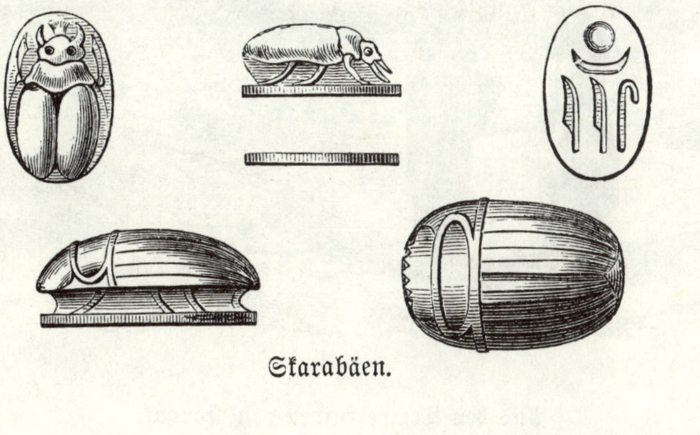

Skarabäen.

Aus den Tempelruinen von Karnak.

Tempelanlagen auf Pilak.

II.

Der Osiri-Kreis.

Wir haben bisher kaum mehr zu geben vermocht, als eine Beschreibung der göttlichen Gestalten und deren Attribute, wie sie uns die Bildwerke liefern, nebst einigen hervorstechenden Eigenthümlichkeiten des Kultus. Leben und Bewegung kommt in die ägyptische Mythologie erst durch das nicht vor dem dreizehnten Jahrhundert v. Chr. entstandene jüngere Religionssystem, welches zugleich das volksthümlichste und verbreitetste geworden ist. Osiri ist der Mittelpunkt des Bewußtseins der Aegypter über ihre älteste Civilisation. Seine freilich erst durch griechische Vermittlung auf uns gelangten Mythen sind sogar mit geschichtlichen Thatsachen verwebt, so daß man schon geneigt gewesen ist, die Bedeutung ihres Hintergrundes, als religiöse, ganz aufzugeben. Am besten wird sich dieselbe finden lassen, wenn wir zuerst die Osirilegende und dann die damit zusammenhängenden Kultgebräuche ins Auge fassen.

Seb und Nutpe hatten fünf Kinder, Osiri, Harueri (Har den Aelteren), Set, Nebthi und Isi, welche indeß dem Umgang Nutpe's mit Taati entsprungen sein sollte. Als der Erstgeborene, Osiri, zur Welt kam, ertönten aus dem Heiligthum des Amun in Theben die Worte: „Der Herr des Alls tritt hervor an das Licht! Osiri ist geboren!" Als er aber heranwuchs, einte er sich in Liebe mit Isi und begann bald die Voraussagung des thebanischen Hauptgottes zu bewahrheiten. Kaum hatte er den Thron bestiegen, so entwöhnte er die Aegypter ihrer rohen, wilden Lebensweise, indem er ihnen gute Gesetze gab, sie die Götter erkennen und verehren lehrte und mit dem Ackerbau bekannt machte. Er zog im ganzen Lande umher, überall Gesittung verbreitend, und zwar nicht durch Waffengewalt, sondern durch die Kraft seiner überzeugenden Rede, verbunden mit dem sanften Zauber des Gesanges und der Musik.

Während seiner Abwesenheit brütete aber sein ehrgeiziger und tückischer Bruder Set (Typhon) finstere Pläne, deren Ausführung er jedoch verschieben mußte, da Isi ihn streng überwachte. Als endlich der König heimgekehrt war, stiftete jener eine förmliche Verschwörung an, indem er 72 übelgesinnte Männer in sein Geheimniß zog und auch die gerade anwesende Königin Aso von Aethiopien zur Mitwisserin machte. Heimlich nahm er sich nun das Maß von Osiri's Körperlänge und ließ danach einen prächtigen, kunstvoll gearbeiteten Mumiensarg verfertigen. Dann veranstaltete er in seinem Hause ein Gastmahl, wozu er auch seine Brüder einlud, und ließ endlich beim Kreisen des Pokals das schöne Gehäuse hereinbringen. Der Anblick desselben beleidigte Niemand; denn die Aegypter dachten öfter als wir an Tod und Sterben und hatten ihre Freude an den bei Lebzeiten fertigen Gräbern und Sarkophagen. Als daher alle Gäste die herrliche Arbeit bewunderten, sprach Set scherzend, er wolle den Sarg Demjenigen zum Geschenk machen, dem er vollkommen passen würde. Dieser Vorschlag gefiel, und Einer nach dem Andern legte sich nun in den Todtenschrein, ohne daß die Länge zum Leibe passen wollte. Als endlich auch Osiri hineingestiegen war und sich ausgestreckt hatte, sprangen die Verschworenen hinzu, stürzten den Deckel darüber, befestigten denselben durch Nägel und gossen auch noch geschmolzenes Blei nach. Dann warfen sie den Sarg in den Nil und gingen auseinander. Dies soll geschehen sein am siebzehnten Tage des Monats Athyr (13. Novbr.) im 28. Regierungsjahre des Osiri.

Die Nachricht von dieser Frevelthat verbreitete Schrecken und Jammer über ganz Aegypten. Die tief betrübte Isi suchte rastlos den Verschwundenen und fand ihn endlich mit Hülfe des Anubis (Anupu), eines Sohnes des Osiri und der Nebthi. Der Sarg war nämlich bereits in eine der sieben Nilmündungen eingelaufen und dort im Byblos- oder Papyrosschilfe hängen geblieben (woraus das Mißverständniß entstand, Isi sei auf ihrer Wanderung bis nach der uralten Stadt Byblos in Phönikien gekommen). Nachdem sie den Deckel gelüftet und ihrem Schmerze über den schrecklichen Anblick des Leichnams freien Lauf gelassen hatte, verbarg sie das Ganze in einem Dickicht und eilte nach Pteneto, wo ihr Sohn Har erzogen wurde. Unterdessen stieß aber Set, welcher in jener Gegend jagte, bei Mondschein auf das Versteck und fand die Leiche, die er schon längst ins Meer hinausgeschwommen wähnte. Voll Wuth zerriß er den Körper in vierzehn Stücke und zerstreute diese überall auf seinem Wege. Neue Wehklage, neues Suchen folgte auf die Rückkehr der Isi, bis dieselbe endlich alle Stücke Osiri's, mit Ausnahme eines einzigen, das in den Nil gefallen war, zusammenfand. Nun ließ sie so viele Särge machen, daß alle größeren Städte des Landes einen erhalten konnten, und übergab sie den Bewohnern derselben verschlossen, um jede Stadt in dem Glauben zu lassen, daß sie den wahren Osirisarg besäße, und so der weitern Schändung des Leichnams vorzubeugen.

Ein Rächer der Frevelthat wuchs in Osiri's Sohn, Har (Horus), heran. Osiri selbst stieg aus der Unterwelt empor, um dem jungen Helden Unterricht im Waffengebrauch und gute Rathschläge zu ertheilen. Endlich fragte er ihn, was er für das Schönste hielte. Har antwortete: „Vater und Mutter zu rächen." Dann fuhr der Vater fort, welches Thier ihm für die in die Schlacht Ziehenden das passendste zu sein dünke, und erhielt die Antwort: „Das Roß!" — „Warum nicht der Löwe?" — „Weil der Löwe für die Hülfsbedürftigen nützlich ist, das Roß aber, um den Feind auf der Flucht zu zersprengen und aufzureiben." Zufrieden gestellt durch diese Antworten, hielt Osiri seinen Sohn für hinlänglich gerüstet, um den Kampf mit dem Feinde aufzunehmen. Nachdem vor demselben mehrere Anhänger Set's zu Har übergegangen waren, unter diesen auch sein Kebsweib Thueri (nach Anderen Aso), die Har und dessen Leute vor einer sie verfolgenden Schlange gerettet hatten, kam es zu einer mehrtägigen Schlacht, die mit einer Niederlage Set's endigte. Er selbst wurde gefangen und gefesselt der Isi vorgeführt. Diese ließ ihn jedoch los, ohne ihn zu bestrafen, und Har erzürnte darüber so sehr, daß er Hand an seine Mutter legte und ihr das königliche Diadem vom Haupte riß, worauf ihr Taati ein gehörntes Kuhhaupt aufsetzte (vergl. den Mythus von Amun). Nachdem ferner Set Har's legitime Abstammung angefochten hatte, ein Versuch, der durch Taati's Hülfe zurückgewiesen ward, entbrannte der Krieg von Neuem und Set wurde noch in zwei Treffen besiegt. Isi aber gebar nach dem Tode ihres Gemahls noch einen unzeitigen, schwachbeinigen Sohn, Har pe Kroti, d. h. „Har, das Kind", aus dem die Griechen Harpokrates und, weil er mit der kindlichen Geberde des Fingersaugens abgebildet wurde, einen Gott der Schweigsamkeit gemacht haben! Zuletzt, nachdem sie den Sterblichen noch mancherlei Wohlthaten erwiesen hatte, vereinigte sich Isi mit ihrem in der Unterwelt befindlichen Gemahle, und Beide herrschten fortan im Reiche der Todten.

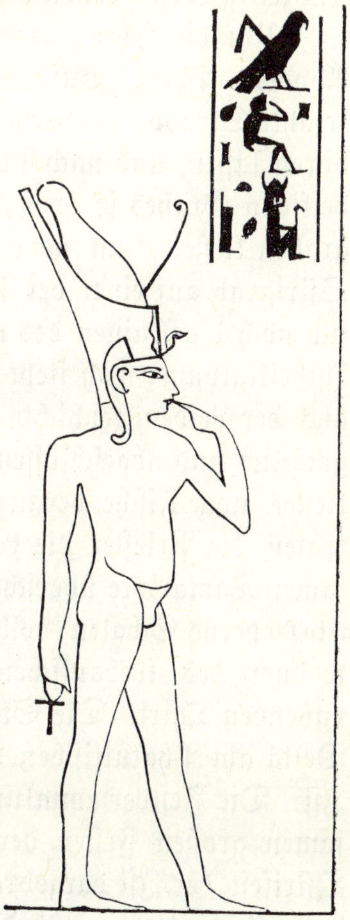

Har pe Kroti.

Diesem Mythus gemäß, den Herodot als ein göttliches Geheimniß verschweigt, drehten sich auch fast alle zu Ehren des Osiri und der Isi gefeierten Feste um das Verschwinden und Wiederauffinden des Osiri und besaßen deshalb eigentlich mehr düstere und traurige, als heitere und freudige Momente. Wie schon die Legende andeutet, rühmten sich alle Städte des Landes, das wirkliche Grab des Osiri zu besitzen. Nach Erwähnung des Osirigrabes hinter dem Tempel der Net zu Sais fährt Herodot vorsichtig fort: „Auch stehen in dem heiligen Bezirk große Obelisken von Stein, und daran ist ein See, geschmückt mit steinerner Einfassung und schön rund gearbeitet. Und an dem See veranstalten sie in der Nacht mimische Darstellungen seiner Schicksale, welche die Aegypter Mysterien nennen. Obgleich ich nun von den Einzelheiten derselben mehr weiß, so will ich doch darüber reinen Mund halten." Das berühmte Lampenfest zu Sais bezieht sich ohne Zweifel auf das nächtliche Suchen der Isi. Man kann überhaupt annehmen, daß alle Ereignisse des Todestages bildlich dargestellt wurden, da ja Plutarch berichtet, daß das Holz zum Sarge geschnitten, die Leinwand zum Umwickeln des Todten zerrissen und anstatt der die Thueri verfolgenden Schlange ein Seil durchhauen wurde! Den künstlichen See brauchte man endlich, um, wie bei allen vornehmeren Begräbnissen, die Barke, welche den Todten trug, darüber fahren zu lassen. Das ernste Klagelied, welches bei diesen Ceremonien erscholl, hatte den Refrain Maa-en-hra! d. h. „Kehre wieder!" Die Griechen haben daraus Maneros gemacht und darunter den Namen eines frühzeitig verstorbenen Königssohnes verstanden!

Um die Ehre, das wahre Grab des Osiri zu besitzen, stritten besonders Abydos, Philä, Busiris und Memphis. Von dem Tempel zu Abydos (This) erzählt Strabo, es dürfe sich in ihm kein Sänger, kein Flöten- oder Zitherspieler hören lassen, und nach Plutarch war das Vertrauen auf die Echtheit des dortigen heiligen Grabes so groß, daß sich viele reiche und vornehme Leute in Abydos begraben ließen, um neben Osiri zu ruhen. Noch heiliger war aber eigentlich das Osirigrab auf einer bei Philä (Pilak) reizend gelegenen Nilinsel. Dort befinden sich noch die Ruinen des mächtigen Osiritempels und ein besser erhaltenes kleines Isiheiligthum; noch sieht man dort in dem heiligen Gemache des Tempels Scenen aus der Leidensgeschichte des Gottes. Die Insel selbst war für die Laien unzugänglich und abgeschlossen, ja, man glaubte, daß sich weder Vögel auf ihr niederließen noch Fische heranzuschwimmen wagten. Nur in der heiligen Festzeit betraten die Priester die Grabkammer und bekränzten opfernd die von der bedeutsamen Tamariske überschattete Gruft. Außerdem brachten die Priester jeden Tag 360 eherne Schalen voll Milch dem Osiri dar. Nach Diodor kannten die Bewohner des thebanischen Distrikts keinen höhern Eid als bei dem auf Pilak ruhenden Osiri. Die Stadt Busiris (d. i. Wohnung des Osiri) lag mitten im Delta am Phatnitischen Arme des Nils und besaß den berühmtesten Tempel der Isi. Die Festversammlung an diesem Orte zählt Herodot zu den sechs gemeinsamen großen Festen der Aegypter. Auch beschreibt er das Opfer, welches am Osirifest der Isi dargebracht wurde. „Wenn sie das Fell des Stieres abgezogen haben", sagt er, „und das Gebet verrichtet, nehmen sie sofort den leeren Wanst heraus. Die edleren Eingeweide lassen sie im Leibe sammt dem Fett, schneiden jedoch die Schenkel ab und oben den hintern Rücken, die Schultern und den Hals. Den übrigen Körper des Rindes füllen sie mit reinen Broten, mit Honig, Rosinen, Feigen, Weihrauch, Myrrhen und anderen Spezereien und verbrennen ihn auf dem Altar, reichlich Oel zugießend. Vor dem Opfer fasten sie, und während das Opfer brennt, erheben sie eine Klage. Nachdem sie endlich genug geklagt haben, halten sie von dem, was vom Opfer übrig geblieben ist, eine Mahlzeit". Natürlich war beim Suchen Osiri's Isi selbst betheiligt. Dies versinnlichte man aber dadurch, daß man, wie Plutarch schreibt, ihr heiliges Symbol siebenmal um den Tempel herumtrug. Es war dies die schon erwähnte Kuh, die der Isi wegen auch nie geopfert werden durfte. Von Busiris erwähnt Herodot nur, daß in die Trauerklage um Osiri viele Tausende von Menschen ausgebrochen seien.

Diodor hat aber die Notiz, Isi habe die von Set zerstückelten Glieder des Osiri in eine hölzerne Kuh gethan, die mit Byssus umgeben war, und diese Kuh nach Busiris gebracht. Ist dadurch die Existenz eines solchen Symbols für Busiris gesichert, so beschreibt Herodot das hölzerne Bild ganz genau, wie es in Sais, der Tempelstadt der Net, in der Königsburg stand. Dort wurde ihm in seinem schön geschmückten Gemache den Tag über Räucherwerk verbrannt, des Nachts aber brannte eine Lampe. „Diese Kuh", sagt er, „ist ganz in eine Purpurdecke gehüllt, ihr Nacken und Kopf aber sehr dick vergoldet, und zwischen den Hörnern befindet sich ein goldenes Bild der Sonnenscheibe. Sie wird alljährlich aus dem Gemache herausgetragen, wenn die Aegypter den Gott, welchen ich hierbei nicht nenne, betrauern."

Säulenhalle des Osiritempels auf Pilak.

Aus Plutarch erfahren wir noch dazu, daß die Ausstellung vier Tage dauerte und die Kuh dabei anstatt der Purpurdecke mit schwarzem Byssus behangen war.

Die Priester der Isi trugen die Tonsur und ministrirten bei den Feierlichkeiten in linnenen Gewändern. Ein eigenthümliches, zum Kultus gehörendes Instrument war das von Isi erfundene Kemkem (sistrum). Es bestand aus einer Anzahl von Metallstäben, die mit beiden Enden in einem dünnen, ovalen, oben mit einer Katze verzierten Metallrahmen staken; unten daran saß ein kurzer Griff, an welchem man es faßte und klirren ließ. Auch fehlte bei den Prozessionen nicht die Ibis- und Anubismaske (Schakalkopf). Bei den Proskriptionen des zweiten Triumvirats rettete sich ein Aedil, Namens Volusius, dadurch, daß er von einem Freunde, welcher Isipriester war, den Talar anzog, den Schakalkopf aufsetzte und in diesem Aufzug zu Pompejus entwischte. Vom Kaiser Commodus erzählt man, daß er ein so eifriger Isidiener war, daß er sich den Kopf schor, bei Umzügen die Anubismaske trug, alle Stationen mitmachte und zu seinem Vergnügen mit der Schnauze die Priester arg auf die Köpfe schlug.

Die Mysterien des Osiri endigten mit der Auffindung des Gottes. Wie Plutarch angiebt, begaben sich die Theilnehmer in der letzten Nacht an das Meer (in Aegypten wol an die künstlichen Seen oder an den Nil), indem die Kämmerer der Gottheit und die Priester die heilige Kiste mit sich führten. Diese enthielt ein goldenes Gefäß, in welches Trinkwasser geschöpft wurde, worauf die Anwesenden das Geschrei erhoben: „Wir haben ihn gefunden; wir wünschen Glück!" Dann wurde fruchtbare Erde mit Wasser gemischt, wohlriechende Essenzen und Räucherwerk darunter gemengt und ein Bildchen daraus geformt, welches man hierauf bekleidete, um anzudeuten, daß Osiri und Isi das Wesen des Wasser und der Erde wären. Auf Fasten und Wehklage folgten nun Freude und Jubel und allerlei Volksbelustigungen, wozu wahrscheinlich auch die nach Strabo beim Tempel des Ptah in Memphis gehaltenen Stiergefechte gehörten. An der eigentlichen Sterbefeier des Osiri durften aber blos Eingeweihte Theil nehmen, weshalb sie von Herodot mit Recht zu den Mysterien gezählt wird. Die Weihe der Novizen hatte mit den eleusinischen Prüfungen manche Aehnlichkeit. Man mußte sich zehn Tage lang des Genusses der Fleischspeisen und des Weines enthalten. An dem von der Göttin selbst durch Träume bestimmten Tage verbrachte der Myste die ganze Nacht im Tempel, stehend und zwölfmal das Gewand wechselnd, und ward durch allerhand Phantasmagorien in Aufregung und Schrecken versetzt. Endlich gegen Morgen mußte er, mit brennender Fackel in der Rechten und geziert mit einem Strahlenkranz, vor das Bild der Isi treten und wurde der Menge als das Bild der Sonne gezeigt.

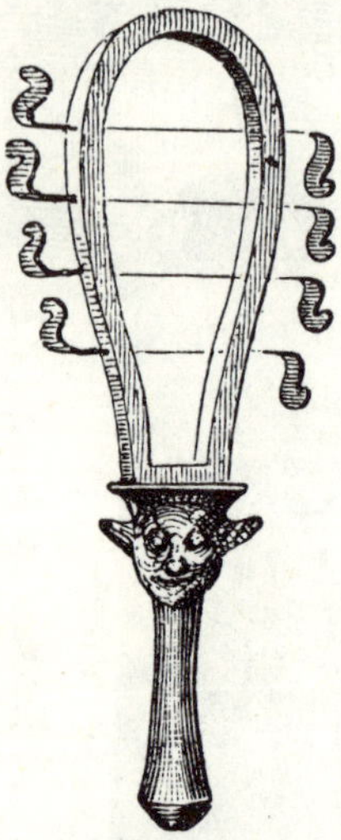

Kemkem oder Sistrum.

Wie Isi durch die Kuh vertreten wurde, so war das leibhaftige Abbild des Osiri der Stier Hapi (Apis) im Tempel des Ptah zu Memphis. Sein Name bedeutet „Richter", und schon daraus sieht man, daß es, was schon Strabo richtig erkannt hat, den Aegyptern Ernst war mit der Verschmelzung des Thieres und Osiri's („des Rächers, Vergelters") selbst. Hapi, dessen Entstehung einem himmlischen Lichtstrahle zugeschrieben ward (deshalb verpflegte man auch seine Mutter neben ihm), mußte schwarz sein und einen weißen Fleck in Gestalt eines umgekehrten Dreiecks auf der Stirn tragen; auch wollte man auf dem Rücken oder an der rechten Seite das Bild eines Adlers oder Geiers sehen, unter der Zunge einen käferähnlichen Knoten und am Schweif zweierlei Haar; ja, die Aegypter fabelten den Griechen von 29 Kennzeichen vor, die der heilige Stier haben müsse, was sich schon dadurch als unwahr erweist, daß man in älterer Zeit leicht den neuen Hapi auffand. Zwar nahm man sich nun wol beim Opfern in Acht, um kein mit den heiligen Zeichen versehenes Rind zu tödten; aber man fand dieselben eben doch nur beisammen, wenn man wollte, d. h. wenn man einen neuen Hapi brauchte. War dies der Fall, so wurde das absonderliche Kalb, nachdem es vier Monate lang in einem zu diesem Zwecke erbauten Hause am Ort seiner Geburt genährt worden war, zuerst auf vierzig Tage nach Neilopolis in Mittelägypten gebracht und dann auf einer prachtvollen Gondel in reich mit Gold bekleidetem Gemache unter dem Jubel des Volkes nach Memphis geführt, wo es hundert Priester feierlich zum Kultus weihten.

Von da an begann man das Thun und Treiben des harmlosen Thieres sorgfältig zu studiren, denn Alles hatte ja Bezug auf die Zukunft des Landes und der Einzelnen. Es besaß zwei Behältnisse zu seinem Aufenthalte. Betrat es zuerst das eine, so bedeutete dies Glück und Heil, während der andere Raum von unglücklicher Vorbedeutung war. Vor diesen Gemächern lag ein großer Hof, und obgleich man den Hapi von außen stets sehen konnte, so wurde er doch zu eigener Erholung und der fremden Besucher wegen oft herausgelassen. Dann drängte sich die Menge in seine Nähe, und Diejenigen, welche den Schleier ihres Schicksals zu heben wünschten, boten ihm Futter an, dessen Annahme sie dann beglückte. Des edlen Germanicus Hand verschmähte er, und die Alten haben nicht unterlassen, dessen bald darauf erfolgten Tod mit der damaligen Appetitlosigkeit des Hapi in Verbindung zu bringen! Dagegen hatte der ausgezeichnete Mathematiker Eudoxos die Ehre, vom Hapi geleckt zu werden, und die Priester prophezeiten ihm großen Ruhm, aber kurze Lebenszeit. Wurde der heilige Stier in Prozession geführt, so machten ihm seine Diener Platz, und man achtete auch hier darauf, was die ihn begleitende Kinderschar für zufällige Worte ausstieß. Am festlichsten wurde der Geburtstag des Hapi begangen. Sieben Tage dauerte die Feier; eine goldene und eine silberne Schale wurden dabei vom Oberpriester in den Nil versenkt, und es herrschte der Wunderglaube, daß in dieser Woche die Krokodile Niemand Etwas zu Leide thäten. Uebrigens ließ sich, wie Plutarch erwähnt, bei all dieser Herrlichkeit der Vertreter Osiri's oft merken, daß er seiner göttlichen Würde überdrüssig sei und sich nach dem Leben auf freier Weide sehne! Auch war ihm, wenn ihn nicht früher der Tod ereilte, kein längeres Leben beschert als 25 Jahre. Denn da alle 25 Jahre an demselben Tage und in derselben Stunde des Jahres von 365 Tagen der Mond dieselbe Gestalt hat, so rechneten die Aegypter nach Perioden von 25 Jahren und bezeichneten den Beginn einer jeden durch Einführung eines neuen Hapi. Den zu dieser Zeit noch lebenden alten Hapi ließ man verschwinden. Die von Plinius und Ammian mitgetheilte

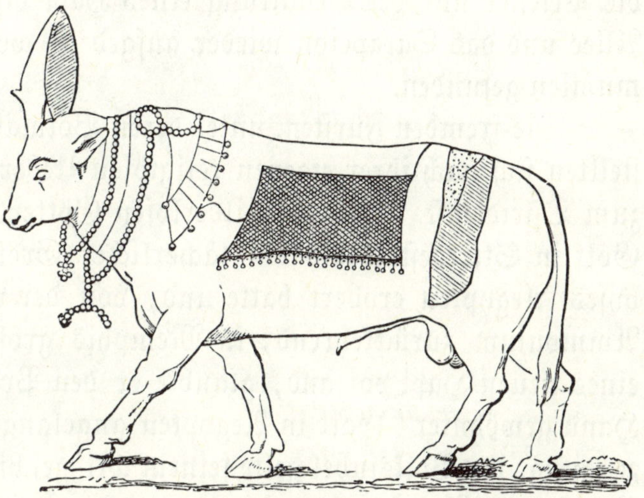

Hapi.

Todesart des Untertauchens in eine Quelle oder in einen Brunnen, wahrscheinlicher in den Nil, kann schon stattgefunden haben; nur darf man nicht damit die feierliche Bestattung verwechseln, die in jedem Falle mit dem Hapi vorgenommen wurde. Mit seinem Tode trat allgemeine Landestrauer ein und Jedermann schor sich das Haar. Der Stier wurde einbalsamirt und in einem vergoldeten und bunt bemalten Sarkophag beigesetzt, wobei wieder über den See die bildliche Fahrt nach der Unterwelt stattfand und die Priester in Pantherfellen nach Art der Bakchantinnen schrieen und sich bewegten. Die Kosten der Beerdigung waren so bedeutend, daß unter Ptolemäus Lagi außer der dazu bestimmten Summe noch 225,000 Mark aufgegangen sein sollen! Der Ort der Beisetzung war das Sarapeion, wohin von der Westseite des Ptahtempels eine Sphinxallee führte, die aber schon zu Augustus' Zeit vom Wüstensande begraben war. Unter diesem Tempel befanden sich unterirdische Säle, zu welchen Niemand Zutritt hatte und welche die Priester nur bei Bestattung eines Hapi öffneten. In der neuesten Zeit ist die Allee und das Sarapeion wieder aufgedeckt worden und man hat noch 24 Stiermumien gefunden.

Die fremden Fürsten, unter deren Botmäßigkeit Aegypten nach einander kam, stellten sich nach ihrer eigenen religiösen Ueberzeugung auf sehr verschiedenen Fuß zum Osiridienst. Den an bilderlosen Götterdienst gewöhnten Perser mußte ein Gott in Stiergestalt als ein lächerlicher Greuel vorkommen. Als daher Kambyses Aegypten erobert hatte und, von der verunglückten Expedition gegen das Ammonium zurückkehrend, in Memphis große Festfreude über die Erscheinung eines neuen Hapi vorfand, glaubte er den Priestern gar nicht, daß „ein an die Hand gewöhnter" Gott in Aegypten angelangt sei, und ließ sie, in fester Ueberzeugung, der Volksjubel gelte seinem Mißgeschick, hinrichten. Als aber ein zweites Verhör von Aegyptern zu keinem andern Geständniß führte, befahl er, den Stier selbst vorzuführen, stieß ihn mit dem Dolche nieder und sagte dann zu den verblüfften Aegyptern: „Ihr elenden Wichte! Von der Art sind eure Götter, daß sie Blut und Fleisch haben und das Eisen spüren? Aber nicht ungestraft sollt ihr mich zum Narren machen!" Dann hieß er die Priester geißeln und auf das mit der Festfeier beschäftigte Volk einhauen. Noch weiter in Verachtung der ägyptischen Religion ging der grausame Artaxerxes Ochos, der den Hapi nicht allein schlachtete und sich mit seinen Freunden einen Braten davon wohl schmecken, sondern auch anstatt seiner einem Esel, dem verhaßten Thiere des Set, göttliche Ehre erweisen ließ. Die Aegypter rächten sich für diesen Hohn dadurch, daß sie ihm selbst den Namen „Esel" beilegten. Alexander der Große dagegen opferte dem Hapi und stellte große Spiele an, wozu die Künstler aus Hellas verschrieben wurden. Aus der römischen Kaiserzeit wissen wir, daß zwar Augustus es nicht der Mühe werth hielt, den Stier des Osiri zu besuchen, daß aber Titus als Kronprinz einer Hapiweihe in Memphis beiwohnte und Septimius Severus alle Merkwürdigkeiten daselbst besah. Uebrigens hatte man in späterer Zeit, vielleicht weil der Aberglaube hinsichtlich der erforderlichen Merkmale gestiegen war, oft große Noth, den Hapistier zu finden. Unter Hadrian wurde „nach vielen

Jahren" endlich das passende Thier aufgestöbert, und aus der Zeit Julian's des Abtrünnigen schreibt Ammianus Marcellinus, der Statthalter von Aegypten habe es dem Kaiser als ein glückliches Ereigniß gemeldet, daß „der mit mühevoller Sorgfalt gesuchte Apis" doch endlich sich habe finden lassen.

Auch Set, „der Gott, der im Leeren ist, schrecklich und unsichtbar, der allmächtige Zerstörer und Veröder, der Alles erschüttert und selbst unüberwindlich ist", genoß göttliche Verehrung; ja, er scheint in der Zeit, wo die Hyksoskönige über Aegypten regierten, den höchsten Rang eingenommen zu haben, bis er, in die Osirisage verwebt, als eine stets mit Osiri und Isi in Streit begriffene Macht angesehen wurde. Die mit ihm in Verbindung gebrachten Thiere waren der Esel, das Krokodil, das Nilpferd und der Eber. Auf einem Esel soll Set aus der Schlacht bei Tkon geflohen sein; aber auch die röthliche Farbe des armen Langohrs harmonirte mit der Leibfarbe des Set, und nach Plutarch ging bei den Aegyptern der Haß gegen das Roth so weit, daß man an gewissen Festen einen Esel von einer Anhöhe hinabstürzte und rothhaarige Menschen mißhandelte, sowie man denn auch durchaus keine Trompete duldete, weil ihr Klang mit dem Eselsgeschrei entfernte Aehnlichkeit besäße! Vom Nilpferd sagte man, es tödte seinen Vater; auch wurde am Feste der Wiederkehr Isi's vom Suchen Osiri's ein gefesseltes Nilpferd dargebracht. Auf der Eberjagd endlich fand Set den Leichnam seines Bruders.

Anupu.

Seltsame Gebräuche erzählt Herodot vom Tempel des Set in dem östlich vom Delta gelegenen Papremis. „Um die Zeit, wenn die Sonne sich neigt", sagt er, den Gott selbst Ares nennend, „sind einige wenige Priester um das Bild beschäftigt; die meisten stehen mit hölzernen Keulen am Eingang des Heiligthums. Andere aber, die ein Gelübde erfüllen, mehr als tausend Mann, stehen, ebenfalls mit Holz bewaffnet, Jenen gegenüber auf der andern Seite. Nun führen sie das Bild in einem kleinen hölzernen und vergoldeten Tempel am Vorabend heraus in ein anderes Heiligthum. Da ziehen dann die Wenigen, welche beim Bild zurückbleiben, einen vierräderigen Wagen, worauf der Tempel steht mit dem Bilde, das er einschließt. Die Anderen, die in den Vorhallen stehen, lassen sie nicht ein; allein die durch das Gelübde Verpflichteten stehen dem Gott bei und schlagen auf die, welche ihm nahen wollen, los. So entsteht denn eine hitzige Prügelschlacht; sie zerschlagen sich die Köpfe und, wie ich glaube, sterben auch Viele an den Wunden; die Aegypter freilich behaupten, es komme Niemand dabei um."

Was ist es nun, fragt der Leser, das dem mythischen Verhältnisse zwischen Osiri, Isi und Set zu Grunde liegt, und worauf die Kultgebräuche Bezug haben?

Es würde uns zu weit führen, die verschiedenen, zum Theil sehr scharfsinnigen Deutungen aufzuzählen. Wir geben nur die glaublichste. Isi (die Alte) ist im Allgemeinen die Erde, als Mutter, als empfangende Naturkraft. Osiri dagegen stellt die die Erde befruchtende Produktionskraft der Sonne dar, wie sie sich im Nilthale äußert. So entspricht der Kampf Osiri's mit Set weniger dem Streite des Lichts und der Finsterniß in der Lehre des Zoroaster, als dem Unterliegen der irdischen Vegetationskraft unter dem Einflusse des Sonnenbrandes, des Wüstenglutwindes, und enthält ungemein viel Aehnliches mit den Mythen von Hyakinthos, Attis, Adonis, Persephone, Dionysos. Die Hellenen haben Osiri dem Dionysos, Isi der Demeter verglichen, und wenn man Dionysos im Orphischen Sinne nimmt, mit vielem Rechte. Am meisten gleicht aber Isi der Persephone selbst, die das Bakchoskind mit sich aus der Tiefe des Erdengrundes ans Licht bringt. Denn selbst ihr Verhältniß zu Osiri ist in der ägyptischen Mythologie kein feststehendes, da er auch als ihr Vater oder ihr Bruder oder ihr Sohn erscheint. Ihr Sohn Har ist aber weiter nichts, als das neuerwachende Naturleben, eben der junge Dionysos, fällt aber nach und nach mit Osiri selbst wieder zusammen und wird endlich nach dem Mythus, wie dieser, ebenfalls zerstückelt. Auf diese Weise erklärt sich auch, warum Osiri für den Begründer des Ackerbaues, des Staats und aller guten Einrichtungen galt, und wie auf der andern Seite Isi, als Spenderin der Nahrung, den Weizen, die Gerste und den Lein erfindet, weshalb man ihr jährlich ein zehntägiges Erntefest feierte.

Osiri.

Eine ähnliche Anschauung, wie der Osirilegende, liegt der bekannten Mythe vom Vogel Phönix zu Grunde. Auch er war das Symbol einer sich immer wieder verjüngenden Zeit, einer Zeitperiode, die von Herodot auf 500, von Anderen auf 540 oder 1461 Jahre angegeben wird. Er hatte in der Sonnenstadt On seinen besonderen Tempel und heißt auf Inschriften „Bennu, der große Erzeuger der Zeitabschnitte". Jedenfalls war er eine Reiherart, die, südlich von Aegypten hausend, sich selten dort blicken ließ. Seine Farbe war aus Purpur, Gold und Rosenroth gemischt. Herodot sagt, er mache sich nur auf, wenn sein Vater gestorben sei. Dann bilde er aus Myrrhen ein Ei, so groß, als er es zu tragen im Stande sei, versuche sich im Tragen desselben, höhle das Ei aus, lege den Vater hinein und bringe die dadurch nicht schwerer gewordene Last nach On. Tacitus setzt hinzu, daß der aus Arabien kommende Phönix seinen Vater auf dem Altare des Ra verbrenne. Daraus machte man endlich die Version, der alte Phönix verbrenne sich selbst auf einem aus Gewürzen errichteten Scheiterhaufen, entstehe aber aus den Flammen wieder selbst neu und trage dann die Reste des alten Körpers nach On. Tacitus erwähnt übrigens des angeblichen Erscheinens des Phönix unter Sesostris, Amasis, Ptolemäus Philadelphus und Tiberius (34 n. Chr.). Kaum zwölf Jahre später ließ der Kaiser Claudius einen Phönix auf dem römischen Markte sehen; doch glaubte Niemand an die Echtheit desselben!

Der Hauptaccent der religiösen Bedeutung von Osiri und Isi ruht aber auf ihrem Herrscheramte in der Unterwelt, Amenth. Der Aegypter nahm das Leben im Jenseits ernster, als der mit dem Diesseits zufrieden gestellte Grieche. Dem Aegypter war die unterweltliche Forteristenz nicht blos ein schemenhafter Abklatsch des sonnigen Erdenlebens, sondern er erblickte in dem Sinnlichen, Endlichen eine Fessel, eine Beschränkung, die durch die Vereinigung mit Osiri abgestreift werden sollte. Wie Osiri durch seinen Tod erst sein wahres Sein errungen hatte, so feierte der Aegypter auch im Tode erst seine Versöhnung mit dem Leben und Osiri erschien ihm als Heiland, der das Räthsel des natürlichen Daseins endlich löste.

Das Todtengericht. (Nach Champollion.)

So war ihm auch der Tod kein abschreckendes Bild; ja, bei den glänzendsten Schmausereien wurde nach dem Essen vor dem Zechgelage ein hölzernes Osiribild in einem Sarge herumgetragen, jedem der Gäste gezeigt und dazu gesagt: „Auf diesen schauend, trink' und sei guter Dinge, denn nach Deinem Tode wirst Du ein Solcher sein (nämlich auch ein Osiri, ein Gerechtfertigter)!" Die bekannte Sitte, die Leichname durch Einbalsamiren der Verwesung zu entziehen, hatte ihren Grund in dem Glauben an die Wanderung der Seelen durch verschiedene Leiber und ihre Rückkehr zu der Mumie nach 3000 Jahren. Eben deshalb suchte man auch jede Störung der Todesruhe zu hindern durch Granitsarkophage, Felsengräber und Pyramiden.

Besondere Bedeutung bekam das Jenseits durch das nach der Bestattung sofort dort stattfindende Gericht über den Todten, von welchem dessen Schicksale bei der Seelenwanderung abhingen. Auf den Abbildungen sieht man gewöhnlich zur Seite den König Osiri selbst sitzen, mit Scepter, Peitsche und der Krone von

Oberägypten. Vor ihm steht ein mit verschiedenen Gaben, Granatäpfeln und Lotosblumen belasteter Altar. Daneben sitzt der ägyptische Höllenhund Oms, eine aus Krokodil und Nilpferd zusammengesetzte Figur. Auf der entgegengesetzten Seite stehen drei weibliche Gestalten, voran die Seele des Verstorbenen mit der Straußfeder auf dem Kopfe und dem Nilkreuze in der Hand, hinter ihr die Göttinnen der Wahrheit und der Gerechtigkeit. In der Mitte aber, vor dem Richterstuhle, findet die Abwägung der irdischen Handlungen durch verschiedene Gottheiten statt. Der Seele zunächst steht der Sohn Osiri's, Har, mit dem Sperberkopfe, aufmerksam den Senkel der Wage betrachtend, auf deren Säule ein Hundsaffe sitzt. In der einen Schale ruhen die schlechten Thaten, bezeichnet durch eine kleine Vase, in der andern die gerechten, kenntlich an einer kleinen Straußfeder. Noch steht innerhalb der Wage der schakalköpfige Bruder Har's, Anubis (Anupu), der Todtenwächter. Osiri zunächst befindet sich dann der Gott Taati mit dem Ibiskopfe, das Resultat des Wägens in ein Täfelchen eintragend. Ueber der Wage endlich bringt ein Hundsaffe in einem Nachen die zu leicht befundene Seele in Gestalt eines Schweines wieder auf die Oberwelt. Endlich erschienen auch auf den Bildern vom „Saale der Gerechtigkeit" die 42 Beisitzer des Todtengerichts. Die von griechischen Schriftstellern hinterlassenen Berichte über wirklich vor dem Begräbniß abgehaltene Todtengerichte beruhen höchst wahrscheinlich blos auf einem Mißverständnisse und auf Verwechslung des religiösen Glaubens mit einer schon auf Erden vollzogenen Ceremonie.

Isi.

Auch Isi kommt als Königin und Richterin über die Unterwelt vor. Außerdem schwankt ihre Bedeutung zwischen der speziellen Förderung der Vegetation, besonders des Ackersegens, und dem Einflusse auf den Wechsel zwischen Nacht und Licht im Allgemeinen, eine Beziehung, in welcher sie auch oft mit dem Mond verschmolzen wird. So erzählt Plutarch, daß Taati der Selene, also der Isi, im Bretspiel ein 72stel jedes Tages im Jahre abgenommen und daraus die den 12 dreißigtägigen Monaten hinzuzufügenden fünf Schalttage gebildet habe. Eine ähnliche Sage findet sich im mythenreichen Leben des durch seine Schätze bekannten Rampsinit (Ramessu). Von diesem Könige erzählt Herodot, er sei lebendig in die Unterwelt hinabgestiegen, habe dort mit Isi gewürfelt, und nachdem er bald gewonnen, bald verloren, ein goldenes Handtuch als Geschenk von ihr wieder mit auf die Oberwelt gebracht. An diese Niederfahrt knüpfte sich ein religiöses Fest, welches Herodot nach eigener Erfahrung so beschreibt: „Es weben die Priester an demselben Tage ein Obergewand fertig und verbinden hierauf sofort einem von sich mit einer Binde die Augen. Dann bringen sie ihn in jenem Obergewande auf den Weg, der nach dem Tempel der Demeter führt, und kehren selbst wieder um. Der Priester aber, dem die Augen verbunden sind, sagen sie, werde von zwei Wölfen in das Heiligthum der Demeter geführt, das von der Stadt eine Stunde entfernt war. Auch rückwärts aus dem Tempel bis an denselben Platz sollen ihn die Wölfe führen." Sind hier sicher unter den Wölfen die Schakale des Todtengeleiters Anupu zu verstehen, so legt man der Höllenfahrt Rampsinit's wol richtig den Sinn unter, daß die Isi, welche, als die Erde, bald Saat empfängt, bald Ernte spendet, die bald gewinnende, bald verlierende Spielerin ist. Das goldene Tuch, das ihr der König endlich entführt, ist das im Goldschmuck der Ernte prangende Nilthal selbst. — Den schönen Sirius nannten die Aegypter Satisi, „Stern der Isi". Auch führten mehrere Heilkräuter ihren Namen; denn sie war auch Erfinderin der Arzneien und gab den Kranken in Träumen Heilmittel an. Endlich bekleidete sie das Amt der Geburtshelferin. Doch sendet sie auch Verderben und rächt als Nemesis Frevel und Unrecht.

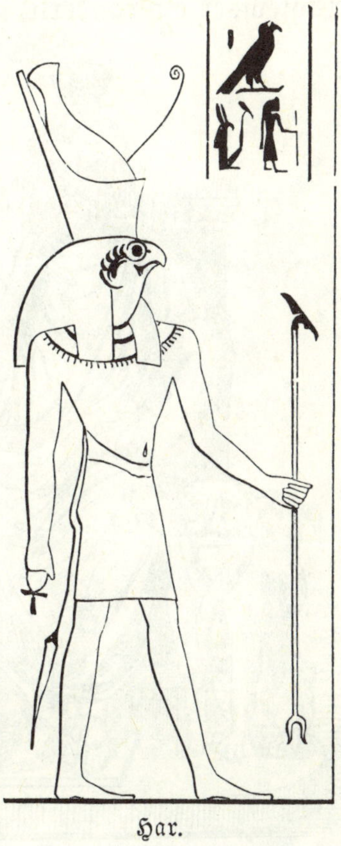

Har.

Die bildlichen Darstellungen zeigen Isi bald der Hathar, bald der Net ähnlich. In letzterer Weise trägt sie auf der Haube ihre Hieroglyphe, den Stuhl, außerdem das Nilkreuz und das Scepter. Auf unserer Abbildung sieht man die Hatharhörner und dazwischen die Sonnenscheibe mit dem Thronsessel auf dem Haupte, während die eine Hand das Nilkreuz hält, die andere, wie die einer Wärterin, aufgehoben ist. Bisweilen kommt sie auch mit der Kuhmaske und ihr Kind säugend vor.

Osiri trägt gewöhnlich die mit den zwei Amunsfedern geschmückte Krone von Oberägypten und dazu Scepter und Geißel. Set hat sehr verschiedene Abbildung erfahren. Seine Hieroglyphe scheint die Giraffe gewesen zu sein. Denn er hat einen Thierkopf mit schakalartiger Schnauze und langen Ohren. Zuweilen sitzt dieser Kopf neben einer Sperbermaske auf der Gestalt.

Har, der Rächer seines Vaters, der, wie bereits erwähnt, in verschiedenen Lebensphasen und auch als Kind, Har pe Kroti, auftritt, ist weiß, wie Osiri schwarz. Sein Gestirn war der Orion, sein heiliges Thier der Sperber, der Vogel des Ra. Strabo sah auf Pilak einen heiligen Sperber mit buntem Gefieder, der eben krank war und aus Aethiopien stammen sollte, woher man auch nach dem Tode des alten jeden neuen zu beziehen pflegte. Dies kann nur ein Sperber des Har gewesen sein, der selbst als Sperber oder mit der Sperbermaske dargestellt wurde. Als junger Gott trägt er an der Wange die sogenannte Jugendlocke.

Nebthi gilt für die Frau Set's und die Mutter des Anupu von Osiri. Der Sinn ihres Namens ist „Herrin des Hauses", und sie ist auch besonders an dem auf ihrem Kopfe stehenden, thurmartigen Hause kenntlich. Der Häuserbau sollte ihre Erfindung sein und das Familienglück unter ihrem Schutze stehen. Sie war aber mehr in der Unterwelt beschäftigt als auf der Erde.

Der Kult des Osiris und der Isis trat in dem Zeitalter der Ptolemäer durch griechischen Einfluß und durch das Aufblühen der neuen Residenzstadt Alexandria in ein neues Stadium, in welchem ihre Bedeutung und ihr Wirkungskreis theils verallgemeinert, theils umgemodelt wurden. Osiri selbst wurde in den Hintergrund gedrängt von seinem Zwillingsbruder Sarapis oder Serapis, dem speziell alexandrinischen Hofgotte, der, von Herkunft ein Ausländer, unter dem ersten Ptolemäer einwanderte. Die merkwürdige Legende von seiner Einführung lautet bei Tacitus also: „Als König Ptolemäus das neugegründete Alexandria mit Mauern umgab, Tempel erbaute und das Religionswesen ordnete, erschien ihm einst im Traum ein Jüngling von ausgezeichneter Schönheit und übermenschlicher Größe. Dieser ermahnte ihn, die treuesten seiner Freunde nach dem Schwarzen Meere zu senden und sein Bild holen zu lassen; es sollte dies dem Reiche zum Glück ausschlagen und groß und herrlich die Stätte werden, die ihn aufnähme. Zugleich sah er diesen Jüngling unter vielem Feuer zum Himmel aufgehoben werden. Ptolemäus, durch dies Wunderzeichen beunruhigt, theilte den ägyptischen Priestern, die sich auf solche Sachen verstanden, die nächtliche Erscheinung mit, und da dieselben jene Gegenden zu wenig kannten, so fragte er den Athener Timotheus aus dem Geschlechte der Eumolpiden, den er aus Eleusis hatte kommen lassen, was das wol für ein Kultus, für eine Gottheit wäre? Timotheus zog Erkundigungen bei Denen ein, die nach dem Pontus gekommen waren, und erfuhr, nicht weit von der Stadt Sinope gäbe es einen von Alters her berühmten Tempel des Pluto. Ptolemäus aber, der zur Furcht geneigt war, sich nach wiedererlangter Sicherheit aber lieber um Vergnügungen als um religiöse Dinge kümmerte, vernachlässigte allmählich die Sache und beschäftigte sich im Geiste mit anderen Gegenständen, bis dieselbe Erscheinung, aber schrecklicher und dringender, ihm und seinem Reiche den Untergang drohte, wenn das Befohlene nicht zur Ausführung käme. Da sandte er Boten mit Geschenken an den damaligen König von Sinope, Skydrothemis, und trug ihnen bei der Abreise auf, sie sollten unterwegs den pythischen Apollo besuchen. Das Meer war ihrer Fahrt günstig; der unzweideutige Spruch des

Sarapisbild zu Alexandria.

Orakels lautete: „Gehet hin und holt das Bild meines Vaters!“ Nach Sinope gekommen, übermittelten sie die Geschenke, Bitten und Aufträge ihres Königs dem Skydrothemis. Dieser jedoch fürchtete unschlüssig bald die Gottheit, bald ließ er sich durch die Drohung des widerstrebenden Volkes einschüchtern; oft lockten ihn auch die Geschenke und Verheißungen der Boten.

So vergingen drei Jahre, ohne daß die Bitten und der Eifer des Ptolemäus erkalteten, er erhöhte den Rang der Gesandten, die Zahl der Schiffe, das Gewicht des Goldes. Endlich hatte Skydrothemis selbst eine drohende Erscheinung, die ihm befahl, er solle die Bestimmung des Gottes nicht länger aufhalten. Den

Sarapisdienst in Rom.

Zögernden bedrängte verschiedenes Unheil, Krankheiten und der offenbare und täglich schwerer werdende Götterzorn. Nachdem er aber eine Volksversammlung berufen hatte und derselben die göttlichen Befehle, seine und des Ptolemäus Gesichte und die sich mehrenden Uebel dargelegt, war das Volk dem Könige entgegen, den Aegyptern mißgünstig, fürchtete für sich und umlagerte den Tempel. Da soll der Gott von freien Stücken die am Ufer liegenden Schiffe bestiegen haben. Die Flotte gelangte binnen drei Tagen nach Alexandria, wo ein der Größe der Stadt entsprechender Tempel in dem Stadtviertel Rhakotes erbaut ward. An dieser Stelle hatte vorher ein dem Osiris und der Isis geweihtes Heiligthum gestanden. Dies ist das Wichtigste über den Ursprung und die Ankunft des Gottes. Ich weiß aber wohl, daß nach Anderen derselbe aus der syrischen Stadt Seleucia unter dem dritten Ptolemäus geholt worden sei. Noch Andere geben als Stifter denselben

Ptolemäus, als ursprünglichen Wohnsitz des Gottes aber Memphis an. In dem Gotte selbst wollen Viele den Aesculapius erkennen, weil er kranke Körper heile; Manche auch den Osiris, einen sehr alten Gott jener Völker; Viele den Zeus, als den Herrn aller Dinge; sehr Viele den Pluto, nach seinen Insignien oder anderen Anzeichen."

Die mitgebrachte Statue war ein Koloß nach Art des griechischen Pluton, mit den Attributen des Scheffels, des Kerberos und der Schlange. Seine Farbe war blau; der ihn umfließende Mantel purpurfarbig. In der Linken hielt er den Zweizack. Der Gesichtsausdruck war ernst und näherte sich dem des hellenischen Zeus.

Isi in römischer Darstellung.

Sarapi ist unzweifelhaft aus Osiri-Hapi entstanden. Darum die Zurückbeziehung auf Memphis bei Tacitus; darum die Erbauung des neuen, prächtigen Tempels an der durch den Osiridienst geweihten Stelle; darum sagt auch Plutarch: „Besser ist es, den Sarapis auf Osiris zurückzuführen, der diesen Namen bekommen hat, als er seine Natur änderte. Deshalb ist auch Sarapis Allen gemein, wie den Osiris die Eingeweihten kennen." Der neue Gottesdienst fand bei den Aegyptern selbst nur langsam und nothgedrungen Eingang und blühte Anfangs vorzugsweise in den mit griechischer Bevölkerung gemischten Städten. Dagegen verbreitete er sich durch den ausländischen Reiz seiner Symbolik, das Geheimniß seiner Weihen, seinen Anschluß an Schifffahrt und Handel sehr schnell über Griechenland und Italien. Die Bedeutung des Sarapis erweiterte sich dabei mächtig. Er wurde nicht allein mit dem Nil verschmolzen, er galt auch für den Sonnengott und endlich für den Herrn im Himmel, auf Erden und auf dem Meere, der über Licht und Dunkel, Freude und Trauer, Leben und Tod zu gebieten hatte.

Vorzüglich beliebt war auch sein Kult wegen des ärztlichen Rathes, den der deshalb mit Aesculap zusammengestellte Gott durch Tempelschlaf ertheilte. Beinahe noch berühmter als das an Pracht nur dem römischen Kapitole nachstehende Sarapeion zu Alexandria war in dieser Hinsicht der Tempel des üppigen Badeortes Canopus, wo die Orakelsprüche sammt den Heilerfolgen urkundlich aufgezeichnet wurden. Als der Kaiser Vespasian in Alexandria weilte, wollten zwei Leute aus dem niedern Volke, ein Blinder und ein an der Hand Gelähmter, von Sarapis selbst an den Kaiser gewiesen worden sein und baten ihn fußfällig, der Eine, mit seinem Speichel die Augen waschen, der Andere, unter seinen Fuß die Hand legen zu dürfen. Der Kaiser lachte Anfangs über diese Zumuthung. Da aber die Kranken nicht abließen, Schmeichler ihm zuredeten und die zu Rathe gezogenen Aerzte meinten, die beiden Uebel wären noch heilbar und der Spott über das Mißlingen des Versuchs würde auf die Unglücklichen zurückfallen, während das Gelingen dem Kaiser großen Ruhm bringen müßte, so gab er sich dazu her und heilte auf die verlangte Weise Beide. Tacitus, der für die Wahrheit dieser Anekdote einstehen will, setzt noch hinzu, Vespasian habe dadurch Lust bekommen, den Gott Sarapis um ein Orakel über den Erfolg seiner Usurpation zu bitten, und allein den Tempel betreten. Da habe er plötzlich einen vornehmen Aegypter im Innern zu sehen geglaubt, der, wie er wußte, fern von Alexandria krank lag. Er forschte überall nach, ob an jenem Tage, zu jener Stunde der Mann in der Stadt verweilt hätte, und es ergab sich, daß derselbe in jenem Augenblicke 16 Meilen weit entfernt gewesen war. Der Kaiser erkannte nun in der Erscheinung und in dem Namen des Mannes Basilides (Königssohn) eine göttliche Antwort.

Isiopfer. (Nach einem herculanischen Wandgemälde.)

Sarapis erschien im Auslande fast allenthalben neben Isi an Osiri's Stelle, und in Beider Gesellschaft zeigte sich auch Anubis und der am Finger saugende Harpokrates. Isi verwandelte sich an den Küsten des Mittelmeers in eine Hauptpatronin der Schiffer und bei Eröffnung der Seefahrt im März pflegte ihr nun ein besonderes Fest, „das Schiff der Isis" genannt, gefeiert zu werden, welches wir aus einer Schilderung des Apulejus genauer kennen. Der Morgen begann mit dem Erscheinen von allerhand Karnevalsmasken in der Stadt (Korinth). Dann folgte eine feierliche Prozession nach dem Meere. Den Zug eröffneten weißgekleidete, mit Blumen bekränzte Frauen, welche den Weg mit Blumen bestreuten, während andere Spiegel auf dem Rücken trugen und, mit elfenbeinernen Kämmen in den Händen, die Pantomime des Frisirens machten, wohlriechende Essenzen dabei auf die Straße sprengend. Hinter ihnen ging ein Trupp gemischten Geschlechts, mit Lampen und Fackeln, die Pfeifer des Sarapis und ein Festchor, Hymnen singend. Dann erst kamen, unter Vortritt von Herolden, die Eingeweihten, Männer und Frauen in schneeweißer Tracht, jene kahlgeschoren und mit kupfernen, silbernen und goldenen Kemkems klappernd, diese gesalbten Haares mit durchsichtigen Florhauben. Ihnen folgten sechs Priester, der erste mit einer nachenförmigen goldenen Lampe, der zweite mit einem kleinen Altar in jeder Hand, der dritte mit einem goldenen Palmzweige und dem Merkurstab, den Symbolen des Krieges und Friedens, der vierte mit geöffneter linker Hand, dem Sinnbilde der göttlichen Gerechtigkeit, und einem goldenen, nach der weiblichen Brust geformten Gefäßchen, aus welchem Milch träufelte, der fünfte mit einer goldenen Wanne, der sechste mit einer Amphora. Hinter ihnen schritten die Masken der Gottheiten selbst, voran Anupu, halb schwarzen, halb goldenen Antlitzes, in der Linken den Schlangenstab, in der Rechten einen grünen Palmzweig führend; dann Isi in Gestalt einer Kuh, von einem Priester auf der Schulter getragen. Eine Lade mit verborgenen Heiligthümern begleitete sie und der heilige, goldene Krug mit dem Nilwasser, den der Träger nicht mit bloßen Händen berühren durfte. An dem Meere wurden die Götterbilder aufgestellt und dann ein mit Hieroglyphen bemaltes kleines Schiff, das im Segel die Worte „Für glückliche Schiffahrt im neuen Jahr!“ und am Hintertheil eine goldene Gans trug, mit Ei und Schwefel gereinigt, der Göttin geweiht, mit Spezereien und Räucherwerk vom Volke gefüllt und unter einer Milchlibation den Wellen überliefert. Die Prozession kehrte dann rasch in derselben Folge nach der Stadt zurück, und wenn die göttlichen Heiligthümer wieder in den Tempel gebracht worden waren, sprach ein priesterlicher Beamter von hoher Tribüne herab den Segen über den Kaiser, den Senat, die Ritterschaft, das ganze Volk und die Schiffahrt und entließ dann die Menge, welche mit Jubel einfiel, einem vor dem Heiligthume ausgestellten silbernen Bilde der Isi Kränze und Blumen spendete und deren Füße küßte.

Im Abendlande mußte sich die Nilgöttin eine den griechischen und römischen Götterbildern ähnliche Darstellung gefallen lassen. So erscheint sie auch auf unserem Bilde (S. 278) als eine Schwester der Hera oder Juno, und nur das Kemkem und der Krug mit dem Nilwasser kennzeichnen sie als die Gattin Osiri's.

In Rom selbst wehrte sich die Regierung lange genug gegen das Eindringen der Nilgötter; aber eine ganze Reihe von Verboten ist eben Beweis für den Anklang, den der Isidienst beim Volke fand. Ja, im Jahre 50 v. Chr., als wieder ein Heiligthum der Isi niedergerissen werden sollte, scheuten sich die Arbeitsleute, das Werk der Zerstörung zu beginnen, und der Konsul mußte selbst eine Axt ergreifen und den ersten Schlag führen! Aber schon im Jahre 42 beschlossen die Triumvirn den Bau eines Tempels, und von nun an begannen ohne Hehl die Weihen, Fasten, Prozessionen und Tempelbesuche, und je mehr die Sittenlosigkeit, besonders unter den höheren Ständen, zunahm, desto mehr wuchs die Neigung, durch die imponirenden fremden Gebräuche zur Sühnung und Reinigung zu gelangen.

Ruinen des Sarapistempels in Puzzuoli.

Namentlich waren die vornehmen römischen Damen von wahrer Leidenschaft besessen, in diesem orientalischen Kulte Entsündigung und Trost für ein verkehrtes Leben zu finden. Es wurde geradezu Mode, monatlich wenigstens zweimal in leinenem Gewande zum Iseion zu wallfahrten. Doch gab auch der Isidienst vielfaches Aergerniß, da die Tempeldienerschaft nicht ohne Grund im Verdachte der Kuppelei stand. Besonders geschah dies unter Tiberius, wo durch die Verführung einer vornehmen Frau mit Hülfe der Priester und unter der Maske des Anupu der Kaiser in solchen Zorn gerieth, daß er die Priester ans Kreuz schlagen, den Tempel zerstören und das Bild der Isi in den Tiber werfen ließ. Bald entstand jedoch der

Tempel wieder, ja, unter den Flaviern zog die Nilgöttin vom Marsfelde in die Altstadt, wo später Caracalla ihr und dem Sarapis in der Nähe des Amphitheaters einen Tempel erbaute, nach welchem die dritte Region der Stadt genannt wurde.

Eine vor dem Allerheiligsten der Göttin angestellte Feier erblickt man auf der S. 279 stehenden Illustration, die einem in Herculanum aufgefundenen Gemälde nachgebildet ist. Es ist gerade der Augenblick gewählt, wo der Oberpriester oder Prophet den heiligen Nilkrug, die Hände in einen linnenen Ueberwurf gewickelt, emporhebt, bei welchem Akte die Gemeinde niederzufallen pflegte. Dem Propheten zur Rechten steht eine Priesterin, die in der linken Hand einen Schöpfkrug, in der rechten das Kemkem hält; ihr gegenüber auf der andern Seite aber ein niederer Ministrant, welcher dasselbe Klapperinstrument erklingen läßt, das ja die Freude und die Trauer der Isi begleitete. An der untersten der elf Stufen befindet sich ein Priester, der mit aufgehobenem Stabe die im Tempelhofe rechts und links in zwei Reihen aufgestellten Gläubigen beim Singen und Klappern dirigirt. Die Hauptperson, für welche wahrscheinlich die ganze Feier veranstaltet wird, ist eine Frau von edler Haltung, die am Ende der rechten Reihe etwas vortritt. Die Versammlung besteht meist aus Tempeldienern, der geringern Zahl nach aus dem Gefolge der Dame. Rückwärts von ihr steht ein Priester, der ihr das Nilkreuz entgegenhält. Ihr gegenüber erscheint ein wenige Schritte vortretender Mann, der ein Rohr in der Rechten, einen aufgerichteten Stab in der Linken hält, vielleicht ihr Gatte. Hinter ihm bläst ein Mann die Trompete. Zwischen dem Manne und der Frau aber steht ein Altar, dessen Flamme von einem Tempeldiener vermittels eines Pfauenwedels angefacht wird. Zahme Ibisse sitzen oder spazieren im Tempelhofe herum und aus dem Bosket, welches das Heiligthum einschließt, winken zwei Palmen. Die Scene soll vielleicht eine Feierlichkeit vorstellen, die für das Ehepaar, das die Göttin um Kindersegen anflehte, abgehalten wurde.

Widder=Sphinx.

Indische Mythologie.

Medisch-persische Mythologie.

Sieh, ein Heer von Gestalten entflattert der träumenden Seele!
Aber den gaukelnden Schwarm bändigt der einende Geist.

Indische Mythologie.

Einleitung.

Indien ist durch den Zauber des Wunderbaren, des Märchenhaften, schon vom grauen Alterthum an zu einem Gegenstande sehnsuchtsvoller Wünsche für die Bewohner Europa's geworden. Sein unerschöpflicher Reichthum an Produkten der Pflanzenwelt, die Menge seiner seltenen und nutzbaren Thiere, der Glanz seiner blitzenden Edelsteine und Perlen, der bunte Schimmer seiner feinen Gewebe schufen immer in der Phantasie der Abendländer ein reizendes Bild von dem glücklichen Klima jener Gegenden, von der hohen Kultur der Bewohner, bei denen man außerdem den Besitz der erhabensten irdischen Weisheit voraussetzte. Und als später die moderne Geschichte dieses Wunderland erfaßte und sich unserer erstaunten Welt der Einblick in die Verhältnisse desselben erschloß, da zeigte sich, daß, dem schwankenden Charakter der Orientalen gemäß, welcher bald in brütende Abstraktion von allem Endlichen sich träumerisch versenkt, bald in den berauschenden Taumel der Sinnlichkeit verfällt, auch die Hindu's eine herabgekommene Nation waren, geknechtet durch Kastenzwang und Despotismus, zerrissen durch die Theilung des Landes in eine Menge von Kleinstaaten und versunken in abergläubische

Werkheiligkeit und groben Götzendienst. Bei alledem bietet aber dieses Volk des Anziehenden und Wichtigen für uns noch immer genug. Auf der einen Seite bewundern wir die Reste altindischer Literatur, verfaßt in der uns so nahe angehenden Sanskritsprache, der reichen und wohllautenden älteren Schwester der griechischen, römischen, germanischen und slavischen Idiome; auf der andern interessirt uns die von dem äußerlichen Ceremoniendienst und Formelkram wie von Unkraut überwucherte und entstellte Religion, deren erhabenere und reinere Ideen nur noch der Priesterschaft bekannt sind, deren phantastische Göttergestalten und Mythen weniger große Formenschönheit, als Sinnigkeit des Gedankeninhalts zeigen.

Wir müssen bei den religiösen Anschauungen der Inder drei verschiedene Stufen unterscheiden: die alte, naive Naturreligion des Heroenalters, den Brahmanismus mit seinen Abzweigungen und den Buddhismus.

Die Naturreligion.

Bis in das fünfzehnte Jahrhundert vor unserer Zeitrechnung lebten die vom tibetanischen Hochlande ausgewanderten indischen Arier im heutigen Pendschab bis zum heiligen Flusse Saraswati und führten unter patriarchalischen Verhältnissen ein seßhaftes Hirten- und Landleben. Die Sonderung in Kasten war noch nicht eingetreten. Jeder Familienvater konnte sich mit Opfer und Gebet den Göttern nahen, und nur den ganzen Stamm berührende feierliche Opfer, bestehend in gereinigter Butter, dem berauschenden Safte der Somapflanze, in Thieren und Menschen, wurden von bevorzugten Priesterfamilien verrichtet. Noch haben sich aus dem Ende dieser Periode religiöse Hymnen und andere Lieder in dem Rigweda erhalten, welche uns einige Aufklärung über den damaligen Zustand der indischen Religion gewähren. Die Vorstellungen des Volkes bewegten sich noch auf der Grenze zwischen Verehrung der Elementarerscheinungen unter dem Bilde anderer natürlicher Dinge und der Annahme wirklicher göttlicher Wesen in Menschengestalt. Die Wolken z. B. waren ihm bald Kühe oder hochgethürmte Berge, bald göttliche Weiber, der Wind ein Hund, die Sonne jetzt ein Rad, dann eine Flamingogans, endlich der leuchtende Gott Sawitar. In der ganzen Natur waren Geister und Dämonen thätig, denen sich die Seelen der Verstorbenen, die Pitri's (Väter), beigesellten, welche im innersten Lichtraume des Himmels beim Gott Jama ihren seligen Ruheort hatten. Im Brausen des Sturmes wie im sanften Wehen des Wests erkannten sie das Wirken der in leuchtender Rüstung prangenden, auf rehbespannten Wagen die Luft durcheilenden Marut's, deren Gesang das Heulen des Orkans, deren Geschäft es war, die Wolkenkühe zu melken und ihnen den süßen Meth, das Labsal der Götter, auszupressen.

Aehnlichen Wesens waren die gleichfalls auf des Windes Fittigen dahinsausenden Ribhus, die aber als Künstler in Metall Wunder verrichteten und die beim Göttermahle geschlachtete, Alles zeitigende Kuh (vielleicht die Erde) aus der abgezogenen Haut wieder lebendig hervorgehen ließen.

Im Winter, zur Zeit der Sonnenwende, schliefen sie zwölf Tage im Hause des Sonnengottes und hießen nach ihrem Erwachen in Thälern und Wäldern, Fluren und Gewässern neues Leben erstehen.

Scheinen die Ribhus die Strahlen der Sonne zu bedeuten, worauf auch ihre Abkunft von Sudhanwan, d. h. „dem trefflichen Bogenschützen", hinweist, so gehörten die Brighus und Angira's in das Gebiet der Elektrizität. Jene haben das von den Indern als Gott Agni (ignis) angeschaute Blitzfeuer unter die Menschen gebracht und hier als Herdfeuer aufflackern lassen, hüten aber auch die Kühe des Himmels. Eine Kuh aus dem Reiche der Götter trug auch den Verstorbenen über den weit klaffenden Strom der Luft auf der Milchstraße in die Behausung Jama's. Deshalb pflegte der Sterbende im Todeskampfe nach dem Schwanze einer Kuh zu fassen; Kühe brachten den Leichnam zum Scheiterhaufen und eine schwarze Kuh wurde dort geschlachtet, um den Körper des Todten in deren Haut zu wickeln. Als Frauen gefaßt, hießen die Wolken Matara's, Mütter, und Dewapatni's, Gemahlinnen der Götter. Ihnen nahe standen die Apsarasen, zwischen Erde und Sonne schwebende Jungfrauen, worunter wahrscheinlich die Nebelschwaden zu verstehen sind; sie vermochten sich ebenso in Kühe wie in Wasservögel zu verwandeln und hüteten den Unsterblichkeit verleihenden Göttertrank Amrita.

Indra, der Blitzgott.

Diesen wohlthätigen Geistern der Natur arbeiten aber stets finstere Dämonen entgegen, die den von jenen der Erde zukommenden Segen vernichten und gerade das Gegentheil thun: das Licht der Sonne verhüllen, die Quellen der wohlthätigen Gewässer verstopfen und das Grün der Vegetation mit Glühhitze versengen. An ihrer Spitze stand Writa oder Sushna, welcher die Kühe des Himmels und den Schatz des Sonnengoldes raubte, in seiner finstern Höhle verbarg und als Drache, Ahi, hütete. Dieser Writa, dessen Name auch sonst noch in der Mehrzahl von lichtraubenden Dämonen vorkommt, bedeutet einerseits die dunkle Gewitterwolke, andererseits aber auch die winterliche Jahreszeit. In seiner Gesellschaft befanden sich die Rakhasen, mißgestaltete, rothhaarige, selbst nach Menschenfleisch lüsterne Riesen.

Dem Schalten der feindlichen Dämonen hielten ferner das Gegengewicht die lichten Götter des Himmels, die Dewa's. Außer dem Himmel selbst, Dyauspita (Diespiter), tritt am bedeutendsten Waruna (Uranos) hervor, „der Alles Bedenkende", „der Herr des Himmelsgewölbes", „der Ordner des Lichts und der Zeit". Sein Auge ist die Sonne, sein Athem der Wind. Seine Wohnung ist hoch über der Wolkenatmosphäre und dem blauen Zelte in der Lichtregion des dritten Himmels, wo die Götter und die Seligen Jama's unter dem heiligen Feigenbaume Aswattha, dessen Zweige abwärts gekehrt sind, während die Wurzeln nach oben streben, sich an dem von ihm herabträufelnden Amrita laben. Neben Waruna erscheint noch Mitra, der Gott des Tageslichts, und Sawitar oder Surya, der Gott der Sonne. Seine Vorreiter sind die Aswinen, die Zwillingssöhne der See. Diese, wahrscheinlich der Morgen- und Abendstern, glichen den hellenischen Dioskuren, indem sie den Schiffenden zu Hülfe eilten, aber auch Reichthum und himmlische Heilmittel spendeten. Sie waren auch die Freier der schönen Ushas (Eos) der Morgenröthe, und besiegten im Wettlaufe um sie alle anderen Götter.

Agni, der Feuergott.

Am meisten angerufen wurden aber in diesem Zeitalter die Götter Agni und Indra. Agni, der im Blitze geborene Gott des Feuers, des den Menschen so wohlthätig dienstbaren Elements, bildete zugleich den Vermittler der menschlichen Wünsche an die anderen Götter und beschützte den Opferaltar gegen die bösen Geister, welche danach strebten, den Erfolg der Opfer zu stören. Indra, das Blitzfeuer selbst, war mit dem leuchtenden Donnerkeil bewaffnet, den die Rhibus ihm geschmiedet hatten und der immer wieder in seine Hand zurückkehrte. Dieser war auch seine Waffe im Kampfe mit Writa. Nachdem Indra sich durch das Fleisch von dreihundert Stieren, die ihm sein Freund Agni gebraten hatte, und durch drei Kufen vom Himmelsmeth Soma gestärkt, spaltete er mit dem Donnerkeile den finstern Wolkenberg, befreite die darin gefangen gehaltenen Kühe und traf endlich Writa selbst auf das Haupt, so daß derselbe als Regenguß auf die Erde herabsank. Ebenso zwang er den Räuber, den goldenen Hort der versteckten Sonnenstrahlen herauszugeben, weshalb er auch selbst für goldreich galt.

Trimurti. (Darstellung aus dem Höhlentempel zu Elefante.)

Der Brahmanismus.

Jene einfache Lichtreligion, die deutlich im Dualismus des Zendvolkes nachklingt, deren Spuren sich aber überhaupt bei allen Indogermanen verfolgen lassen, mußte anderen Vorstellungen weichen, als die Arier bei der Gangesebene und bald auch bis zur Südspitze der Halbinsel vorgedrungen waren. Es schwand besonders das Vertrauen, die unbedingte Hingabe des Gemüths an die Götter, als liebevolle Wesen, und der Glaube gewann Platz, daß dieselben den Menschen grollten, ihnen das Glück mißgönnten, weshalb man ihren Neid beschwichtigen, ihre Gunst gewinnen, selbst durch Beschwörung erzwingen müsse. Hatten während jener kriegerischen Periode die Krieger, Kschattrya's, den Vorrang behauptet, so entstand durch Selbstüberhebung dieses vielleicht durch den Kampf geschwächten Standes eine Reaktion von Seiten der allmählich in alleinigen Besitz der liturgischen Gesänge und Opfer gekommenen Priester, Brahmanen. Die Folge davon war ein förmlicher Kampf zwischen den beiden Ständen, der mit Besiegung der Kschattrya's endigte. Die Brahmanen diktirten nun eine neue Ordnung der

Volks und gründeten das Kastenwesen, dessen Verletzung mit dem göttlichen Zorne bedroht ward. Sie selbst stellten sich, als die des Gebets Kundigen, an die Spitze, gaben den Kriegern die ausübende Gewalt der Regierung unter ihrem Einflusse zurück und ließen auf sie, als dritten erblichen Stand, die Waisya's, zu denen die Ackerbauer und Gewerbtreibenden gehörten, und endlich die Sudra's oder Knechte folgen. Die Kaste der Kschattrya's ist gegenwärtig nicht mehr vorhanden; von den übrigen Kasten außer den Brahmanen giebt es nur noch einzelne Ueberreste; dagegen sind die Brahmanen zahlreich vertreten und in verschiedene Unterabtheilungen gespalten.

Diese Aenderungen waren in Bezug auf die Religion von ungemeiner Wichtigkeit. Die Priesterkaste versuchte auch Einheit und Ordnung in den Schwarm von Volksgöttern zu bringen, die nach und nach bei dem Zerfallen der eingewanderten Stämme in viele Reiche aufgetaucht und zu Ansehen gekommen sein mochten. Ein mit Naturphänomenen zusammenhängender Gott konnte den einenden Grund, das höchste Prinzip der unzähligen Naturgötter, nicht abgeben, da er immer mit seinen elementaren Schranken behaftet geblieben wäre. Es war daher der richtige Weg, daß die Brahmanen durch wissenschaftliche Spekulation nach einer geistigen Urquelle suchten, wenn auch dieser Anlauf zum Monotheismus, wie wir sehen werden, die Masse des Volkes selbst um keinen Schritt weiter in der Erkenntnß des wahren Gottes gebracht hat.

Das ideelle, geschlechtslose Wesen der Wesen, die Urkraft alles Seienden, nannte man Brahma, das Große. Die heiligen Bücher sind unerschöpflich im Erklären dieses Begriffs. Sie nennen Brahma das ewige, allein wahrhaft bestehende, in Seligkeit und Freude sich offenbarende Wesen. Die Welt sei nur sein Name, sein Bild. Wahrhaft bestehend sei nur dieses erste, Alles in sich begreifende Sein. „Brahma ist nicht groß, nicht klein, weder breit, noch lang, noch gefärbt. Er hat nicht Schatten, nicht Dunkel, nicht Wind, nicht Geruch, noch Geschmack, noch Auge, noch Ohr, noch Zunge, noch Herz; keine Jugend, kein Alter, keine Zusammenziehung, keine Ausdehnung, weder Anfang noch Ende, nicht Innerliches, nicht Aeußerliches; er ist weder essend, noch nicht essend." Vorzugsweise jedoch dachten sich die Brahmanen das Brahma als den in Gebeten und Opfern, als eigentlichen Vermittler zwischen den Menschen und der Gottheit, wohnenden heiligen Geist. Durch die geheimnißvolle Kraft des Gebetes drang man allein in sein Wesen ein, erzwang sich Erhörung, und Brahma wurde so geradezu der Gott des Gebetes und der Opfer. „Alle Wonne der Gottheit und der Menschen entspringt aus Andacht", sagen die Weda's, „wächst in der Andacht und erreicht ihre Vollkommenheit in der Andacht. In der Flamme strenger Andacht lodern alle Sünden der Menschen bald hinweg, selbst die größten. Die göttlichen Geister nehmen die durch Andacht gereinigten Opfer der Brahmanen an und gewähren ihre Wünsche. Selbst Brahma, der Herr der Geschöpfe, verkündigt alle seine Gesetze durch Andacht, und durch Andacht erwerben sich die Weisen Kenntniß der Weda's. Demnach haben selbst die Götter, von der außerordentlichen Kraft der Andacht überzeugt, laut bekannt gemacht, daß die Vorzüge einer frommen Andachtsstrenge alle Begriffe übersteigen."

Doch trat die Entwicklung der reinen Allseele des Brahma zur Person erst ein, als dieselbe die Welt aus ihrem Wesen entließ. Dies geschah durch Beihülfe der Maja, des in Brahma wohnenden göttlichen Wollens, der ewigen Liebe. Sie bewirkte durch Vereinigung mit Atma, einem großen Lichtwesen, die Verwandlung des Brahma in sinnliche Existenz und zunächst seine Scheidung in Brahma, Siwa und Wischnu, eine Art von Dreieinigkeit, den Trimurti (Dreigestalt), in welchem Brahma das schaffende Prinzip, sich offenbarend in Sonne, Wärme und Licht, Siwa das zerstörende und neugebärende, mit dem Symbole des Feuers, und Wischnu den erhaltenden Geist, mit Zugrundelegung des Wassers, darstellten. Versinnlicht wird dieser Begriff durch die im Indischen aus drei Zeichen bestehende Silbe Om, die sich am Anfange aller Schriften befindet, oder durch ein Dreieck, in dessen Inneres ein Kreis gezeichnet ist. Dem männlichen Trimurti steht eine weibliche Dreieinigkeit zur Seite. Es gesellt sich nämlich zu Brahma Saraswati, zu Siwa Bhawani, zu Wischnu Lakschmi.

Aus Brahma's Nachdenken entstanden nun weiter die fünf Hauptelemente: Erde, Aether, Wind, Wasser und Feuer. Die Erdenwelt, die Welt des Luftraumes, den Planetenhimmel, den Himmel über dem Polarsterne, die Halbgötterwelt, die Büßerwelt und den Wahrheitshimmel Brahma's selbst schuf „der im Lotus Thronende" als die ersten oberen Welten. Dann folgten unter einander die Unterwelten: Atalam, Vitalam, Sutalam, Talatalam, Mahatalam, Rasatalam und Patalam. Als Götterwohnung bildete er den großen Berg Meru, den goldstrahlenden Nabel der Erde, sowie den Mandara, als westlichen Berg, den Tschitrakuta, als östlichen, und noch andere Berge und Flüsse. Ferner entstand das die ganze Erde umziehende Gebirge Lokalokam, welches das Licht von der ewigen Dunkelheit scheidet. Innerhalb desselben liegen sieben Inseln oder Halbinseln, jede immer doppelt so groß als die andere, und eben so viele Meere, welche die Eigenschaften von Salz, Zucker, Wein, Butter, Molken, Milch und Wasser an sich tragen. Auf jede Insel setzte Brahma Bäume, Sträucher, Schlingpflanzen und noch andere Gewächse und Thiere; endlich schuf er noch die Götter, die Genien und die Menschen.

Dem Munde Brahma's entstammen die Brahmanen, seinen Armen die Kschattrya's, die Waisya's seinen Lenden, die Sudra's seinen Füßen. Das Menschwerden ist also zwar auch ein Ausfluß Brahma's, aber daß der göttliche Geist sich in die Materie hüllte, war eine Verunreinigung, eine Entfernung und Entfremdung von der Urquelle alles Guten. Dem Menschen liegt es also ob, sich durch Tugend, Bezähmung der Begierden und Leidenschaften wie durch Nachdenken über das göttliche Wesen zu läutern. Gelingt es ihm nicht, so sinkt er nach dem Tode zur Thierwelt hinab. Unter den Thieren findet aber wieder eine Stufenleiter statt, und so kann der Weg zum Paradiese in einer langen Reihe von Umgestaltungen des Körpers bestehen, wenn nicht ein Zufall, z. B. die Berührung heiliger Orte und Gegenstände, eine plötzliche Abkürzung herbeiführt.

Das Wiedereinswerden mit Brahma oder auch anderen Hauptgöttern, also die Seligkeit des Jenseits, schildert eine Stelle der heiligen Bücher in folgender Weise: „Zuerst spreche ich von dem Ort des tugendhaften Menschen; lausche mir, o Fürst der Brahmanen — es erhöht die Freude der Hörer! Mit Steinen und Ziegeln gepflastert, mit göttlichen Gewändern belegt, erglänzt der vom Uebel freie Weg der Tugendhaften. Hier werden von Gandharwenjungfrauen (Musen des Gesangs) herrliche Lieder gesungen, dort tanzen schöngeformte Apsarasen (Elfen); hier schallt der liebliche Klang der Lauten und anderer Instrumente, dort strömt ein Blumenregen herab und wehen kühlende Lüftchen; hier sind Trinkplätze mit kühlem Wasser, dort Speisehäuser, dort beten Götter und Gandharwen heilige Hymnen. Ueberall sind Teiche, mit blühendem Lotus geschmückt, schattige Bäume, blühende Schlingpflanzen. Diesen mit allen Wonnen ausgestatteten Weg wandeln, o Bester, die Zweimalgeborenen (so heißen die drei ersten Klassen, weil sie mit dem Eintritte in die Mannbarkeit eine Schnur erhalten, als Zeichen der geistigen und politischen Wiedergeburt), die tugendhaften Menschen, welche eines Entzückungstodes gestorben sind. Einige kommen zu Roß, mit vielerlei Zierrathen geschmückt, das Haupt von weißstäbigen Sonnenschirmen geschützt. Einige kommen auf Elefanten, Andere auf Wagen, Andere in Sänften, voll Freude, zur Behausung Jama's. Einige Sterbliche kommen, gefächelt vom Wehen der von Götterjungfrauenhänden getragenen Wedel und von den Gottweisen gepriesen. Einige Tugendhafte gehen zum Palaste Jama's, göttliche Kleider tragend, geziert mit Kränzen und wohlriechenden Salben und Betel kauend. Einige kommen zur Wohnung des Todesgottes, mit dem Glanze ihrer Gewänder die zehn Weltgegenden erleuchtend, und bewohnen schimmernde Paläste. Einige Edle kommen, himmlische Milch trinkend; Andere wandeln, Soma schlürfend, des Wegs. Andere trinken Molken, Andere Zuckersaft, Andere Buttermilch, indem sie zu Jama's Hause gehen. Einige Tugendhafte genießen dabei auch Dickmilch, Andere verschiedene Früchte, Andere Meth. Jama aber freut sich bei ihrer Annäherung."

Das Höllenleben unter der Erde, die als eine von Elefanten getragene, auf dem Rücken einer riesigen Schildkröte ruhende Scheibe vorgestellt wird, hat die Eigenthümlichkeit, daß es für jedes Verbrechen eine eigene Abtheilung giebt. Die Qualen der Verdammten werden mit grellen Farben geschildert. „Hier befindet sich loderndes Feuer, glühender Boden, dort glutrother Sand. Spitze, brennend heiße Kiesel liegen umher und es regnet glühende Kohlen oder Eisenstücke, siedendes Wasser oder Steine. Dort weht ein Wind, glühend wie brennendes Feuer; dort regnet es Dornen, deren Spitzen pfeilscharf sind; dort giebt es Steinhaufen voll giftiger Schlangen. Tiefes Dunkel wechselt mit blutigen Wolken. Es giebt bald Kiesgerölle, bald Knochenhügel und stinkende Fleischhaufen, bald Reihen von Pfählen, bald Tiger, Schakale, Nashörner, Elefanten und schreckliche Bären." In so grausiger Gegend wandeln die Sünder. Dazu kommt aber noch die schreckliche Behandlung von Seiten der Diener Jama's. Schwere Gewichte werden ihnen an die durchbohrten Glieder gehangen; an den Haaren geschleift und von Faustschlägen getrieben, erscheinen sie in der Behausung des gerechten Königs Jama, der in fürstlicher Gestalt, von allen Schrecken der Hölle umgeben, über sie Gericht hält und die Leugner durch seine allsehenden Zeugen Sonne, Mond, Wind, Feuer, Aether, Erde, Wasser, Tag und Nacht überführt. Dann erst folgen die eigentlichen Höllenstrafen: Braten auf glühenden Kohlen, Augenausstechen, Zerstampfen, Aufhängen im Rauch, Stechen mit glühenden Nadeln, Ausreißen der Zunge und Zähne mit heißen Zangen, Pfählen u. s. w. Obgleich die Qualen Millionen von Jahren dauern, so können doch die Seelen der Sünder durch Gebete und Opfer der Gläubigen aus der Hölle erlöst werden.

Die Inder besitzen endlich auch die so weit verbreitete Sage von einer großen Wasserflut. Ihr Noah, der weise Manu Waiwaswata (Manu, „der Denkende" = Mensch) lustwandelte am Ufer eines Flusses, als ihn ein Fischchen um Schutz gegen einen Raubfisch anflehte. Mitleidig setzte es Manu in ein größeres Gewässer. Aber sein Schützling wuchs bald so heran, daß er ihn in den großen Ganges brachte. Jedoch auch dieser faßte bald den riesenhaft sich ausdehnenden Fisch nicht, und der Weise sah sich genöthigt, ihn dem Ozean anzuvertrauen. Da offenbarte sich das Thier als Brahma selbst, der dem Manu mittheilte, es stehe eine große Flut bevor, durch welche die ganze Erde überschwemmt und alle Geschöpfe vernichtet werden würden, und ihm befahl, ein Fahrzeug zu erbauen und Samen von allen Gattungen nebst den sieben Rischi's (Heroen) in dasselbe aufzunehmen. Manu gehorchte, und die Voraussage erfüllte sich. Eine allgemeine Flut verschlang alles Lebendige der Erde. Die Arche aber mit ihren Bewohnern zog der Fisch mit einem Horne durch das Gewässer und befestigte sie, als das Wasser fiel, an dem Gipfel eines Berges, welcher davon den Namen Naubandhanam, d. h. „Schiffsanbindung", erhielt.

Doch wir kehren zu der Götterdreiheit Brahma, Siwa und Wischnu zurück.

1. Brahma und Saraswati.

Es gelang zwar den Brahmanen, wie wir gesehen haben, auf dem Wege theologischer Spekulation Einheit und System in den indischen Polytheismus zu bringen. Aber das Haupt der Volksgötter ist Brahma nie geworden. Hatten die Brahmanen Siwa und Wischnu zum Trimurti herbeigezogen, weil jener sich von den vorderindischen Gebirgen, dieser von der Gangesmündung aus eine vielverbreitete Verehrung errungen hatte, so behielten diese beiden populären Götter auch ihren Rang; ja, ihre Vertheidiger erkannten nicht einmal Brahma's Vorrang an. Dieser dagegen war eigentlich blos der Gott der Priesterkaste. Am deutlichsten zeigt sich dieses Verhältniß bei Betrachtung der einzelnen Bestandtheile des Trimurti selbst.

Brahma scheint nie einen eigenen Tempel, ja, nie einen eigenen Gottesdienst besessen zu haben. Die indischen Sagen suchen dies auf mancherlei Art zu erklären. Nach der einen kämpften einst Brahma und Wischnu um den Vorrang, und Siwa stellte sich in Gestalt einer unendlich hohen Feuersäule vor die Streitenden. Da machten sie aus, Derjenige solle siegen, welcher zuerst die Spitze oder den Fuß der großen Säule erblicken würde. Jahre lang war das Bemühen Brahma's und Wischnu's vergeblich, und sie überzeugten sich von der Macht Siwa's; endlich behauptete aber doch Brahma, den Gipfel der Säule gesehen zu haben. Da erzitterte die Erde ob der Unwahrheit; die Feuersäule sprang aus einander und Siwa trat aus derselben heraus. Wischnu, der als Eber nach dem Grunde der Säule gewühlt hatte, warf sich ihm zu Füßen und erhielt Verzeihung für seine Thorheit; den erschrockenen Brahma dagegen bedeutete Siwa unter Verwünschungen, daß er zur Strafe für die gesprochene Lüge für ewige Zeiten weder Tempel noch Verehrung auf der Erde haben solle. Als dieser aber sich reuig zeigte und demüthigte, erhielt er von Siwa den Bescheid: „Dein Stolz hat verursacht, daß Du die Verehrung verloren hast; aber zum Lohne Deiner Reue sollen alle heiligen Gebräuche der Brahmanen Dir gelten!" Nach einer andern Version schlug Siwa bei dieser Gelegenheit Brahma's fünften Kopf ab. Doch wird diese Begebenheit auch selbstständig erzählt und mit dem Hochmuthe Brahma's in Verbindung gebracht. Auch hier gab Brahma schließlich nach und verfertigte sogar Hymnen zum Preise seines Beleidigers, worauf dieser ihm seine übrigen vier Häupter gewährleistete und das abgeschlagene sich selbst aufsetzte. Diese Mythen sprechen deutlich für einen siegreichen Kampf des Siwaismus gegen den Brahmanismus, wenigstens dafür, daß der Siwadienst sich im Volke unerschütterlich behauptete.

Wahr ist auch ferner, daß nur die Brahmanenkaste ihrem Gott die Ehre gab. Heute noch beginnen die Brahmanen ihren Gottesdienst damit, daß sie bei Aufgang der Sonne mit der hohlen Hand Wasser aus einem Teiche schöpfen und, während sie es bald vorwärts, bald über die Schultern hinter sich gießen, die Gnade Brahma's anrufen. Sie haben aber auch redlich dafür gesorgt, daß der Brahmadienst unnöthig ist, indem sie gleichsam ihre eigene Verehrung und Pflege an die Stelle des Brahmakultus gesetzt haben. Denn nach ihrer Ansicht haben unter den erschaffenen Dingen den Vorzug die belebten, unter den belebten die vernünftigen, unter den vernünftigen das Menschengeschlecht, unter den Menschen die Brahmanen, unter diesen die Gelehrten, unter den Gelehrten diejenigen, welche ihre Pflichten kennen; unter denen, welche sie kennen, die Tugendhaften; unter den Tugendhaften die, deren Vergnügen aus vollkommener Bekanntschaft mit der Gotteskunde besteht.

So werden die Brahmanen also schon erhaben über die Welt geboren und sind eine beständige Verkörperung des Gottes der Gerechtigkeit. „Ein Brahmane ist der Inbegriff aller Weda's! er ist ein auf Erden sichtbar gewordener Gott und bringt den, welcher ihm Gaben spendet, über den schwer zu durchschreitenden Ozean der Welt. Alle Brahmanen sind die Besten und stets zu verehren; sie mögen gelehrt sein oder ungebildet, es ist doch kein Unterschied zwischen ihnen zu machen. Die von Diebstahl und anderen Verbrechen befleckten Brahmanen sind nur ihre eigenen Feinde, nicht aber die Anderer. Brahmanen, selbst wenn sie ausschweifend sind, müssen verehrt werden, nicht aber ein Sudra, wenn er auch noch so tugendhaft ist, sowie die Kühe verehrt werden müssen, wenn sie auch unerlaubte Speisen essen, nicht aber die Schweine, selbst wenn sie reinlich sind. Der Thor, der auf Erden einen Brahmanen nicht preist, dem wird Kesawas mit einer Wurfscheibe das Haupt spalten. Dem, welcher Almosen sammelnde Brahmanen voll Zorn anblickt, durchsticht Jama die Augen; in den Mund, mit welchem Thoren einen Brahmanen schmähen, gießt Jama einen glühenden Eisenklumpen. Derjenige welcher sein Haupt stets mit dem Fußwasser eines Brahmanen besprengt, der hat sich dadurch schon in allen heiligen Quellen gebadet und hat alle Opfer dargebracht. Alle großes Weh verursachenden Krankheiten, wie Schwindsucht, vergehen auf der Stelle durch das Trinken von Brahmanenfußwasser. Durch Brahmanenfußwaschung erlangt der einen Sohn Begehrende einen Sohn, der Reichthümer Wünschende erlangt Vermögen, der nach der Seligkeit Strebende die ewige Glückseligkeit, der Kranke wird von seinem Uebel, der Sünder von seinen Sünden, der Gefangene von seinen Fesseln durch die Fußwaschung eines Brahmanen befreit." —

Tempelanlage zu Barolli.

„Höre den Lohn dessen, der einem armen Brahmanen ein fruchttragendes Stück Land schenkt! Von allen Sünden befreit, gelangt er zur Stadt Narajana's (Wischnu's), wo er alle Wonnen länger als vierzehn Indra's (mehrere Millionen Jahre) genießt; dann, wieder zur Erde herabsteigend, wird er ein weltbeherrschender Kaiser. Die Brahmanen sollen mit Eifer nach Grundbesitz streben und hundert andere Geschenke dagegen verschmähen; denn der Ländereienschenker wie der Ländereienempfänger gehen beide ins Paradies. Der einfältige Brahmane, der ein Geschenk von Ländereien zurückweist, wird bei seiner Wiedergeburt viele Qualen zu erdulden haben. Wer einem Brahmanen auch nur eine kleine Quantität Gold schenkt, der betritt, mit zehn Millionen Anverwandter begabt, den Palast Wischnu's. Wer ehrfurchtsvoll einem Brahmanen Silber schenkt, der wird die Mondwelt betreten und Göttertrank schlürfen. Wer einem Brahmanen eine schöne Schwingematte als Weihgeschenk verehrt, der betritt Indra's Stadt und verweilt daselbst vier Kalpa's (über 16 Millionen Jahre)."

Bei dieser Meisterschaft im Hervortretenlassen ihres Werthes und ihrer göttlichen Würde haben die Brahmanen ihr eigenes Leben mit vielen Studien, Entsagungen und Kasteiungen belastet. Seine Jugend muß der Schüler der heiligen Wissenschaft bei einem Lehrer der Weda's in Dienst und Gehorsam zubringen. Reinlichkeit, Höflichkeit, Pflichttreue in Erfüllung der heiligen Gebräuche werden als die schönsten Tugenden dieser Periode genannt. Hat er sich vollständige Kenntniß der Weda's erworben, so ist es gut, wenn er eine Zeit lang als Einsiedler (Wanaprastha) lebt. Gewöhnlich verheirathet er sich aber bald mit einem tugendhaften Weibe. Außer der Erziehung seiner Kinder liegt ihm nun ob, die göttlichen Weisen durch das Lesen der Weda's zu ehren, die Götter durch Spenden von lauterer Butter, die ins Feuer gegossen wird, die abgeschiedenen Seelen durch Todtenopfer, die Armen durch Unterstützung mit Lebensmitteln, die Geister durch Geschenke an alle belebten Geschöpfe.

Dabei darf der Brahmane keine niedrigen Dienste des Erwerbes wegen verrichten und muß weltliche Genüsse und Vergnügungen meiden. Selbst sein Aeußeres und seine Tracht sind ihm streng vorgeschrieben: offen und bescheiden, rein und züchtig, leidenschaftslos, mit verschnittenem Barte und Hauptthaar, in weißem Gewande, soll er mit einem Stabe und den Weda's in den Händen und mit glänzenden goldenen Ringen in den Ohren sich zeigen.

Hat er endlich als Familienvater seine drei Schulden an die Weisen, die Götter und die Verstorbenen abgetragen, so darf er daran denken, als Eremit nach wonnevoller Vereinigung mit Brahma zu streben. Nachdem er seiner Frau die Sorge für die Kinder anvertraut hat, hüllt er sich in das Fell einer schwarzen Antilope und wandert in den Wald, ohne etwas Anderes mitzunehmen als sein geweihtes Feuer und die Opfergerätschaften. In der Einsamkeit läßt er seine Nägel und sein Haar wachsen, schläft auf bloßer Erde und lebt von Wurzeln, Kräutern und Früchten. Bei der strengsten Beobachtung der religiösen Vorschriften muß er seinen Geist mit ungetrübter Heiterkeit auf die Betrachtung der höchsten Ideen richten, auf das Leben im Jenseits, auf seinen Weg zur Glückseligkeit, seine Vereinigung mit Brahma. Dann wird seine Seele ohne Schmerz ihre irdische Wohnung verlassen, wie der Vogel voll Lust vom Zweige des Baumes wegfliegt. Da das so erworbene Verdienst unmeßbar ist, so gab es von jeher Fanatiker, welche durch Selbstpeinigungen, die alles Maß überstiegen, beim Volke in den Geruch hoher Heiligkeit gekommen sind. Einige standen Jahre lang mit geballten Fäusten und erhobenen Armen auf einer Stelle, bis ihnen die Glieder erstarben und die Nägel durch die Hände wuchsen; Andere starrten so lange in die Sonne, bis sie erblindeten; Andere brauchten ein mit Nägeln beschlagenes Bret als Ruhelager, Andere ließen sich zwischen vier Feuern räuchern und rösten!

Der neueren Zeit erst war es vorbehalten, den Schleier, welchen die Brahmanenkaste geflissentlich über die heiligen Urkunden der Religion gebreitet hatte, zu lüften. Als Beispiel der ängstlichen Geheimhaltung der Weda's, oder vielmehr der Beharrlichkeit, mit welcher die Brahmanen jede Uebertragung der unverständlichen alten Sanskritsprache in das neuere Idiom verweigerten, erzählt man sich folgendes Ereigniß aus der Regierungszeit des Schach Akbar (1556 bis 1605). Dieser aufgeklärte Regent, welcher eine neue deistische Religion gründete, weil ihm selbst der Islam zu abergläubisch dünkte, wollte durchaus die Brahmanen dazu vermögen, ihm die Grundlehren ihrer Religion zu offenbaren. Er sah sich daher genöthigt, zur List seine Zuflucht zu nehmen, und ersann deshalb folgenden feinen Plan. Er ließ ein Kind, Namens Feizi, als arme Waise aus dem Priestergeschlechte, das allein in die heiligen Gebräuche ihrer Theologie eingeweiht werden durfte, der Obhut der Brahmanen übergeben. Nachdem Feizi über die Rolle, die er zu spielen hatte, gehörig belehrt worden war, wurde er heimlich nach Benares, dem Hauptsitze der Wissenschaft in Hindostan, gebracht; er wurde in das Haus eines gelehrten Brahmanen aufgenommen, der ihn mit derselben Sorgfalt auferzog, wie wenn er sein eigener Sohn gewesen wäre. Nachdem der Jüngling zehn Jahre auf ernste Studien verwendet hatte, war Akbar begierig, ihn zurückzurufen; aber jener war von den Reizen der Tochter seines Lehrers gefesselt worden. Der alte Brahmane that der wachsenden Leidenschaft des jungen Liebespaares keineswegs Einhalt. Er liebte Feizi innig und bot ihm seine Tochter zur Ehe an. Der junge Mann, zwischen Liebe und Dankbarkeit getheilt, entschloß sich, den Betrug nicht länger zu verbergen, und, dem Brahmanen zu Füßen fallend, entdeckte er ihm Alles und flehte ihn wegen seines Vergehens um Verzeihung an. Der Priester ergriff, ohne ihm Vorwürfe zu machen, einen Dolch, der an seinem Gürtel hing, und war im Begriff, ihm denselben ins Herz zu stoßen, wenn Feizi nicht seinen Arm ergriffen und ihn daran gehindert hätte. Der Jüngling bot nun jedes Mittel auf, ihn zu beruhigen, und erklärte sich bereit, Alles zu thun, um seine Verrätherei abzubüßen. Der Brahmane brach in Thränen aus und versprach ihm endlich unter der Bedingung Verzeihung, daß er schwöre, niemals die Weda's zu übersetzen und keinem Menschen das Glaubensbekenntniß der Brahmanen zu enthüllen. Feizi gab ihm bereitwillig dies Versprechen; ob er sein Wort vollständig gehalten, ist nicht bekannt.

Das weltliche Grundbuch der Inder, das gleichfalls von den Brahmanen für ein Produkt göttlicher Inspiration ausgegeben wird, ist das Gesetz des Manu, der bald als erster Mensch, bald als erster König gilt. Dieses Buch beginnt mit einer Schöpfungssage, geht dann auf die Erziehung über, handelt von dem Heirathen, den häuslichen Pflichten, den Fasten und Reinigungen, der Regierung und Gesetzgebung, von den Kasten, dem Handelsverkehr und der Buße, und schließt mit der Seelenwanderung und dem Leben nach dem Tode. Man ersieht aus demselben besonders, wie genau verbrüdert der Brahmanismus mit dem Despotismus gewesen ist. Ueber die Person des Königs heißt es: „Brahma schuf den König, indem er Theile von der Substanz der acht Welthüter nahm, welche der König in sich vereinigt.

Wie Indra das glänzende Firmament ist, so übertrifft der König an Glanz alle Sterblichen; wie Indra vier Monate lang Wasser vom Himmel gießt, so soll er sein Volk mit Wohlthaten überschütten. Wie Surya (der Sonnengott) strahlt der König in alle Augen und Herzen; Niemand vermag ihm ins Antlitz zu sehen. Wie Surya durch seine Strahlen acht Monate lang die Feuchtigkeit aus der Erde zieht, so mag der König die gesetzmäßigen Steuern von seinen Unterthanen ziehen. Wie Waju (der Wind) die Erde und alle Kreaturen umfliegt und in sie eindringt, so soll die Macht des Königs überall hindringen. Wie Jama in der Unterwelt, so ist der König der Herr der Gerechtigkeit. Wie Jama, wenn die Zeit gekommen ist, Freunde belohnt und Feinde bestraft, die, welche ihn verehren, und die, welche ihn verachten, so soll der König über seine Unterthanen richten. Wie Waruna, der Gott, welcher die Welt begrenzt, am Ende die Schuldigen verstrickt und festhält, so soll der König die Verbrecher gefangen halten. Wie Agni, so ist der König das heilige Feuer; er soll mit seinem Zornesfeuer alle Verbrecher, ganze Familien mit Hab und Gut und Herden vernichten und unerbittlich gegen seine Minister sein. Wie die Menschen sich beim Anblicke Tschandra's (des Mondgottes) freuen, so erfreut sie das Angesicht des guten Herrschers. Wie Kuwera Ueberfluß verbreitet, so segnet der günstige Blick des Königs mit Gütern." Den Ton der heiligen Hymnen zu kennzeichnen, möge ein Beispiel genügen.

„Enthülle, o Du Erhalter der Welt, das gegenwärtig durch ein Gefäß von Goldlicht vor unseren Augen verborgen gehaltene wahre Antlitz der Sonne, damit wir sehen die Wahrheit, erkennen unsere ganze Pflicht!

„O Du Erhalter der Welt, der Du allein bewegst das All, der Du beschränkest die Sünder, der Du durchdringest jeden großen Lichtkörper, der Du erscheinest als der Sohn des Hervorbringers, verbirg Deinen blendenden Strahl, verbreite Deinen geistigen Glanz, damit ich sehen möge Deine günstigste, erhabenste, wirkliche Gestalt!

„Om, gedenke meiner, o göttlicher Geist!

„Om, gedenke meiner Thaten!

„Der Alles durchdringende Geist, der erleuchtet die sichtbare Sonne, bin auch ich der Art nach, wenn auch auf unendlich entfernter Stufe. Möge zurückkehren meine Seele zu dem unsterblichen Geist, möge zurückkehren mein Körper zum Staube!

„O Geist, der Du durchdringest das Feuer, leite uns zu vollkommener Wonne! Du Göttlicher, der Du besitzest den ganzen Schatz der Erkenntniß, entferne von unseren Seelen jeden Flecken! Wir nähern uns Dir jeder Zeit mit höchstem Lobe, mit feurigster Verehrung!"

Saraswati, die Gattin Brahma's, gilt zugleich als seine Tochter, indem sie aus seinem Haupte entsprungen sein soll. Wenn Brahma der Gott des Gebetes ist, so erkennt man in Saraswati die Göttin des Wortes, welches ja dem andächtigen Insichversenktsein Ausdruck verleiht. Sie heißt daher auch Bhascha Gir (Sprache), Watsch (Stimme), Ira (Wort), und als Vorsteherin der schönen Künste und Wissenschaften Widja (Wissen, Weisheit). Man schrieb ihr auch der Erfindung der Kilikala-Laute und der Sanskritsprache zu. Ihre Farbe ist weiß und man bildet sie mit vier Köpfen, vier Armen und Händen ab, in denen sie einen Lotusstengel, ein Wassergefäß, eine Laute und eine Schriftrolle hält; auch erscheint sie mit einem Haupte und einer Pyramidenkrone oder in Gestalt eines Hirsches.

Brahma und Saraswati.

Brahma selbst wird auf den Bildwerken mit rother Farbe gemalt und hat ebenfalls vier bärtige Häupter (daher sein Beiname: Tschaturanana) und vier Hände, in denen er einen Rosenkranz, die Weda's, eine Opferschale, Feuer oder seinen Bogen hält; die vierte ist zuweilen leer. Dabei sitzt er auf der im Wasser schwimmenden Flamingogans (Hansa), die ihm heilig ist, oder er ruht in dem Kelch einer Lotusblume, die dem Nabel Wischnu's entsprießt (S. 305), und heißt daher auch Kandschadscha, der Lotusgeborene. Außer Saraswati, dem räthselhaften Wirat und den vier indischen Kasten schuf Brahma auch die bereits erwähnten, zwischen Göttern und Menschen stehenden, sieben oder zehn Gottweisen, Rischi's oder Pradschapati's (Söhne des Herrn der Geborenen). Uebrigens dachte man sich Brahma als persönliches Wesen eben so wenig, wie Wischnu und Siwa, als ewig. Nach Ablauf einer Menge von Jahren gehen alle Götter und Welten unter und sinken in das Urwesen zurück. Die Erde selbst hat vier Zeitalter oder Juga's und steht gegenwärtig im letzten, das 3000 Jahre v. Chr. begonnen hat, aber im Ganzen 432,000 Jahre dauern soll. Wie bei den Griechen, so gilt dieses für das schlechteste sowol in Bezug auf die Fruchtbarkeit der Erde, als auch auf die Moralität des Menschengeschlechtes.

Mahadewa und Bhawani.

2. Siwa und Bhawani.

Während Siwa in seinem Verhältniß zum Trimurti nur das zerstörende Element vertreten sollte, ist er als selbständiges Kultwesen die Personifikation der wilden Lebenskraft der Natur überhaupt, welche unaufhörlich ihre Schöpfungen nicht blos verzehrt, sondern auch wieder zeugt und neu gestaltet. Demgemäß bedeutet der Name Siwa „der Wachsende", und seine Hauptsymbole sind das Feuer, als die das Leben schaffende, erhaltende und wieder raubende Kraft, und der Stier. Daher sind auch die Vorstellungen von dem Wesen dieser großen Naturmacht von den sich widersprechenden Empfindungen der Liebe und des Schreckens diktirt. Bald heißt er „der Heilbringende", „der Kummervernichter", „der Entzücker", „der schöne Herr", bald „der Todbringende", „der Schreckliche", „der Fürchterliche", „der Entsetzliche", „der Rasende". Auf seine zerstörende Wirksamkeit deutet ein Kranz oder ein Halsband von Menschenschädeln hin. Sonst sitzt er, in eine Antilopenhaut gehüllt, auf einem Tigerfelle oder reitet auf seinem Stiere. Gewöhnlich führt er drei Augen (das dritte auf der von einem Halbmonde gezierten Stirn) und fünf Köpfe. In seinen Händen befindet sich der Dreizack, ein Donnerkeil, ein Schlachtbeil, ein Bogen, eine Muschel und das fünfte, von ihm abgeschlagene Haupt Brahma's, und während er in milderer Auffassung einen blauen Hals zeigt, übrigens aber von weißer Körperfarbe ist, wird er als Weltvernichter schwarz dargestellt. Endlich entspringt aus Siwa's Scheitel der heilige Strom Ganga.

Seine Anhänger nennen ihn Mahadewa, „den großen Gott", auch Isa, „den Herrn", und stellen ihn an die Spitze des Trimurti. „Du bist Wischnu", heißt es in einem alten Gebete, „Du bist Brahma, Du bist Fortschritt und Tod, Sonne und Mond, die geoffenbarte und zeugende Natur, Du bist Erde, Meer,

Feuer, Wind. Du bist das Gewesene und Seinwerdende, Du bist natürliches Opfer, Du bist geistiges Opfer; Du bist Anordner des Weltalls, des Beweglichen und des Unbeweglichen, Du bist der, welcher bei der Weltzerstörung erhält!"

Sein Thron steht auf dem nach Nordosten zu im Ozean gelegenen, goldstrahlenden Berge Kailasa. In seinem Palaste wimmelt es von Geistern und Dämonen der abenteuerlichsten Art. Er selbst ist ein Liebhaber des wilden Tanzes, durch welchen er sogar nach der Lehre seiner Priester die Welt geschaffen hat.

In Bhawani, der Gattin Siwa's, spiegelt sich sein doppeltgeartetes Wesen genau wieder; denn sie tritt im Kultus ihm näher stehend und überhaupt bedeutungsvoller hervor als Saraswati im Verhältniß zu Brahma. Daher erscheint sie als Leben spendende Gottheit voll ernster Milde in Mienen und Bewegung, reitend auf einem Stier, den Dreizack in der Hand, eine Schlange als Halsband und über der Stirn den glänzenden Halbmond und führt die Beinamen „die Gute", „die Erhabene", „die Herrin", „die Ehrwürdige", „die Himmlische", „die Unübertreffliche". Außerdem heißt sie sehr gewöhnlich Parwati, „die Berggöttin", als Tochter des Bergkönigs Himala. In ihrer Eigenschaft als Verderberin und Rächerin dagegen ist sie von abschreckendem, höllischem Aeußeren. Schwarzbrauner Farbe (daher Kali genannt), mageren Körpers, mit drei weit aufgerissenen Augen, einem Barte, lang vorstehenden Zähnen, dem Schädelkranze um den Nacken, mit einem Pantherfelle bekleidet, trägt sie die Werkzeuge des Todes: Schwert, Strick und Keule, und fährt auf einem von Löwen oder Gänsen gezogenen Wagen. Dieser Erscheinung entsprechen dann auch die Prädikate „schreckliche Göttin", „Fürchterliche", „Rothzähnige", „Zerstörerin", „große Todesgöttin". Der griechischen Artemis ähnelt Bhawani in ihrer Neigung zur Jagd, der Hekate kommt sie nahe durch ihre Verbindung mit den Gespenstern und Zauberdämonen.

Die Kultgebräuche der Siwareligion tragen den wilden, ausschweifenden Charakter der aus Vorderasien nach Griechenland eingewanderten Naturdienste an sich. Blutige Thieropfer, früher selbst Menschenopfer, sühnen den Zorn des stets drohenden Ehepaares. Ja, an gewissen Festtagen sieht man heute noch Märtyrer mit aufgeschlitzten Lippen und von Messern durchbohrten Zungen, von lebenden Schlangen umwunden, in feierlicher Prozession zum Tempel wandern, während Andere, besonders Weiber, mit dem bloßen Fleische des Rückens sich an einem eisernen Haken in die Höhe ziehen und herumdrehen lassen.

Genau mit dem Siwadienst zusammen hängt ferner die Verehrung der Söhne Siwa's und Bhawani's, Ganesa und Kartikeja, und der aus Siwa's Haupte stammenden Ganga. Unter ihnen ist Ganesa oder Pollear der populärste Gott; sein Name wird am häufigsten angerufen. Ursprünglich eine Personifikation der Klugheit, ward er zum Beförderer des aus Ueberlegung fließenden Gelingens aller Geschäfte und Unternehmungen, überhaupt zum Helfer auf allen Wegen.

Von seinen Symbolen, dem Elefanten und der Maus, bildet das zweite gewöhnlich sein Reitpferd; vom ersten hat er sich den Kopf sammt Rüssel und Zähnen geborgt. Dazu kommt ein Hängebauch, der von seinem, besonders auf Zuckerspeisen gerichteten, starken Appetite herrührt. Vier Arme tragen einen

Rosenkranz, ein Beil, eine Art Scepter, einen Kuchen oder eine Frucht. Sein Bild steht fast in allen Tempeln, besonders aber in denen Siwa's, aber auch als Herme auf den Straßen und Feldern, sowie es sich auch in den Wohnhäusern vorfindet. Zu ihm beten Männer und Weiber und spenden ihm Opfer; denn es würde ja nichts mehr von statten gehen, wenn man es versäumte, dem Wighnanasana, dem „Vernichter der Hindernisse", die Ehre zu geben.

Batara Gana (Ganesa) auf Java. Restaurirt nach Raffles' „History of Java".

Seiner gedenkt man beim Jahresanfang, beim Beginn der Reise, beim Grundsteinlegen zu einem Bau, beim Opfern für andere Götter, wenn man die Kinder in die Schule schickt. Ja, es ist ein Zeichen der Echtheit, wenn indische Schriften mit den Worten beginnen: „Om! Anbetung dem Ganesa!" Manche fasten alle Freitage in seinem Namen, opfern Kokosnüsse und glauben dadurch Alles zu erlangen, um was sie bitten. Besonders aber gilt er für einen Schutzgott der Ehe und die Frauen tragen sein Bildniß am Halse. Einen ganz andern Charakter zeigt der Bruder Ganesa's, Kartikeja. Er war der indische Gott des Kriegs, der Anführer der Götter im Kampfe gegen schädliche Dämonen und Riesen und heißt deshalb „der Götterfeldherr", „der große Krieger", „der Kampfesfrohe". Er führt Bogen und Pfeil und reitet als Jüngling auf einem Pfau.

Der Gangesfluß kann hinsichtlich seiner ungemein religiösen Wichtigkeit für den Hindu blos mit dem ägyptischen Nil verglichen werden. Das Wasser der lieblichen Ganga strömt vom Haupte Siwa's zunächst durch den Himmel, dann erst, infolge der Büßungen eines heiligen Königs, auf die Erde und endlich in die Unterwelt. Man stellt sich die Ganga als ein anmuthiges Weib vor, welches, mit Lotusblumen in den Händen, durch das Wasser schreitet. Ihr Bild steht nicht in den Tempeln, und zu ihrer Verehrung ist es genug, sich an dazu bestimmten Tagen in Flüssen und Teichen unter Gebet zu waschen und zu reinigen.

Waschungen im heiligen Strom zu Benares (Tuwallah=Gath).

Das Wasser des Gangaflusses selbst besitzt übernatürlich reinigende und beseligende Kraft. Mit Hülfe eines Tropfens von demselben glauben selbst große Sünder zur Seligkeit einzugehen, ja, durch bloße Nennung des göttlichen Namens im Sterben Vergebung zu erhalten. So begreift man, daß mehrere hundert Meilen weite Wallfahrten angestellt werden, um sich in die heiligen Fluten zu tauchen, und daß das Gangeswasser durch ganz Indien in Geschirren transportirt und verkauft wird. Die Kranken, welche nicht allzu weit von dem Strome wohnen, lassen sich eilig hinschaffen, um durch Baden und Trinken von der lästigen Auferstehung in neuer Gestalt befreit zu werden. Die Lebensmüden endlich stürzen sich jährlich in großer Anzahl, auf die gnadenreiche Verheißung bauend, in die Wellen, um „vor der Ganga ihre Hülle abzulegen"; denn „Diejenigen, welche dort ihren Körper abstreifen, seien es Menschen, Vieh oder Insekten, gelangen zum erhabensten Orte."

Die heilige Stadt am Ganges ist das uralte Benares. Dort befindet sich auch die berühmteste Wunderquelle Geyan-bapy, und viele Reiche aus der Ferne ziehen zu der heiligen Stätte, um dort den Rest ihrer Tage zu verleben. Der Reisende L. v. Orlich schreibt über das Heiligthum: „Pagoden und Betplätze umgeben den heiligen Brunnen, und er ist so eng von Gebäuden eingeschlossen, daß wir schon einige Straßen vorher von unserem Elefanten steigen mußten. Einige Priester vor dem Heiligthum führten uns ins Innere. Der Brunnen liegt gegen $9^1/_2{}^m$ tief, mit Quadersteinen ummauert, in einer Vorhalle und ist von einem Gitter umgeben, um welches Steinsitze angebracht sind; sein Wasser ist grünlich-schmuzig. Dicht neben dem Brunnen befindet sich eine aus Granitquadern bestehende Plattform, auf welcher die heilige Kuh stand, deren Urin durch eine Rinne in den heiligen Brunnen lief, aus welchem für die Büßenden das kostbare Wasser vermöge messingener Gefäße geschöpft wird. Läuten mit kleinen Glöckchen verkündet diesen wichtigen Augenblick. An diesen Brunnen schließen sich verschiedene kleine, dunkle Tempel und Betplätze an, welche nur von Lämpchen ihr Licht erhalten. Aber ins Heiligste, worin der Gott, aus Stein gehauen, sich befand, von vielen Lampen umgeben, durften wir Ungeweihte nicht eingehen und mußten uns begnügen, dasselbe von der schmalen Pforte aus in Augenschein zu nehmen."

Ueber die Flußseite der Stadt heißt es an einer andern Stelle: „Auf den Stufen der tief in den Strom führenden Prachttreppen, sogenannten Ghauts, stand das Volk zu Hunderten in den malerischsten Gruppen, sich badend oder mit Wasser übergießend; an anderen Punkten loderten die Flammen der Scheiterhaufen von den an diesem Tage Gestorbenen hoch in die Höhe, um welche sich die Angehörigen, stumm und ernst, in ihren weißen Gewändern niedergelassen hatten; dann war es ein Sterbender, der, sich dem Tode nahe fühlend, auf seinem Ruhebett sich an das heilige Wasser hatte tragen lassen, um hier seine Seele auszuhauchen. Erhält ein solcher die Gesundheit wieder, so — sagte man mir — kehrt er nicht mehr zu den Seinen zurück, sondern widmet sein übriges Leben dem Tempeldienste. Vor den Pagoden wurden Lämpchen angezündet, und Brahminen und Büßende umgaben die geweihten Plätze. Aber widerlich ist der Anblick der vielen todten Körper, welche von dem Strome fortgetrieben werden, von Fischen und Geiern angenagt sind und die Luft in weiter Ferne verpesten. Es sind die Gestorbenen armer Familien, welche nicht die Mittel besitzen, ihre Angehörigen verbrennen zu können. Da alle Hindufürsten Indiens und die vornehmen Hindus hier ihre eigenen Pagoden, Klöster und Paläste besitzen, von denen breite Marmortreppen zum Flusse führen, so ist das Ufer mit den großartigsten Gebäuden besetzt, welche terrassenartig vom Strome aus ansteigen. In ihnen leben Brahminen und Gesandte, die an ihrer Statt täglich die vorgeschriebenen Sühngebräuche und Opfer vollbringen. Einige dieser Paläste haben durch ein Erdbeben große Risse bekommen, und die Trümmer ihrer Freitreppen sind in den Strom gestürzt, was die Hindus als ein übles Zeichen für die betreffenden hohen Eigenthümer ansehen."

Wischnu und Lakschmi auf der Schlange Ananta mit dem aus der Lotusblume hervorsteigenden Brahma.

3. Wischnu und Lakschmi.

Wischnu, „der Liebende", wird in den Weda's als der jüngste, aber auch als der höchste der Sonnengötter aufgeführt. Er steht den Menschen viel näher als Siwa, der Gott des herzlosen Naturlebens. Sein Wesen ist ein sittliches, denn er liebt das Gute und Schöne und bekämpft das Böse; ja, um der Förderung des allgemeinen Weltwohles willen hat er bereits verschiedene Gestalten und Erscheinungsformen angenommen, in denen sich wieder ein Fortschritt seiner eigenen Natur vom Unvollkommenen zum Vollkommensten nicht verkennen läßt. Sein Element und Symbol ist das Wasser, auf dem er einherschreitet und schwimmt (darum Narajana, „der Wasserwandelnde"), und vielleicht rührt ebendaher seine blaue Farbe. Seine Residenz befindet sich aber auf dem oben erwähnten Berg Meru, wo auch sein Paradies, Waikuntham, liegt. Die gewöhnlichen Darstellungen zeigen ihn entweder in rein menschlicher Gestalt, ausgestreckt auf einem von der Weltschlange Ananta getragenen Lager und den Ozean durchschwimmend; die sieben Schlangenköpfe wölben sich zu einem Baldachin über seinem Haupte, Lakschmi kauert dienend zu seinen Füßen und aus seinem Nabel sproßt der den Brahma tragende Lotusstengel; oder er sitzt neben Lakschmi oder reitet auf Garuda, seinem göttlichen Gefährten, der bald in Menschengestalt mit Raubvogelschnabel und Flügeln und einer Krone, bald mit einem Adler- oder Geierleibe abgebildet wird und bei jedem Tempel Wischnu's seine Kapelle hat. Gewöhnlich giebt man dem Wischnu vier Hände, in denen er eine Muschel, eine Wurfscheibe, eine Keule und eine Lotusblume oder auch sein Schwert trägt.

Die meisten seiner tausend Namen beziehen sich auf seine Fleischwerdungen, Awatara's. —

Zuerst verkörperte sich Wischnu in einen Fisch. Er war nämlich einst, auf den Gewässern schwimmend, in tiefen Schlaf gefallen. Während dessen entstieg der im Lotus thronende Brahma seinem Nabel und versenkte sich in die Lektüre der Weda's. Zugleich benutzte aber das Wasser die geistige Abwesenheit Wischnu's und überflutete die ganze Erde, und zwei entsetzlich böse Geister entrissen dem nichts ahnenden Brahma das heilige Buch und entflohen damit in die Tiefe. Endlich erwachte Wischnu, verwandelte sich in einen Fisch, tauchte in den Abgrund, erschlug nach einem fünftausendjährigen Kampf die Dämonen, rettete die heiligen Schriften und machte der Ueberschwemmung ein Ende.

Die Sage von der zweiten Einkörperung bietet ein Beispiel von der sonderbar ausschweifenden Phantasie der Hindus. Die Götter und ihre Feinde, die Zauberdämonen, vereinigten sich einst in Frieden, um den von beiden erstrebten Unsterblichkeitstrank Amrita zu gewinnen, und da sie gehört hatten, daß derselbe in der Butter bestehe, die erzielt werden könne, wenn man das große Milchmeer schnell umrühre, so trugen sie den Berg Mandara in dasselbe und umwickelten ihn mit der Weltschlange Ananta, um durch den riesigen Stößel und Strick die Milch zum Schäumen zu bringen! Allein sogleich beim Anfange des Butterns entzweiten sich die Götter und Dämonen, weil sich diese durch ihre Anstellung am Schwanze der Schlange gekränkt fühlten. Auf Wischnu's Rath gaben die Götter nach und ließen den eitlen Rivalen den vermeintlichen Vorrang. Jedoch die Arbeit rückte trotz tausendjähriger Dauer nicht vorwärts, da der Berg sich zu langsam umwälzte. Endlich verwandelte sich Wischnu in eine Schildkröte und hob den Mandara auf seinen Rücken. Die Arbeit ging nun leichter von statten. Plötzlich erhob sich das lächelnde Antlitz des Mondes aus den Wellen und ihm folgte die liebliche Lakschmi, der Elefant und das weiße Roß des Indra, die Weingöttin, die Wassernixen, die Kuh des Ueberflusses und endlich Dhanwantari, der indische Aesculap, welcher ein weißes Gefäß voll Amrita in der Hand trug. Als nun aber die bösen Geister sich desselben bemächtigen wollten, begann die Weltschlange auf Wischnu's Veranlassung Gift zu speien, so daß jene geblendet wurden, oder Wischnu selbst bezauberte sie, wie eine andere Sage will, in Gestalt eines verführerischen Weibes, während die Götter das kostbare Naß schlürften. Kurz, die Dämonen gingen leer aus. Nur einem von ihnen, Rahu, dem fürchterlichen Riesen, gelang es, sich unter die Götter zu schleichen und von dem Tranke zu kosten. Zwar schlug ihm Wischnu, als der Betrug an den Tag kam, das Haupt ab; aber Rahu war der Unsterblichkeit theilhaftig geworden, seine Stücke flogen zum Himmel empor.

Die dritte Inkarnation Wischnu's geschah zu Gunsten der von einem Riesen der Dämonenwelt bedrohten Erde. Aus reinem Uebermuthe hatte dieser, Namens Hiranjakscha, den Erdball mit allen Meeren, Gebirgen, Städten und Geschöpfen aufgehoben und in einen Abgrund versteckt. Wischnu nahm die Gestalt eines Ebers an, schlitzte dem Räuber den Bauch auf und brachte dann Alles wieder in die vorige Ordnung. — Die vierte Erscheinung hängt mit der vorigen insofern zusammen, als Hiranjakasipu, der Bruder des von Wischnu Bestraften, die Hauptrolle spielt. Voll Haß gegen den Gott wüthete er gegen seinen eigenen Sohn, der von einem Brahmanen den Glauben an die Macht und Allgegenwart Wischnu's kennen gelernt hatte, und wollte ihn endlich mit eigener Hand tödten, da derselbe behauptete, Wischnu befinde sich auch in der Säule, die sein Vater zufällig bezeichnet hatte. Da spaltete sich diese, in menschlicher Gestalt mit Löwenkopf und Löwentatzen sprang Wischnu heraus und zerriß den Ungläubigen.

In Bezug auf die fünfte Verkörperung wird erzählt, der fromme König Bali habe durch seine reichen Opfer eine solche Macht über die Götter gewonnen, daß er sich vermaß, Indra, den Gott des Himmels, aus der Herrschaft verdrängen zu wollen. Bereits hatte er 99 Roßopfer dargebracht; es fehlte nur noch das letzte, um seinen Zweck zu erreichen, und Indra zitterte schon auf seinem Throne. Da trat Wischnu wieder als Retter ein. Er ging als Brahmanenzwerg zum Radscha, wurde, der Frömmigkeit desselben gemäß, wohl aufgenommen und bat sich beim Scheiden als Gastgeschenk so viel Land aus, als er mit drei Schritten durchmessen könne. Bali gewährte dies und bekräftigte sein Versprechen durch einen Eid. Aber der sich plötzlich riesenhaft ausdehnende Zwerg überschritt mit einem Fuße die Erde, mit dem zweiten den Luftraum und das dritte Mal den Himmel (daher „Tripada", der Dreischrittige), so daß die Hoffnung des Königs zerstört wurde.

Siwa, Wischnu und Krischna.

Die sechste Verkörperung steht schon auf historischem Grunde und bezieht sich auf die Besiegung der Kriegerkaste durch die Brahmanen. Ein heiliger Weiser, Dschamadagni, hatte von Wischnu oder Indra eine Himmelskuh zum Geschenk erhalten, welche nicht nur Milch im Ueberfluß, sondern auch Schätze spendete. Einst zog der König Ardschuna mit seinen Kriegern bei der Klause des frommen Mannes vorüber und kehrte auf dessen Einladung bei ihm ein. Als nun aber Alle über die herrliche Bewirthung erstaunt waren, offenbarte der unvorsichtige Wirth dem Könige das Geheimniß des Göttergeschenkes und diesen ergriff sofort Begierde nach dem Besitze der Kuh. Vergebens bot er dem Einsiedler tausend andere Kühe zum Tausch. Da befahl er seiner Leibwache, das Thier mit Gewalt wegzunehmen; allein die Kuh durchbohrte Alle, welche Hand an sie legten, mit ihren Hörnern, tödtete so nach und nach die ganze Kriegerschar des Königs und flog endlich in die Luft. Der König, außer sich vor Wuth, fügte seinem Frevel noch den Mord Dschamadagni's hinzu. Noch lebte aber Rama, ein Sohn des Gemißhandelten, der bei einem frommen Brahmanen erzogen wurde. Dieser betete zu Wischnu um Rache und ward erhört. Der Gott selbst gab ihm nicht nur sein Beil und seinen Bogen, sondern versenkte sich auch ganz in die Person Rama's, der nun den Kampf gegen Ardschuna siegreich bestand und die Kschattrya's unter die Botmäßigkeit der Brahmanen brachte.

Die siebente Inkarnation Wischnu's ist Gegenstand der heiligen Epopöe Ramajana und des Drama's Uttararamatscharitra. Der Gott nahm hier Wohnung in Rama, dem Sohne des Fürsten von Ajodhja (Audh). Schon in seiner Jugend zeigte dieser seine Stärke in siegreichen Kämpfen mit Dämonen, wurde aber nach seiner Verheirathung mit Sita, der Tochter der Erde, auf Anstiften seiner Stiefmutter von dem schwachen Könige auf zwölf Jahre aus dem Reiche verbannt. Mit Sita und seinem Halbbruder Lakschmana zieht er sich nun in die Einsamkeit des Waldes und Gebirges zurück, geräth aber dort dadurch, daß er aus Treue gegen Sita die Liebe der Riesin Surpanakha verschmähte und diese schließlich züchtigte, in Feindschaft mit deren Bruder Rawana, dem Könige von Ceylon oder Lanka. Es folgte ein heftiger Krieg mit den Unholden und Riesengeistern des Südens; da aber die Brüder hierbei die Oberhand behielten, rächte sich Rawana dadurch, daß er in Rama's Abwesenheit Sita raubte und nach Lanka entführte. Lange streifte der untröstliche Gatte, die Geraubte suchend, umher, und als er endlich ihren Aufenthalt erfahren hatte, stellte sich in dem Meere zwischen Dekhan und Ceylon ein unübersteigliches Hinderniß in den Weg. Aus dieser Noth retteten ihn Hanuman und Sugriwa, zwei Affenkönige. Sie führten ihm ein gewaltiges Heer von Affen und Bären zu, welche große Felsstücke im Gebirge abbrachen und daraus den wunderbaren Steindamm von dem Festlande nach der Insel bauten, der erst gegen Ende des 15. Jahrhunderts von einem Sturme zerrissen worden ist. Auf dieser Brücke zogen die Bundesgenossen gegen den Feind, schlugen in furchtbaren Kämpfen sein Heer und eroberten endlich die Hauptstadt, nachdem dieselbe vom tapfern Hanuman, der seinen Schweif in Pech und Schwefel getaucht hatte, in Brand gesteckt worden war. Rawana fiel und endlich entdeckte man auch den Kerker Sita's. Die Brüder kehrten hierauf nach der Heimat zurück, wo dem Rama von seinem Stiefbruder Bharata gern die Regierung abgetreten wurde. Doch das Glück der wieder vereinten Liebenden war nicht von langer Dauer. Hatte Sita schon nach ihrer Befreiung ihre Unschuld durch die Feuerprobe beweisen müssen, so kränkte sie ein unter den Hofleuten entstandener Verdacht gegen ihre eheliche Treue so sehr, daß sie ihre Mutter, die Erde, anflehte, sie wieder zu sich zu nehmen. Garuda führte sie darauf mit sich zum Himmel empor; ihr vor Sehnsucht vergehender Gemahl folgte ihr dahin bald nach.

Die achte oder Krischna-Inkarnation ist die vollkommenste aller Menschwerdungen Wischnu's. Er selbst, in Menschengestalt gehüllt, kommt auf die Erde, um ein Vorbild alles Schönen, Liebenswürdigen und Edlen zu werden.

Hanuman mit seinen Affen baut für Rama die Brücke zwischen Indien und Ceylon.

Krischna getragen von den Gopi's.

Dem weit ausgedehnten Mythus, der im Heldengedicht Mahabharata verarbeitet ist, entnehmen wir Folgendes: Krischna war der Sohn von Dewaki, einer Schwester des Königs Kansa von Mathura (jetzt Mattra). Da diesem prophezeit worden war, daß er von dem achten Sohne seiner Schwester getödtet werden würde, so ließ der Barbar alle ihre Kinder gleich nach der Geburt umbringen. Aber Krischna, auf den die Vorhersagung paßte, wurde von seinem Vater über den Fluß Jamuna zu einem Hirten gebracht und mit dessen neugeborener Tochter vertauscht. Als Kansa die Rettung des Knaben erfuhr, beschloß er, sämmtliche neugeborenen Kinder im ganzen Reiche tödten zu lassen, und bewerkstelligte dies dadurch, daß er eine Menge böser weiblicher Geister als Ammen durchs Land schickte, welche die Kleinen durch ihre Milch vergifteten. Eine solche Unholdin kam auch zu Krischna's Pflegemutter und bot ihre Dienste an. Doch der göttliche Knabe erkannte die Verderberin und biß sie dergestalt in die Brust, daß sie starb. Darauf schickte der arglistige Oheim Dämonen, Riesen und Ungeheuer aus, um Krischna zu verderben; doch vergebens. Vielmehr wuchs dieser zum Liebling der Hirten heran; aber auch die Herzen der schönen Hirtinnen flogen ihm entgegen, und aus Liebe zur schönen Nymphe Radha weidete er selbst die Herden.

Während dieses idyllischen Lebens erfand er die Flöte und um ihn führten die Gopi's, durch ihre Neunzahl an die Musen erinnernd, ihre Tänze auf. Endlich ermannte sich der Held, gedachte der von Kansa ihm zugefügten Beleidigungen und zog mit einer Schar gegen Mathura. Hier wurde er freundlich aufgenommen, durchschaute aber bald die heuchlerische Bosheit und bemächtigte sich des Thrones, nachdem sein Oheim im Kampfe erlegen war. Darauf verrichtete Krischna noch unzählige Heldenthaten, wie Herakles und Theseus das Land von Frevlern und Räubern reinigend. Die wichtigste Begebenheit bildete der sogenannte „große Krieg" oder der Kampf zwischen den Heldengeschlechtern der Kuru's und Pandu's. Durjodhana, König von Hastinapura, das Haupt der Kuru's, theilte das Reich Anfangs mit den verwandten Pandusöhnen, unter denen Judhischthira und Ardschuna besonders hervortraten. Aber Judhischthira verlor an den schlauen Durjodhana im Würfelspiele seinen Reichsantheil und alle seine Schätze, worauf die Pandu's in die Verbannung gingen. Da trat Krischna als ihr Bundesgenosse auf und der Kampf brach los. Anfangs waren die Kuruiden, unter denen besonders die Helden Bhischma und Karna hervorleuchteten, im Vortheil; am Ende aber unterlagen sie der Tapferkeit ihrer Gegner und den Anschlägen Krischna's.

Auch seine Gemahlin, die Prinzessin Rukmini, errang sich Krischna durch Gewalt. Schon war die Stunde ihrer Vermählung mit einem Königssohne, den ihr der Bruder aufzwingen wollte, erschienen, als der von ihr geliebte, aber nie vorher gesehene Götterjüngling ihr Hülfe brachte und sie mitten aus der Familie entführte. Nachdem endlich Wischnu seine Absichten in der Gestalt Krischna's erreicht hatte, starb dieser eines gewöhnlichen Todes.

Die uralte Stadt Dschaggernaut (benannt nach dem Beinamen Krischna's Dschagganatha, „der Weltenherr") auf der Küste Koromandel rühmt sich, im Besitz des in Sandelholz verwandelten wahren Körpers von Krischna zu sein.

Sie ist deshalb mit ihrem ganzen Weichbilde in einem Grade heilig und unantastbar, wie kein anderes Heiligthum in Indien. Selbst die Mohammedaner verschonten sie trotz ihres Fanatismus.

Pagodenbau von Dschaggernaut.

Als ein Feldherr Akbar's des Großen bis hierher vorgedrungen war und die Tempel des indischen Mekka vor sich liegen sah, rief er aus: „Das Land hier ist nicht zur Eroberung bestimmt und kein Ziel für menschlichen Ehrgeiz. Es ist eine heilige

Pilgerstätte und gehört allein den Göttern an!“ Die Stiftung des Heiligthums fällt in das Jahr 473, die Erbauung des jetzigen Tempels in 1198 unserer Zeitrechnung. Die Hauptstraße der 30,000 Einwohner zählenden Stadt Dschaggernaut oder Puri besteht fast ausschließlich aus religiösen Gebäuden, und am Südende derselben erhebt sich der Haupttempel, der Bara Dewal, $9^1/_2$ Meter im Durchmesser, 55 Meter hoch, auf einer $6^1/_2$ Meter hohen, viereckigen, durch eine Mauer abgeschlossenen Terrasse, deren Seiten je 140 Meter messen. Zu beiden Seiten des Haupteingangs stehen kolossale Greife und andere Wunderthiere. Der Affe Hanuman befindet sich auf einer 18 Meter hohen schwarzen Marmorsäule abgebildet. Der Tempel selbst enthält drei Götzenbilder, Dschagganatha, dessen Schwester Sabdhara und Balbadha oder Siwa. Alle drei sind grob und plump gearbeitete Holzbilder mit abscheulichen Fratzen. Ihre Leiber sind bunt bemalt und mit wirklichen Gewändern bekleidet. Doch hält man es für nothwendig, alle 70 oder 80 Jahre diese Idole zu erneuern. Aber auf dem Baume, welcher das Holz zu den neuen Bildern liefert, darf nie eine Krähe oder ein Rabe gesessen haben. Die Mohammedaner beuteten die Frömmigkeit der nach Dschaggernaut pilgernden Hindus klüglich aus, indem sie eine Pilgertaxe einführten, die zuweilen bis auf 900,000 Rupien (zu 2 Mark) eingetragen haben soll. Diese Steuer wurde bis 1839 auch von den Engländern erhoben. In manchen Jahren steigt die Zahl der Pilger auf 180,000. Die 400 Oberpriester des Tempels haben sich das Recht angemaßt, ausschließlich für die Beköstigung der Wallfahrer zu sorgen.

Sie geben vor, die im Tempel bereiteten Speisen wären vorzüglich rein und zuträglich, und so leben allein hundert Töpfer und fünfzig Köche im Heiligthume.

Unter den zwölf Festen, die jährlich in Dschaggernaut gefeiert werden, ist das vom 19. Juni bis 6. Juli dauernde das wichtigste. Die Zwischenzeit der religiösen Handlungen in diesen Wochen wird durch das Einkaufen und Verkaufen von Waaren ausgefüllt, verbunden mit dem Genuß aller Freuden, die nach unseren Begriffen ein Jahrmarkt und eine Kirchweihe in sich vereinigen. Da giebt es Musikanten, Tänzerinnen und Akrobaten ohne Zahl; Kuchen und Zuckerwerk wird in erstaunlicher Menge konsumirt, und der Lärm und die Buntheit der Scenerie übersteigen natürlich bei weitem alles auf europäischen Volksfesten Vorkommende. Das Fest beginnt mit einer Prozession zu Ehren der Götter, die von den Priestern zu einem Gerüste geleitet werden, wo sie die Spenden und Opfergaben der Gläubigen in Empfang nehmen. Dann folgt die Uebergießung des Krischna mit heiligem Wasser, wodurch — wie das Volk glaubt — sein Geist mild wird! Die Hauptceremonie bildet zum Beschlusse des Festes die Heimführung der Götzen. Sie findet auf den sechsräderigen, schwerfälligen, wol 19 Meter hohen, mit Schnitzwerk und gemalten Götterbildern überladenen Prozessionswagen oder Ruths statt. Diese bestehen aus vier über einander gebauten Gerüsten oder Stockwerken, auf deren jedem eine Schar Brahmanen mit ihren Freunden Platz nimmt. Dann werden Dschagganatha und seine Genossen an gewöhnlichen Stricken, wie Holzblöcke, emporgezogen und von der Masse, die den Brahmanen Blumen und Kränze zuwirft, durch Verbeugungen verehrt.

Die Wagen selbst sind mit hölzernen, blauen und weißen Pferden bespannt, auf deren jedem ein Brahmane steht; außerdem sind sie mit langen Seilen versehen, die von Tausenden ziehlustiger Menschen ergriffen werden. Endlich setzen sich die riesigen Karren unter dem Klange des Tam-Tam, dem Geschmetter der Silbertrompeten und dem wüsten Schreien und Drängen des Volks in Bewegung. Die fanatische Begeisterung wächst mit jeder Minute, und heute noch kommt es vor, daß im Taumel religiöser Verzückung sich Pilger unter die massiven Räder der Ruths werfen, um sich zermalmen zu lassen und so die Bürgschaft ewiger Seligkeit zu gewinnen. Die Bemühungen der Regierung haben noch nicht diese Unsitte ausrotten können, und 1874 ist zum ersten Male das Fest unblutig abgelaufen, weil der Hauptwagen zum Ziehen zu baufällig war.

In der neunten Einkörperung soll Wischnu als Buddha erschienen sein. Es scheint aber, als ob diese Annahme ein dem Buddhismus von den Brahmanen gemachtes Zugeständniß oder vielmehr ein von den Buddhisten ausgegangener Versuch sei, auf diese Weise an die Volksreligion anzuknüpfen.

Religiöser Wagen der Hindus. (Nach Sonnerat.)

Die zehnte Erscheinung Wischnu's auf Erden erwarten die Hindus noch. Sie soll am Ende des gegenwärtigen Zeitalters eintreten, wo dann Wischnu auf einem weißen Rosse erscheinen wird, um die Guten zu belohnen, die Sünder auszurotten und eine neue Welt auf den Trümmern der alten entstehen zu lassen.

Den Einkörperungen Wischnu's entspricht die Lehre von der Seelenwanderung, nach welcher für alle geschaffenen Geister drei Stufen angenommen werden.

Geister, welche auf Erden „in Dunkel gehüllt" waren, kommen in den Zustand der Thiere; solche, die ehrsüchtige Leidenschaften erfüllten, werden wieder zu Menschen verschiedenen Standes; Seelen aber, „mit Güte erfüllt", verwandeln sich in niedere Götter und Genien.

Auch im Wischnudienste steht der eingebildete Werth der dargebrachten Opfer und Geschenke in einem für uns lächerlichen Gegensatze zu ihrer Geringfügigkeit. Wer dem Gotte Weihrauch, von Sandelholz und Aloe duftend, opfert, dessen Wünsche gehen alsbald in Erfüllung. Wer ihm mit geklärter Butter räuchert, der betritt, von zehn Millionen Sünden erlöst, seinen Palast. Wer ihm Betel mit Kampher bringt, dem wird ewige Seligkeit zu Theil. Wer ihm süßen Zuckerkandis schenkt, dessen Lebensfesseln löst Wischnu voll Gnade. Wer eine Lampe mit geschmolzener Butter oder mit Sesamöl weiht, dessen Sünden vertilgt er sofort u. s. w. Heißt dies nicht der Werkheiligkeit die Krone aufsetzen?

Die dem Milchmeer entstiegene Lakschmi oder Sri erinnert durch ihre Eigenschaften an Aphrodite, Tyche und Demeter zugleich; denn Schönheit und Jugend, Glück und Ueberfluß, Fruchtbarkeit und Segen der Erde (vergl. auch Sri und Ceres in sprachlicher Hinsicht) werden ihr zugeschrieben. Der Mongobaum und die Kuh sind ihr geheiligt und die indische Sonnenblume ist ein ihr geweihtes Symbol. Große Aehnlichkeit mit Aphrodite gewinnt Lakschmi durch ihren Sohn, den lieblichen Kama (S. 316). Wie die Griechen einen älteren und jüngeren Eros besitzen, so ist auch Kama einerseits Sohn der Maja und also bei der Weltschöpfung mit bethätigt, andererseits ein neckischer Knabe, welcher mit seinen Pfeilen die Herzen der Sterblichen verwundet und zur Liebe entzündet. Weder Menschen noch Götter können seiner Macht Widerstand leisten und selbst Brahma unterlag ihr. Nur der finstere Siwa verachtete seine Geschosse und verbrannte durch einen Strahl seines Stirnauges den armen Kama zu Asche, der erst durch Krischna wiedergeboren werden mußte. Zahllos sind die Beinamen, welche ihn kennzeichnen. So heißt er „der Götterbezwinger", „der Bethörende", „der Entzündende", „der Sinnraubende", „der Friedenstörende", „der Lüsterne", „der Tändelnde", „der Tödliche". Seine Gattin ist Rewa oder Ratis, „die Wollust", seine Tochter Trisch, „die Begier". Abgebildet wird er reitend auf einem Sperling oder einem Papageiweibchen, mit einem Bogen aus Zuckerrohr in der Hand, dessen Sehne eine Blumenkette ist, während die mit Blumen umwundenen Pfeile an der Spitze einen Bienenstachel tragen. Auch fährt er zuweilen auf einem Wagen und dann ist Madhu, der Lenz, sein Wagenlenker und die Genien der Lust und des Scherzes umschweben ihn. Heilig ist ihm die indische Nachtigall. — Ratis wird als ein schönes Weib, auf einem Pferde knieend, dargestellt, wie sie eben einen Pfeil abdrückt; sie betheiligt sich also an dem muthwilligen Treiben des Gemahls. Beide haben keine Tempel. Ihre Bildnisse werden in erhabener Arbeit auf den Mauern der Wischnutempel angebracht und finden sich stets neben einander.

Die heilige Kuh zu Tandschor.

4.
Götter zweiten und dritten Ranges.

Die unzähligen Götter außer dem Trimurti werden als Abkömmlinge der obersten Götter denselben angereiht und untergeordnet und sind meist Vertreter der sichtbaren Naturerscheinungen. Zu ihnen gehören die bereits erwähnten: Kama, der gemüthliche Ganesa, der streitbare Kartikeja und mehrere der älteren Naturgötter, die in dem Brahmanischen Systeme ihres frühern Vorrangs entkleidet worden sind. Wir begnügen uns mit Hervorhebung der wichtigsten. Der im Range gesunkene Indra beherrscht unter Brahma das Firmament des Himmelsgewölbes und das Licht und heißt deshalb Djupati (Jupiter), „Herr des Himmels". Auch ist er ein Freund der Winde und fährt auf den Wolken einher, den Donnerkeil schwingend und Regen auf die Erde herabsendend. Der Regenbogen ist seine Waffe und die Gestirne sind eben so viele Augen seines Leibes. Siegreich kämpft er gegen die bösen Dämonen; dagegen war er immer in Gefahr, seinen Thron einzubüßen, sobald es einem frommen Menschen gelang, die oben erwähnten 100 Roßopfer in feierlicher Weise darzubringen. Indra besitzt sein eigenes Paradies voll sinnlicher Wonnen und zu diesem führt die Milchstraße (Surawithi, „Götterweg") empor. Er reitet auf einem Elefanten oder auf einem weißen Rosse und hält in seinen Händen Lotusblumen.

Agni, der an Siwa die Elementarkraft des Feuers abtreten mußte, hat die Gewalt über das Feuer der Flamme, besonders des Opferfeuers, behalten. Er heißt deshalb auch „Opferesser", „Gebetzunge", „Göttermund". Seine Gemahlin Agnaji ist das personifizirte Brandopfer selbst. So kam es, daß auch bei Beginn jedes Brandopfers Agni's Name angerufen werden mußte. Auf den Abbildungen kommt er siebenzungig, siebenarmig und dreifüßig vor und sein Haar besteht aus Lichtstrahlen. Sonst reitet er auf einem Widder oder fährt auf einem mit Ziegen bespannten Wagen, Dolche in den Händen haltend.

Surya und Tschandra repräsentiren Sonne und Mond. Surya, „der Strahlenumkleidete", „Lichtmacher", „Glühende", hatte mehrere Gemahlinnen, unter ihnen Surja, welche ihm die beiden Aswinen schenkte, die für Götterärzte gelten. Er fährt auf einem mit sieben Rossen bespannten, von Strahlen umgebenen Wagen am Himmel hin, in der Hand eine Lotusblume haltend. Sein Wagenlenker ist der lahme Gott der Morgendämmerung Aruna. Tschandra, „der Kaltstrahlige", hatte von dem aus Brahma's Daumen entstandenen Gotte Dakscha 27 Töchter, die Mondkonstellationen, geheirathet. Fünfzehn Tage lang hält er sein Antlitz der Welt zugekehrt; fünfzehn Tage aber, wo er nicht sichtbar ist, schaut er hin auf das Reich der Seelen. Sein Wagen wird von Pferden, Gazellen oder auch von Hasen gezogen.

Kama, der Liebesgott.

Waruna kommt dem griechischen Poseidon in seinem Wesen sehr nahe; denn er ist nicht nur der Herr des die Erde umgürtenden Ozeans, sondern auch der Gebieter des Wassers überhaupt und „Herr der Flüsse". Natürlich stehen auch unter ihm die Ungeheuer der Tiefe, von denen ihm der fabelhafte Makara als Pferd dient, und die Schätze, welche das Meer birgt. Er führt eine Wurfschlinge in der Hand und als Schirm die ausgespannte Stirnhaut einer Schlange. Seine Frau heißt Warunani, seine Residenz Was (Wasser). Außer Waruna haben übrigens die Inder noch eine besondere Personifikation des Meeres an dem Halbgotte Sangara.

Aus den selbständigen Windgeistern oder Marut's wurde später das Reich des Windgottes Waju oder Marut. Dieser hat seine Wohnung in wilden Schluchten des Gebirges, von wo er selbst, auf einer Antilope reitend und den Säbel schwingend, oder auf einem von Hagelschloßenpferden gezogenen Wagen fahrend, losstürmt oder seine Diener, die 49 Anila's und die sieben Marut's, aussendet. Ungestüm und Leidenschaftlichkeit charakterisiren ihn eben so wie seine hellenischen Vettern. So erzählt man z. B. von ihm, er habe sich in 100 Töchter eines Königs auf einmal verliebt und dieselben sämmtlich buckelig gemacht, als ihm seine Bewerbung lauter Körbe eintrug!

Kuwera ist der Hüter der in der Erdtiefe ruhenden Schätze und Reichthümer. Boshafte Kobolde und häßliche Zwerge neben guten Genien stehen in seinem Dienste und er selbst, „der Abgott des Menschengeschlechts", ist eine verkrüppelte Mißgeburt mit drei Köpfen, drei Beinen, acht Zähnen und grünen Augen, und fährt auf einem von Gnomen gezogenen, Edelsteine sprühenden Wagen.

In Narada besaßen die Inder eine dem Hermes und Taati ähnliche Gottheit, einen Götterboten, Patron der Diebe und Spione, Erfinder der Laute, Lehrer der Götter und Menschen. Er hat sechs Gesichter und reitet auf einem Pfau.

Innere Ansicht aus der Pagode Kullogo-Mully. (Nach einer stereoskopischen Aufnahme.)

Wiswakarma war vorwiegend Inhaber der technischen Kunstfertigkeiten; denn er führte für die Götter Bauten aus, formte, hobelte und drechselte. Sein Name bedeutet „der Alles Machende".

Von Jama, dem Beherrscher der Todten, ist schon bei Schilderung der Höllenstrafen die Rede gewesen. Er ist zugleich Richter der von seinen Dienern herbeigeholten Verstorbenen und heißt deshalb „König der Gerechtigkeit" und „der Ausgleichende". Wie Taati vor Osiri's Thron die von der Wage gelieferten Ergebnisse aufschreibt, so hat auch Jama einen Buchführer über die guten und schlechten Handlungen der Menschen, Namens Tschandragupta. Auch die Gespenster der Todten, welche des Nachts, besonders bei den Begräbnißstätten, umherirren, gehören zu den Unterthanen Jama's. Er selbst wird mit kupferrother Farbe abgebildet, auf einem Büffel reitend und ein Scepter führend.

Der guten und bösen Dämonen endlich giebt es in der indischen Mythologie eine solche Unzahl, daß der ganze Weltraum von ihnen erfüllt ist. Freundliche Geister sind die Apsarasen, tanzende Grazien im Paradiese Indra's, und die Gandharwen, ihre Begleiter in Musik und Gesang, die pferdeköpfigen Kinnaren, ebenfalls Musikgeister, und die Raga's, verkörperte Melodien und Töne (es giebt z. B. Genien der sieben Skalatöne und der einzelnen Intervalle!). Zu ihnen kommen die Luft-, Wind-, Feuer- und Waldgeister und die Erdmännchen, die Jakschen und Guhjaken, die kopflosen Asiren, die ochsenohrigen Gokarnen u. s. w. Unter den schädlichen Dämonen spielen die Hauptrolle die Rakhasen, welche theils als Riesen in ewigem Kampfe mit den Göttern und Heroen liegen und die Opfer der frommen Menschen stören, überhaupt allen Guten hemmend entgegentreten, theils Menschenfleisch verzehren und, wie die Vampyre, Menschenblut trinken; dann die Asuren oder Daitjen, die sich, wie die Titanen, geradezu wider die Macht der Götter auflehnen und dieselben zu stürzen suchen.

Der Bilderdienst und der Tempelbau scheinen zwar erst seit Entstehung des Buddhismus einen großen Aufschwung genommen zu haben; aber man thut wol Unrecht, anzunehmen, daß vor dieser Zeit gar keine Gotteshäuser existirt hätten. Trotz des Fanatismus, mit welchem die eindringenden Mohammedaner gegen die Tempel wütheten, haben sich noch eine Menge Tempelbauten erhalten, die wol einen überladenen, schwerfälligen und bunten Stil zeigen, aber doch durch die Kühnheit und Riesenhaftigkeit ihrer Formen Erstaunen erregen und ebenso von der Ausdauer und Menge der daran arbeitenden Kräfte, wie von der Macht und dem Einflusse des Priesterstandes Zeugniß geben. Besonders merkwürdig sind die ungeheuren Höhlentempel von Salsette (bei Bombay), auf der Insel Elefante (im Meerbusen von Bombay) und bei Ellora (in der Mitte Vorderindiens). An letzterem Orte z. B. ist ein zwei Stunden langes, hufeisenförmiges Gebirge in eine Reihe in dasselbe hinein- und herausgearbeiteter Tempel mit mehreren Stockwerken, Säulengängen, Galerien, Kapellen, Höfen u. s. w. verwandelt worden. Der Haupttempel, nach Siwa's Paradies Kailasa genannt, hebt sein Haupt 31 Meter hoch, während seine Länge 45, seine Breite 65 Meter beträgt. Der Bau hat ein oberes Stockwerk, zu dem man auf Steintreppen, welche zu beiden Seiten ausgehauen sind, gelangt. Auf jeder Seite steht ein kolossaler Elefant und eine Art Obelisk, der einen riesigen Kandelaber vorstellt. Die Wände sind überall mit Skulpturen bedeckt, welche Scenen aus der Mythologie wiedergeben. Die Hauptthalle enthält drei Reihen schön gearbeiteter Säulen. Im Hintergrunde, dem Allerheiligsten, befindet sich ein Lingam, Siwa's Symbol. Der Saal hat mehrere Eingänge, an denen riesige Wächter angebracht sind, und um ihn herum sind fünf kleine Seitenkapellen angebaut. Eine andere Aushöhlung, Ober- und Unter-Lanka genannt, umgiebt die Kailasa in Form einer zweistöckigen Galerie, die 131 Meter Längenraum einnimmt und wieder fünf in den Felsen gemeißelte Gemächer enthält. Auch hier sind die Wände mit reichen Bildwerken bedeckt, deren Vorwürfe dem Leben des Gottes Siwa entnommen sind.

Außer dem Haupttempel sieht man noch gegen 16 andere aus dem Felsen herausgearbeitete Heiligthümer, die verschiedenen Zeiten und Religionssekten (man zählt deren mehr als dreißig) ihren Ursprung verdanken.

Tempelanlagen bei Ellora (Kailasa).

Die Brahmanischen sind fast alle Siwatempel, die Buddhistischen scheinen viel älter zu sein, da hier die Säulen meist einfach viereckig ohne alle Verzierung und Kapitelle geblieben sind und ihre Figuren viel geringere Feinheit der Ausführung zeigen. Die Eingeborenen behaupten, daß diese merkwürdigen Gebäude, von den Pandukönigen herrührend, 10,000 Jahre alt und in einer Nacht aus dem Steine gehauen worden seien.

Wie in Aegypten, haben die indischen Tempel einen Vorhof, und es befindet sich vor dem Allerheiligsten, wo das Bild des Gottes steht, noch eine bedeckte Halle. Vor der Zeit der mohammedanischen Eroberungen waren die Götterbilder häufig aus kostbarem Metalle gefertigt, mit Augen und Verzierungen aus Edelsteinen.

Oft war auch ihr Inneres hohl und diente zum Aufbewahrungsorte reicher Schätze an kostbaren Steinen. Berühmte Wallfahrtstempel besaßen außerdem einen umfänglichen Grundbesitz, aus dessen Einkünften die zahlreichen Brahmanen und die Pilger gespeist zu werden pflegten. Eine Wallfahrt im Leben eines jeden Hindu ist nothwendig zu den auf der Halbinsel Dekean liegenden Mahadho-Bergen, die dem Siwa geheiligt sind. Inmitten der hohen Piks liegt der gefeierte Schrein des Gottes. Zur Festzeit bewegt sich eine bunte Menschenmenge alle dort hinauf führenden Straßen entlang; zu anderen Zeiten wird nach dem Glauben des Volkes der Zugang durch wilde Thiere, Kobolde und Krankheiten unmöglich gemacht. — Die Götterbilder selbst werden sorgfältig gewaschen, geschmückt und gesalbt; denn „wer den Tempel Wischnu's säubert, und wäre er auch ein Gottesschänder, der geht zum höchsten Wohnsitz ein!" Bei dem Kultus werden auch Tempeldienerinnen verwendet, welche die Hymnen der Sänger mit mimischem Tanze begleiten und von den öffentlichen Tänzerinnen, die den ursprünglich portugiesischen Namen Bajaderen (bailadeira) führen und bei den Volksfesten auftreten, wohl zu trennen sind. Jene werden in frühester Jugend von den Eltern zum Tempeldienst bestimmt, die immer den unteren Kasten angehören und es für eine Ehre halten, wenn ihre Töchter für würdig befunden werden, vor den Bildern der Götter ihre Kunsttänze aufzuführen. Sie erhalten ihren Unterhalt und ihre Kleidung von den Tempeln und bringen gewöhnlich ihre Lebenszeit an den heiligen Orten zu. Ihre mimischen Tänze stellen Scenen aus den heiligen Sagen dar. Sonst ist das Weib den Göttern gegenüber rechtlos, kann kein Opfer darbringen und nur durch männliche Vermittelung zur Seligkeit gelangen.

Eingang zu dem Felsentempel auf Elefante.

Mehentule, Tempel bei Anuradhapura auf Ceylon.

Der Buddhismus.

Die Stiftung des Buddhismus, dessen Anhänger noch gegenwärtig die Christen an Zahl übertreffen (343 gegen 335 Millionen), darf nicht als eine bloße Reform des Brahmanismus betrachtet werden. Die Neuerung Buddha's war eine Revolution auf religiösem Gebiet, die man mit einigem Rechte mit dem Auftreten des Christenthums dem Judenthume gegenüber verglichen hat, und die auf die Kulturgeschichte Centralasiens von unberechenbarem Einflusse gewesen ist. Die Lebenszeit Buddha's („des Erweckten") fällt nach neueren Untersuchungen in die erste Hälfte des sechsten Jahrhunderts vor unserer Zeitrechnung, und das, was von den persönlichen Umständen des Stifters bekannt ist, geben wir im Folgenden nach der von E. Schlagintweit aus Buddhistischen Biographien gezogenen Fassung.

Der Begründer der dem Buddhismus eigenthümlichen Lehrsätze stammt aus dem königlichen Geschlechte der Sakhya's, welchem bei seiner Geburt die Ebenen des Ganges bei Patna und die Gegenden nördlich davon bis an den Himalaja unterthan waren; die Hauptstadt Kapilawastu liegt jetzt gänzlich in Trümmern. Dort nun wurde dem König Suddhodana ein Sohn geboren.

Er erhielt den Namen Siddhartha; in den heiligen Schriften ist er jedoch gewöhnlich mit anderen Namen genannt, welche sich theils auf seine Abstammung, theils auf seine hohe Mission beziehen. Am häufigsten sind die Namen Sakhyamuni, „der Einsiedler der Sakhya's", Thatagata, „der in der Weise seiner Vorgänger Gehende", Bhagawat, „der Glückliche", Sramana Gautama, „der Büßer der Gautamiden", ein anderer Name des Sakhyageschlechts. — Die Buddhisten nehmen an, daß Siddharta bereits vor seiner Geburt eine große, übermenschliche Weisheit und Kraft erlangt habe und unter den Göttern des Himmels Tuschita den Zeitpunkt erwartete, wo er unter den Menschen erscheinen würde. Er wurde von seiner Mutter Maja nicht in gewöhnlicher Weise empfangen und geboren; in Gestalt eines Elefanten versenkte er sich in sie durch eine Wunde auf der rechten Seite. Ungewöhnliche Erscheinungen verkündeten den Menschen das wichtige Ereigniß seiner Geburt. — Die ganze Welt strahlte in wunderbarem Glanze, die Erde erzitterte, Blinde wurden sehend und der Neugeborene war im Stande, sofort nach allen Himmelsgegenden sieben Schritte zu thun und den Wesen Erlösung zu verheißen. Der König Suddhodana befragte weise Brahmanen um das Schicksal seines Sohnes; sie sagten ihm, Siddhartha werde durch vier Erscheinungen, nämlich durch den Anblick eines Greises, eines Kranken, eines Todten und eines Büßenden, von der Hinfälligkeit des menschlichen Körpers überzeugt werden und zugleich in der Beschauung das Mittel erblicken, die Ursachen der Uebel und die Wege der Abhülfe zu ergründen; er werde dann das elterliche Haus verlassen und der Welt entsagen, um in einsamen Betrachtungen diese Wege zu

Maha-Madja (indisch = Mutter) und ihr Sohn Sakhyamuni.
(Nach dem Pantheon von Moor.)

finden und sich zum Lehramte vorzubereiten. Sollte er aber diese Erscheinungen nicht haben, so werde er ein mächtiger König werden. Suddhodana wollte seinen Sohn lieber als großen weltlichen Fürsten sehen und that Alles, um ihn zu zerstreuen und diese Erscheinungen unmöglich zu machen. Doch schon als Kind zeigte Sakhyamuni Neigung zur Einsamkeit; von den heitersten Spielen eilte er weg in die Schatten des dichten Waldes und gab sich in unbewegter Stellung Betrachtungen hin. Um ihn in den Freuden des Daseins Befriedigung finden zu lassen, umgab ihn sein Vater in dem ihm errichteten Palaste mit einem Kreise blühender Frauen; eine mit allen Vorzügen ausgestattete Frau wurde ihm zum Weibe erkoren. Feste folgten auf Feste, nichts wurde versäumt, ihn zu erheitern; auch wurden alle Eingänge streng bewacht, damit die vier Erscheinungen abgehalten würden. Doch Alles war umsonst. Sakhyamuni kehrte immer wieder von Festlichkeiten und Genüssen an einsame Orte zurück und dachte über die Gründe des Seins und Jammers nach und über die Mittel, ihnen zu begegnen. Auch die vier Erscheinungen fanden statt und diese bestimmten ihn, sein Weib und seinen Palast zu verlassen und in strenger, aller Genüsse entbehrender Lebensweise vollkommene Einsicht zu erlangen. — Im Alter von 29 Jahren verließ er in der Nacht die Seinigen; die Posten, welche ihm den Ausweg verwehren sollten, versenkte er in Schlaf, die Thore öffneten sich von selbst und unter hellem Scheine wurde er von den Göttern aus dem Schlosse geleitet. Er begab sich zu den berühmtesten Brahmanen und ließ sich von ihnen unterweisen; aber unbefriedigt verließ er sie und unterzog sich sechs Jahre lang den härtesten Kasteiungen und Entsagungen.

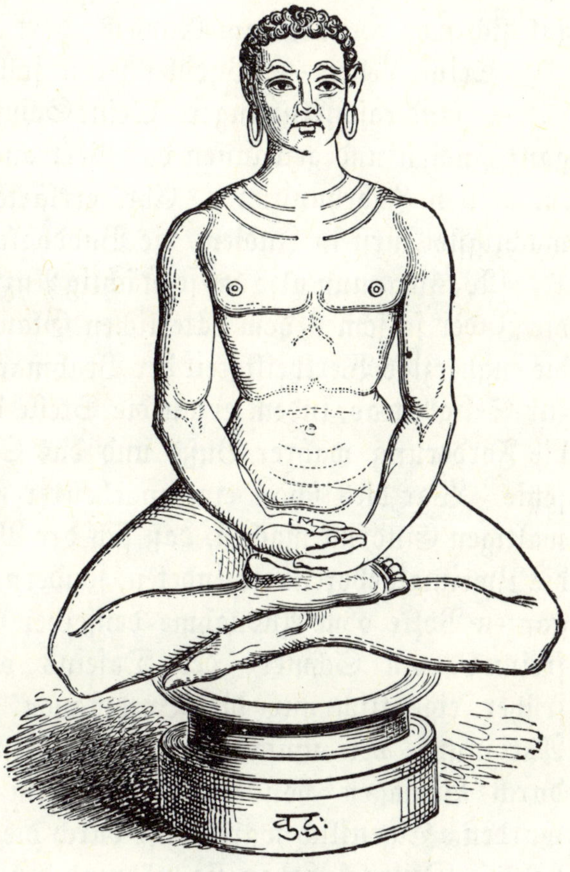

Buddha-Statue.
(Museum des India-Hauses.)

Während dieser ganzen Zeit saß er mit untergeschlagenen Beinen unbewegt. Von Nahrung hatte er sich gewöhnt, so wenig als möglich zu nehmen, so daß ein einziges Reiskorn seine tägliche Mahlzeit bildete. Sein Körper vertrocknete, seine Schönheit verging und sein Leben war dem Erlöschen nahe. Da erkannte er, daß Kasteiungen nicht zum Ziele führten; er stärkte sich durch nahrhafte Speise, seine frühere Schönheit kehrte wieder, und nun begab er sich nach dem Bodhibaume (Baum der Erkenntniß), um dort die vollendete Weisheit in Beschauung zu erringen. Mara (ein Beiname Kama's) suchte ihn durch Sinnenreiz zu stören, er greift ihn selbst mit der großen Schar seiner Geister an; doch Sakhyamuni schlägt ihn siegreich in die Flucht.

Nun endlich wurde ihm völlig klar, daß das Dasein selbst das Grundübel sei, daß Begierden und die Freude an den Genüssen des Lebens die Ursachen des Daseins seien, daß die Unterdrückung der Begierden oder die vollkommene Beherrschung der Leidenschaften, selbst der gewöhnlichsten menschlichen Regungen, die Bedingungen des Daseins oder die Wiedererzeugung einer Existenz ausschließen.

„Sakhyamuni hat lange gezaudert, seine Lehre den Menschen zu verkünden. Er sagte zu sich: Meine Lehre ist tief und schwer zu begreifen; nur die Weisen werden sie verstehen, denn sie verlangt Abstreifen der Individualität und ist Allen entgegen. Dennoch, aufgefordert von den Göttern, faßte er den Entschluß, sie zu erklären. Zweimal aber schrak er noch vor den Schwierigkeiten zurück, und erst beim dritten Mal entschied er sich für Verbreitung seiner „Wahrheiten“. Er begab sich nach Benares am Ganges; dort lehrte er zum ersten Male.“

Seine Lehre — Buddha selbst soll etwas über 40 Jahre thätig gewesen sein — fand rasch Anhänger. Seine Schüler durchzogen im gelben Bettlergewande ganz Indien und gewannen das Vertrauen der Fürsten und des Volkes. Schon im dritten Jahrhundert v. Chr. erklärte Asoka der Große von Magadha, der mächtigste Fürst in Indien, die Buddhalehre für seine Reichsreligion.

Was war nun also das so mächtig Anziehende, das Beseligende, um dessen willen die Inder so schnell dem väterlichen Glauben untreu wurden? Buddha verwarf die engherzige Werkheiligkeit der Brahmanen; er kürzte den unendlich langen Weg zur Seligkeit ab, indem er an die Stelle der verdienstlichen Opfer und Bützungen die Forderung wahrer Buße und das Streben nach Freiwerden von der Sünde setzte. War dies schon ein ungeheurer Fortschritt, so mußte es ferner einen gewaltigen Eindruck machen, daß sich der Meister und seine Nachfolger nicht blos an die Zweimalgeborenen wendeten, sondern dem Niedrigsten wie dem Höchsten, dem ganzen Volke ohne Ausnahme denselben Weg zur Erlangung des Heils, zur Befreiung vom Schmerz des Daseins vorlegten. Zu dieser Erlösung hatten früher eigentlich nur die Brahmanen gelangen können, da zu derselben die Aneignung der umfangreichen heiligen Texte erforderlich war, welche nur durch Vorsagen von einem mit dem Wortlaute vertrauten Lehrer gelernt wurden. Eigentlich waren also durch die neue Lehre die Kastenunterschiede aufgehoben. Dennoch haben sie während der tausendjährigen Herrschaft des Buddhismus in Indien faktisch fortbestanden, was sich theils durch das angestammte Festhalten des Volks an ererbten Institutionen, theils dadurch erklären läßt, daß sich Sakhyamuni dem bestehenden Kultus anbequemte und nur die Sittlichkeit und deren Folgen höher stellte als die Macht der Götter.

Die höchste Seligkeit schon auf Erden setzte ferner der Religionsstifter in das Nirwana, d. h. in die vollkommene Auflösung der Existenz, deren Schmerzen und Leiden in dem Behaftetsein mit dem leiblichen Dasein und dessen Begierden und Neigungen zur Sünde bestehen. Wer den Weg der Entsagung wandelt, der streift allmählich das Verlangen nach leiblicher Existenz ab, der hat kein Gefühl mehr für die Lust und für den Schmerz des Lebens, der gelangt zur Buddha-Vollkommenheit, welche zugleich die Befreiung von dem Elende der Wiedergeburt in sich schließt, also eine völlige Vernichtung des Individuums ist, ein Nirwana, d. h. „Ausgewehtwerden", wie das Verlöschen eines Lampenlichts, von dem keine Spur zurückbleibt. Allmählich trat aber infolge der Forderung des bedürfnißlosen Bettlerlebens und der Ehelosigkeit, als Voraussetzungen wahrer Frömmigkeit, in der Praxis eine Scheidung ein zwischen den strengen Nachfolgern des Religionsstifters, den Bhikschu's, einem geistlichen Stande, und den Laien, welche den Geboten Buddha's folgten, ohne der bürgerlichen Gesellschaft zu entsagen.

Lange Zeit wurde die Lehre Buddha's durch mündliche Ueberlieferung fortgepflanzt, bis endlich im ersten Jahrhundert v. Chr. auf Ceylon eine schriftliche Redaktion in der Palisprache und hundert Jahre später eine zweite im Norden des Himalaja im Sanskrit zu Stande kam. Im Anfang nahm man die Vernunft zum höchsten Kriterium über die Lehrsätze, und auf einem 100 Jahre nach des Stifters Tode gehaltenen Konzil war geradezu ausgemacht worden, es sollte Alles für seine wahre Lehre angesehen werden, was der Vernunft nicht widerspräche. Aber bald mischte sich das hierarchische Interesse der Geistlichkeit in den Streit über die Glaubenssätze und es wurde nun ein Unterschied in der Fähigkeit, die religiöse Wahrheit aufzufassen, gemacht, durch welchen besonders die Lehre vom Nirwana Veränderungen erfuhr und die Buddhaweisheit in mehrere Abstufungen zerfiel. Den Laien gab der Klerus nur noch zu, durch Ausübung der Tugend und Vermeidung der zehn bösen Handlungen (drei gehören dem Leibe: Mord, Diebstahl und Unkeuschheit; vier der Sprache: Zwietracht säende Worte, schmähende Flüche, schamlose Lügen und unnützes Geschwätz; drei dem Willen: Neid, Bosheit und Zweifelsucht) niedere Stufen der Vollkommenheit erreichen zu können. Zu diesen gehört Aufnahme in die „Region der Freude (Sukhawati)", deren Bewohner nicht mehr der Wiedergeburt in einer der guten Klassen als Mensch oder Gott bedürfen; letzteres selbst ist der unterste Grad. Nur der höchsten Stufe der Intelligenz ist es dagegen vorbehalten, durch Zusammenfassung aller Gedanken auf die Weisheit das Wesen des Seins vollkommen zu ergründen, in Nirwana einzugehen, selbst ein Buddha zu werden.

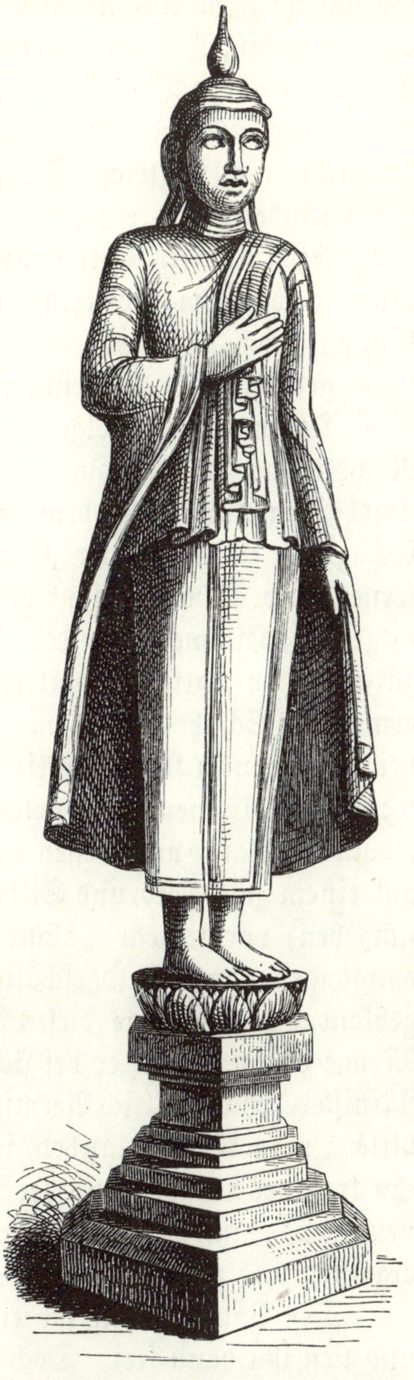
Buddha-Statue aus Rangun in Birma.
(Sammlung der Gebr. Schlagintweit.)

Die drei Stufen des Fortschritts und der Belohnung: glückliche Wiedergeburt, Aufnahme in Sukhawati und Nirwana, werden von den Buddhisten mit drei Fahrzeugen verglichen, die an „das jenseitige Ufer" der Erkenntniß führen. Ein Gleichniß darüber will beweisen, daß eigentlich alle drei zu demselben Ziele führen. Es lautet: „In Abwesenheit des Vaters geräth ein Haus in Brand, während sich die Kinder im Innern desselben befinden. Das Haus hat nur einen Ausgang. Der erschrockene Vater eilt herbei und ruft den Kindern zu, doch das brennende Haus eilig zu verlassen; aber diese, die Gefahr nicht ahnend, folgen der Aufforderung nicht sogleich. Da gebraucht der Vater eine List und ruft, die Neigung seiner Kinder wohl kennend, es stehe ein kleiner Wagen mit Ochsen bespannt, einer mit Ziegen und ein dritter mit Antilopen vor der Thür, ob sie nicht das schon so lange gewünschte Spielzeug benutzen wollten. Und eilig stürzen die Kinder hinaus; doch statt der erwarteten drei niedlichen Fuhrwerke finden sie nichts als einen gewöhnlichen Ochsenkarren, auf den sie unter Weinen gehoben werden."

Daß man erst infolge besonderer Belehrung, Vorbereitung und unausgesetzten Nachdenkens zur Vollkommenheit gelangen könne, suchen die heiligen Schriften der Buddhisten durch eine dem biblischen Gleichnisse vom verlorenen Sohn ähnliche Erzählung zu erläutern: „Ein Sohn trennte sich von seinem Vater und zog in ein fernes Land. Dort versank er in tiefe Armuth und durchwanderte des Unterhalts wegen alle Himmelsgegenden. Endlich kam er als Bettler wieder in sein Vaterland zurück. Hier hatte sich unterdessen sein Vater durch Handel und Güterkauf unermeßliche Schätze erworben. Doch hatte er des Sohnes stets gedacht und denselben bei zunehmender Kränklichkeit gar oft zurückgewünscht, um ihm sein Vermögen zuwenden zu können. Da gelangte der Langvermißte endlich auch nach dem Orte, wohin der Vater unterdessen übergesiedelt war, und es traf sich, daß derselbe gerade auf einem mit Gold und Silber geschmückten Sessel, von einer großen Dienerschar umgeben, vor seinem Palaste saß, die Huldigungen der vornehmsten Nachbarn empfangend und Geldgeschäfte von Millionen abschließend. Der arme Sohn, geblendet vom Glanze dieses Schauspiels, schrak zusammen und schlich durch die Menge davon, indem er bei sich dachte: „Gewiß ist dies der Radscha oder doch sein Minister. Was soll ich Aermster hier? An solchem Orte darf ich nicht um Gaben bitten; man könnte glauben, ich trüge Böses im Sinne." Allein der Vater hatte ihn trotz der Lumpen und der Abmagerung wiedererkannt und sendete voll Freude Leute aus, um den Bettler wieder zur Stelle zu schaffen. Der Fliehende wurde ergriffen und zurückgebracht — er verlor vor Angst das Bewußtsein.

Der Vater weidete sich einige Zeit am Anblicke des lange entbehrten Sohnes und ließ ihn dann frei. Doch schickte er ihm zwei der niedrigsten Diener nach und ließ ihn für den gewöhnlichen Lohn zu der Arbeit auf den Dungstätten miethen. Jener nahm das Anerbieten an und wohnte von da an zwanzig Jahre lang mit seinen Gefährten in einer elenden Strohhütte hinter dem Hause, genau beobachtet von seinem reichen Vater. Endlich ging dieser zu ihm, aber in einfachem Gewande, und bot ihm, ohne sich zu erkennen zu geben, reichlichern Lohn und bessere Kleidung und Kost an; ja, er bat ihn, sich von nun an als seinen Sohn zu betrachten.

Nirwana des Sakhyamuni. (Nach einem Gemälde im Tempel von Toung-fou-szu zu Miako in Japan.)

Jedoch in den Palast nahm er ihn noch nicht auf; der Sohn blieb auch weiterhin in der Hütte wohnen. Erst nach und nach legte er seine Befangenheit ab, wurde durch Belehrung auf Höheres hingeleitet, um mit Würde als Sohn des reichen Mannes auftreten zu können; er lernte allmählich den Umfang der seiner wartenden Reichthümer schätzen und erkannte endlich auch seinen Vater."

Gerade bei diesem Gleichnisse tritt es recht grell hervor, wie weit die spätere aristokratische Auffassung des Klerus sich von dem reineren Prinzipe Buddha's entfernt hat. Zugleich fühlt man aber auch recht deutlich, wie sehr dem Buddhismus der Glaube an einen persönlichen Gott voll Liebe und unbegrenzter Gnade mangelt! Er verlangt blos den Glauben an Buddha, als den Erlöser; da aber jeder Mensch im Stande ist, es bis zum Buddha zu bringen, so müssen wir sagen: er verlangt den Glauben, daß Erlöser erscheinen werden und bereits erschienen sind. Diese werden durch Gebete und Opfer verehrt, daneben aber auch eine Masse anderer Götter und Dämonen angerufen.

Unter den Schulen, welche im Laufe der Zeit das von Buddha mündlich Gelehrte im vollen Umfange zu besitzen und weiter ausgebildet zu haben im Streite gegen einander sich rühmten, sind vorzüglich drei hervorzuheben. Das Hinayana-System ist wol das älteste. Das Eingeborensein in die Erscheinungswelt wird hier als das Grundübel des menschlichen Wesens betrachtet, insofern der Mensch doch am Dasein, am irdischen Leben Gefallen finde und, in den diesseitigen Freuden schwelgend, von einer Sünde in die andere verfalle. Man müsse zunächst überzeugt werden, daß kein Glück auf Erden ungetrübt sei, sondern stets mit Schmerzen und üblen Folgen verknüpft, und werde dann einsehen, daß die Existenz ein Uebel, ja eine Strafe sei. Zu diesem Bewußtsein, also zur Befreiung von der angeborenen Unwissenheit, führen Tugendübung und Betrachtung der Gründe des Seins und der Sünde. Wenn auch der Beschauung nicht übernatürliche Wirkungen zugeschrieben werden, so soll doch die Zusammenfassung der Gedanken die Fortschritte in der Erkenntniß wesentlich befördern. Die Sammlung des Geistes zu diesem Behufe wird aber immerhin als schwierig dargestellt, und man giebt verschiedene Mittel an, um dahin zu gelangen, unter anderen auch das Zählen der Einathmungen und Ausathmungen. Da aber die geistigen Anlagen der Menschen verschieden sind, so werden auch nicht alle im Stande sein, die volle Erkenntniß zu erlangen. Die Hinayanisten nehmen nicht weniger als sieben Stufen der Buddhaweisheit an. Auf der dritten ist bereits die Qual der Wiedergeburt überwunden, jedoch die Seligkeit Nirwana's noch nicht erreicht. Den vierten Grad können nur Solche erreichen, welche der Welt entsagt haben und dadurch zugleich würdig geworden sind, in die Versammlung der Kleriker aufgenommen zu werden. Mit dieser, sicher nicht von Sakhyamuni herrührenden, sondern erst später aufgebrachten Ansicht wurde die Kluft zwischen Klerus und Laienthum befestigt und der Buddhismus trat dadurch wieder in nahe Verwandtschaft zum Brahmanenwesen. Die zur fünften Stufe Gehörigen besitzen wol die Weisheit Buddha's, können aber nicht als Buddhalehrer auftreten; dies ist erst der vorletzten Stufe vorbehalten. Die Buddhaweisheit selbst wird von keinem Gute übertroffen.

Buddhistischer Tempel mit den Graburnen der Könige von Siam.

Von der Höhe aus, zu welcher sich ihr Inhaber emporgeschwungen hat, überschaut der Buddha-Weise alle Gebiete und alle Zeiten, erhält die Fähigkeit, Alles, was über die Menschenkraft hinausliegt, zu thun und jede beliebige Gestalt anzunehmen.

Das Mahayana-System soll ungefähr 200 Jahre vor unserer Zeitrechnung von dem Inder Nagardschuna aufgestellt worden sein. Das Grunddogma, von welchem er ausging, war der Zweifel an der Wirklichkeit des Daseienden. Nach ihm existirt alles Vorhandene nur in der Einbildung, ist Sinnestäuschung; das wahrhaft Existirende ist das leere, inhaltlose Nichts. Von diesem skeptischen Standpunkte aus brauchte also die Befreiung von der Existenz, als der Ursache von Schmerz und Sünde, gar nicht mehr angestrebt zu werden. Was dort zerstört werden sollte, war hier ja eigentlich gar nicht vorhanden. Das System verlangt demzufolge nicht blos, daß die Liebe zum Diesseits, die Anhänglichkeit an das irdische Leben, abgestreift werde, sondern daß auch das Nachdenken sich nicht auf die Existenz der Dinge richte, sondern auf das Ergründen des inhaltlosen Nichts. Auch diese Schule forderte nebenbei die Uebung der sechs Kardinaltugenden und strenge Askese. Doch gestand sie auch den Laien die Möglichkeit zu, die Buddhawürde erreichen zu können.

Im System des Mystizismus endlich erscheint neben der Ausdauer in der Selbstbeschauung und der Sammlung der Gedanken der Glaube an die Macht gewisser Zaubermittel, um die Fesseln menschlicher Unwissenheit zu brechen. Dahin gehören gewisse Formeln und Sprüche (Dharani) und besondere Figuren und Gebräuche (Mantra's). Zwar sagt die Schule, daß beide Mittel wirkungslos blieben, wenn die Moralität und das Nachdenken nicht hinzutritt, aber sie behauptet doch auf der andern Seite, daß bei Vernachlässigung jener abergläubischen Mittel die Uebung der Tugend und das ausdauerndste Nachdenken zu nichts helfen! Dagegen zeigt sich wieder gerade bei dem Mystizismus eine Spur von monotheistischen Anklängen. Das leere Nichts, das Wesen aller Dinge (Alaya), ist die Grundlage, die Seele vom Wesen aller Dinge, „die sich in Allem wiederspiegelt, wie der Mond im Wasser." Nach ihm, nach dem pantheistischen Eins und Nichts, geht der Zug aller Wesen, auch der Menschen, in deren gewöhnlicher Existenz sich das Alaya getrübt und unrein spiegelt. Die auf Erden erscheinenden Buddha's wandeln als Menschen im „Reich der Gelüste", oder sie sind mit höherer Machtbefugniß ausgestattet und befinden sich im „Reiche der Formen", oder sie sind eingegangen in Alaya's reine Klarheit als vollkommene und ganz fertige Buddha's und existiren dort ohne Namen und Merkmale.

Die Anbetung der Buddha's führte auch auf die Reliquienverehrung. Schon vom König Asoka wird erzählt, daß er die sieben Monumente, welche ursprünglich die Ueberreste Sakhyamuni's enthalten hätten, habe öffnen und die einzelnen Reliquienhäufchen in 12,000 Portionen, im Ganzen also in 84,000 Theile, habe abspalten lassen. Dann wären die getheilten Reliquien wieder in Särge von Gold, Silber, Krystall und Lasurstein verwahrt worden und Asoka habe über jedem Schrein ein Denkmal errichtet und daneben ein Kloster (Wihara) erbauen lassen. Derselbe König soll auch bereits den vornehmsten Jüngern Buddha's solche Heiligthümer errichtet haben. Diese, Stupa's oder Dagoba's (von dhatu, Reliquie, und gabba, Sarg; später wurde das Wort Pagode daraus), waren ursprünglich blos aufgethürmte Erdhaufen, später aber flaschen- oder cylinderförmige Ummauerungen einer den Reliquienschrein enthaltenden Kammer. An den Wänden fast aller Stupa's ist Buddha in sitzender Stellung dargestellt, als tief Nachsinnender.

Eines der ältesten von diesen Buddhaheiligthümern befindet sich bei Anuradhapura auf Ceylon (S. 321). Es hat $15^{3}/_{4}{}^{m}$—$18^{3}/_{4}{}^{m}$ Durchmesser und Höhe und steht auf einer Plattform von $2^{3}/_{4}{}^{m}$ Höhe, welche von drei Reihen Säulen umgeben ist, die aus $8^{1}/_{3}{}^{m}$ hohen Granitmonolithen bestehen. Dieser Stupa stammt noch aus der Zeit Asoka's. Die meisten Stupa's sind übrigens später mit größeren Pagoden überbaut worden.

Inneres eines buddhistischen Tempels.

Ebenfalls auf Ceylon, in der Stadt Kandy, der alten Metropole der Insel, befindet sich noch die berühmteste Buddhareliquie, ein Zahn des Heiligen. Derselbe wird in einem Tempel unter einem glockenförmigen, gold- und juwelengeschmückten Behälter aufbewahrt, zu welchem die Priesterschaft und die englischen Behörden die Schlüssel besitzen und welcher höchst selten geöffnet wird. Doch behaupten Ungläubige, es sei gar kein Menschenzahn, sondern wahrscheinlich der primitive Hauer eines jungen Elefanten!

Die Halbheit in der Stellung zum Brahmanismus, welche Sakhyamuni zu befolgen für gut befunden hatte, trug für seine Anhänger in Indien selbst böse

Früchte. Die Brahmanen hörten natürlich nicht auf zu opponiren und dem Buddhismus sein Gebiet streitig zu machen, und im siebenten Jahrhunderte unserer Zeitrechnung erstarkte ihr Einfluß dem lauer gewordenen Glaubenseifer der Feinde gegenüber in solchem Grade, daß der alte Dienst der Naturgötter wieder die Oberhand erhielt. Ja, endlich kam es zu blutigen Verfolgungen der Buddhisten. Die Klöster und Stupa's wurden zerstört, die Bhikschu's ermordet, die Felsentempel den brahmanischen Göttern geweiht. — Wie heftig die damalige Verfolgung gewesen sei, bezeugt folgender Befehl eines Königs:

„Von der Brück' an die Schneeberg' hin, wer die Buddha's, so Greis wie Kind,
Nicht erwürgt, soll erwürgt werden."

Die Brücke ist das oben erwähnte Bauwerk Hanuman's zwischen Dekhan und Ceylon und die Schneeberge bedeuten das Himalajagebirge; es erstreckte sich also das Morden über das ganze indische Land. So giebt es denn jetzt auf der vorderindischen Halbinsel keine eigentlichen Buddhisten mehr. Doch ist das Lehrsystem der besonders unter dem Handelsstande in Indien weit verbreiteten Sekte der Dschaina's, von den Brahmanen Wakri's, „Heuchler", genannt, von dem buddhistischen wenig verschieden. Auch diese stellen ihre Heiligen höher als die indischen Götter, verwerfen die Weda's und gehen in ihrer Scheu vor Zerstörung des Lebendigen so weit, daß sie dem ekelhaftesten Gewürm Spitäler bauen!

Was der Buddhismus in Indien einbüßte, das gewann er im Norden, Osten und Nordosten durch Missionen und durch die Auswanderung der indischen Priester. Gegenwärtig zählen die Buddhisten zwei Dritttheile der Bevölkerung von China, Japan und Hinterindien zu den Ihrigen, während Ceylon, Tibet, die Mongolei und die Himalajadistrikte ihnen ganz gehören. Das Hauptland der Buddhareligion ist aber Tibet. Hier ist es der Hierarchie gelungen, den höchstmöglichen Einfluß auf das grundsätzlich in Unwissenheit erhaltene Volk zu gewinnen. Die obersten Priester gelten geradezu als Inkarnationen der Gottheiten selbst, welche zum Heile der Menschheit herabsteigen, um die reine Religionslehre und deren Befolgung zu fördern. Der oberste Geistliche, der Dalai Lama, „Priesterozean", der in Lhassa, „der Götterstadt", residirt und zugleich der weltliche Regent von dem größten Theile Tibets ist (ein zweites geistliches Oberhaupt, der Pantschen Rinponsche, wohnt in Taschi-Lhunpo, „der Stadt des erhabenen Ruhms"), wird für die von ihm auf den jedesmaligen Nachfolger übergehende Verkörperung des Gottes Padmapani, welcher der Stellvertreter des zuletzt erschienenen Buddha ist, ausgegeben. Die Priester selbst sind eigentlich alle Mönche, sind aber nicht verbunden, immer im Kloster zu leben. Die Klöster selbst sind zum Theil sehr weitläufige Gebäude, mit Umfassungsmauern versehen und gern auf hohen Punkten angelegt.

Jedes Kloster steht unter einem Abt, welcher von den Mönchen auf sechs Jahre gewählt wird, aber vom Dalai Lama erst bestätigt werden muß. Nur der Vorsteher eines Klosters führt eigentlich den Titel Lama (der Obere); der Mönch heißt Gelong. Aus Artigkeit nennt man aber Alle, die das Klostergelübde abgelegt haben, Lama's. In Lhassa selbst soll es deren 18,000 geben.

Ueber die Einrichtung der Tempel sagt E. Schlagintweit:

„Der Tempel ist entweder ein besonderes Gebäude oder eine große, dazu hergerichtete Halle in dem Erdraume des Wohnhauses. Im Hintergebäude, meistens dem Eingange gegenüber, sind zierliche Bänke, in zwei bis drei Reihen terrassenförmig über einander gestellt, die größeren nach unten; Bücher ruhen darauf. Statuen von Gottheiten, Opfergeräthe und Gefäße sind in schöner Ordnung aufgestellt. Dies ist der Altar. Von der Decke herab hängen Zeuge mit Gottheiten bemalt, oder in großen ornamentalen Verschlingungen die sechs Silben des Om mani padme hum (O, das Kleinod im Lotus, Amen!) zeigend. An den Wänden, welche häufig bemalt sind, und an den Pfeilern hängen Musikinstrumente und Opfergewänder.

Buddhistisches Kloster in Japan.

Das Licht fällt sehr oft von oben herein; doch auch dann, wenn die Beleuchtung durch schmale Oeffnungen an den Seitenwänden stattfindet, ist der Raum nur ungenügend erhellt. Dieses, verbunden mit dem Dufte von Weihrauch, ist wohl geeignet, das Gemüth zur Andacht zu erheben. Der gewöhnliche tägliche Gottesdienst besteht im Absingen von Gebeten und Hymnen. Dreimal des Tages werden Mehl, Butter, Blumen und Getreide als Opfer in Schalen auf den Altar vor den Gottheiten aufgehäuft; Tamarindenholz und wohlriechende Kräuter werden verbrannt und der Gesang durch eine laute, aber nicht angenehm tönende Musik mit Blasinstrumenten, Trommeln und Klangtellern begleitet. Monatlich dreimal findet in den Klöstern ein feierlicher Gottesdienst statt, welcher mehrere Stunden dauert."

Große Bedeutung hat im heutigen Buddhismus die Beichte, insofern man annimmt, daß ein reumüthiges Bekenntniß der einzelnen Sünden die Schuld tilge. Doch gehören dazu noch lange Gebete zu gewissen Gottheiten und der Genuß des durch Ueberguß über ein Buddhabild geweihten Wassers. Mehrere Male im Jahre werden auch allgemeine dreitägige Bußtage angestellt, an denen der letzte Tag unter strengem Fasten ausschließlich in den Tempeln zugebracht wird. Das Hersagen einer großen Zahl von Gebeten (oft bis 100,000 an einem Tage) ist eine Hauptbedingung zur Sündenvergebung, und um sich diese Mühe zu erleichtern, hat man den Grundsatz aufgestellt, daß das bloße andächtige Vorübergehen an Flaggen oder Mauern, die mit Gebeten bedeckt sind, dem Hersagen der betreffenden Formeln selbst gleichkomme, ja, man ist in Tibet wie in Japan zu diesem Zwecke auf wirkliche Gebetmaschinen verfallen. Die Abbildung auf S. 338 zeigt ein solches japanisches Gebetsrad, von welchem in der Beschreibung der amerikanischen Expedition nach Japan unter Commodore Perry Folgendes gesagt wird: „Auf den Kirchhöfen standen hohe Pfosten mit darauf angebrachten Gebetsinschriften und Sinnsprüchen über die Nichtigkeit des irdischen Daseins und die Freude der Seligen. Beinahe in der Mitte seiner Höhe, wohin man leicht mit der Hand reichen konnte, hatte jeder dieser Pfosten einen Einschnitt, in dem ein Rad um seine Achse lief. An jeder Speiche desselben waren zwei kleine eiserne Ringe lose befestigt. Es gilt für ein oder mehrere Gebete, wenn das Rad in Bewegung gesetzt wird. Wer das Rad sehr in Schwung bringt, erwirbt sich das größte Verdienst und hat außerdem noch den Vortheil, daß die stärker klingenden Ringe die Gottheit auf ihn aufmerksam machen." In Tibet hat man eine Art Gebetmühlen, bei denen das die niedergeschriebenen Gebete enthaltende Papier auf einen Cylinder gewickelt ist. Die kleineren derselben werden mit den Händen, die größeren öfter durch Wasser in Bewegung gesetzt. Die in steter Rotation gehaltenen Gebete sollen dieselben Dienste leisten wie die gesprochenen! Welches Verdienst um das Seelenheil seiner Pflegebefohlenen kann sich ein fleißiger Buddhapriester an einem einzigen Tage schon erwerben! Natürlich ist dieses mechanische Sichabfinden mit der Gottheit selten mit Andacht verbunden. Großer Aberglaube wird endlich noch mit dem Bannen der bösen Geister, deren Einflusse auch jede Krankheit zugeschrieben wird, getrieben, und dieses sowol als die Astrologie bildet eine Hauptquelle der Privateinnahmen für die Lama's.

Bei den in Materialismus versunkenen und im Allgemeinen in Bezug auf religiöse Dinge sehr gleichgiltigen Chinesen zählt die Lehre Buddha's (hier Fo genannt), neben den Religionen des Konfutse und des Laotse, die meisten Anhänger. Merkwürdigerweise spaltet sich aber der Buddhismus im Blumenreiche der Mitte in zwei verschiedene Kirchen. Der Lamaismus, dessen Hauptsitz Tibet ist, herrscht in allen Ländern zwischen dem Himalaja, der russischen Grenze und der chinesischen Mauer, im eigentlichen Mongolen- oder Mandschulande. Er soll das Werk des großen Reformators Tsong Kaba sein, der um die Mitte des fünfzehnten Jahrhunderts im mongolischen Lande Amdoa geboren wurde und im Kloster Kaldan begraben liegt. Im eigentlichen China besitzen die reformirten Buddhisten nur einzelne Tempel. Zu diesen gehört auch das berühmte Kloster der tausend Lama's in Peking. Frau von Bourboulon, die das Heiligthum im Jahre 1861 besuchte, erzählt von den beobachteten Kultusgebräuchen Folgendes: „Der Oberpriester oder Großlama sitzt dem Altar gegenüber auf einem vergoldeten Stuhle, und seine Kleidertracht gemahnt an die eines katholischen Bischofs. Er hält in seiner Rechten einen langen Kreuzstab, hat auf dem Haupt eine gelbe Bischofsmütze und über den Schultern hängt ein von einer Spange zusammengehaltener Chormantel. Die Priester knieen oder liegen, meist zu Zehn, auf Matten, zwischen denen freie Gänge bleiben. Sie tragen eine gelbe Kopfbedeckung, ein gelbes, seidenes Gewand mit einem Gürtel von rother Seide und sind barfuß, weil sie zum Zeichen der Demuth ihre scharlachrothen Sammetstiefel vor dem Eingange abgelegt haben. Plötzlich ertönt der gewaltige Klang des Gong; er mahnt zur Sammlung und zum Gebet. Der Oberpriester kniet auf das vor ihm liegende Haarkissen hin; die übrigen Lama's werfen sich mit ausgestreckten Armen nieder und beten an. Der Sakristan schellt mit einer Glocke und die Lama's murmeln leise ihre Gebete, welche sie von kleinen Streifen beschriebenen Seidenpapiers ablesen. Ein zweiter Schlag auf die Kesselpauke deutet an, daß die heiligen Gesänge angestimmt werden sollen, und die Wechselgesänge zweier Chöre beginnen. Auf die gewaltige und ergreifende, aber etwas eintönige Vokalmusik folgt die Instrumentalmusik. Drei Lama's schlagen den Takt; der eine paukt auf eine Trommel, ein zweiter auf ein kupfernes Becken; der dritte hat eine große Schnarre. Zu den Tönen dieser Instrumente kommen noch die von Seemuscheln, Glocken und Gongs, so daß das Ganze eine sehr seltsame Musik, ein geistliches Charivari bildet. Der Gottesdienst dauerte etwa eine Stunde; die Pausen zwischen der Vokal- und Instrumentalmusik wurden ausgefüllt durch — Schweigen. Manchmal berührten die Lama's den Fußboden mit der Stirn, während der Großlama seine Arme erhob, um den Segen des Himmels zu erflehen."

Die ältere Buddhistenkirche in China ist durch das Fehlen eines hierarchischen Ausbaues und durch die Armseligkeit der Priester (Bonzen) beim besseren Theile des Volks in Verfall und Mißkredit gekommen. Da sich selten Leute aus anständigen Familien zu Bonzen hergeben, so pflegen sich ältere Bonzen arme Knaben zu kaufen, benutzen dieselben als Diener und gewöhnen sie allmählich an die Lebensweise und die Obliegenheiten des geistlichen Amts. Außerdem kann sich Jeder auf die leichteste Weise zum Bonzen machen; er schert sich das Haupthaar ab, zieht einen grauen Rock mit weiten Aermeln an und trägt die rothe Mütze. Will er nicht länger diesem Stande angehören, so schneidet er die weiten Aermel ab und läßt den Zopf wieder wachsen! Im südlichen China giebt es auch Bonzinnen. Die Regierung scheint die Buddhisten ebenfalls nicht zu begünstigen; ja, auch die Taiping-Rebellen haben neuerdings alle Bonzen ermordet, die in ihre Hände fielen.

Die Leichen der Bonzen werden in der Buddhastellung in große Thongefäße gesetzt; darüber stülpt man ein zweites hohes Gefäß als Deckel und ummauert das Ganze bis zur Höhe des letztern.

In Siam hat sich die Buddhareligion im Ganzen etwas reiner erhalten als in China. Die Priester heißen Phra; die Europäer nennen sie aber nach dem Fächer (Talapat), den sie tragen, Talapoinen. Sie leben in Klöstern zusammen und durchziehen in ihrer gelben Kleidung, Almosen heischend, das Land. Nur drei Monate im Jahre, nämlich während der Regenzeit, sind sie verpflichtet, im Kloster zu bleiben. Es trägt aber selten Jemand länger als zwei Jahre die Ordenstracht, worauf er dann, gegen die Regel, heirathet. In den Bildnissen Buddha's sehen die Gebildeten nur Erinnerungsdenkmale, das gemeine Volk aber traut ihnen übernatürliche Einflüsse zu.

Ein merkwürdiges, aus dem vierzehnten Jahrhundert stammendes Denkmal buddhistischer Baukunst findet sich in Boro-Buddor auf der Insel Java. Es ist eine Tempelanlage von großartiger Komposition. Auf einer doppelten Terrasse mit reich verzierter Brüstung erhebt sich zunächst ein $2^1/_2{}^m$ hoher Sockel, dessen jede Seite 125^m lang ist und in der Mitte einen doppelten Vorsprung hat. Dieser Sockel ist ringsum, also in einer Länge von 500^m, mit Reliefs besetzt und trägt, gleich den über ihn sich erhebenden 4 stufenförmig zurücktretenden Stockwerken von je $2^1/_2{}^m$ Höhe, Reihen von Tabernakeln, in deren Nischen Buddhafiguren — im Ganzen gegen 500! — sind, deren Dächer mit Stupamodellen geziert, deren Zwischenräume mit Skulpturen ausgefüllt sind. An den 4 Seiten dieser durch 5 Geschosse gebildeten flachen Pyramide erheben sich, immer kleiner werdend und um etwa $1^1/_2{}^m$ aus einander aufsteigend, drei kreisförmige Plattformen, deren untere mit 32, die nächste mit 24, die dritte mit 16 Stupamodellen besetzt ist. In der Mitte der letzten steht der oberste Stupa, dessen Spitze beinahe um $56^1/_4{}^m$ das Niveau des Baues überragt.

Auch in Japan hat der Buddhismus von Hinterindien und Ceylon aus Wurzel gefaßt. Doch wurde es ihm Anfangs schwer, Fortschritte zu machen, bis endlich um das Jahr 530 ein Bonze von Korea durch seine Beredsamkeit der Lehre Eingang verschaffte. Geschnitzte Statuen Buddha's giebt es überall, in den Tempeln, in den Kapellen, an den Straßen und in Schreinen, die in Hainen und auf Bergen aufgestellt sind. — Bei der Stadt Hakodade sah der schon erwähnte Commodore Perry während seiner Reise (1853—55) auf dem Gipfel eines 466^m hohen Berges ein $3^3/_4{}^m$ hohes Gnadenbild des Buddha in der gewöhnlichen Stellung dargestellt. Ein gut unterhaltener Pfad wand sich hinauf, von hölzernen Portalen unterbrochen, neben denen sich kleine Heiligenstatuen nach Art der katholischen Kalvarienstationen befanden. In einer Höhe von 91^m war ein kleiner Tempel erbaut, 62^m höher ein zweiter und noch 154^m höher ein dritter.

Die eigentliche Staatsreligion in Japan ist die uralte Sintoreligion. Das höchste Wesen derselben wird für viel zu erhaben und heilig geachtet, um sich in direkten Verkehr mit den Menschen setzen zu können. Deshalb nimmt man noch 492 hohe Zwischenwesen und 2640 kanonisirte fromme Menschen zu Vermittlern.

Buddha-Verehrung im Kloster der tausend Lama's zu Peking.

Eine große Rolle in der Gottesverehrung spielen die Wallfahrten und vor Allem die nach dem großen Tempel der Sonnengöttin in Izya. Je mehr Mühseligkeiten der Pilger auszustehen hat, desto verdienstlicher ist seine Reise, und deshalb unternehmen dieselbe selbst reiche Leute zu Fuße und im Bettleraufzuge.

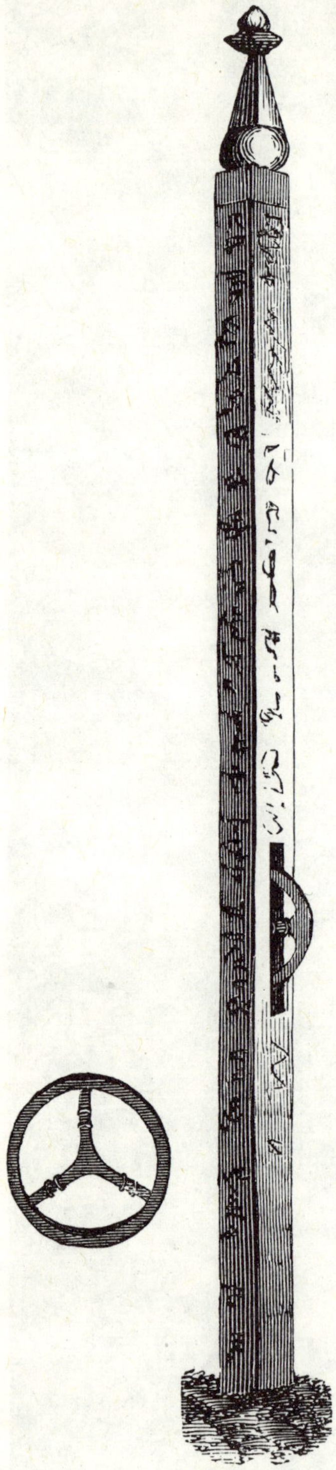

Gebetsrad.

Von der Einrichtung der japanischen Tempel sagt Perry: „Beim Eintritt in einen Tempel rüttelt der Andächtige an einem nahe beim Eingang befindlichen Strohseil, an dem mehrere Schellen befestigt sind, um Gott auf seine Ankunft aufmerksam zu machen. Gleich daneben befindet sich ein großer Opferkasten, in welchen die Gaben niedergelegt werden. Das Innere des Tempels enthält eine geräumige Halle, deren Hauptaltar in seiner ganzen Ausrüstung sehr denen der Chinesen gleicht; besonders sind Vasen mit Lotusblumen sowie Rauchbecken und Kandelaber vorherrschend. Zur Linken des Altars steht ein niedriges Tischchen, worauf zwei bronzene Glocken von schönem, vollem Ton angebracht sind, die kleine eine Quinte höher als die größere gestimmt, und zu jeder dieser Glocken gehört ein besonderer Schlägel. Links neben diesem Tischchen steht ein niedriges Lesepult, worauf drei Bücher, die Gebete enthaltend, liegen. Rechts daneben befindet sich eine etwa $^1/_2{}^m$ im Durchmesser haltende hohle, hölzerne Kugel mit einem Einschnitte, einer riesenhaften Schlittenschelle gleichend, welche gewöhnlich sehr schön roth lackirt und mit goldenen Verzierungen versehen ist. Der pontifizirende Priester kniet bei Sonnenaufgang und Sonnenuntergang, den beiden Hauptzeiten für die Verrichtung der Andacht, vor diesem Tischchen nieder, schlägt zuerst an die größere Glocke, und während diese noch fortklingt, beginnt er in näselndem Tone Gebete abzulesen, wozu er auf der hölzernen Kugel den Takt angiebt und gelegentlich auch einmal die kleinere Metallglocke dazwischen tönen läßt. Die Andächtigen knieen vor dem Altare und reiben fortwährend eine Art von Rosenkranz zwischen ihren gefalteten Händen. Bevor sie den Tempel verlassen, werfen sie entweder eine kleine Geldgabe in den Opferkasten oder bringen solche dem Priester selbst in Gestalt von Reis, Fischen und sonstigen Lebensmitteln dar."

Gebete werden überhaupt fortwährend und auf die verschiedenste Weise verrichtet; ja, damit selbst der Eile habende Reisende nicht seine religiöse Pflicht versäume, sind an manchen Stellen an der Landstraße die auf Seite 334 beschriebenen

Tempelanlagen zu Boro-Buddor.

und nachgebildeten Pfosten angebracht. Eine Andacht kann also in kürzester Zeit verrichtet werden.

Entweder durch den Bekehrungseifer buddhistischer Missionare oder durch Einwanderung ostasiatischer Stämme scheint die buddhistische Religion eine Zeit lang selbst in Amerika festen Fuß gefaßt zu haben. Wenigstens berichtet ein chinesischer Geschichtschreiber des fünften Jahrhunderts nach Christi Geburt über ein weit von China über dem Meere liegendes Land, daß seine Einwohner Buddhisten wären, und man kann dabei füglich an Mexiko denken, wo dann die Eroberung des Landes durch die Azteken dem asiatischen Eindringling ein Ende gemacht haben würde. Nach der Ansicht einiger Forscher hätte sich der Buddhismus auch bis in den hohen Norden Europa's Bahn gebrochen.

Die Wirkungen des Buddhismus werden in allen Ländern, wo sich Bekenner von ihm finden, nicht allein durch allerlei niedrigen Aberglauben beeinträchtigt, sondern auch besonders dadurch, daß die Tugend nicht um ihrer selbst willen geübt wird, sondern aus Furcht vor dem Elende der irdischen Wiedergeburt, und daß er die Erkenntniß eines über allen menschlichen Schwächen stehenden, in freier Selbstbestimmung die Welt regierenden höchsten Wesens ausschließt. Außerdem hindert die Priesterschaft die geistige Entwicklung des Volkes, aus Furcht, ihren nur auf Unwissenheit und Aberglauben beruhenden Einfluß zu verlieren.

Büßender chinesischer Bonze.

König aus der Sassanidenzeit; rechts ein Mobed, links eine Priesterin.
Nach einer Skulptur aus den Ruinen von Nakschi Rustam bei Persepolis.

Medisch-persische Mythologie.

Während ein Theil des ursprünglich in den Quellgebieten des Sihon und Amu seßhaften Nomadenvolkes der Arier nach Süden auswanderte und durch das Pendschab nach Indien vordrang (vgl. S. 286), wendete sich ein anderer mit seinen Herden nach Westen und siedelte sich auf der Hochebene von Iran und Kabulistan an. Dieser arische Stamm, nach seiner heiligen Sprache das Zendvolk genannt, scheint lange Zeit die im vorigen Abschnitte besprochene Naturreligion seiner Heimat beibehalten zu haben. Den strahlenden Sonnenball, die sanfte Morgenröthe, das flackernde Feuer, den verdorrenden Wind, das blaue Himmelsgewölbe dachten sie sich ebenfalls als persönlich existirende Gottheiten, und wie bei den Indern der blitzende und donnernde Indra die erste Stelle behauptete, so hat wahrscheinlich schon sehr früh bei den Iraniern der Lichtgott Mithra (der indische Mitra) eine Hauptrolle im Kultus gespielt. Daß die Phantasie des Zendvolkes sich weniger reich und schöpferisch in Bezug auf die Gestaltung der Götterwelt erwiesen hat, als die der Arier in dem üppigen Gangeslande, erklärt sich aus der Einförmigkeit des von ihm bewohnten Landstriches. Aber schon von vornherein wirkten die heftigen Gegensätze der Natur in demselben auf die Ausbildung des Glaubens an wohlthätige Lichtmächte und feindliche Gewalten der Finsterniß.

Die alte Naturreligion erhielt der Legende gemäß durch Offenbarung eine wohlthätige Abänderung unter der Regierung des Königs Dschemschid. Seine Periode bildet das goldene Zeitalter der persischen Sage. Denn so lange er herrschte, gab es weder Kälte noch Hitze, weder Alter noch Tod, und die Menschen schienen nie älter zu sein als fünfzehn Jahre. Aber auch die Thiere starben nicht und die Früchte vertrockneten nicht; es fehlte nirgends an den Bedürfnissen des Lebens. Diesen Dschemschid erwählte Hom oder Heomo, ein auf dem Berggipfel Albordis waltender Genius der Höhen und des Wassers, zum Gefäße seiner göttlichen Mittheilungen. Die Einfachheit des nomadischen Zustandes schwand; feste Ordnungen und Gesetze regelten das Leben des Zendvolkes, das sich nun auch in Klassen und Stände zu gliedern begann. Sowie die ganze Tradition mythenhaft ist, bleibt es auch ungewiß, ob die Priesterkaste der Magier, die später aus Herbed's (Lehrlingen), Mobed's (Meistern) und Destur Mobed's (vollendeten Meistern) bestand, frühern oder spätern Ursprungs gewesen ist. Jenem Hom zu Ehren feierten die Perser später monatlich das Darunsfest und tranken dabei zu ungesäuerten Brötchen den berauschenden Saft des Lebensbaumes Hom (vergl. den Himmelsmeth Soma der indischen Naturreligion), der Heilung von allem Uebel bewirkte. Auch sonst stand die Freude an den Schatten und Erquickung gewährenden Bäumen in enger Verbindung mit der Verehrung Hom's. So hatte es auch einen religiösen Grund, daß der König Xerxes auf seinem Zuge gegen Griechenland unweit der lydischen Hauptstadt Sardes einen mächtigen Platanenbaum mit einem goldenen Schmucke beschenkte und eine eigene Wächterstelle zu seinem Schutze stiftete.

Dennoch war der heilige Hom nur Vorläufer des großen Propheten Zarathustra (Zoroaster), der die sinnliche Lehre von dem Lichtgotte Ahuramasda oder Ormuzd mehr durchgeistigen und versittlichen sollte. Auch seine Lebensumstände sind ein Gewirr von Fabeln und Sagen. Schon die Zeit seines Auftretens ist ganz unbestimmbar. Zwar setzen dasselbe die religiösen Urkunden der Perser in die Regierung des Königs Gustasp, der füglich kein anderer sein kann als Dareios Hystaspis; und damit stimmt auch so ziemlich, daß als zweiter Vorfahr dieses Gustasp der siegreiche Held Kay Chosrew genannt wird, in dem sich unschwer Kyros erkennen läßt. Da aber die Keilinschriften besagen, daß das heilige Gesetz um das Jahr 500 v. Chr. schon über das ganze Perserreich verbreitet war, so muß der Gründer desselben mindestens 200 Jahre früher gelebt haben. Aristoteles und der berühmte Astronom Eudoxos haben Zoroaster's Leben 6000 Jahre vor Plato's Tod zurückdatirt, und ihnen hätte doch ein unter Dareios Hystaspis lebender Religionsstifter gleichen Namens bekannt sein müssen. Andere Quellen lassen ihn übrigens 5000 Jahre vor Troja's Zerstörung oder einige tausend Jahre vor Mose auftreten. Ebenso giebt es fast keine Landschaft in Mittelasien, die nicht seine Wiege auf ihren Boden verlegt hätte.

Lächelnd erblickte der Wunderknabe das Licht der Welt, und zum Zeichen der auf ihm ruhenden Sehergabe pulsirte sein Gehirn so stark, daß es eine aufgelegte Hand zurückwarf. Die Magier hatten in den Sternen gelesen, daß Zoroaster der Macht der Magier gefährlich werden würde, und sannen auf sein

Verderben. Er entging jedoch glorreich allen Anschlägen, und als er endlich auf des obersten Magiers Geheiß in der Wüste ausgesetzt worden war, nährten ihn zwei Schafe in der Höhle einer Wölfin. Nachdem er dann trotz aller Zauberkünste seiner Gegner herangewachsen war, offenbarte sich ihm Ormuzd in vielfachen Gesprächen und gebot ihm, als Reformator der Lehre Hom's aufzutreten. Hierauf sammelte er in der Einsamkeit seinen Geist, schlug die Versuchungen des Gottes der Finsterniß, Ahriman oder Aramainjus, glücklich ab und ging muthig an den Hof des Königs Gustasp, wo es ihm gelang, durch feurige Rede und glänzende Wunder denselben zu bekehren. Zwar verdächtigten die Magier bald den Propheten, so daß er in Ungnade fiel und dem Gefängnisse überantwortet wurde; aber eine an dem Lieblingsrosse des Königs geübte Kur gewann diesen ganz für Zoroaster, so daß er nicht allein mit seinem Hause und Volke der neuen Lehre zugethan ward, sondern dieselbe auch ringsum gegen alle Feinde mit den Waffen verfocht. Zoroaster selbst soll noch viele Wunderthaten verrichtet und zahlreiche Schüler um sich gesammelt haben, endlich aber im siebenundsiebzigsten Lebensjahre gestorben sein. Seine Lehre hatte er niedergelegt in einem heiligen Buche, dem Zend-Awesta. Diese Urkunde soll auf Befehl Alexander's des Großen vernichtet worden sein. Später, sagt eine andere Ueberlieferung, habe man ihren Inhalt wieder aus dem Gedächtniß gesammelt. Eine neue Redaktion des Zend-Awesta hat sicher unter den Sassaniden (im 2. Jahrh. n. Chr.) stattgefunden, wo die Lehre Zoroaster's überhaupt eine Neubelebung erfuhr. Damals soll man auch angemerkt haben, wie viel von dem früher Vorhandenen verloren gegangen sei. Ursprünglich besaß das heilige Buch 21 Kapitel. Von diesen handelte z. B. das erste von den Gebeten und Lobpreisungen, das zweite von den guten Werken, das dritte vom heiligen Worte, das vierte von den Göttern, das fünfte von der Erde und ihren Produkten, das sechste vom Himmel, das siebente von den großen Festen u. s. w. Jetzt existirt nur das zwanzigste Buch oder der Wendidad, welches Reinigungsvorschriften enthält, und das Yasna, eine Sammlung von Hymnen, beide im Jahre 1754 von Aquetil du Perron aufgefunden.

Altpersischer König, welchem von Ormuzd die Königswürde verliehen wird. (Nach einer Skulptur aus den Ruinen von Nakschi Rustam bei Persepolis.)

Wie das heilige Gesetzbuch der Inder, Manu, umfaßte auch der Zend-Awesta das ganze weltliche und religiöse Leben und ist ein sprechendes Zeugniß von der Herrschsucht der medisch-persischen Priesterkaste, die den Kern der Zoroastrischen Lehre mit den genauesten liturgischen Vorschriften, mit Litaneien, Gebeten, Reinigungen und Büßungen für die speziell gesonderten Sünden umwoben hat, nachdem das lebendige Wort des Meisters längst verstummt war.

Schon die religiöse Anschauung der alten Arier hatte, wie oben gezeigt worden ist, den Kampf zwischen Indra und Writa, zwischen den Mächten des Lichts und der Finsterniß, zum Mittelpunkt gehabt. Zu dieser aus der Natur geschöpften Wahrnehmung fügte Zoroaster die Anwendung auf das ethische Gebiet hinzu, indem ja auch in der Menschenseele das Gute und Böse in ewigem Streit liegt. Und so schied er denn alles Geschaffene, die ganze reale und geistige Welt, in zwei Reiche (Dualismus): in eine reine Lichtregion, der auch alles Gute und Heilige zufiel und die von Ormuzd beherrscht wurde, und in eine Welt der Finsterniß und des Dunkels, zu der das Laster und die Sünde gehörte und die unter Ahriman's Regiment stand. Diese beiden Personifikationen der entgegengesetzten Weltprinzipe haben hinter sich als letzte Ursache und einheitlichen Grundbegriff alles Seins Zerwane Akerene, „die unerschaffene Unendlichkeit"; doch scheint diese Idee, entsprechend der des indischen Brahma, ein philosophischer Zusatz der Magier zu sein. Durch das Schöpfungswort Honower bannte zunächst Ormuzd seinen Feind auf mehrere tausend Jahre in das Reich der Finsterniß und begann dann seine Erweiterung der Schöpfung. Es entstanden nach seinem Willen zuerst die Amschaspand's, sechs reine Geister des Lichts, die befruchtend und erhaltend in Gemeinschaft mit Ormuzd selbst den Thron des höchsten Wesens umgeben und die Welt durchdringen. Unter ihnen stehen dann, als Götter zweiten Rangs, die Ized's (jazata, d. h. „der Verehrte"), 28 gute Geister, welche täglich verehrt werden mußten, weil sie beschützend und behütend in das menschliche Leben eingriffen. Unter ihnen war der mächtigste Mithra, ein Genius der Sonne, tausendohrig, zehntausendäugig, die Quelle des Lichtes und Glanzes. Direkt unter ihm stehen die Ferwer's (Frawaschi), die unzählige Masse der lichten Schutzgeister auf Erden und im Himmel, die über alles Glück und Gedeihen in der Natur und im Menschenleben wachen und unermüdlich dem Andringen Ahriman's gegenüber auf Posten stehen. Denn auch der Fürst der Finsterniß regte sich mächtig, als er seiner Fesseln entledigt war, und suchte alle Schöpfungen des Ormuzd zu vernichten, alles Glänzende zu schwärzen, Gift und Unheil zu säen, wo er konnte. Zu den Kreaturen der Erde gesellte er die Schlangen, die Raubthiere und die schädlichen Insekten, während der Stier, die Kuh, das Roß, der Hund und der Hase ganz besonders für Schöpfungen des Ahuramasda galten. Dasselbe glaubte man vom Adler (Simuroz), den die Achämeniden deshalb zu ihrem Feldzeichen erkoren. Zu Gesellen in dem Reiche der Dämonen schuf Ahriman sich die Dew's (Daewa's) an deren Spitze Eschem stand und die, ebenfalls nach Rangstufen und Klassen geordnet, der Geisterwelt Ormuzd's gegenüber traten.

Die ersten Menschen, Meschia und Meschiane, verehrten Anfangs

Ormuzd. Allein Ahriman schlich sich in ihre Herzen ein und sie fielen in Sünde, indem sie die Milch einer Ziege tranken und von Ahriman's Früchten aßen. Von hundert Glückseligkeiten, die sie bis dahin besessen hatten, behielten sie nur noch eine und brachten Tod und Unglück auf alle ihre Nachkommen. Doch erbarmte sich Ormuzd ihrer, sandte ihnen durch seinen Propheten das Gesetz des Lichtes und läßt sie durch seine Ferwer's vor den Nachstellungen der Dew's schützen, die besonders von dem nördlich von Iran liegenden Steppenland Turan aus hereinstürmen.

Dadgah, Feuertempel der Parsen bei Baku auf der Halbinsel Abscheron.

Der Diener des Ormuzd soll seine Seele rein zu halten suchen durch Gebete zu den Geistern des Lichts, durch Lesen des Zend-Awesta, durch gewissenhafte Ausübung des Feuerkults, durch Sühnopfer, durch Vertilgung der schädlichen Thiere und Anpflanzung reiner und nützlicher Gewächse. Nach dem Tode werden die Seelen bei der Brücke Tschinawad, welche die Scheidewand zwischen Himmel und Erde bildet, von den Richtern Serusch, Mithra und Raschneraft geprüft. Die

Guten erhalten einen verklärten Leib und gehen ein in den Sitz des Ormuzd, Gorodman, von dem es in dem Zend-Awesta heißt: „Dort giebt es keine dunkle Nacht, keinen kalten Wind, keine Hitze, keine Fäulniß, des Todes Frucht, kein von den Dew's erzeugtes Uebel. Da erhebt sich der Feind nicht als gebietender Herrscher; da leuchtet und wandelt immerdar dieser große König, dieser Amschaspand, die Sonne, diese Quelle des Friedens und des Lebens." Die Unseligen dagegen verfallen der Hölle, Dujakh, und werden dort durch Strafen gereinigt. Diejenigen Seelen endlich, bei denen das Zünglein der Wage die Mitte hält zwischen den guten und bösen Gedanken, Worten und Handlungen, bleiben in Hamestan, einem Orte zwischen Himmel und Erde, bis zur allgemeinen Auferstehung. Diese erfolgt am Ende des 12,000jährigen, vom schwankenden Kampfe zwischen Ormuzd und Ahriman erfüllten Zeitalters der Welt. Dann erscheint Sosiosch, der Erlöser, und bringt der neubelebten Menschheit ewige Seligkeit. Die Gerechten steigen in den Himmel empor und genießen dort die Freuden des Paradieses, die Ungerechten dagegen werden in einem Feuerstrom, der alles Unreine verzehrt, geläutert, ehe sie eingehen in das ewige Lichtreich.

Was die Kultgebräuche der Religion Zoroaster's betrifft, so galt seinen Anhängern nächst der Sonne das Feuer als sichtbares Symbol des Ormuzd. Die heilige Flamme brannte nicht in besonderen Tempeln, wol aber in ummauerten, gegen die Einflüsse der Witterung geschützten Räumen (Derimhers) auf einem mit Asche bedeckten Altare (Dadgah) in metallenen Gefäßen und wurde von zwei oder drei Mobeds unterhalten. „Wer zuerst zum Feuer, dem Sohne Ahurmasda's, reines Brennholz hinbringt mit gewaschenen Händen", heißt es im Wendidad, „den wird das Feuer segnen, zufrieden, ohne Haß und gesättigt. Bei Dir möge sich eine Herde von Vieh erheben und eine Fülle von Männern; möge es nach Wunsch Deines Sinnes gehen, nach Wunsch Deiner Seele. Wachse, lebe Dein Leben die ganze Zeit. Dies ist der Segenswunsch des Feuers für den, welcher ihm Brennholz bringt, trockenes, brennendes, altes." Verunreinigung des heiligen Feuers galt für eine Todsünde. Es durfte daher nicht einmal mit dem Munde angeblasen werden und der Priester, welcher täglich vor ihm die Liturgie hielt, verhüllte sich mit einer Art Halbmaske (Penom) den Mund, um es nicht durch seinen Hauch zu entheiligen. Die Könige hatten ihre Privatfeuerhäuser und ließen sich auf Reisen und im Kriege das Feuer auf silbernen Herden vorantragen, eine Gewohnheit, die von den späteren römischen Kaisern als auszeichnendes Vorrecht angenommen wurde.

Auch das reine Element des Wassers durfte nur zum Trinken und Bewässern der Wiesen verwendet und nicht durch Unreinigkeiten getrübt werden. Deshalb ließ man kein Opferblut in das Meer oder die Flüsse rinnen, und der armenische König Tiridates machte seine Huldigungsreise an Nero's Hof zu Lande, weil er sich scheute, auf einem Schiffe nur in die Salzflut spucken zu müssen! Auch war es verboten, Feuer mit Wasser zu löschen.

Der Erde wurden Weinspenden dargebracht und Thiere geopfert. Der Sonne war das Roß geheiligt. Daß die Pferde auch zu Orakeln gebraucht wurden, erhellt aus der bekannten Anekdote von der Wahl des Dareios Hystaspis bei Herodot. Es finden sich aber auch Spuren von Menschenopfern, wie wenn Xerxes am Strymon in Thrakien neun eingeborene Jünglinge und Jungfrauen lebendig begraben läßt. Neben den heiligen Pferden der Sonne erscheint auch als räthselhaftes religiöses Symbol der von acht milchweißen Rossen gezogene heilige Wagen, den Niemand betreten darf. Auch der Ring, den man als das Symbol der Weltherrschaft betrachtete, galt nach der Religion Zoroaster's für heilig, für ein Sinnbild des Göttlichen; auf ihn pflegte man, wie dies aus vielfachen Skulpturwerken hervorgeht, Eide zu leisten. Die Christen schwören auf das Kreuz, das sich ja bei ihnen mit dem Göttlichen verknüpft und für heilig gehalten wird. Die Perser thaten es auf den Ring, den Schwurring. Zur Illustrirung dessen schalten wir zwei Abbildungen ein, welche dem Werke Ker Porter's entlehnt sind und Skulpturen aus den Ruinen von Nakschi Rustam bei Persepolis darstellen; leider sind letztere von fanatischen Muselmännern schwer beschädigt worden. In der Abbildung Seite 343 sehen wir einen Ring, welchen der Mann zur Rechten in der Hand hält, während jener zur Linken seine Hand darauflegt. Einige Archäologen haben gemeint (ob mit Recht oder Unrecht, müssen wir dahingestellt sein lassen), das Bild stelle Ormuzd dar, welcher dem Manne zur Linken die Königswürde verleihe. In der andern Abbildung, Seite 341, soll die mittlere Figur ohne Zweifel ein sassanidischer König sein, und die, welche dem Könige den Ring darreicht, der Oberpriester, der Großmobed. Die weibliche Gestalt zur Linken verrichtet eine religiöse Ceremonie, indem sie Wasser ausgießt.

Astarte-Semiramis.

Im Allgemeinen trägt so die Religion Zoroaster's ein nicht unedles Gepräge und soll auch den Nachrichten der griechischen Schriftsteller zufolge einen außerordentlich heilsamen Einfluß auf Erziehung, Sitte und Tugend geübt haben. Hierin besonders bildet sie einen schroffen Gegensatz zu dem in Mesopotamien und Syrien herrschenden, grobsinnlichen, ausschweifenden und grausamen Götzendienste, dessen Mittelpunkte die babylonisch-chaldäischen Götter Bel (Baal) und Mylitta (Astarte) waren. Schon durch die vorherrschend geschlechtliche und natürliche Bedeutung dieser Gottheiten wurde das moralische Moment in den Hintergrund gedrängt, ja sogar die Unzucht zu einer religiösen Pflicht gemacht!

Einen harten Stoß erhielt die persische Lichtreligion durch die Eroberung des Reiches durch Alexander, den Makedonier. Zu den damals eindringenden polytheistischen Elementen der Hellenen traten dann nach der Eroberung jener Länder durch die kriegerischen Parther die gröberen religiösen Vorstellungen dieses Volkes und trübten das System Zoroaster's, über dessen eigentliche Bedeutung sich außerdem siebzig Sekten stritten. Die Magier bestanden zwar noch fort, hatten aber bei der herrschenden Gleichgiltigkeit in religiösen Dingen viel von ihrer Bedeutung eingebüßt. Erst im Jahre 226 n. Chr. gelang es Babek, einem Magier aus dem Geschlechte der Sassaniden, sich zum Könige der Perser zu erheben. Sein Sohn Ardschir (Artaxerxes I.) machte dem parthischen Reiche der Arsakiden ein Ende und beschloß, den Dienst des Ormuzd wieder in seiner vollen Reinheit herzustellen. Zu diesem Zwecke berief er ein allgemeines Konzil, auf welchem 80,000 Magier erschienen. Da aber die Versammlung sich nicht einigen konnte und ihre Debatten sich nicht einmal regeln ließen, so wurde sie auf 40,000, dann auf 4000, auf 400, auf 40 und endlich auf sieben Köpfe vermindert. Die Letzten genossen die höchste Achtung wegen ihrer Frömmigkeit und Gelehrsamkeit und stellten die Glaubensartikel mit Bestimmtheit fest. Endlich verbot ein Edikt des Artaxerxes die Ausübung jedes andern Kultus als der Reichsreligion und eine heftige Verfolgung traf ebenso die Bekenner des griechischen Polytheismus, des Mosaismus und des Christenthums, wie auch die Ketzer des Parsismus.

Unterdessen hatte längst die Verehrung einer Gottheit, die auch in Zoroaster's Lehre einen bedeutenden Rang einnahm, im Abendlande und namentlich in Rom Eingang gefunden. Der Sonnengenius Mithra, welcher bei den alten Persern im Dienste seines Herrn, Ormuzd, die finsteren Dämonen bekämpfte, war mit der Zeit zu einem über Nacht und Winter triumphirenden Sonnengott geworden, dem ein in Höhlen oder Grotten gefeierter Geheimkult gewidmet wurde. Auf den vorhandenen Denkmälern erscheint er gewöhnlich als Ueberwinder eines Stiers.

Auch unser Bild stellt ihn als jugendlichen Helden im orientalischen Kostüme dar. Eben stößt er dem Opferstier den Dolch in den Nacken, während er mit der Linken dessen Kopf emporreißt. Ein Hund, eine Schlange, ein Skorpion letzen sich am Blute des Stiers, dessen Schweif in ein Aehrenbündel endigt. Ein Rabe sitzt auf dem Felsen hinter dem Gotte. Helios und Selene, als Vertreter des Tages und der Nacht, füllen die beiden oberen Ecken des Steines. Sehr wahrscheinlich bezeichnet der Stier die fruchtbringende, aber doch widerstrebende irdische Natur, und der Sieg der unüberwindlichen Sonne über dieselbe kommt den gesammten lebenden Wesen zu Gute. Durch die zu Pompejus des Großen Zeit das Mittelmeer beherrschenden Piraten soll der Dienst der Mithra zuerst dem Abendlande mitgetheilt worden sein. Unter den Antoninen kam er in der Hauptstadt recht in Aufnahme, und Septimius Severus und dessen Söhne machten den Kult zu einem der offiziellen kaiserlichen. Die Aufnahme in die Mysterien des Mithra war mit achtzig verschiedenen, stufenweise schwieriger werdenden Uebungen und Prüfungen verbunden. Dazu gehörten fünfzigtägiges Fasten, zwei Tage Geißelung, mehrere Tage Wandern oder Schwimmen, Liegen im Schnee, Gehen durchs Feuer u. s. w. Die Weihe selbst zerfiel in verschiedene Grade, deren die Novizen sich nach einander würdig machen mußten. Durch die Taufe wurden sie zunächst „Raben". Dann folgten die „Geheimen", denen wahrscheinlich geheime Gottheiten im Bilde vorgeführt wurden. Hierauf gelangte man in den Stand der „Krieger". Diese erhielten in der dämmernden Mithrahöhle ein Schwert und einen Kranz; letzteren setzten sie sich auf das Haupt und stießen ihn dann wieder von sich mit dem Rufe: „Mithra ist mein einziger Kranz!" Weiter folgte dann der Grad der „Löwen" und „Löwinnen", ferner des „Persers" oder „Perseus". Die vorletzte Stufe war die des „Sonnenläufers", die oberste die des „Vaters" oder des „Falken". Bis zum Kaiser Hadrian scheinen selbst Menschenopfer bei den Mysterien nicht ausgeschlossen gewesen zu sein. Von Commodus erzählt der Biograph: „Das Mithraopfer befleckte er durch einen wirklichen Menschenmord, während dort nur Etwas der Scheinfurcht wegen gesagt oder fingirt zu werden pflegt." Jeder Grad hatte seinen

Mithra. (Nach einem Relief des Louvre.)

Obern oder Pater. Wie bei den eleusinischen Mysterien, so scheinen auch die dem Mithra Geweihten eine gewisse religiöse Beruhigung über das Leben und den Tod erhalten zu haben. Durch die Taufe, die Darunsfeier und die Lehre von der Auferstehung des Fleisches erhielt der Mithrakult eine äußere Aehnlichkeit mit dem Christenthum, und die christliche Kirche verlegte später nicht ohne kluge Berechnung das Wiegenfest ihres Stifters auf den Geburtstag des unbesiegbaren Sonnengottes Mithra, den fünfundzwanzigsten Dezember!

Im Jahre 378 n. Chr. ließ der Stadtpräfekt Gracchus die Heiligthümer des Mithra in Rom zerstören; anderwärts bestand der Geheimdienst aber lange fort, und noch zu Anfang des fünften Jahrhunderts gedenkt der christliche Dichter Paulinus der „schwarzen Mithrahöhlen".

Im Vaterlande des Mithra selbst machten im siebenten Jahrhundert die Araber dem Ormuzddienste ein Ende. Bei der Grausamkeit und Heftigkeit der Verfolgung gingen die meisten Perser zum Islam über. Ein Theil der Treugebliebenen floh zu Schiffe nach Indien; ein anderer, der in dem Gebirge Farsistans und südlich und südöstlich vom Kaspischen Meere Zufluchtsstätten gefunden hatte, erlitt neue Verfolgungen von Mahmud, dem Ghasnaviden, Tamerlan und Schach Abbas, dem Großen. Daher wohnen in Persien selbst gegenwärtig nur gegen 8000 Parsen, Feueranbeter (Atesch-Porest) oder Gebern (d. h. Ungläubige) genannt, und zwar im Gebiete von Thezd. Auch um die von ihnen hochheilig gehaltenen Naphthaquellen von Baku halten sich einige auf. Dagegen ist ihre Zahl in Indien bedeutender, und in Bombay und Surate bilden sie eine eigene Körperschaft und gehören zu den reichsten und wegen ihrer Rechtschaffenheit, Friedensliebe und Geschicklichkeit angesehensten Einwohnern. Noch besteht dort eine zahlreiche Magierkaste, die zugleich die oberste richterliche Instanz bildet und von dem Zehnten der Einkünfte lebt. Aus uralter Zeit rührt auch der Gebrauch der Parsen her, daß sie ihre Todten auf Gestellen so lange den Raubvögeln und der Sonne preisgeben, bis nur noch die Skelette vorhanden sind, worauf sie die Ueberreste in einem gemeinschaftlichen, ausgemauerten Grabe beisetzen. Denn nach dem Zend-Awesta verunreinigte den Menschen nichts in dem Grade, wie die Berührung der Todten, und so lange diese nicht in Staub zerfielen, waren sie ein Raub der Dews.

Feueraltäre bei Nakschi Rustam.

Germanische Mythologie.

Uns ist in alten Mären Wunders viel gesagt
Von Göttern hehr und heilig, wie sie voreinst getagt
Am Urdborn, Heim und Himmel erschaffend, reich an Macht,
Bis in der Götterdämm'rung geschlagen ward die letzte Schlacht.

Wägner, Unsere Vorzeit, S. 25.

Walküren geleiten die Krieger zum Kampfe.

Germanische Mythologie.

Es läßt sich mit großer Wahrscheinlichkeit voraussetzen, daß die Stammväter der Germanen, nachdem sie sich von den anderen Ariern getrennt hatten und in zwei Strömen die Ebenen Mitteleuropa's und den hohen Norden unseres Kontinents überfluteten, die alten religiösen Anschauungen der Urheimat noch treu bewahrten und vorzugsweise die lichten Mächte des Himmels verehrten. Darauf deuten schon die bei den alten Skandinaviern erhaltenen Namen der Götter Tiwas, d. h. die Himmlischen, und Waneis, Wanen, d. h. die Strahlenden, hin. Demgemäß werden Tyr oder Zio, der Himmelsvater, und Thunar, der Blitzgott, den Vorrang behauptet haben. So sagt denn auch Cäsar über die religiösen Vorstellungen der Krieger Ariovist's aus eigener Erfahrung: „Die Germanen rechnen zur Zahl der Götter nur die, welche sie sehen und durch deren Segnungen sie offenbar gefördert werden, die Sonne, den Mond und den Feuergott.

Von den übrigen haben sie nicht einmal durch Hörensagen vernommen.“ Der Lichtkultus schloß also noch die Vermenschlichung der Götter aus. Und so war es noch 150 Jahre später. Daß man sich auch da noch nicht die Götter plastisch gestaltete und verbildlichte, bezeugt Tacitus, wenn er schreibt: „Die Götter in Tempelwände einzuschließen oder der Menschengestalt irgend ähnlich zu bilden, dies halten sie für unverträglich mit der Größe der Himmlischen. Wälder und Haine weihen sie ihnen, und mit dem Namen der Gottheit bezeichnen sie jenes Geheimniß, das sie nur im Glauben schauen.“

Dennoch scheinen schon damals durch die Berührung und Reibung mit dem Kulturvolke der Römer mehr diejenigen Gottheiten in den Vordergrund getreten zu sein, welche einen Bezug auf die jetzt vorherrschend kriegerische Richtung des Volksgeistes besaßen, an ihrer Spitze der Sturmgott Wodan (nord. Odin), den namentlich die späteren Sachsen und Franken zu ihrem Obergotte erhoben. Die Bekleidung der Götter mit menschlichen Formen und Gestalten vollzog sich nun rasch, und man bezeichnete die neuen Herrscher der Welt als Ansen (nord. Asen), d. h. als die Träger des Weltgebäudes und der sittlichen Ordnung desselben. Doch war dieser Uebergang keineswegs ein friedlicher, sondern, wie die olympischen Götter in der griechischen Mythologie, mußten auch die Asen erst einen gewaltigen Strauß mit den Wanen bestehen, der die ganze Welt mit Verwüstung bedrohte und endlich nur so beendigt werden konnte, daß die beiden Götterstämme sich gegenseitig Geiseln stellten, worauf die Wanen mit Ausnahme weniger allmählich in Vergessenheit sanken. Die Erinnerung an den Kindheitsglauben des Volkes und die fortschreitende Mythenbildung wurde bei den südgermanischen Stämmen durch den Eintritt des Christenthums unterdrückt und gehemmt. Desto fester blieb der Besitz derselben den Skandinaviern, von denen erst im zehnten Jahrhundert die Dänen, zu Anfang des elften die Norweger und Isländer, in der zweiten Hälfte des elften die Schweden gänzlich bekehrt wurden. Namentlich waren in diesem Zeitalter von bedeutendem Einfluß auf das Wachsthum der an die Mythologie sich anschließenden Heroensage einerseits die Normannen- oder Wikingerfahrten, welche eine Masse neuer Anschauungen im Volke weckten und der Phantasie reiche Nahrung zuführten, andererseits die Sänger der Königshöfe oder die Skalden, welche die Großthaten der Asen priesen, dieselben noch mehr vermenschlichten und die Götterwelt endlich in ein geschlossenes System brachten. Da die isländischen Normannen am zähesten an den Ueberlieferungen der alten Heimat festhielten, so zog sich auch die Kenntniß der Skaldenlieder im neunten und zehnten Jahrhundert fast ganz auf jene Insel zurück. Diese Poesien waren bereits zu Ende des elften Jahrhunderts gesammelt und hundert Jahre später durch eine neue Sammlung vermehrt, sind aber erst im siebzehnten Jahrhundert aufgefunden worden und bilden den Inhalt der sogenannten Edda, d. h. Urgroßmutter. Der Charakter der Mythen und Sagen entspricht der sonnenarmen, wild erhabenen Natur des Nordens, wie dem stürmisch bewegten Leben der trotzigen Helden. Sie sind düster und von phantastischer Rauheit, aber voll tiefer Empfindung und sittlichen Ernstes.

Die Nornen unter der Weltesche.

1. Die Weltschöpfung.

Die Entstehung der Welt dachten sich unsere Altvordern in folgender Weise. Aus dem Chaos oder „der gähnenden Kluft“ nahmen sie an, daß zunächst zwei Welten hervorgegangen seien, nach Norden zu Nifelheim (Nebelheim), nach Süden zu sein Gegensatz, Muspelheim (Feuerheim). Mitten in Nifelheim öffnete sich aber der Brunnen Hwergelmir, aus dessen gährendem Kessel zwölf Ströme mit eisigem Wasser stürzten. Ihr Wasser gefror zu Schollen, und diese bewegten sich der Kluft zu und füllten dieselbe allmählich aus. Allein von Muspelheim her wehte ein Glutwind und schmolz das Eis. Dadurch entstand Leben im Starren, und es wuchs aus demselben empor der entsetzliche Riese Ymir oder Oergelmir, von dem die Frostriesen oder Hrimthursen abstammen. Im aufthauenden Gewässer entstand auch die Kuh Audumbla (die Vollsaftige).

Von der Milch ihres Euters nährte sich Ymir und sein Geschlecht. Sie selbst beleckte aus Mangel an Weide die salzigen Eisblöcke, und siehe, unter ihrer Zunge kam nach und nach ein schöner Mann zum Vorschein, Namens Buri. Ein Sohn von ihm hieß Bör, und dieser nahm die Riesentochter Bestla zur Gefährtin, welche ihm drei Söhne schenkte, Odin (Geist), Wili (Wille) und We (Heiligthum). Dies waren die ersten Asen, welche sich sofort gegen den Urriesen wandten und ihn erschlugen, worauf in der Sinflut seines Blutes alle Frostriesen ertranken bis auf Bergelmir, der Stammvater eines zweiten Riesengeschlechts wurde.

Des Riesen Ymir Leib wurde hierauf von den Asen zu weiteren Schöpfungen benutzt. Aus seinem Fleische schufen sie die Erde, aus seinen Knochen die Felsen, aus seinen Haaren die Bäume, aus seinem Blute das Meer, aus seiner Hirnschale den Himmel. Aus den Augenbrauen bildeten sie mitten auf der Erdscheibe die Wohnung der Menschenkinder, Midgard.

Noch gab es aber weder Sonne noch Mond, noch Gestirne am Himmelsgewölbe; nur irrende Feuerfunken aus Muspelheim sprühten darüber hin. Da wandelten die Asen jene Funken in Sterne um und gaben diesen ihre feste Stätte. Sonne und Mond aber kamen auf folgende Art in die Welt. Die Mutter Nacht, eine Riesentochter, hatte von ihrem dritten Gatten Dellinger (Dämmerung) einen Sohn, den Tag, und beide wurden vom Allvater zum Himmel emporgehoben, wo die Nacht zu ihrer Fahrt über den Himmel das schwarze Roß Hrimfari (Reifmäher), der Tag den weißen Renner Skinfari (Lichtmäher) empfing. Die Asen raubten dann dem seiner Kinder sich übermüthig rühmenden Erdensohn Mundilföri (Achsenschwinger) die liebliche Sol und den schönen Mani. Jener erbauten sie aus den Funkenregen Muspelheims den Sonnenwagen und bespannten ihn mit den Hengsten Arwaker (Frühauf) und Alswider (Allgeschwind). Mit diesen umkreist Sol den Himmel, bewehrt mit dem Schilde Swalin, der Himmel und Erde vor dem Sonnenbrande schützt. Mani aber lenkt den Mondwagen hinter der Nacht und hat die beiden Kinder Bil (die Schwindende) und Hjuki (den Belebten), d. h. den abnehmenden und wachsenden Mond, bei sich, die er einst zu sich emporhob, weil er sah, wie sie ihre schweren Wassereimer nicht weiter zu tragen im Stande waren. Die Flecken im Monde erklärte sich das Alterthum bald als einen Mann, der am Sonntage Holz stahl und mit einem Reisigbündel oder einer Axt im Monde steht, bald als ein Mädchen, das im Mondschein gesponnen hat und mit ihrer Spindel oben sitzt. Zwei grimmige Wölfe jagen hinter Sol und Mani her, Sköll und Hati, und wenn sie den Himmlischen nahe kommen, erbleichen dieselben, und die Sterblichen nennen dies Sonnen- und Mondfinsterniß.

Nach Schöpfung der Gestirne waren auch die Vorbedingungen gegeben zur Entstehung des Menschengeschlechtes. Als die Asen Odin, Hönir und Lothur einst am Seegestade wandelten, sahen sie zwei Bäume daliegen, eine Esche und eine Erle. Aus jener schufen sie den Mann Ask, aus dieser das Weib Embla; Odin gab ihnen Seele und Leben, Hönir Verstand, Lothur Blut und blühende Farbe. Von Ask und Embla, Esche und Erle, stammen alle Menschengeschlechter ab.

Aus den kleinen Würmern, die in des Urriesen Ymir Fleisch sich tummelten, schufen die Asen das Völkchen der Zwerge oder Alfen. Diese zerfielen wieder in zwei Klassen, die Schwarzalfen, die im Dunkel der Erde nach Erzen wühlten,

Der Tag.

Metalle hämmerten und den Menschen durch Spuk und Tücke schreckten und neckten, und die Lichtalfen, gute und schöne Wesen, die sich den Sterblichen hold gesinnt zeigten, verwandt den Elfen der Märchenwelt.

Die Nacht.

Am nördlichen Ende des Himmels sitzt der ungeheure Riese Hräswelger (Leichenschwelger) in Gestalt eines Adlers und rührt seine gewaltigen Fittiche, um als verheerender Sturmwind über die Erde dahinzufahren. Nicht weniger grimmig ist der Riese Windswaler (Windkühler), der Frost und Schnee in seinem Gebiete hat und der Vater des Winters ist. Doch wechselt seine Herrschaft jährlich mit der des milden Swasuder (Sanftsüd), dessen Sproß der blütenreiche Sommer ist.

Ueber die ganze Welt breitet sich die Esche Yggdrasil (Schreckensträgerin) aus und hält sie zusammen. Ihre eine mächtige Wurzel reicht bis Nifelheim, und unter ihr breitet sich das finstere Reich der Schattenkönigin Hel aus, die zweite bis Jötunheim, dem Sitze der Riesen (Jötune oder Jöten, d. h. Fresser), die dritte bis Midgard, wo die Menschenkinder wohnen. Unter jeder Wurzel der mit ihrem Wipfel in den Himmel hineinragenden Welteische sprudelt ein bedeutsamer Brunnen hervor. Unter Nifelheim ist es der zu Anfang erwähnte Hwergelmir. Unter Jötunheim befindet sich der vom Riesen Mimir bewachte Brunnen, dessen Wasser Aufklärung über das Werden der Dinge verleiht.

In Midgard endlich quillt das heilige Wasser des Brunnens Urd, in welchem alle Weisheit verschlossen ruht, auf dessen stillem Spiegel zwei schneeweiße Schwäne ihre Kreise ziehen. Am Brunnen aber sitzen in ernstem Schweigen die drei Nornen: Urd (Gewordene), Werdanda (Werdende) und Skuld (Sollende = Zukünftige), die Schicksalsschwestern, welche die unzerreißbaren Fäden des Lebens den Neugeborenen spinnen, die Todeslose werfen und mit ihren Augen alle Ausdehnungen der Zeit durchdringen. Wegen der Reinheit und Heiligkeit der Stätte versammeln sich die Asen daselbst und halten unter dem Schatten der Weltesche Gericht. Allein der heilige Baum leidet vielen Schaden durch allerlei Gethier, das ihn bevölkert. In Asgard, der himmlischen Wohnung der Asen, weidet an seinem Gipfel die Ziege Heidrun, die aus ihren Eutern den Göttern und ihren Gästen Meth spendet. An den Blättern und Sprossen des Baumes zehren die fünf Hirsche Eikthyrner, Dain, Dwalin, Dunneier und Durathror.

In seinem Wipfel haust ein Adler, an seiner Wurzel aber nagt der Drache Nidhöger mit unzähligem andern Gewürm. Auf und ab endlich an der riesigen Esche klettert das Eichhorn Ratatösker, als Bote der Zankworte, welche der Aar und der Lindwurm mit einander tauschen. Trotz der Unbill, die Yggdrasil zu leiden hat, dorrt und fault sie nicht, denn die Nornen schöpfen täglich Wasser aus dem Brunnen Urd und begießen ihre Wurzeln damit.

Nehmen wir noch einmal die einzelnen Theile des Alls zusammen, so beschattete die Weltesche eigentlich neun besondere Welten. In der Mitte dachte man sich die Menschenwelt, Midgard oder Mannheim. Unter diesem liegt Schwarzalfenheim und noch tiefer das Todtenreich Helheim. Dann befinden sich zur Seite Nifelheim, Muspelheim, Jötunheim und Wanaheim, der Wohnsitz der oben erwähnten Wanen. Hoch über den anderen Welten gründeten sich die Asen eine herrliche, von Gold und Edelstein strahlende Heimat, Asgard oder Asenheim, in welchem, wie auf dem hellenischen Olymp, die einzelnen Götter wieder besondere Paläste bewohnen, wie Thor das 540 Stockwerke hohe Haus Bilskirnir. Asgard und Midgard standen in Verbindung durch die aus drei Farben gezimmerte starke Brücke Bifröst, den Regenbogen. In Asgard stand auch Walhalla, der Saal der seligen Helden mit seinen 500 Thoren. Der Wohnsitz der Göttinnen hieß Wingolf (Freudenwohnung).

Wie in der griechischen Mythologie die Titanen und Giganten der neuen Weltordnung, die durch die Olympier geschaffen worden war, widerstrebten und gegen deren Herrschaft sich auflehnten, so dachten sich die Germanen auch Feindschaft zwischen den hehren Asen und dem Geschlechte der Riesen. Diese brüteten immer Rache wegen des an ihrem Stammvater Ymir begangenen Mordes. Zu ihnen hatte sich Loki gesellt, früher selbst eine Ase und Dämon des wohlthätigen Feuers, jetzt aber vermählt mit dem abscheulichen Jötenweib Angurboda (Angstbringerin), die ihn zum Vater von drei grausigen Sprößlingen gemacht hatte, dem Wolfe Fenrir, der Schlange Jörmungandar und der entsetzlichen Hel.

Frigg, als Frau Gode dem Weidwerk obliegend.

2. Wodan, nordisch Odin.

Wodan oder Wuotan (der stürmisch Schreitende) war der vornehmste aller Asen und heißt als Beherrscher der Unsterblichen und Sterblichen „der Allvater“. Auf seinem hohen Sitze Hlidskialf in Walhalla (der Halle der Auserwählten), die in dem Gehöfte Gladsheim (Glanzheim) lag, thronte er an der Spitze der zwölf über Alles richtenden Asen und übersah von dort aus die neun Welten und was in denselben vorging. Das ganze Gebäude schillert von Gold; sein Dach besteht aus blinkenden Schilden und Speerschäften, und Waffenglanz erhellt rings den weiten Saal. In demselben schmausen, zechen und würfeln in Gemeinschaft der Asen die Einherier (einzige Herren), die im Einzelkampfe gefallenen Helden. Odin selbst genießt nichts von dem sich täglich erneuernden Fleisch des Ebers, sondern nährt sich einzig von rothem Weine. Die Speisen giebt er stets seinen beiden Wölfen Geri (Gierige) und Freki (Gefräßige), die wie Hunde ihn umschmeicheln. Neben seinem Haupte aber sitzen die beiden Raben Hugin (Gedanke) und Munin (Erinnerung), welche ihm die auf ihrem Fluge erlauschten Geheimnisse zuraunen. Odin trägt einen goldenen Helm auf dem Haupte und hält in seiner Rechten den nie irrenden Speer Gungnir.

Erscheint Wodan in dieser Gestalt als Regent der Welt, so ist sein Auftreten ein ganz anderes, wenn er seiner ursprünglichen Naturbedeutung gemäß als Gott des Windes und Sturmes einherfährt. Dann sprengt er auf dem achtfüßigen Schimmel Sleipnir (Gleitende) in weiten Mantel gehüllt, mit breitem Schlapphute, umgeben von den Geistern der Verstorbenen, hoch in der Luft über die Wälder und Fluren hinweg. Darum heißt er noch heute in der norddeutschen Volkssage „der wilde Jäger", während im Süden der Glaube an „das wüthende Heer" dasselbe besagt. Unter Blitz, Sturm und Regen glaubt man noch das Hundegebell, den Hörnerklang, das Hallohrufen der wilden Gesellen zu hören, wie sie hinter Ebern oder Rossen herstürmen.

Doch war ja bald die rohere Naturbedeutung Wodan's als Sturmgottes übergegangen in die des Himmelsgottes im Allgemeinen, und als solcher waltete er mild segnend und fruchtspendend und bekämpfte nun seinerseits den im Bilde des Ebers gedachten Wirbelwind. Im Winter macht er einem falschen Odin Platz, der Schneestürme über die Erde sendet, oder er liegt in einem Zauberschlafe und träumt dem Tage entgegen. Dieser Mythus ist vom Volke auf die Gestalten seiner Lieblingshelden übertragen worden. Am bekanntesten in dieser Beziehung ist der im Kyffhäuserberge bei Tilleda schlafende Friedrich Barbarossa. Dort sitzt der Hohenstaufe mit seinen Rittern und Knappen um einen großen Tisch, durch den sein Bart gewachsen ist. Kostbarer Wein ist an den Wänden der Höhle aufgestapelt, Alles strahlt von Gold und Edelsteinen, wie am lichten Tag. Einst gelangte ein Hirt in den Berg. Den fragte der auf einen Augenblick erwachende Kaiser: „Fliegen die Raben noch um den Berg?" Als der Hirt dies bejahte, erwiederte Barbarossa: „So muß ich noch hundert Jahre länger schlafen!" Wenn aber sein Bart nicht nur durch den Tisch, sondern auch zum dritten Male um denselben herumgewachsen ist, dann wird er mit allen seinen Mannen aus dem Berg hervorbrechen und Deutschland aus Noth und Bedrängniß erlösen.

In weiterer Auffassung erscheint Wodan als wilder Gott der Schlachten, als Heer- und Siegvater. Dann begleiten ihn seine Raben und die Walküren, die Todeswählerinnen, welche sonst als Schenkmädchen die Helden in Walhalla bedienen, aber auf den Kampfgefilden, mit Helm und Schild auf weißen Wolkenrossen einherjagend, die sterbenden Einherier mit dem Todeskusse weihen und sie emporgeleiten zum Freudenmahl in Gladsheim. Dieser religiöse Glaube entzündete bei den Normannen jenen fanatischen Kampfesmuth, der sich bis zu einer Art Wahnsinn steigerte und sie mit lächelnden Lippen dem Tode entgegengehen ließ.

Odin empfängt in Walhalla die durch Bragi eingeführten Einherier.

Daher der Zusammenhang der Berserkir (Panzerlose) mit der „Berserkerwuth". Der Dienst Wodan's war blutig, und nicht blos Rosse, sondern auch Menschen wurden an seinen Altären geschlachtet. Daher fand Germanicus auf dem Schlachtfelde des Varus im Teutoburger Walde an die Baumstämme genagelt die Schädel der geopferten Tribunen und Centurionen. Neben solcher Härte trifft man auch auf Züge von großer Güte und Menschenfreundlichkeit. So ruderten einst der achtjährige Geirröd und der zehnjährige Agnar, Söhne des Königs Hraudung, auf einem Boote ins Meer hinaus und wurden vom Winde immer weiter in die Wogen fortgetrieben, bis sie in dunkler Nacht an einem fremden Strande scheiterten. Hüttenbewohner, die sie dort fanden, empfingen sie freundlich und behielten sie den Winter über bei sich; die Frau nahm sich des älteren, der Mann des jüngeren Knaben an. Es waren aber Odin und seine Frau Frigg, die den beiden Knaben Schule und Erziehung angedeihen ließen.

Von Wodan's großem Drange nach Weisheit zeugte schon, daß er sein eines Auge dem Riesen Mimir für einen Trunk aus dem Brunnen der Erkenntniß dahingab. Namentlich übte er große Macht durch den Besitz der geheimnißvollen Runenstäbe, deren Zeichen den Anlaut des bedeutungsvollsten Wortes im Zauberliede bildete; ja, er hatte die Runen selbst erfunden. Sie gewährten ihm Macht über alle seine Widersacher, die Kenntniß aller Schätze der Erde und Hülfe im Streit und in allen Sorgen; so versinnlichten und priesen die alten Skalden die Kraft des Gesanges und der Dichtkunst!

Einst hörte Wodan von dem Riesen Wafthrudnir (dem Zungenfertigen), es sei bei ihm die größte Kenntniß der vorweltlichen Dinge vorhanden. Da gelüstete es ihn, sich mit demselben zu messen, und er wanderte als armer Pilger zu dessen Halle, um gastliche Aufnahme bittend. Der Riese antwortete ihm, wenn er etwa gekommen wäre, um seine Weisheit zu erproben, so möchte er sich hüten, denn nimmer würde er heimkehren, wenn es ihm nicht gelänge, in kluger Rede obzusiegen. Darauf fragte er den Gast nach den Rossen des Tages und der Nacht, nach dem Flusse, der Asgard von Jötunheim trennt, und nach dem Felde, wo einst die letzte Schlacht geschlagen werden soll. Als Wodan ihm keine Antwort schuldig blieb, bot ihm Wafthrudnir einen Sitz neben sich an, ihn auffordernd, seine Fragen an ihn zu richten.

Ueber die Entstehung der Welt, der Riesen und Götter, auch über den Untergang alles Geschaffenen wußte der kluge Jöte Bescheid. Als aber der mächtige Gott ihn fragte: „Was sagte Odin seinem Sohn Balder ins Ohr, da ihn der Scheiterhaufen empfing?" da erblaßte er und rief: „Mit Odin stritt ich vermessen in Weisheit; doch er wird ewig der Weiseste bleiben!" Ob hierauf Odin des Riesen Haupt nahm, läßt die Sage ungelöst; hinter dem Geheimniß Odin's aber vermuthet man die Verheißung einer seligen Auferstehung.

Odin's erste Gemahlin, Jörd (Erde), eine Tochter der Nacht, gebar ihm den starken Thor (Donnerer), die zweite, Frigg (Frau, Herrin), den Balder (Fürst). Außerdem gelten als seine Söhne: Höder (Kämpfer), Tyr (Helfer), Heimdal (Weltglänzer) oder Riger, Wali (Auserwählter), Bragi (Sänger), Hermoder (Heermuthiger).

Frigg, die Tochter Fiorgyn's, waltet neben Odin über die Schicksale der Menschen und steht ihm mit ihrem klugen Rathe zur Seite. Auch galt sie als segnende Göttin des Eheglücks. Sie bewohnt in Asgard den Palast Fensal (Meersaal). Dort spinnt sie an goldenem Rocken, den die Alten im Gürtel Orion's erkennen wollten und denselben deshalb Friggsrocken nannten. Ihre Dienerinnen waren Fulla (Fülle), ihre vertraute Geschmeidebewahrerin, Gna (Hochfahrende), ihre Botin, die auf windschnellem Rosse Kundschaft brachte und Befehle ausrichtete, und Hlin, die Empfängerin der Bitten von Seiten der Schützlinge Frigg's.

Ostara.

Uebrigens scheint die Asenkönigin Frigg eines Wesens mit der Wanengöttin Freya oder Frea gewesen zu sein und sich erst später im skandinavischen Norden von dieser losgespalten zu haben. Auch die räthselhafte Göttin der Erde, Nerthus, die von Tacitus genannt wird, muß verwandter Natur mit Freya sein und deutet dem Namen nach auf Niörder (Wasserhälter), den Vater der Freya, hin. Frigg erscheint auch noch unter anderen Namen in der Volkssage, und zwar in Mecklenburg als Gode (weibl. Form aus Godan = Wodan), in Thüringen und Hessen als Frau Holda oder Hulda, im übrigen Oberdeutschland als Berta oder Berchta. Eine verwandte Göttin war endlich die Göttin des Frühlings Ostara, an die noch heute nicht nur das ihren Namen führende christliche Fest erinnert, sondern auch das Osterei, als Symbol des keimenden Lebens, und der Hase, der es im Glauben des Kindes legt!

3. Thunar, nordisch Thor.

Thor, der älteste Sohn Wodan's, wurde nicht vou seiner Mutter Jörd erzogen, sondern wuchs bei den Pflegeeltern Wingnir (Beschwingter) und Hlora (Glut) auf. Sein Gehöft in Asgard hieß Thrudheim (Kraftheimat); von seinem Palaste Bilskirnir ist bereits die Rede gewesen. Zur Frau nahm er Sif (Sippe). Die goldhaarige Göttin bringt einen Sohn in die Ehe mit, den Bogenschützen Uller; aber auch Thunar hat schon vorher zwei Söhne von der Riesin Jarnsaxa (Eisenstein): Magni (Stärke) und Modi (Muth). Sif beschenkte ihn dann noch mit der Thrud (Kraft).

Thunar's Gestalt ist groß und von gewaltiger Kraft. Rothes Haar umwallt sein Haupt; ein enges, kurzes Gewand umschließt seinen Körper und in der mit Eisen behandschuhten Rechten schwingt er den glühenden Blitzhammer Miölnir (Malmer), der nach den weitesten Würfen stets wieder in die Hand des Gottes zurückkehrt. So fährt er auf einem von zwei Böcken gezogenen Wagen durch die Wolken, und die Räder rasseln mit Donnerhall.

Das Ansehen Thunar's bei den Germanen war sehr groß. Noch im 8. Jahrhundert mußten die Sachsen bei der Taufe schwören, entsagen zu wollen dem Wodan, Thunar und Sarnot. Lange vorher schon war wegen der Verwechselung Thunar's mit dem römischen Jupiter der fünfte Wochentag mit dem Namen des Donnerers belegt worden. Geheiligt waren ihm der Vogelbeerbaum, die Haselstaude und die Eiche. Es war im Jahre 725 n. Chr., als der Heidenapostel Bonifacius Thunar's Rieseneiche zu Geismar bei Fritzlar in Hessen mit eigener Hand fällte. Wehklagen füllten die Luft und Verwünschungen drohten dem Frevler mit des Gottes Rache. Aber der gewaltige Stamm senkte sich nach wenigen Schlägen und an seiner Stelle erhob sich bald eine Kirche des Petrus. Viele Gebräuche und Sagen erinnern noch heute an den Blitzgott. Die aus der Haselstaude geschnittene Wünschelruthe hebt die Erdschätze, wie der Gewittergott die Wolkenschätze und das Sonnengold flüssig macht. Das auf den Tag Johannis, des Täufers, verlegte Sonnenwendefest mit seinen Freudenfeuern gilt seiner Person, und noch im fünfzehnten Jahrhundert betheiligten sich deutsche Fürsten an den Rundtänzen um die brennenden Holzstöße. Uebrigens glich Thunar's Wesen dem seines Vaters wenig. Er war ein wirklicher Kulturgott, der der Erde Gedeihen gab und Menschen und Vieh vor Unglück behütete, der überhaupt seine gewaltige Kraft nicht braucht, um die Erde zu verwüsten, sondern um die verderblichen Naturmächte, die Geschlechter der dem Chaos entsprossenen Riesen in ewigem Kampfe zu verfolgen. Es ist also nicht zu verwundern, daß die Skalden den Thor als „Bauerngott" dem kriegerischen Odin nachstellten.

Einst machte sich Thor auf, um in Jötunheim die Hrimthursen zu züchtigen. Der tückische Loki hatte sich ihm beigesellt. Gegen Abend gelangten sie an eine Bauernhütte, wo sie wol Unterkommen, aber nichts zu essen fanden. Thor schlachtete deshalb seine Böcke, bereitete sie zur Speise, befahl aber den Wirthsleuten, nach dem Mahle sorgfältig die Knochen in die Felle der Thiere zu sammeln.

Thunar oder Thor.

Dies geschah auch; nur zerbrach auf Loki's Rath des Bauern Sohn das Schenkelbein eines Bockes, um zum Marke zu gelangen. Am Morgen weihte Thor die Felle mit seinem Hammer, und lustig sprangen die Böcke empor. Doch einer lahmte am Hinterfuße. Thor merkte wohl, was geschehen war. Als er aber die Furcht der Leute über seinen Grimm sah, verzieh er ihnen unter der Bedingung, daß ihre beiden Kinder in seinen Dienst träten. Von da setzten sie die Reise zu Fuß fort und gelangten über das Meer in das Riesenland. Dort fanden sie am Abend eine Hütte, woran die Thür so hoch war, als das ganze Gebäude. Sie übernachteten, in dem leeren Hause. Aber um Mitternacht entstand ein Dröhnen und Brausen, daß die ganze Hütte zitterte und sich die Gefährten Thor's in eine Nebenkammer flüchteten, während er selbst vor der Thüre Wache hielt. Als der Tag anbrach, erblickte Thor die lebendige Ursache des nächtlichen Erdbebens, einen ungeheuren

Riesen, Namens Skrymir (Prahler). Dieser erkannte ihn sofort und ließ ihn an seinem Frühstück Theil nehmen. Als er aber nach seinem Handschuh fragte, stellte es sich heraus, daß die Reisenden denselben für ein Haus angesehen und schließlich im Däumling geschlafen hatten. Skrymir warf nun den Eßkorb über die Schulter und wanderte mit ihnen den ganzen Tag über fürbaß. Am Abend legte er sich sofort zum Schlafe nieder und überließ die Speise den Gefährten. Diese konnten jedoch den festgeschnürten Riemen des Bündels nicht lösen, und Thor ergrimmte endlich und versetzte dem Riesen einen gewaltigen Schlag mit dem Hammer auf den Schädel. Skrymir erwachte und fragte, ob nicht ein Blatt vom Baume ihm auf den Kopf gefallen wäre. Thor schlug den schnell wieder Einschlafenden noch mehrmals auf das Haupt, daß endlich das Eisen tief eindrang. Aber stets klagte der Riese nur darüber, daß die herabfallenden Eicheln ihn im Schlafe störten! Am Morgen schied er von ihnen und warnte sie vor Utgard (Außengehege), da dort noch größere Riesen existirten, als er selber. Allein sie ließen sich nicht beirren und gelangten Mittags zur Königsburg, die so hoch war, daß ihre Augen die Dachspitze nicht erreichten. Sie betraten die Halle, wo der König Utgardloki mit seinen Kriegern und Hofleuten saß und die Gäste sofort nach ihren Geschicklichkeiten fragte, ohne die Niemand auf seinem Hofe einen Sitz bekommen könnte. Da rühmte sich Loki seines hurtigen Essens, der Bauernsohn Thialfi seines schnellen Laufens und Thor seines mächtigen Durstes. Zuerst wurde Loki dem Thursensohn Logi gegenübergestellt. Ein langer Trog voll Fleisch wurde herbeigebracht, und die Wettenden sollten jeder von einer Seite zu schlingen beginnen. In der Mitte begegneten sie sich, aber dennoch hatte Loki verloren, weil sein Gegner auch die Knochen sammt dem Gefäße verzehrt hatte! Auch Thialfi unterlag trotz seiner außerordentlichen Schnellfüßigkeit seinem Gegner Hugin. Endlich wurde für Thor selbst das Horn herbeigebracht, welches, mit Meth gefüllt, an Utgardloki's Tafel zu kreisen pflegte, und dieser belehrte ihn, daß Niemand unter den Hofleuten mehr als drei Züge brauche, um es zu leeren. Trotz seines geringen Durstes thut Thor drei lange Züge; aber erst beim dritten war eine kleine Abnahme des Getränkes bemerkbar. Unmuthig gab er das Horn ab und verlangte, seine Stärke auf die Probe zu stellen. Da forderte ihn der Riese auf, nur seine graue Katze vom Boden aufzuheben, was seine jungen Bursche oft im Spaße thäten. Thor versuchte es, aber das Thier streckte sich immer länger, und wenn er sich auch noch so sehr anstrengte, so blieben doch immer die Pfoten auf dem Boden stehen. „Ich dachte es schon", höhnte nun Utgardloki, „daß die Katze für einen so kleinen Mann zu groß sein würde." Da entbrannte der Zorn Thor's und er forderte alle Riesen zum Ringkampfe heraus. Aber wieder wollte der Riese Niemand zu solchem Kinderspiel hergeben, als seine uralte Amme Elli. Das Riesenweib trat herein und der Kampf begann. Allein so sehr auch Thor alle seine Kraft aufbot, er strauchelte endlich und sank auf die Kniee. Da sprang der Riesenfürst dazwischen und führte seine Gäste zur Tafel, wo sie sich bis Mitternacht labten. Am andern Morgen geleitete er sie bis an die Grenze und sagte dann: „Weil Du nun meine Burg verlassen hast, die Du nie wieder betreten darfst, will ich Dir bekennen, daß ich Dich durch Zauberkünste täuschte. Ich selbst war der Riese Skrymir. Der Eßkorb war mit eisernen Bändern zugeschnürt; mit dem Hammer hättest Du mich sicher erschlagen, wenn ich Dir nicht schnell einen Felsen in den Weg geschoben hätte. Der große Fresser Logi war das Wildfeuer, der Läufer Hugin aber mein Gedanke. Das Ende des Hornes, aus dem Du trankst, lag in der See, und Du hast so viel daraus getrunken, daß die Ebbe auf der Erde davon entstanden ist. Die Katze ferner war die Midgardsschlange, und Du hast sie zu unserem Entsetzen so hoch gehoben, daß sie beinahe den Himmel berührte. Die Alte endlich, mit der Du gerungen hast, war das Greisenalter, dem Jeder unterliegen muß." Wüthend schwang Thor den Hammer, um sich an dem Jöten zu rächen. Dieser war aber verschwunden, und Thor mußte mit seinen Genossen den Rückweg antreten.

Liegt diesem Mythus der Gedanke zu Grunde, daß der große Ase in der Außenwelt, d. h. in dem Schnee des Urgebirgs, keinen Erfolg erringen und der Kultur keine Bahn eröffnen kann, so zeigt uns die Sage vom Riesen Hrungnir (Rauschender) Thor's milde Gewittermacht im Kampfe gegen das verwüstende Unwetter im Gebirge. Als einmal Thor ausgezogen war, um seine Pflüger gegen Unholde zu schützen, machte sich auch Odin auf und kehrte beim Bergriesen Hrungnir ein. Dort kamen sie im Laufe der Unterhaltung auf die Vorzüge des Rosses Sleipnir, und der Jöte behauptete, sein Pferd Gullfaxi (Goldmähne) mache doch noch weitere Sprünge. Da schwang sich Odin auf und forderte Hrungnir auf, mit ihm um die Wette zu reiten. Zornig jagte der Riese ihm nach, und beide kamen fast gleichzeitig in Asgard an. Die Asen laden den Gast freundlich ein, sich an Thor's Platz zu setzen, und die schöne Freya schenkt ihm die gewaltigen Schalen des Donnerers voll starken Biers. Unmuthsvoll leerte er sie, forderte immer mehr von dem Getränke und begann endlich im Rausche trotzig zu prahlen, er werde Walhalla auf dem Rücken nach Jötunheim tragen, ganz Asgard in den Abgrund versenken, alle Asen erschlagen, Freya und Sif aber mit sich in das Riesenland entführen. Aengstlich riefen die Asen nach Thor, und kaum war sein Name genannt, als derselbe mit zornblitzenden Augen in der Halle stand und Miölnir schwingend ausrief: „Wer erlaubt dem Thursen, in Asgard zu sitzen und sich von der Schenkin der Asen den Pokal kredenzen zu lassen? Das soll den Unverschämten gereuen!" Hrungnir beruft sich ernüchtert auf Odin's Einladung und gelobt, sich ihm an der Grenzscheide der Länder im ehrlichen Zweikampfe stellen zu wollen. Am bestimmten Tage fand sich der Jöte zuerst auf dem Platze ein, bewaffnet mit einem riesigen Schleifstein und einem ungeheuern steinernen Schilde, während die Riesen einen neun Meilen hohen Schildknappen aus Lehm neben ihm aufgepflanzt hatten. Vor Thor erschien dessen Diener Thialfi und rief dem Riesen zu, sein Herr wolle ihn von unten angreifen und der Schild werde ihm dann nichts helfen. Da warf Hrungnir die Steinscheibe auf den Boden und stellte sich darauf, und als gleich hinterdrein der Donnerer angebraust kam und beide Gegner in demselben Augenblicke ihre Waffen schleuderten, zerschellte die Keule des Jöten, vom Hammer getroffen in der Luft, dieser aber fuhr tief in Hrungnir's Schädel.

Grimmiger Zorn erfaßte aber den Blitzgott, als er einst in der Nacht erwachte und merkte, daß sein göttlicher Hammer entwendet sei. Er zog Loki in das Geheimniß, und dieser lieh von Freya das Falkengewand, um der Riesenwelt einen Besuch abzustatten. Dort traf er den Thursenfürst Thrym, der sich in ein Gespräch mit ihm einließ und gar kein Hehl daraus machte, daß er selbst den Hammer gestohlen habe und acht Meilen tief unter der Erde verborgen halte. Nur wer ihm Freya als Braut zuführe, solle denselben erhalten. Thor wagte es zwar, nach Loki's Zurückkunft der schönen Wanin den Antrag des Riesen vorzutragen, wurde aber schnöde abgewiesen. Nun war guter Rath theuer, denn Miölnir war ja die Stütze Asgards gegen die Riesen. In der Versammlung der Götter und Göttinnen macht endlich Heimdal, der Wächter Asenheims, der so weise war, daß er das Gras und die Wolle der Schafe wachsen hörte, den Vorschlag, Thor selbst solle, in Freya's bräutliches Linnen gehüllt und mit blitzendem Goldschmucke geziert, dem Riesen zugeführt werden. Nach einigem Sträuben verstand sich Thor dazu und nahm Loki als Magd mit. Thrym sah das Gespann der Mädchen von seiner Warte aus sich nähern und traf in größter Eile Zurüstungen zum Hochzeitsfeste. Züchtig in ihren Schleier gehüllt, sitzt die hohe Braut beim Mahle und ißt einen ganzen Ochsen, acht Lachse und alles Naschwerk, ja, sie trinkt drei Kufen Meth dazu aus! Verwundert schaut der Bräutigam diesen gesunden Appetit; aber die Zofe flüstert ihm zu, aus Sehnsucht nach Jötunheim habe die Braut acht Tage gefastet. Endlich hebt der ungeduldige Liebhaber ein Ende des Schleiers, fährt aber erschrocken zurück vor den Feuer sprühenden Augen der Jungfrau. Doch wiederum beschwichtigt ihn der schlaue Loki: „Acht Nächte hat die Braut vor Sehnsucht nicht geschlafen; wie sollten ihre Augen nicht glühen!" Erfreut läßt nun Thrym den Hammer des Donnerers herbeibringen und ihn der Braut in den Schoß legen, um den Ehebund nach der Sitte zu weihen; in Thor's Brust lachte das Herz, als er seinen Hammer vor sich sah. Rasch faßte er zu, warf die Hülle ab und wetterte den Riesen sammt allen Hochzeitsgästen nieder. Ueber diese Mythe schreibt Mannhardt: „Sie besagt, wie Thrym, der Riese des winterlichen Sturmes, dem Himmel den befruchtenden sommerlichen Wetterstrahl raubt und während der acht Wintermonate des Nordens in der Tiefe begräbt. Er sucht die Göttin der Sonne und lichten Wolke, Freya, gänzlich in seine Gewalt zu bringen. Thor verhüllt sich selber in das Kleid der Wolkenfrau und gewinnt so im Frühling den Hammer wieder, den er aus dem Schoße der Wolken hervorwetternd schwingt."

Endlich war auch Loki betheiligt an der Fahrt Thor's zur Behausung des Thursen Geirröd (Speerröther). Den weithin qualmenden Schlot desselben entdeckte er nämlich in der Ferne, als er sich im erwähnten Falkengewande in den Lüften schaukelte, und ließ sich aus Neugierde auf den Fenstersims nieder. Da bannte ihn der Riese fest und weil der Vogel auf alle Fragen stumm blieb, sperrte er ihn ein und ließ ihn drei Monate ohne Nahrung. Dieses Mittel wirkte. Loki gestand, wer er wäre, und der erfreute Geirröd schenkte ihm blos unter der Bedingung die Freiheit, daß er mit heiligem Eidschwur versprach, Thor, den

Hauptfeind des Riesengeschlechts, ihm zum Faustkampf stellen zu wollen, aber ohne den gefürchteten Hammer. Der schlaueste aller Asen suchte hierauf Thor zu einem friedlichen Besuch bei Geirröd zu bereden, indem er ihm vorlog, wie freundlich er selbst von demselben aufgenommen worden sei und wie der Riese lediglich aus Bewunderung sich nach der Bekanntschaft mit dem ältesten Sohne Wodan's sehne. Thor folgte dem Versucher, erfuhr aber schon nach der ersten Tagereise bei der Riesin Grid, der Mutter seines Stiefbruders Widar, die Wahrheit und wurde von ihr mit ihren Eisenhandschuhen, ihrem Stab und Stärkegürtel versehen. Eine Tochter Geirröd's staute mit ihrem Leibe einen den Wanderern im Wege liegenden großen Strom an, mußte aber den Steinwürfen Thor's weichen. Als sie endlich das Gehöfte des Thursen erreicht hatten und Thor sich müde auf einen Stuhl niederließ, merkte er plötzlich, wie sich derselbe nach und nach immer höher der Decke zu emporhob. Schnell stemmte er seinen Stab gegen die Wölbung und drückte sich dann mit aller Kraft nieder. Entsetzliches Jammergeschrei, unter dem Stuhle hervortönend, belehrte ihn, daß die beiden Töchter des Wirthes, Gialp und Greip, ihre List mit dem Tode zu bezahlen hatten. Von Geirröd dann zum Kampfe entboten, bemerkte kaum Thor die rings an den Wänden der Halle emporlodernden Feuerflammen, als ihm auch schon der Riese einen glühenden Eisenkeil entgegenschleuderte. Jetzt thaten die eisernen Handschuhe treffliche Dienste; der Ase fing das Geschoß auf und warf es mit solcher Gewalt gegen die Säule, hinter welcher sich der Feind versteckt hielt, daß es das Bollwerk sammt der Brust Geirröd's durchbohrte. Dieser ward in einen Stein verwandelt. — Der Kampf erinnert an den Streit des wohlthätigen Sommergottes mit dem Dämon des verderblichen Unwetters, oder, wie Andere wollen, mit den Gewalten des vulkanischen Feuers.

Riese.

4. Tyr, althochdeutsch Zio.

Daß Zio der älteste aller germanischen Götter ist und zwar in seiner Bedeutung dem griechischen Zeus vollkommen gleich, ist schon in der Einleitung erwähnt worden. Der lichte Himmelsgott war aber bereits zu Tacitus' Zeit zu einem Schwert- und Kriegsgotte geworden. Es ist ihm also ähnlich gegangen, wie dem römischen Mars, und der diesem gewidmete dritte Wochentag erhielt auch in Deutschland den Namen von Tyr. Darum war auch der Pfeil und später wol das Schwert sein Symbol.

Die Brut Loki's war von Wodan weit aus seinen Augen verbannt worden. Hel war nach Nifelheim hinabgeschleudert, die Schlange Jörmungandar in das tiefe Weltmeer versenkt, welches Midgard umschließt. Nur Fenrir, der Wolf, war vor der Hand unter Tyr's Hut geblieben, der ihn täglich mit Futter versorgte. Aber bald wuchs er so riesenhaft heran und gewann solche Stärke, daß man sich in Asgard selbst vor ihm zu fürchten begann und auf Mittel dachte, ihn unschädlich zu machen. Die Asen schmiedeten also zwei Eisenfesseln, Leuthing und Droma, und brachten den Wolf durch Zureden so weit, daß er sich geduldig die Bänder anlegen ließ. Aber als er seine gewaltigen Glieder reckte, flogen die Ringe klirrend auseinander. Die Sorge der Himmlischen mehrte sich, denn täglich wuchs die Stärke Fenrir's. Da sandte Odin seinen treuen Diener Skirnir (Glänzer) nach

Tyr.

Schwarzalfenheim und ließ die Zwerge um eine dauerhafte Fessel bitten. Diese verfertigten aus dem Barte der Weiber, den Sehnen der Bären, dem Schalle der Katzentritte, dem Speichel der Vögel, der Stimme der Fische und den Wurzeln der Berge eine Fessel, so dünn wie ein Seidenband, Namens Gleipnir. Die Götter ließen hierauf den Wolf kommen und forderten ihn auf, seine Kraft an dem neuen Kunstwerke zu probiren. Aber Fenrir witterte unter dem schwachen Gewebe Zaubertrug und weigerte sich, eher die Fesseln sich anlegen zu lassen, als einer der Asen zum Unterpfand die Rechte in seinen Rachen legen würde. Tyr that dies unverzagt. Das Band aber, von dem die Alfen gesagt hatten, es werde den

Gebundenen immer fester zusammenschnüren, je mehr er sich bemühe, es zu zerreißen, bewährte sich besser als die stärkste Eisenkette. Die Götter zogen es durch tief eingerammte Felsen hindurch und streckten dem wüthenden Unthier ein Schwert zwischen die Kiefern. Tyr hatte freilich den meisten Schaden; denn ihm hatte der Wolf, als er die List merkte, die Hand abgebissen.

Es ist unschwer, in dem Wolfe Fenrir ebenso einen Dämon der Finsterniß zu erkennen, wie in den Wölfen Sköll und Hati. Tyr ist also ihm gegenüber noch der alte Gott des Himmels, der das Licht dem finstern Rachen entreißt. Daß er dabei die Hand einbüßt, stimmt merkwürdigerweise ganz mit der indischen Legende vom Sonnengotte Sawitar; nur daß dieser sich die Hand beim Opfer abgeschlagen hat.

Bragi und Heimdal empfangen die Krieger in Walhalla.

Möglich, daß man dabei an die Einbuße der Hälfte gedacht hat, die der Tag durch die Nacht erleidet; möglich auch, daß das Attribut der goldenen Hand allmählich zur Annahme einer künstlichen Goldhand geführt hat.

Von seinem späteren Wirken als Kriegsgott scheint Tyr bei den Germanen südlich von der Ostsee als Sarnot, d. h. „der des Schwertes (Sar) waltende Gott", verehrt worden zu sein. Namentlich wissen wir dies von den Sachsen.

Bei anderen Stämmen kommt auch der Name Cheru oder Heru vor, und da dies auch das Schwert bedeutet, so mag wol auch hier kein Unterschied obwalten, und die Cherusker waren sonach die Mannen oder Abkömmlinge des Heru oder Tyr.

Mehr nach Thor als nach Tyr sieht endlich der von den Sachsen verehrte Gott Irmin aus, dessen hölzerne Säule (Irmensäule) im Osning bei Detmold Karl der Große 772 zerstört hat.

5. Bragi und Idun.

Bragi, der sangreiche und redebegabte Sohn Wodan's, hatte zur Gattin Idun (Erneuende), die Tochter des Zwergenvaters Iwaldi. Sie, „die schmerzheilende Maid, die des Götteralters Heilung kennt“, bewahrte dem Odin die Kufe Odrörir (Geistererzeuger), die den Dichtermeth barg. Mit diesem aber hatte es folgende Bewandtniß. Nach einem Kriege zwischen den Asen und Wanen war der Friede dadurch besiegelt worden, daß beide Parteien ihren Speichel in ein Gefäß laufen ließen und daraus den weisen Mann Kwasir (Redner) schufen. Auf seinen Reisen war dieser in Schwarzalfenheim von zwei Zwergen Fjalar und Galar ermordet worden, und die Kobolde hatten dann sein Blut mit Honig gemischt und einen zum Dichten begeisternden Meth daraus gebraut. Den Wundertrank mußten aber die Erfinder später dem Riesen Suttung als Sühne für den an seinem Oheim verübten Todtschlag überlassen, der ihn von seiner Tochter Gunlöd bewachen ließ. Odin war in die Felshöhle gelangt, indem er durch den überlisteten Riesen Baugi den Berg durchbohren ließ, hatte den Kessel mit dem Meth geleert und auf diese Weise den letztern nach Asgard gebracht.

Außer dem Dichtertranke bewachte aber Idun noch elf goldene Aepfel, deren Genuß den Asen ewige Jugendschöne gewährte. Nun geschah es, daß Odin, Hönir und Loki durch eine gebirgige und öde Gegend wanderten, wo weder Obdach noch Speise zu finden war. Endlich trafen sie in einem Thale eine Rinderherde, schlachteten ein Stück davon und brieten es. Aber das Fleisch wollte immer nicht gar werden, und sie fragten verwundert einander, wer wol daran Schuld sein möchte. Da antwortete ihnen plötzlich eine Stimme aus dem Baume über ihnen, und ein großer Adler versprach ihnen den Braten genießbar zu machen, wenn sie ihn am Mahle Theil nehmen ließen. Die Asen willigten ein; da aber der Vogel gleich die beiden Lenden und das Vordertheil des Ochsen für sich nahm, ergrimmte Loki und stieß jenem eine große Stange in den Leib. Der Adler schwang sich hierauf mit derselben, an der plötzlich durch Zauber Loki's Hände festklebten, empor, flog aber so niedrig, daß Loki's Füße Steine und Gehölz streiften. Er konnte die Qual nicht ertragen und bat flehentlich den Adler um Frieden. „Wohlan“, sprach derselbe, „versprich mit heiligem Eid, daß Du mir Idun mit den goldenen Aepfeln verschaffen willst, so will ich Dich frei geben!“ Loki gab die Zusage, und als er nach Asgard zurückgekommen war, lockte er Idun in einen Wald unter dem Vorgeben, daß er dort einen Baum mit herrlichen Aepfeln entdeckt hätte; sofort stellte sich der Adler ein und entführte die erschrockene Göttin nach Jötunheim. Der gewaltige Vogel war der Thurse Thiassi (Stürmende).

Die Asen befanden sich nach Idun's Verschwinden übel; denn sie alterten schnell und wurden grauhaarig. Endlich lenkte sich ihr Verdacht auf den Verräther Loki, der zuletzt mit der Verlorenen gesehen worden war. Mit dem Tode bedroht versprach er, Idun aufzusuchen, wenn ihm Freya ihr Falkengewand leihen wollte. So gelangte er glücklich zu der Behausung des Riesen, fand die Göttin allein, verwandelte sie in eine Nuß und flog mit der leichten Beute davon. Thiassi, der auf dem Meere gerudert hatte, kam aber bald nach Hause, bemerkte gleich den Raub und setzte im Adlerkleid den Fliehenden nach.

In Asgard sah man den Falken und hinter ihm den Adler herfliegen. Die Asen häuften daher um die Mauer herum Holzspäne auf und zündeten sie an, sobald der Falke die Burg erreicht hatte. Der Adler aber achtete in seiner Hast der aufschlagenden Lohe nicht, verbrannte sich das Gefieder und stürzte in Asgard zu Boden, wo die herbeieilenden Götter ihn erschlugen.

So erscheint hier Idun als Göttin des vegetativen Lebens, die im Winter in der Gewalt des nordischen Sturmriesen ist, im Lenze aber von Loki wiedergeholt wird.

Thiassi aber hinterließ eine Tochter, die schöne und muthige Skadi (Strafe). Diese wappnete sich auf die Nachricht vom Tode ihres Vaters und sprengte nach Asgard, um blutige Rache zu nehmen an dem Schuldigen. Die Asen erfreute die Keckheit und Holdseligkeit der Jungfrau. Thor warf die Augen ihres Vaters gen Himmel, wo sie als leuchtende Sterne glänzen, und Allvater erlaubte ihr, sich unter den Asen einen Gemahl auszusuchen. Allein Skadi in ihrem Schmerz wollte nichts von gütlichem Ausgleiche wissen. Da schaffte wieder der listige Loki Rath. Er band sich einen Ziegenbock an den Fuß und begann nun meckernd mit dem Thiere die possirlichsten Sprünge und Grimassen zu machen. Als er endlich vor Skadi einen Fußfall that, konnte sich diese nicht länger halten und brach in volles Lachen aus.

Nun zeigte sie sich auch willig, sich durch Heirath mit dem Asengeschlecht zu verbinden; doch durfte sie bei der Wahl nicht mehr als die Füße der Götter sehen. So kam es, daß sie sich irrte; denn indem sie glaubte, den herrlichen Balder vor sich zu haben, wählte sie Niörder. Dies war ein Wane und nach dem Kriege zwischen seinem Geschlechte und den Asen als Geisel in Asgard zurückgeblieben. Sein Name (Wasserhälter) sowie sein Schloß Noatun (Schiffsstätte) kennzeichnen ihn als Beherrscher der Meerflut. Seine Ehe mit Skadi wurde dadurch getrübt, daß dieser das Brausen des Meeres und das Kreischen der Möven nicht gefiel, während ihm wieder die öden Bergklüfte und das Wolfsgeheul in den Wäldern Jötunheims unausstehlich vorkamen. Sie wechselten einander zu Liebe den Aufenthaltsort alle neun Tage. Endlich aber trennten sie sich ganz, und die Jägerin Skadi reichte später dem mehr zu ihr passenden, im Asengehöfte Ydalir (Eibenthal) wohnenden Bogenschützen und Wintergott Uller ihre Hand.

6. Freya und Freyer.

Freya (Frau, Freundliche) und ihr Bruder Freyer (Herr, Frohe, S. 375) sind Kinder Niörder's aus seiner ersten Ehe mit Niöd. Freyer war besonders in Skandinavien verehrt als ein über Regen und Sonnenschein gebietender Gott, der seinen Sitz in Lichtalfenheim hatte. Ihm diente als treuer Begleiter Skirnir (Glänzer). Zu seinen Ausflügen aber benutzte er den Eber Gullinbursti (Goldborstiger) und das Schiff Skidbladnir (geflügeltes Holz), das stets günstigen

Fahrwind hatte und sich nach dem Gebrauche zusammenlegen und in die Tasche stecken ließ (wol die Sonne und die Wolke). Auch ein sich von selbst schwingendes Schwert besaß er; dies opferte er jedoch auf bei der Werbung um die Riesentochter Gerd.

Seine Schwester Freya ist die Göttin der Natur, die blütenreiche Mutter der Erde. Im Kultus dagegen ist sie die Beschützerin der Liebenden, die auch nach dem Tode hoffen, in ihrem Palaste Folkwang (Volkanger) und in ihrem lichten Saale Seßrumnir (Sitzraum) Aufnahme und Wiedervereinigung zu finden.

Freya.

Freya ist nicht blos Mundschenkin in Walhalla, sondern auch Führerin der Walküren auf dem Schlachtfelde. An dem ihr geheiligten Freitag wurden die meisten Ehen geschlossen, und erst die christlichen Priester erklärten diesen Tag als den Kreuzigungstag Christi für eine unglückliche Zeit. Zuletzt beim Mahle trank man Freya Minne, d. h. man weihte ihr den Becher der Liebe und Erinnerung zum Abschiede, was später auf Maria überging. Freya trug den von den Zwergen geschmiedeten köstlichen Halsschmuck Brinsingamen (Feuerkette) und fuhr auf einem mit Katzen bespannten Wagen.

Einst bekam Wodan selbst Lust nach dem Kleinod Brinsingamen und befahl Loki, der ihm davon erzählt hatte, ihm dasselbe entweder zu verschaffen oder nie wieder vor seine Augen zu kommen. Sehr ungern übernahm Loki den heikeln Auftrag und schlich sich nach Folkwang. Die Wanin ruhte in ihrer verschlossenen Kammer, und Loki verwandelte sich in eine Fliege, um hineinzukommen, dann aber in einen Floh, um Freya, die mit der Brust auf der Kette lag, zum Umdrehen zu bestimmen. Alles gelang nach Wunsch, und der Dieb huschte mit seinem Raube ins Freie, als ein Stärkerer über ihn kam. Der wackere Heimdal, der treue Wacht an der Brücke Bifröst hielt, hatte den Raub beobachtet und eilte Loki nach.

Freyer.

Dieser stürzte sich als Robbe ins Meer, aber Heimdal that dasselbe, und in dem nun entbrannten Kampfe siegte er und nahm dem Räuber das Kleinod ab. Idun heilte dann des Siegers Wunden und brachte den Halsschmuck der weinenden Freya zurück.

Gewöhnlich wird Freya als Jungfrau gedacht. Nach einem Mythus war sie jedoch mit Odur (Geist) vermählt. Als sie ihm jedoch eine Tochter, Hnoß (Kleinod), geschenkt hatte, verließ er sie treulos und zog auf ferne Wege. Freya's Thränen flossen darob unablässig und wurden zu rothem Golde.

Nach einer Sage kam Odur dann als fremder Wanderer nach Folkwang zurück und erzählte nach der Wiedererkennung, daß er auf windkalten Wegen hergekommen wäre, und daß ihn der Nornen unabänderlicher Spruch in die Ferne und wieder zurückgeführt hätte. Nach einer andern Legende sucht ihn Freya in allen Ländern und findet ihn zu ihrer Freude endlich auf grüner Matte. Aber Odur bleibt dennoch nicht bei ihr und verläßt sie in jedem Jahr nach der Herbsttagundnachtgleiche.

7. Balder.

Der lichte, strahlende Sohn Frigg's, Balder, ein Symbol der kurzlebigen Sommerherrlichkeit, war der beste aller Asen und von Allen wegen seiner Unschuld und Milde geliebt. In seinem Gehöfte Breidablick (breiter Gang) wurde nichts Unreines geduldet. Dort wohnte Balder, auch Vol genannt, mit seiner geliebten Gattin Nanna und seinem Sohne Forseti (Vorsitzender), der seines Vaters gute Eigenschaften erbte und später in der mit Silber gedeckten, auf Goldsäulen ruhenden Halle Glitnir (Gleißende) immerwährend zu Gerichte saß.

Der frühe Tod Balder's sollte über die Asen bitteres Leid bringen. Ein böses Vorzeichen hatte nach dem Entschwinden des Goldalters den Asgard in große Unruhe versetzt. Die liebliche Idun war in einer Nacht von den Zweigen der Weltesche Yggdrasil, in denen sie sich gewiegt hatte, hinabgesunken in das Nachtreich Hel's, und am nächsten Tage drohte Mimir's Brunnen zu vertrocknen. Da schickte Odin seinen Raben Hugin aus, und dieser flog eilig zu den Zwergen Dain und Thrain, die der Zukunft kundig waren. Allein dort war wenig zu erfahren, denn die Zwerge lagen in wirren Träumen. Odin sandte also Heimdal, Loki und Bragi hinunter zu Hel selbst, um Idun auszuforschen. Auf düsteren Pfaden stiegen sie hinab nach Niselheim, gelangten zu der mit festem Eisengitter und loderndem Feuer umgebenen Burg Hel's und gingen hinein, ohne sich um das Heulen des blutbesudelten Höllenhunds Managarm (Mondhund) zu kümmern. Bald erspähten sie die Göttin der Jugend und fanden sie blaß, abgehärmt und stumm. Nur Thränen rannen unaufhörlich über ihre Wangen, und keine Antwort über das Schicksal der Asen und der Welt kam über ihre Lippen. So zogen die Boten wieder ab. Aber Bragi, der liebende Gatte, blieb bei Idun zurück. Rathlos hörten die Götter den Bericht Heimdal's und Loki's und mußten ihre Entschlüsse vertagen.

Am nächsten Morgen schwang sich Odin auf Sleipnir's Rücken, um selbst die Reise nach Niselheim anzutreten; denn in der Nacht hatte Balder geträumt, Hel sei ihm erschienen und habe ihm gewinkt. Er reitet bei Hel's Behausung vorüber nach Osten, wo der Seherin Wala (oder Wöla) Grabhügel stand. Dort sprach er die Beschwörungsformel und weckte die Todte mit mächtigem Banne. Und als sie ihn nach seinem Begehr fragte, gab er sich für Wegtam (Weggewöhnte) aus und erkundigte sich, für wen bei Hel die Betten mit Gold geschmückt und die Sitze mit Reisen belegt wären. Da antwortete Wala: „Für Balder, den Guten, wird der Empfang bereitet und köstlicher Meth gebraut den Asen zum Grame." Und als er weiter wissen wollte, wer Balder zu Hel senden und wer den Mord rächen würde, so sagte sie ihm, wie es kommen sollte. Wie er aber noch fragte, wie das tückische Weib hieße, das Balder's Tod nicht beweinen werde, da erkannte ihn Wala voll Entsetzen und bat ihn, heimzureiten;

Niemand werde sie weiter Rede stehen, bis Loki's Banden rissen und der Götter Verderben hereinbräche.

Unterdessen hatten auch die übrigen Asen nicht gerastet. Sie beschlossen, allen lebenden Kreaturen und selbst den leblosen Dingen einen heiligen Eid abzufordern, daß sie Balder's Leib und Leben nicht schädigen wollten. Die besorgte Frigg selbst war ausgefahren in alle Lande, und es hatten ihr geschworen die Thursen, die Menschen, die Alfen, die Bäume und Sträucher, die Steine und Erze, selbst die Gifte und Krankheiten. Nun herrschte große Heiterkeit in Walhalla. Die Asen scherzten und lachten und zielten mit allerlei Wurfzeug und Geschoß nach Balder,

Balder und Nanna.

um zu sehen, wie jede Waffe den gefeiten Leib vermied. Nur Loki fand kein Gefallen an dem Wunder, verwandelte sich in ein altes Weib und humpelte nach Fensal zu Frigg, um sich Aufklärung zu verschaffen. Gutmüthig erzählte ihm Balder's Mutter, was sie Alles gethan habe, um das Unglück vom lieben Sohne fern zu halten; ja, sie vertraute ihm endlich, daß alle Gewächse auf Erden ihr den verlangten Eid geleistet hätten, mit Ausnahme eines kleinen Mistelstrauchs, den sie für zu unbedeutend gehalten hätte. Der Verräther eilte zur Mistel, riß sie herunter und formte einen Geer daraus. Dann ging er in den Kreis der heiter scherzenden Asen zurück. Dort fand er den starken, aber des Augenlichts beraubten

Höder in einer Ecke stehen, theilnahmlos bei der Kurzweil der Uebrigen. Er fragte ihn, warum er nicht auch zu Balder's Ehre seine Kraft im Werfen versuchte, und als der Blinde erwiederte, er habe ja weder Waffen noch Augen, drückte er ihm den Mistelgeer in die Hand und richtete denselben auf Balder. Höder schleuderte mit voller Kraft den Speer, und der Bruder sank mit durchbohrter Brust entseelt zu Boden!

Da verfinsterte sich die Erde; sprachlos und entsetzt standen die Götter um die Leiche des Vielgeliebten. Dann aber wandten sich Alle gegen den Mörder, und am liebsten hätten sie sogleich Rache an ihm genommen — Loki hatte sich natürlich weggeschlichen — wenn nicht Asgards Heiligkeit ihn geschützt hätte. Frigg, durch das laute Jammern erschreckt, eilte auch herbei und klammerte sich an die Hoffnung an, die schreckliche Hel möchte sich vielleicht erbitten lassen, den geliebten Sohn wieder frei zu geben. Sofort war Balder's zweiter Bruder, Hermoder, bereit, das Schattenreich aufzusuchen, und bestieg den eben erst von dort zurückgekehrten Sleipnir.

Die Asen aber machten sich daran, die theure Hülle mit den letzten Ehren zu beschenken. Sie geleiteten dieselbe an den Strand des Meeres, wo Balder's Schiff Hringhorn (Ringhörnige) lag. Auf diesem ward der Scheiterhaufen errichtet. Aber als die Leiche hinaufgelegt werden sollte, brach der holden Nanna das Herz vor Jammer und die Götter gesellten sie dem Geliebten bei. Auch dessen edles Roß mußte ihm im Tode folgen, und Wodan steckte dem Sohne noch den Wunderring Draupnir (Traufende) an die Hand, der in jeder neunten Nacht sich verachtfachte. Sodann weihte Thor mit seinem Hammer die Scheiter, und die Flamme prasselte in die Höhe. Aber Niemand vermochte nun das Fahrzeug mit seiner Last von der Stelle zu rücken und ins Meer hinabzuschieben. Die anwesenden Riesen erboten sich, ein starkes Weib aus Jötunheim, Namens Hyrrokin (Feuerräucherige) herbeizuholen, die Berge zu verrücken im Stande wäre. Es geschah, und die Alte kam sturmschnell auf einem riesigen Wolfe angeritten, der mit einer Natter gezäumt war. Mit einem einzigen Stoße schob sie das Schiff in die Wellen. Thor aber ergrimmte über der Riesin rohe Weise und hätte ihr gern mit Miölnir das Lebenslicht ausgeblasen, wenn nicht die übrigen Asen, auf das freie Geleit Hyrrokin's hinweisend, ihn abgehalten hätten. So ließ er seine Wuth am Zwerge Lit (Farbe) aus, der ihm unter die Füße kam, und warf ihn ins Feuer.

Während dies geschah, war Hermoder nach neuntägigem Ritte an den Fluß Giöll (Gellende) gelangt, der Hel's Reich von den anderen Welten scheidet, und von der Brückenwächterin Mödgud (Seelenkampf) nach Hel's Wohnsitze gewiesen, erreichte er denselben bald und setzte mit Sleipnir über das verschlossene Gitter in das Todtengebiet. Bald gelang es ihm, Balder und Nanna zu finden. Sie saßen auf einem Ehrenplatze, aber traurig und ohne die goldenen Pokale zu berühren. Hermoder wandte sich aber sogleich an die grauenhafte Hel und richtete seinen Auftrag aus; er hob hervor, daß alle Wesen der Welt über Balder's Tod trauerten.

Da erwiederte ihm Hel: „Weint alles Lebendige und Todte um Balder, wohl, so mag er zurückkehren ans Licht; bleibt aber ein einziges Auge trocken und thränenlos, so muß er ewig in meinem Saale weilen." Den Göttern in Asgard dünkte dieser Bescheid nicht ungünstig, und sogleich wurden Boten nach allen Seiten ausgesendet, welche alle Wesen und Dinge auffordern sollten, dem entschwundenen Balder Thränen zu weihen. Da rieselten allen lebenden Geschöpfen die Zähren über die Wangen; die Blätter und Blumenkelche füllten sich mit Thauperlen, und selbst von den Steinen troff das geweinte Naß herab. Als aber die Boten zurückkehrten, fanden sie auf dem Wege vor ihrer Höhle die Riesin Thökk (Dunkel), welche trotz aller Bitten den Thränenzoll verweigerte. „Was soll ich weinen um Balder?" sprach sie. „Er hat mir weder im Leben noch im Tode Nutzen geschafft. Mag Hel behalten, was sie hat!" So blieb Balder der Oberwelt verloren. Das „tückische Weib" aber war Niemand anders als der Schurke Loki.

Nun hatte die Seherin Wala zuletzt auch Odin geweissagt, der Rächer Balder's, der die von Pflicht und Gesetz gebotene Blutrache am Mörder vollziehen werde, müßte seinem eigenen Blute entstammen und der Königstochter Rinda (Rinde, Erdkruste) Sohn sein. Nachdem also alle Hoffnung auf Balder's Wiederkehr geschwunden war, begab sich Odin in das Land der Ruthenen, zu Billing, Rinda's Vater.

Er trat dort als Kriegsmann auf, bot dem Könige seine Dienste an und verrichtete solche Heldenthaten, daß ihn Billing zum Feldherrn machte und ihm die Hand seiner schönen Tochter versprach. Allein diese wies die Werbung schroff ab und schlug sogar dem zudringlichen Freier ins Gesicht. Hierauf spielte Odin die Rolle eines reichen Goldschmieds, wurde aber schließlich gerade so abgefertigt. Er erschien dann noch als stolzer Ritter bei dem königlichen Hoffeste, erhielt aber, als er um einen Kuß bat, von der spröden Rinda einen solchen Stoß, daß er in die Kniee sank. Endlich nahm er Mädchengestalt an, diente der Prinzessin treulich und versetzte sie mit seinem Zauberstabe in schwere Krankheit, übernahm dann als Arzt die Heilung und errang so die Hand der dankbaren Rinda. Ihr Sohn Wali wuchs in wenigen Stunden zum kräftigen Jüngling heran und verstand sich auf die Führung des Bogens wie Uller. Ungekämmt und ungewaschen erscheint er am nächsten Tage in Walhalla und erlegt mit seinen Pfeilen den das Licht des Tages meidenden Höder, worauf ihm die Asen zum Danke die Halle Walaskialf erbauten, deren Dach aus glänzendem Silber bestand.

Rinda's, der Erdkruste, Sohn Wali, auch Bui oder Bous (Bauer) genannt, ist der Lenz, welcher den Gott der finsteren Jahreshälfte, Höder, tödtet und so des sommerlichen Balder's Tod rächt. Der ganze Mythus ist in der Edda mit dem Weltuntergange verflochten und gewinnt durch Loki's Dazwischentreten und die Unschuld Höder's einen hochtragischen Anstrich. Die dänische Sage hat die ursprüngliche Naturanschauung besser bewahrt. Bei ihr befinden sich nämlich Balder und Höder in einem sich wiederholenden Kampfe um die von Beiden geliebte Nanna, und Höder trägt den Sieg davon. Uebrigens klingt die Baldermythe in der Nibelungensage nach, in welcher der lichte Sonnenheld Sigfrid (Sigurd) von dem falschen Hagen erschlagen wird.

Gerd, Freyer's Gemahlin, war die Tochter des Riesen Oegir (Schrecken), der zugleich Heimdal's Großvater und Beherrscher der stürmischen Meeresflut war.

Nach der Verheirathung Gerd's machte er in Asgard den Asen einen Besuch und freute sich der ihm gewordenen Aufnahme so, daß er die Götter alle zu sich auf die Zeit der Leinernte einlud. Die Gäste stellten sich alle zur genannten Zeit auf seinem Eiland ein. Aber obgleich Oegir Alles aufgeboten hatte, um die Asen zu befriedigen, kam er doch bald in große Verlegenheit. Es fehlte ihm der Meth, weil er keinen Braukessel besaß, und der durstige Thor zog ein schiefes Gesicht. Da erinnerte sich Tyr, daß sein Stiefvater, der im fernsten Osten wohnende Riese Hymir (Schläfrige), einen Kessel, eine Meile tief, besaß. Diesen erbot er sich zu schaffen, wenn Thor ihn begleiten wolle. Des Blitzgottes Böcke trugen sie schnell zur Stelle, wo sie von Tyr's goldgelockter Ahne willkommen geheißen wurden, aber vor der neunhundertköpfigen Alten zurückbebten. Bald kehrte der auf der Jagd beschäftigte Hymir zurück und die Gäste versteckten sich hinter einer Säule, da ihnen erzählt worden war, daß der Riese im Ganzen den Fremden abhold wäre. Hymir sprengte mit seinem Zornesblicke die Säule; doch scheute er sich vor Thor's Hammer und befahl drei Stiere zuzurichten. Thor verzehrte allein zwei davon, und der Riese meinte, er werde am andern Morgen auf den Fischfang ausfahren, damit die Fremden nicht seiner Herde ein Ende machten. Thor bot sich ihm als Begleiter an und fand sich in der Frühe beim Boote ein. Hymir spottete aber des kleinen Mannes und meinte, derselbe würde wol bald frieren und der Heimkehr begehren. Als hierauf Thor einen Köder für seine Angelruthe verlangte, fuhr er ihn an: „Suche Dir selbst einen!" Aber wie erschrak er, als der Fremde einem seiner dunkeln Stiere ohne Weiteres den Kopf abriß und ins Boot sprang! Nun begann die Fahrt weit und immer weiter hinaus in die hohe See. Dort warf Hymir seine Angelruthe aus und fing zwei Wale. Aber auch Thor senkte den Stierkopf in die Tiefe. Bald zuckte die Schnur und mit solcher Heftigkeit, daß Thor beim Anziehen auf die Schiffswand fiel. Schon lachte der Riese. Aber der Ase gerieth in Wuth, trat den Boden durch und zog, auf dem Meeresboden stehend, bis endlich die See hoch aufschäumte und die scheußliche Midgardschlange emporstieg und dem Gotte ihren Rachen zeigte. Dieser schwang den Hammer und wollte dem Wurme den Schädel einschlagen, als Hymir herzuspringend die Angelschnur durchschnitt. Jörmungandar entging so ihrem Schicksal, aber den Riesen belohnte ein Faustschlag, der ihn über Bord stürzte. Am Ufer angelangt, bat Hymir kleinlaut, Thor möchte entweder das Schiff an den Strand ziehen oder die Fische nach Hause tragen. Thor that Beides, forderte aber dann zur Belohnung den größten Braukessel. „Der Kessel", sagte Hymir, „kann nur dem Manne zutheil werden, welcher meinen Trinkbecher zu zerbrechen vermag." Der Ase schleuderte hierauf das Gefäß mit solcher Macht an die Säule, daß das Gemäuer zerbrach, aber der Becher blieb unverletzt. „Hymir's Schädel ist härter als Stein", raunte die Ahne ihm zu. Thor verstand den Wink und warf den Kelch dem Riesen an die Stirn, daß er in tausend Scherben zerschellte. Hierauf nahm Thor den Kessel, stülpte ihn über den Kopf und schritt aus der Halle. Hinterdrein aber stürmte Hymir mit einer Anzahl vielköpfiger Thursen, um ihm den Rückzug abzuschneiden. Dies gelang ihnen jedoch nicht. Miölnir that seine Schuldigkeit, und die Unholde wurden theils vernichtet, theils nach Nifelheim verscheucht.

Nun herrschte laute Fröhlichkeit in Oegir's Halle. Der schäumende Meth kreiste, und die Asen suchten ihren Harm über Balder's Tod zu vergessen. Funafeng (Feuerfänger) und Eldir (Zünder), die flinken Diener des Wirths, warteten emsig ihres Amtes. Loki kam zuletzt auch noch zum Gelage, und da ihn Funafeng schnöde an der Thür zurückwies, so erschlug er ihn und entwich in den Wald. Doch bald schlich er sich wieder herbei, und als er von Eldir hörte, daß die Asen von ihren Thaten sprächen und nur von ihm selbst kein gutes Wort wüßten, trat er frech in den Saal und begann die sämmtlichen Asen mit unerhörten Lästerungen und Schmähungen zu überschütten. Ja, endlich rühmte er sich Frigg gegenüber ganz offen, daß er es gewesen, der Balder zu Hel gesendet hätte. Da erschien Thor, und vor seinem Hammer wich der Frevler, nachdem er dem ganzen Göttergeschlechte den Untergang prophezeit hatte. Tief im Gebirge baute er sich neben einem Wasserfalle eine Wohnung mit vier Thüren und war täglich vor seinen Verfolgern auf der Hut. Auch erfand er in seiner langen Mußezeit das Fischernetz. Odin ersah aber doch endlich von seinem hohen Sitze aus des Bösewichts Versteck und zog mit der ganzen Asenschar gegen ihn zu Felde. Sie kamen zur windigen Hütte, fanden aber Loki nirgends. Doch entdeckten sie in der glimmenden Asche des Herdes das halbverbrannte Netz, welches der Verfolgte beim Nahen der Feinde dem Feuer überliefert hatte, und nun war es ihnen klar, wo derselbe sich verborgen hatte. Rasch verfertigen sie nach dem Reste des Geflechtes ein neues großes Netz und beginnen damit den Wasserfall zu durchsuchen. Schon beim ersten Zuge merken sie, daß etwas Lebendiges unter dem Netze weggeschlüpft sei. Sie beschweren daher dasselbe mit Steinen und beginnen den Fischfang von Neuem. Da sprang plötzlich ein großer Lachs über das Netz hinweg und schwamm den Strom hinauf; als er aber rückwärts denselben Versuch wagte, fing ihn Thor, der mitten im Wasser watete, am Schwanze, und es entpuppte sich zum Jubel der Götter Loki in Person! Sygin, Loki's Weib, eilte nun mit ihren Söhnen Wali und Narwi herbei, um Loki Beistand zu leisten. Allein die

Uller.

grausamen Asen verzauberten Wali in einen Wolf, der sofort den Bruder zerriß. Dann schnürten sie den Vater auf drei scharfkantige Felsen fest und Skadi nahm noch besonders Rache für den Tod ihres Vaters Thiassi, den Loki hauptsächlich auf dem Gewissen hatte, indem sie eine giftige Natter über des Gerichteten Haupt aufhing, deren beißender Geifer demselben das Antlitz beträufeln sollte. Die treue Sygin wich jedoch nicht von Loki's Seite und fing das Gift in einer Schale auf. Nur wenn sie gezwungen war, das volle Gefäß auszugießen, näßte das Gift die Wangen des Unglücklichen und er heulte dann laut auf vor Wuth und Schmerz.

Immer näher unterdessen rückte die Zeit heran, wo die alte Weltordnung zerfallen und das Unheil des Weltuntergangs, Ragnarök (Götterdämmerung), hereinbrechen sollte über Götter und Menschen.

Sygin und Loki.

Surtur mit dem Flammenschwerte.

8. Ragnarök.

Kurz vorher bildeten Eigennutz und Habgier die einzigen Triebfedern der Handlungen, und Mord und blutige Kriege nahmen in schrecklicher Weise überhand. Die Erde verödete und verlor ihre schöpferische Kraft, die Sonne trübte sich und endlich folgten sich drei schreckliche Fimbulwinter (ungeheure Winter) ohne dazwischenliegende Sommer. Alle Gewächse auf Erden erstarrten unter dem unaufhörlichen Schneegestöber, und die Menschen starben vor Kälte und Hunger. Dann ereilten die Riesenwölfe Sköll und Hati den Mond und die Sonne und verschlangen sie. Die Sterne fallen vom Himmelsgewölbe, die Grundfesten aller Welten wanken und die Banden und Ketten aller Ungeheuer der Tiefe brechen. Die Midgardschlange erhebt sich aus dem Abgrund der Meerflut, der Wolf Fenrir reißt sich los, der Höllenhund Managarm steigt an die Oberwelt, der Feuerriese Surtur mit den Muspelsöhnen sowie die Hrimthursen sammeln sich zum Kampfe. Auch Loki sprengt seine Fesseln und besteigt mit seinen Sippen das Schiff

Nagelfari, gezimmert aus den Nägeln der Todten. Auf dem Kriegsfeld Wigrid ordnet Loki seine Scharen, während die Asen sammt den Einheriern heranreiten. Ein entsetzlicher Vernichtungskampf hebt an. Allvater wird vom Fenrirwolfe verschlungen, Heimdal und Loki durchbohren sich gleichzeitig; Thor erschlägt die Midgardschlange Jörmungandar, wird aber selbst durch ihren giftigen Hauch getödtet. Freyer, dem seine Wunderwaffe fehlt, unterliegt dem Flammenschwerte Surtur's; Tyr erwürgt den Höllenhund, fällt aber dann selbst, zum Tode verwundet. Odin's Tod rächt sein Sohn, „der schweigsame Ase" Widar. Er stößt dem Fenrirwolfe die dicke Sohle seines Fußes in den Rachen und reißt ihm die Kiefern aus einander. Nach diesen Kämpfen der Mächte, die über Licht und Finsterniß gebieten und die lebhaft an die Genossen der iranischen Todfeinde Ahriman und Ormuzd erinnern, gewinnt Surtur mit seiner Lohe freies Walten. Er verbrennt die Welteschе Yggdrasil und schleudert seinen Brand über Himmel und Erde.

Dennoch führte im Glauben unserer Väter der Weltbrand nicht zum Urzustande des chaotischen Nichts zurück, sondern es folgte ihm im Laufe der Zeit eine Erneuerung alles Geschaffenen. Eine frische Sonne stieg am Himmel empor, und aus der Tiefe erhob sich eine neue Erde, die sich bald mit Gras und Kräutern schmückte. Und siehe, aus dem Walde Hoddmimir tauchten auch zwei Menschenkinder auf, die dort schlummernd den Untergang der Welt überlebt hatten, eine Frau Lif (Leben) und ein Mann Lifthrasir (Lebenslieber)! Sie wurden die Stammeltern von einem um Vieles besseren Menschengeschlecht. Von den Asen leben noch Widar und Wali; zu diesen gesellen sich Magni und Modi mit dem segnenden Hammer ihres Vaters Thor. Auch Balder und Höder, jetzt in Liebe vereint, stellen sich ein und durchwandeln Arm in Arm das Idafeld (erneute Feld), die Stätte des einstigen Asgard: das Goldalter der Welt ist zurückgekehrt.

Schwerter schmiedende Zwerge.

Sigurd erlegt den Drachen.

9. Die nordische Nibelungensage.

Aus dem großen Kreise der germanischen Heldensagen heben wir noch die der Nibelungen heraus, welche einst in allen Ländern deutscher Zunge verbreitet war, theilweise die Grundlage zu dem Kunstepos gleichen Namens bildete, später noch vielfache Umdichtungen erfuhr, dramatisirt und zuletzt sogar zu einem Operncyklus verwendet worden ist. Die Sage knüpft unmittelbar an die Göttergeschichte an. Odin, Loki und Hönir kommen einst an den Wasserfall des Zwerges Andwari, der in Gestalt eines Hechtes nach Fischen jagte, während Otur, der Sohn Hreidmar's, in Gestalt einer Fischotter am Ufer einen Lachs verzehrte. Diesen warf Loki mit einem Steine todt. Als aber die Asen am Abend zufällig bei Hreidmar selbst Herberge nahmen, ersah dieser aus dem mitgebrachten Otterbalge das Geschehene und verlangte nebst seinen beiden anderen Söhnen Fafnir und Regin als Buße, daß sie den Balg mit Golde füllen und auch von außen damit einhüllen sollten. Loki, der das Gold auftreiben wollte, fing hierauf mit dem Netze den Zwerg Andwari und zwang ihn zur Herausgabe seiner Schätze. Als er ihm aber auch noch seinen goldenen Zauberring abnahm, sprach Andwari einen Fluch über das Gold aus. Dieser sollte bald in Erfüllung gehen. Denn nach Abreise der Asen forderten die Söhne Hreidmar's einen Theil des Schatzes als Bruderbuße, und da er sich weigerte, ersticht ihn Fafnir im Schlafe, behält aber das ganze Gold für sich und bewacht es als greulicher Lindwurm. Regin begiebt sich zum Dänenkönig Hjalprek und wird Erzieher des jungen Sigurd (Sigfrid), dessen Mutter Hiordis nach dem Tode ihres Gemahls, des Königs Sigmund, in einer Schlacht gegen die Hundingsöhne, von Seeräubern dorthin geführt worden war. Als sein Zögling zum Manne herangereift war, erzählte ihm Regin seine Schicksale und forderte ihn auf, seinem Bruder Fafnir den Schatz zu entreißen. Sigurd verspricht es, hält es aber für seine Pflicht, zuvor seinen Vater zu rächen. Von Hjalprek mit dem Rosse Grani, einem Abkömmling von Odin's achtbeinigem Sleipnir, und von Regin selbst mit dem aus den beiden Stücken von seines Vaters Sigmund Schwerte gefertigten, Wollflocken ebenso leicht wie den Amboß spaltenden Schwert Gram versehen, machte sich der junge Held auf, besiegt nach hartem Streite die Hundingsöhne und erschlägt ihren König Lingwi. Dann ritt er mit Regin zur Gnitaheide, wo der Drache Fafnir hauste. Regin versteckte sich in dessen Nähe aus Furcht; Sigurd aber grub auf der Fährte des Ungeheuers eine Grube, bedeckte sie mit Reisig und lauerte darin. Gift und Feuer sprühend näherte sich zur Mittagszeit der Wurm, und als er über die Grube kroch, durchbohrte er ihm den Leib. Nun stellte sich auch Regin wieder ein und verlangte als Bruderbuße von Sigurd, er sollte ihm das Herz des Drachen braten, und während dieser seinen Wunsch erfüllt, sinnt er aus Habsucht auf des Helden Ermordung. Zufällig berührte aber Sigurd den Braten, um zu sehen, ob er gar wäre, und als er den Finger in den Mund steckte, verstand er die Sprache der Vögel, die sich gerade über Regin's Plan unterhielten. Er kommt also dem Treulosen zuvor und erschlägt ihn. Dann ladet er den Schatz seinem Rosse auf und zieht die Straße südwärts.

Da erblickt er auf einem Berge eine hohe Lohe aufflammen und endlich stand vor ihm eine von Feuer umwallte Schildburg. Furchtlos sprengte er auf seinem Hengste durch die Lohe und fand im Innern nur einen einzelnen gepanzerten Krieger schlafend. Er nahm ihm den Helm ab und sah, daß es ein schönes Weib sei. Als er aber den Panzer mit seinem Schwerte durchschnitt, erwachte die Jungfrau und begrüßte ihn als ihren Befreier. Es war Brynhild, auch Sigurdrifa genannt, eine Walküre, die in einer Schlacht den gefällt hatte, welchem Odin den Sieg bestimmt hatte, und zur Strafe vom Asen mit dem Schlafdorn gestochen und mit der Verheirathung bedroht worden war. Sigurd und Brynhild, die gelobt hatte, nie mit einem Manne sich zu verbinden, der sich fürchte, gewinnen sich lieb und schwören sich Treue, und Sigurd verspricht, die Braut in Jahresfrist heimzuholen.

Sigurd ritt hierauf zu den Gjukungen oder Niflungen am Rheine. Ihr König Gjuki war verheirathet mit Grimhild und hatte drei Söhne, Gunnar, Högni und Guthorm, und eine Tochter, Namens Gudrun. Sigurd wurde freundlich am Hofe aufgenommen und Grimhild gewann den jungen und reichen Helden so lieb, daß sie ihn zu ihrem Eidam erkor. Sie reichte ihm deshalb einst beim Mahle einen Zaubertrank, infolge dessen er die Schildmaid vergaß, mit Gunnar und Högni Blutbrüderschaft schloß und Gudrun zum Weibe nahm, die ihn mit einem Sohne, Namens Sigmund, beschenkte. Unterdessen verrichtete Sigurd mit den Gjukungen treffliche Heldenthaten, bis endlich Grimhild ihrem Sohne Gunnar rieth, um Brynhild, Budli's Tochter, zu freien. Nur gezwungen begleitete Sigurd die Schwäger. Als sie an die Waberlohe kommen, scheut Gunnar's Pferd, und als er Sigurd um das seinige bittet, will ihm auch Grani nicht gehorchen. Endlich tauscht er mit Sigurd die Gestalt und dieser reitet hinein. Brynhild weist die Werbung nicht zurück; er reicht ihr Andwari's Ring Andwaranaut und erhält auch von ihr einen Verlobungsring. Am andern Morgen, nachdem während der Nacht das Schwert Gram zwischen beiden gelegen hatte, reitet Sigurd zu den Gesellen zurück und tauschte wieder mit Gunnar die Gestalt. Dieser feierte dann mit Brynhild Hochzeit, und Sigurd blieb ebenfalls im Hause seiner Frau.

Eines Tages gingen Gudrun und Brynhild an den Rhein, um sich zu baden. Brynhild watete etwas stromaufwärts, damit nicht das Wasser zu ihr komme, das aus Gudrun's Haaren flösse, denn ihr Gemahl sei besser und edler als Sigurd; dieser sei nur ein Knecht Hjalprek's. Zum Unglück hatte Gudrun von ihrem Manne den in der Schildburg geübten Betrug erfahren und jetzt, wo die Ehre Sigurd's angegriffen wird, theilt sie der Gegnerin erbarmungslos das Geheimniß mit und zeigt ihr den von ihr dem falschen Verlobten gegebenen Ring. Brynhild wankt nach Hause und trotzdem, daß Sigurd sie zu versöhnen versucht und Gudrun die ganze Schuld auf ihre Mutter Grimhild wälzt, droht Brynhild ihren Gemahl zu verlassen, falls er sie nicht an Sigurd räche. Anfangs wollte Gunnar nichts vom Morde wissen; auch Högni rieth ab und erinnerte an die Blutbrüderschaft. Endlich jedoch kommen Beide überein, ihren Bruder Guthorm, der keinen Freundschaftseid mit Sigurd getauscht hatte, gegen diesen aufzureizen. Dies gelingt durch große Versprechungen und durch ein Gericht von Schlangen- und Wolfsfleisch, das sie ihm zu essen geben. Er geht am Morgen in das Schlafgemach seines Schwagers und durchbohrt denselben an der Seite Gudrun's. Der zum Tode Verwundete hat jedoch noch Kraft genug, sein gutes Schwert dem Mörder nachzuschleudern, so daß derselbe in zwei Hälften gespalten wird. Auch der kleine Sigmund wird getödtet weil man in ihm den einstigen Rächer der Frevelthat fürchtete. Brynhild lachte triumphirend über Gudrun's Jammer. Allein sie hatte den Verrath veranlaßt, nur weil sie ihr den geliebten Mann nicht gegönnt hatte, und nun beschloß sie, um wenigstens im Tode mit ihm vereinigt zu sein, ihn nicht zu überleben: sie ersticht sich mit Sigurd's Schwert. Beide werden auf einen Scheiterhaufen gelegt, durch ein gezücktes Schwert getrennt. Die Gjukungen aber nehmen Besitz von Sigurd's Reich und Schatz und vom Ringe Andwaranaut.

Gudrun entwich zum Könige Hjalprek, dem Stiefvater ihres Gatten. Als Grimhild und Gunnar ihren Aufenthalt erfuhren, reisten sie hin und zahlten ihr Buße für Gemahl und Sohn; auch reichte Grimhild der Trauernden einen Vergessenheitstrank. So ließ sich Gudrun endlich auch bewegen, Brynhild's Bruder, dem Hunarkönig Atli, ihre Hand zu reichen, wiewol sie ihrem ganzen Geschlechte den Untergang durch denselben voraussagte. Auch wurde ihr Verhältniß zum zweiten Gemahl ein kühles und durch böse Ahnungen gestörtes. Außerdem war Atli mißvergnügt, weil ihm Fasnir's Schatz nicht aus dem Sinne kam. Endlich sandte er eine Botschaft an seine Schwäger, an deren Spitze der kluge Wingi stand, und ließ sie zu einem großen Ehrenfeste laden. Gudrun gab den Gesandten warnende Runen mit und einen mit Wolfshaar umwundenen Ring. Wingi fälschte aber unterwegs die Runen, und obgleich Högni und die beiden Frauen der Brüder die Reise widerriethen, machten sich doch die Gjukungen endlich auf den Weg, versenkten aber zuvor Sigurd's Gold in den Rhein.

Nach einer Fahrt von mehreren Wochen zu Wasser und zu Land gelangten sie zu Atli's Burg. Das Thor war aber verschlossen und der Bote Wingi sagte ihnen höhnend, daß sie verrathen wären. Sie schlugen ihn nieder, erbrachen das Thor und ritten vor des Königs Saal. Dieser forderte Sigurd's Schatz als Eigenthum Gudrun's, und als Gunnar ihn verweigerte, entbrannte auf seinen Befehl der Kampf. Umsonst suchte die herbeieilende Gudrun Frieden zu stiften; sie legte endlich selbst den Harnisch an und focht heldenmüthig an der Seite ihrer Brüder. Die Gjukungen behielten Anfangs die Oberhand. Als aber die Reihen der Feinde sich immer wieder ersetzten und einer nach dem andern von den Gefährten dahinsank, standen Gunnar und Högni zuletzt allein da. Beide werden gefesselt und Atli will dem Gunnar das Leben schenken, wenn er den Schatz herausgiebt. Da derselbe aber gemeinsames Besitzthum ist, verlangt Gunnar, man solle ihm zuvor das Herz Högni's bringen. Man zeigt ihm zuerst das Herz eines Knechtes; er erkennt aber am Zittern desselben seine Unechtheit. Als man ihm aber das wahre Herz seines Bruders bringt, ruft er aus: „Nun weiß ich allein, wo das Gold ist; ich allein habe es in meiner Gewalt. Und der Rhein soll seiner walten, eh daß es diese an den Händen tragen!“ Er wurde in den Schlangenhof gebracht und dort schläferte er durch eine von Gudrun gesandte Harfe, die er mit den Zehen spielte, die giftigen Würmer ein, bis ihn eine große Natter in das Herz stach.

Atli wirft hierauf Gudrun vor, sie selber habe den Tod ihrer Brüder verschuldet, bietet ihr aber, da er ihre Erbitterung bemerkt, Bruderbuße an. Sie scheint dieselbe anzunehmen und richtet ein großes Gastmahl an. Dazu tödtet sie aber Atli's beide Söhne, Erp und Eitill, mischt ihr Blut unter den Wein und setzt dem Gemahl ihre gebratenen Herzen vor. Nach dem Mahle offenbarte sie ihm die Greuelthat; Atli war aber bereits berauscht und Gudrun und ein Sohn Högni's, Niflung, tödteten ihn im Schlafe mit dem Schwert. Dann ließ sie Feuer an die Halle legen, worin Atli's Leute schliefen, und stürzte sich selbst in das Meer.

Anhang.

Symbole und allegorische Bilder

aus klassischer und neuerer Zeit.

Die Künstler aller Zeiten sind bemüht gewesen, allgemeine Begriffe zu versinnlichen und mancherlei abstrakte Dinge, die dem Bereiche des Verstandes angehören, zu verkörpern und zu beleben. Sie haben sich dabei größtentheils der in der griechischen Mythologie bereits vorhandenen Bilder bedient oder nach deren Muster neue geformt, und viele von den letzteren sind allmählich allgemein in Gebrauch gekommen und haben gewissermaßen das Bürgerrecht in der Symbolik erworben. Wenn wir daher unser Buch mit einer Reihe der bekanntesten Gegenstände und Personen aus der Bildersprache schließen, so glauben wir unseren Lesern nicht allein in Bezug auf das Verständniß, sondern auch auf die Anwendung derselben einen Dienst zu erweisen.

Abend: Hesperos, als schöner Jüngling, mit einem Sterne über dem Haupte und eine gesenkte Fackel in der Hand, auf dunklem Rosse reitend.

Aberglaube: ein Weib, das die sieben Planeten und eine brennende Kerze trägt, während eine Nachteule, eine Krähe oder ein Rabe auf ihrem Haupte sitzt. Auch kommen zuweilen verbundene Augen hinzu.

Ackerbau: Bild der Demeter oder Ceres (S. 102 u. 105), auch mit Beigabe des Triptolemos. Attribute: Aehren, Garben, Sichel, Pflug.

Afrika: Mohrin, bis an den Gürtel nackt, auf einem Elefanten reitend oder ein Elefantenfell über dem Kopfe mit Füllhorn und Skorpion.

Alter: ein fast ausgebranntes Licht oder eine hohle Eiche; gebückter Greis.

Altersstufen: 1. das Kindesalter: Säugling an der Mutterbrust; spielendes Kind; Kind am Gängelbande; Kind in der Wiege, von einer Muse betrachtet oder geküßt; 2. Jünglings- und Jungfrauenzeit: beide Geschlechter tanzend oder dem Hymen opfernd; Jüngling, sich von Venus abwendend und Minerva die Hand reichend. 3. Mannes- und Frauenalter: Mann, dem Herakles opfernd, auch der Virtus, oder Fortuna; Römer in der Toga, mit daneben liegenden Fascen; römische Matrone, von Kindern umgeben oder die Tochter unterweisend. 4. Greisenalter: alter Mann, lächelnd an einem Grabmale dem Genius des Todes die Hand reichend: im Winter an einem Grabe betend.

Amerika: weibliche Figur, zuweilen auf einer Schildkröte sitzend, olivenfarbig, mit Kopfschmuck und Schurz aus bunten Federn, Bogen und Wurfspieß in den Händen, sonst nur mit einem Thierfelle bekleidet.

Andacht: weibliche Gestalt vor einem Altare, die Augen zum Himmel aufgeschlagen, die rechte Hand aufs Herz gelegt, in der linken ein Rauchfaß haltend.

Anmuth: Grazien (S. 81).

Arbeitsamkeit: s. Fleiß.

Arglist: ein unter einem Steine hervorkriechender Skorpion. Weibliche Gestalt, die sich mit der Linken eine Larve vorhält, während sie mit der Rechten einen Dolch auf dem Rücken versteckt; neben ihr ein Fuchs.

Arglosigkeit: s. Unschuld.

Argwohn: ein Bewaffneter hinter einem Schilde, auf welchem ein Tiger abgebildet ist; auf seinem Helme sitzt ein Hahn.

Arithmetik: weibliche Gestalt mit einer Schreibtafel, auf der ein durch zwei Diagonale getheiltes Quadrat befindlich ist.

Armuth: mageres Weib in schäbigem, zerrissenem Gewand, und an Händen und Füßen gebunden. Symbol: verdorrter Baum oder eine Weide.

Arzneikunst: s. Heilkunde.

Asien: Junonische Figur in blauem Gewande mit gelbem Mantel, beturbant, mit einem Schilde, worauf ein zunehmender Mond, reitend auf einem Kameele. Attribute: Bogen, Pfeile, Räucherwerk, Kästchen, Tambourin.

Astronomie: Urania (S. 85); auch sonst weibl. Gestalt mit einer Sternenkrone, Scepter, Himmelskugel; Adler, in die Sonne blickend.

Auferstehung: s. Unsterblichkeit.

Aufrichtigkeit: eine weibliche Gestalt, edel und würdig, eine Lilie in der Hand haltend oder eine Taube an die Brust drückend, indem eine zerbrochene Larve zu ihren Füßen liegt.

Barmherzigkeit: weibliche Figur, olivenbekränzt, einen Lorberzweig in der Hand haltend und ein Kind an die Brust nehmend oder Gaben austheilend.

Baukunst: eine antik gekleidete Gestalt, welche den Riß zu einem Gebäude auf einer Tafel entwirft, während Zirkel, Winkelmaß u. dergl. auf der Seite liegen.

Begeisterung: eine Jünglingsgestalt, die, mit Sternen gekrönt und auf ein Schwert gestützt, aufwärts blickt; die poetische Begeisterung kann auch durch Apollon ausgedrückt werden.

Beredsamkeit: s. Redekunst.

Bescheidenheit: hält ein Schild, worauf eine gekrönte Figur einem Bettler die Füße wäscht; sie sieht auf Ehrenkränze und Kleinodien herab, die ihr zu Füßen liegen.

Beständigkeit: weibliche Figur, auf einem Würfel stehend, oder eine Säule umfassend. Der ruhende Anker ist ihr Symbol.

Betrug: ein Weib, das sich eine schöne Larve vorhält und mit den Füßen die Wage der Gerechtigkett und eine Gesetzestafel zertritt.

Bildhauerkunst: arbeitet an einem Herakleskopfe; Meißel und Schlägel ihre Attribute.

Botanik: s. Pflanzenkunde.

Buchdruckerkunst: weibliche Gestalt mit einer Tafel voll gesetzter Schrift, oder mit zwei Ballen, oder der Presse.

Chemie: unterscheidet sich dadurch, daß sie einen Destillirkolben auf dem Haupte trägt und mit Retorte und Schmelztiegel beschäftigt ist.

Dankbarkeit: Symbole: gesenkte Aehren oder ein Storch, auf dem Rücken seine Eltern tragend. Allegorische Person: ein Weib mit einer Opferschale, sich auf einen Storch stützend.

Demuth: der Bescheidenheit ähnlich.

Dichtkunst: Schwan und Leier. Apollon oder Orpheus mit der Laute. Die Musen, je nach der Dichtungsart gewählt. Der Lorberkranz gewöhnlichstes Attribut.

Ehre: Honos, S. 240.

Eintracht: zwei vereinigte Hände, ein zusammengeschnürtes Bündel von Pfeilen oder Ruthen; eine lorberbekränzte Jungfrau mit Oelzweig und Füllhorn; Concordia, S. 239.

Eitelkeit: Narkissos S. 76; eine reich geschmückte weibliche Gestalt, mit einem Kopfputze aus Pfauenfedern und sich einen Spiegel vorhaltend.

Elemente: s. Erde, Feuer, Luft, Wasser.

Erdbeschreibung: Musengestalt mit Erdkugel oder Landkarte.

Erde: Kybele (S. 109), Früchte aus dem Füllhorn über die Erde ausschüttend; auch sitzende weibliche Gestalt, blumenbekränzt, mit Fruchthorn und Erdkugel.

Erfindung: als Mnemosyne (S. 82), nachdenklich sitzend, goldgekrönt; Attribut: Sphinx.

Erinnerung: eine Hand, die ein Ohrläppchen faßt; eine weibliche Figur, die das Kinn in eine Hand stützt.

Europa: Jungfrau mit Minerva's Helm und Harnisch, auf einen Schild gestützt, auf dem Europa mit dem Stiere (S. 27) abgebildet ist; neben ihr ein Pferd und europäische Erfindungen.

Ewigkeit: eine rund gekrümmte Schlange; weiblicher Genius, den Kopf des Helios in der einen Hand tragend, den der Selene in der andern, oder sitzend auf einer mit Sternen besäeten Kugel, einen flatternden Schleier über dem Haupte.

Fama: geflügelte weibliche Gestalt mit Trompete oder Posaune.

Faulheit: liegt in schlechtem Gewande nachlässig auf Stroh oder Erde, daneben ein zerbrochener Spinnrocken.

Feuer: Vesta (S. 51), eine Feuerflamme haltend.

Fleiß: Biene, Ameise, Spinne Weibliche Figur am Spinnrocken; männliche vor Buch und brennender Lampe.

Fortuna: S. 227 u. 88.

Freigebigkeit: weibliche Gestalt mit Füllhorn und Schale, denen Geld oder Kronen entfallen.

Freiheit: Hut oder spitz zulaufende Kappe; s. Libertas, S. 240.

Freude: ein lächelndes junges Mädchen, blumenbekränzt, Olivenzweige tragend oder Blumen streuend, oder in die Hände klatschend.

Freundschaft: Ulme, von Epheu und Weinranken umschlungen; Castor und Pollux (S. 30); weibliche Gestalt in weißem Gewande mit offener Brust, bekränzt mit Granatblüten, ein Herz haltend.

Friede: Oelzweig; Mercurstab; Palme; Helm von Spinnen überwoben; Pax (S. 240); dieselbe, den Janustempel (S. 196) schließend.

Friedfertigkeit: Taube.

Fröhlichkeit: Euphrosyne (S. 82), ein heiteres Mädchen mit Kranz und Schellenstab.

Frömmigkeit: s. Andacht.

Fruchtbarkeit: der Demeter und Kybele ähnlich, mit dem Füllhorn.

Frühling: s. Horen, S. 83.

Furcht: Phobos, S. 42; ein Greis oder Mädchen mit blassem Gesicht und Geberden des Schreckens; Attribute: Hase und Kaninchen.

Gartenbau: Vertumnus und Pomona, S. 225.

Gebet: s. Andacht.

Geduld: Matrone, welche die Hände über der Brust kreuzt, ein Joch auf den Achseln und mit dem Attribut des Kreuzes versehen.

Gefallsucht: ein vor dem Spiegel sich schmückendes, schönes Weib.

Gehorsam: s. Geduld. Symbole: Hund, gezähmtes Pferd.

Geist: geflügelter Genius mit einem Flämmchen auf dem Haupte.

Geiz: Zahn; Tantalos, S. 124; ein abgemagerter Greis, Geld zählend und auf Geldsäcken sitzend.

Geographie: s. Erdbeschreibung.

Geometrie: weibliche Figur mit Meßwerkzeugen und dem Euklid in der Hand.

Gerechtigkeit: Themis (S. 31) mit Wage und Schwert, zuweilen mit verbundenen Augen und dem Attribute einer fliehenden Schlange.

Gerücht: s. Fama.

Gesang: Kalliope, S. 84; Orpheus, S. 115.

Geschichte: Kleio, S. 84.

Geschick: s. Schicksal.

Gesundheit: Hahn; Schlange; Hygieia, S. 59; Nymphe, in der Rechten eine Schlange, mit dem linken Arme auf eine Säule gestützt.

Glaube: Kreuz; Passionsblume; weibliche Gestalt, ein Kreuz haltend, das Neue Testament auf dem Schoße.

Glück: s. Fortuna.

Großmuth: ein Löwe mit eingezogenen Klauen; eine weibliche Gestalt mit offener Brust und einem Diadem, sich auf einen ruhenden Löwen stützend.

Habsucht: s. Geiz.

Handel: Mercur (S. 50. u. 229) in Umgebung von Waarenballen, Anker, Schiff.

Heil: Salus, S. 240.

Heilkunde: Asklepios, S. 60.

Herbst: Horen, S. 83.

Heuchelei: weibliche Figur, die sich eine schöne Larve vor das häßliche Gesicht hält.

Hoffnung: Spes, S. 240; späteres Symbol: Anker. Farbe: grün.

Jahr: weibliche Gestalt, halb bekleidet, mit Frühlingsblumen bekränzt, Aehren in der Hand, Trauben auf dem Schoße, Feuergefäß zu den Füßen, um das Haupt die 12 Himmelszeichen.

Idylle: ein heiteres Mädchen, bekränzt mit Feldblumen und die Hirtenflöte haltend.

Industrie: Minerva unterrichtet Frauen im Weben; eine männliche Gestalt, wohlgekleidet und sinnend auf eine Schraubenwinde gestützt.

Intelligenz: Helm, auf dem eine Eule sitzt; Minerva.

Jugend: Juventas, S. 240.

Kaufmannschaft: s. Handel.

Keuschheit: Pudicitia, S. 240; Attribute: brennender Altar, Lilienstengel, Schildkröte.

Klugheit: weiblicher und männlicher Genius, der in der Linken Schlange und Spiegel hält, mit der Rechten eine Taube an die Brust drückt; Sphinx; Minerva; Eule auf einem Spiegel, in den eine Schlange blickt.

Komödie: Thalia, S. 84.

Krieg: Mars, S. 42; Bellona, S. 218, mit Helm, Panzer, Schwert und Fackel; Wolf.

Kriegsbaukunst: weibliche Gestalt, auch Minerva mit dem Modell oder dem Plane einer Festung.

Kultur: Demeter; Kybele; Minerva.

Kupferstecherkunst: ein Weib mit Radirnadel, Grabstichel und Kupferplatte.

Leichtsinn: Kranz von Blumen, in denen ein Schmetterling.

Liebe: Rose; Myrte; flammende Pfeile; Herz; Aphrodite, S. 72 ff.; Eros, ebendas.; Elternliebe: Pelikan, seine Jungen mit seinem Blute nährend; Mutter, mit einem Säugling auf dem Arme, während sie ein anderes Kind an sich drückt. Kindliche Liebe: Storch; Aeneas, seinen Vater aus dem Feuer tragend; ein Kind, auf einem Altare opfernd. Geschwisterliebe: Dioskuren, S. 30; Grazien, um einen Schild oder Altar gruppirt. Gattenliebe: zwei verbundene Herzen; eine aufrecht brennende Fackel; zwei Tauben; trauernde Gattenliebe: eine verschleierte Frauengestalt, die an einer Urne weint, während eine verloschene Fackel neben ihr liegt.

Luft: ein beflügelter Jüngling, der in Rosenblätter haucht; weibliche Gestalt auf Wolken, mit flatterndem Haar und Gewand.

Malerkunst: eine weibliche Gestalt mit Palette und Pinsel, die eine goldene Kette mit einer kleinen Larve um den Hals trägt.

Meßkunst: s. Geometrie.

Mildthätigkeit: s. Barmherzigkeit.

Mißgunst: s. Neid.

Mode: ein mit Tulpen oder Hortensien bekränztes Weib von gebieterischer Miene, das ein Scepter von Pfauenfedern in der Hand hält und von Schmetterlingen umgaukelt wird.

Monate: geflügelte Genien, mit den einschlagenden Erzeugnissen der Jahreszeiten und Werkzeugen des Landbaues versehen, außerdem die passenden Bilder des Thierkreises an sich tragend.

Morgen: Eos oder Aurora, S. 70; männlicher Genius mit einem Stern über dem Haupte, eine angezündete Fackel haltend oder Blumen streuend.

Musik: Euterpe (S. 85), mit Epheu bekränzt; auch Apollon oder Orpheus.

Muth: Helm; Keule; Löwe; Herakles, S. 131; Athene, S. 35; weibliche bewaffnete Gestalt mit der Keule.

Nacht: ernste Frau in dunklem Gewande mit sternbesäetem Schleier und einer umgekehrten Fackel in der Hand, zuweilen auf einem von schwarzen Rossen oder Eulen gezogenen Wagen. Oft schwebt vor oder über ihr ein Genius, der aus einem Horne Thau oder Träume ausstreut. S. auch die Nacht in d. german. Mythologie S. 357.

Narrheit: Schellenkappe; Steckenpferd; Grille.

Natur: Isis, S. 278, ephesische Artemis, S. 64.

Neid: ein häßliches Weib mit Schlangenhaaren, das sich selbst beißt, oder der eine Schlange am Herzen nagt.

Neugier: weibliche Figur, verstohlener Weise ein Siegel erbrechend.

Patriotismus: s. Vaterlandsliebe.

Pflanzenkunde: weibliche Figur mit aufgeschlagenem Herbarium und mit Blumen.

Philosophie: Minerva mit der Eule; weibliche ernste Gestalt mit Sternenkrone und weitem Gewande, Werke von Platon oder Aristoteles in der Hand, oder das Brustbild des Sokrates betrachtend.

Plauderhaftigkeit: Papagei; Gans; Schwalbe; Elster; Heuschrecke; weibliche Gestalt, die eine schnatternde Gans oder einen Papagei neben sich hat und ein Gefäß hält, aus welchem von allen Seiten Wasser rinnt.

Poesie: s. Dichtkunst.

Post: Hermes und Mercur, S. 50; eine Taube mit einem Briefe; Posthorn.

Prägekunst: weibliche Figur mit Stempel und Schaumünzen: auch mit der Wage in der rechten Hand und einem Füllhorn voll Münzen in der Linken.

Rache: Tiger; Otter; Erinye, S. 123.

Rechenkunst: s. Arithmetik.

Rechtsgelehrsamkeit: ähnlich der Gerechtigkeit.

Redekunst: erscheint in der Gestalt der Polyhymnia (S. 85), aber mit der Rechten gestikulirend und in der Linken eine Schriftrolle oder einen Donnerkeil haltend. Neben ihr Werke oder Büsten von Perikles, Demosthenes oder Cicero.

Redlichkeit: s. Aufrichtigkeit.

Reichthum: der blinde Gott Plutos (S. 106) mit geflügelten Füßen, im Arme ein Füllhorn mit Gold oder volle Geldbeutel in den Händen.

Religion: Opferaltar; Schlange; Opfergefäß; Elefant; christliche R.: weibliche Gestalt mit Kruzifix, Kelch und Palmenzweigen; mohammedanische R.: mit gehörntem Mond am Turban, Schwert und Koran; mosaische R.: mit den Gesetztafeln Mosis.

Religionsduldung: weibliche Gestalt mit einem Sonnenschilde, welche Kinder mit den Abzeichen verschiedener Bekenntnisse schirmt.

Reue: trauerndes Weib, welches in schwarzem Gewande und Schleier auf einem Steine sitzt und auf ein von Brombeeren umranktes Kreuz blickt.

Ruf: s. Fama.

Ruhm: fliegender Genius mit Tuba und Lorberkranz.

Sanftmuth: freundliche Göttin, die einen Löwen zäumt, mit Oliven bekränzt.

Satire: Schellenstab mit Dornen umwunden; weibliche Gestalt mit Lorberkranz und Geißel; Momos, S. 128.

Schamhaftigkeit: s. Keuschheit.

Schauspielkunst: weibliche Figur, eine tragische und eine komische Maske in der Linken haltend, einen Schellenstab, oben mit einem langohrigen Kopfe versehen (Jocusstab), in der Rechten.

Scheidekunst: s. Chemie.

Scherz: s. Fröhlichkeit.

Schicksal: die drei Parzen, S. 87; weibliche Gestalt mit einer Urne auf der Weltkugel.

Schiffahrt: weibliche Gestalt mit Kompaß und Steuerruder, oder einen Schiffsschnabel haltend.

Schiffsbaukunst: weibliche Figur, das Modell eines Schiffes in der Hand.

Schlaf: Hypnos, S. 128; Jüngling, auf einen Löwen gestützt und mit Mohn bekränzt, schläft; neben ihm eine Eidechse (als Freundin des Menschen, die vor Gefahr warnt).

Schmeichelei: weibliche Gestalt, eine Katze streichelnd; wedelnder Hund.

Schmerz: s. Reue und Gattenliebe (unter Liebe); auch männliche Gestalt, dem Laokoon (S. 181) gleich, von einer riesigen Schlange umwunden, die ihm nach dem Herzen strebt.

Schönheit: Aphrodite oder Venus (S. 72), den goldenen Apfel in der Hand. Speziell weibl. Schönh.: Hebe, S. 12. 139; die Chariten oder Grazien, S. 80; männliche: Apollon, S. 54; Adonis, S. 84.

Schrecken: s. Furcht.

Schwatzhaftigkeit: s. Plauderhaftigkeit.

Seele: Psyche, S. 78.

Selbstliebe und Selbstsucht: Narkissos, S. 76.

Sieg: Victoria, 239, in Gestalt einer weiblichen geflügelten Göttin in langem Gewande, die Palmen und Lorberzweige in den Händen trägt, auch über einer Erdkugel schwebt.

Sinne, fünf: Prisma, Glocke, Frucht, Rose und Dorn; Luchs, Hase, Biene, Spürhund, Spinne.

Sommer: Horen, S. 83; Zeichen des Krebses, des Löwen und der Jungfrau; Demeter, S. 105.

Spott: s. Satire.

Standhaftigkeit: s. Beständigkeit.

Sternkunde: s. Astronomie.

Strafe: Nemesis, S. 88; Erinyen, S. 123; ein Engel mit Schwert, Fackel und Geißel.

Stunden des Tages: 12 weibliche Genien, Apollon umtanzend; St. der Nacht: 12 dgl., Artemis oder Diana umringend.

Tag: Phoibos Apollon, S. 67, als Helios; jugendliche weibliche Gestalt, geflügelt, auf einem Viergespann, ihr voraus ein Jüngling mit zwei Fackeln.

Tanzkunst: Terpsichore, S. 85, mit dem Tambourin.

Tapferkeit: Heraklesgestalt mit Keule und Schwert, neben sich einen Löwen oder dessen Haut; weiblich: Athene oder Minerva: S. 35.

Temperamente: cholerisches: ein zorniger Mann mit gezücktem Schwerte, daneben ein Truthahn; phlegmatisches: ein wohlbeleibter Mann in einem Pelze, die Hände über einander geschlagen, sitzend, daneben eine Schildkröte; sanguinisches: heiterer Jüngling, mit Blumen bekränzt, eine Trinkschale in der Rechten, oder die Laute spielend; melancholisches: ein Mann, tiefsinnig, das Haupt auf den

Arm gestützt, während Dolch, Strick und spärlich brennendes Licht sich neben ihm befinden.

Theologie: ehrwürdige weibliche Gestalt, mit einem Dreiecke (Zeichen der Dreieinigkeit) gekrönt, in blauem Gewand, den Blick gen Himmel gerichtet. Attribute: Kreuz, Gesetzestafeln, Taube.

Thorheit: s. Narrheit.

Tod: Thanatos, S. 128; Atropos, S. 86; geflügeltes Gerippe, mit schwarzem, sternbesäetem Gewand, eine Sichel haltend; Harpyie, S. 89; Seirene (als Dienerin der Persephone), S. 101; Vorkehrungen zur Reise mit Pferd oder Schiff; Apollon und Artemis mit ihren Pfeilen; Jüngling, von Eos entführt; Endymion, S. 69; Meleagros, S. 162; Rose auf einem Grabe (frühz. Tod); verlöschende Lampe oder Fackel; verdorrter Baum; abgelaufene Sanduhr; Walküren (Tod in der Schlacht), S. 360.

Toleranz: s. Religionsduldung.

Tonkunst: s. Musik.

Tragödie: Melpomene, S. 85.

Treue: eine weibliche Gestalt in reinem, weißem Gewande, die einen Schlüssel in der Hand hält und neben sich einen Hund hat.

Trunkenheit: Seilenos, S. 119.

Tugend: Virtus, S. 240.

Ueberfluß: s. Fruchtbarkeit.

Unbeständigkeit: weibliche Gestalt mit Schmetterlingsflügeln, auf einer Kugel stehend. Chamäleon; Wetterfahnen.

Ungerechtigkeit: eine ungleich hängende Wage; weibliche Gestalt mit dem Schwerte, die Wagschale der Themis mit Füßen tretend.

Unglück: Nachteule; ein Weib mit flatterndem Haar und zum Himmel ausgestreckten Armen auf einem entmasteten Schiffe im wilden Meer.

Unschuld: eine aufblühende, weißgekleidete Jungfrau, Attribute: Rose, Lilie, Lamm, Schwan, Taube.

Unsterblichkeit: Schmetterling über einem Schädel oder einer Urne; Psyche, S. 78; Phönix, S. 272; Obelisk; Palmenbaum; Pyramide.

Untreue: zerbrochener Ring; gelbe Rose.

Vaterlandsliebe: der Römer Curtius, in voller Rüstung sich in den tiefen Abgrund stürzend, der nach der Prophezeiung sich schließen sollte, wenn Rom sein bestes Gut opfern würde.

Verleumdung: ein Weib mit gespaltener Zunge und verschleiert. Attribute: Dolch und Fackel.

Vernunft: s. Intelligenz.

Verschwendung: weibliche, prächtig gekleidete Figur, die mit verbundenen Augen aus einem Füllhorn Kostbarkeiten schüttet.

Verschwiegenheit: Harpokrates, S. 265.

Verstellung: s. Heuchelei.

Verzweiflung: ein Weib, das in unordentlichem Aufzuge einen Dolch gegen seine Brust kehrt; daneben ein zerbrochener Anker.

Viehzucht: Pan, S. 118; daneben Hausthiere.

Vorsehung: Auge, strahlend in einem lichten Dreieck.

Wachsamkeit: weibliche Gestalt neben einem Kranich, der stehend in der einen Klaue einen Stein hält; Hahn; Polarstern.

Wahrheit: größtentheils unbekleidete weibliche Gestalt, einen Stern auf dem Haupte, in der Rechten einen Palmenzweig, die Linke auf die Brust haltend; Sommer; Sommerblume; Spiegel.

Wasser: Wassergottheiten (S. 93 ff.) mit Perlen, Fischnetzen, Urnen, aus denen Quellen rinnen, schilfbekränzt.

Weinbau: Dionysos, S. 111.

Weisheit: s. Intelligenz.

Weltweisheit: s. Philosophie.

Winter: Horen, S. 83.

Wissenschaft: Athene und Minerva, S. 35 ff.

Witz: ein Jüngling mit Wurfspieß oder Pfeilen, Jocusstab und einer Flamme über dem Haupte; daneben eine Sphinx.

Wohlthätigkeit: eine freundliche Frau mit fliegendem Haar, goldener Krone und Sonne darüber, einen Zweig von Fichten oder eine goldene Kette in der Hand.

Zeichenkunst: ein geflügelter Jüngling mit Stift und Zeichnung, s. Malerkunst.

Zeit: Kronos oder Saturn (S. 222), als geflügelte männliche Gestalt, auf eine Hacke gestützt oder mit der Sichel; Horen, S. 83; Janus, S. 196; Uhr; Stundenglas; Strom; fahrendes Schiff.

Zorn: männliche oder weibliche Gestalt mit aufgebrachter Miene, Dolch und Fackel in den Händen, zuweilen auch mit Schlangen in den Haaren.

Register.

Die fetten Ziffern bezeichnen Artikel mit Abbildungen.